卑南族族群研究與部落調查資料報告
卑南學資料彙編　第五輯

muketrep 'ami lra

卑南學十年一鑑

林娜鈴 Seze Pakawyan Katadrepan　主編

卑南學推動小組　第五屆

學術顧問：林志興、陳文德、張育銓、蔡政良、蔣斌
　　　　　（依姓名筆劃排序）
編輯委員：林娜鈴 Seze Pakawyan Katadrepan、陳美齡
議程委員：呂宏文、林頌恩、鄭丞志
行政委員：邱瓊儀、賴秀珍

編輯語

muketrep 'ami lra ！卑南學十年！

好像祖先早知道我們埋藏心裡長久的想要一樣，第五屆卑南學學術研討會在疫情層層制約下，被一路引領回歸部落場域舉行。先前幾屆選擇在臺灣史前文化博物館、臺東大學等處舉行兩年一度的文化盛宴，第五屆選擇回到部落辦理，這也是推動小組一直想要嘗試的方式。

在部落活動中心辦理研討會，延續著作者發表研究成果的莊嚴慎重，並增添族人易於就近的可親。研討會當日，卡大地布活動中心會場內外幾無虛席，連同透過視訊與會者，始終維持逾百人關注聆聽，著實令籌備小組成員感動安慰、疲勞盡除。非常感謝第五屆卑南學學術研討會的所有參與者。

muketrep 'ami lra ！卑南學十年！

卑南學資料彙編第五輯收錄文章共 15 篇，以「文史・記錄」、「記憶・技藝」、「土地・主權」、「族群・文學」、「傳統・祭儀」五個主題呈現。本次論文發表者有長年關注、參與卑南族群相關議題的非卑南族籍學者專家族友，也有分別來自 Likavung（利嘉）、Kasavakan（建和）、Tamalakaw（泰安）、Puyuma（普悠瑪）、Katratripulr（卡大地布）、Pinaski（下賓朗）、Mulivelivek（初鹿）、Papulu（巴布麓）八個部落的族人。族人身分有作家、法學專家、退休教職員、文化工作者、文健站照服員、研究生、民意代表等不同領域，年齡從二十來歲的青年到年逾七十的長者。其中，雖有深諳文字掌握之專家，卻也不乏受內在熱誠、使命所驅使，想為自己部落的曾經與現在貢獻一己之力，

慨然應允提筆參與書寫的部落族人，每一篇文字都是作者無可替代的生命體現，珍貴的第一手資料。

卑南學十年，累積出版卑南族群相關文章共 78 篇。作者具卑南族身分者 32 人，文章累計 49 篇（含跨族別共筆文章 6 篇）；無卑南族身分作者計 27 人，文章合計 29 篇（未含與族人共筆6篇）。卑南族十部落目前已有八個部落在「卑南學」這個平台受到族人及族友以專文關注探討。期待藉由卑南學資料彙編的出版，激發更多族人投入部落書寫，協助建立卑南族群的知識資料，厚植族人與世界對話的量能。

muketrep 'ami lra！卑南學十年！

這十年間，不只卑南學，排灣學、阿美學、泰雅學等，也都各自形成族群研究的深耕效應。卑南學得以持續推動，要非常感謝歷年來許多願意貢獻個人心力的族人及族友，特別要感謝從點火、起灶開始，一直陪伴照顧卑南學爐火的巴代老師，以及陳文德老師始終對卑南學推動事務的關懷與支持；感謝卑南學歷屆推動小組工作伙伴協助及顧問群不吝指導。

第五屆卑南學研討會及論文集得以接續完成，除了感謝呂宏文、鄭丞志在 covid-19 疫情艱難期間的堅定帶領及配合執行，同時也要對美齡、頌恩、瓊儀、秀珍等推動委員戮力以赴，以及卑學會理監事鼎力支持表達感激。

期待「卑南學」未來更多的十年！棒棒交接相連到天邊！

林娜鈴 **Seze Pakawyan Katadrepan**
（第五屆卑南學研討會召集人、第五輯卑南學資料彙編主編）

目錄

文
史
·
記
錄

記
憶
·
技
藝

土
地
·
主
權

族
群
·
文
學

傳
統
·
祭
儀

體例說明

一、本書使用之卑南族語拼音符號以教育部頒書寫符號為主，撰文者以個人慣用符號書寫依其習慣，另以註釋方式對照教育部版說明。

二、本書使用之卑南族語符號皆以正體大小寫，英語或其他使用羅馬拼音符號的語別，除人名、地名正體大小寫外，其餘皆以斜體大小寫表示。參考資料則依慣例。

三、以全英文書寫的文章，英文正體大小寫，卑南語以及其他拼音書寫文字斜體大小寫。

四、本書寫體例（含註釋方式）依各學門慣例，本書不做統一。

薪火相傳：編撰部落文史的心路歷程

以 Likavung（利嘉）部落為例

林幸福

國小退休校長

摘　要

　　每個部落擁有自己的文化，文化是她的血液命脈，文化不僅使部落得以延續，更不斷增進族群的生命活力，為重拾先民累積之智慧永續發揚傳承下去，保存部落文化宜速進行，有系統的做部落資源調查與記錄，以搶救保存即將湮滅不為人知的部落人文、歷史文化，以建立部落資源資料庫。

　　撰寫部落文史基於感恩的心，同時響應文化部推動紀錄文史口述蒐錄大行動，鼓勵部落族人自己口述生命史，彙集成部落文史記憶庫，上傳到雲端資料庫保存，與人分享。另一方面感念部落耆老親恩，耆老口述歷史用文筆紀錄部落史，基於真正瞭解自己部落文化的耆老碩彥大多年邁日漸凋零，為能儘早尋回部落文化的根，彌補部落文獻史料不足，必須靠其口述歷史、田野調查、整理紀錄，因此部落文史的蒐集編纂為一項刻不容緩的工作。

　　傳承部落文化除了從部落做資源調查外，Likavung（利嘉）部落早在民國 95 年創辦〈呂家望社區報〉的出刊，從無到有，靠著一群熱愛自己鄉土的傻瓜們，自立自強、自助人助，完成不可能的任務。每月定期出刊〈呂家望社區報〉，除了報導社區、部落資訊外，每期有部落文史的介紹，包含歲時祭儀活動及人物特寫……等。部落族人歷經多年來的田野調查、耆老訪談、邀請專家學者前來指導，完成利嘉部落文史紀錄，多年來一路走來有甘有苦。

　　前年（2019）在「卑南族民族自治事務促進發展協會」的協助與贊助下，我們以《利嘉部落文史紀錄》出刊，本書得以大家一起分享利嘉部落文史紀錄。本書分成〈歷史篇〉、〈社會篇〉、〈祭儀篇〉、〈人物篇〉。〈歷史篇〉主要介紹部落各時期重要事件及部落起源傳說、部落地名的由來與演變；〈社會篇〉介紹部落傳統組織、現代組織；〈祭儀篇〉介紹部落歲時祭儀與傳統信仰；〈人物篇〉報導部落族人一生的奉獻豐功偉業。

關鍵詞：薪火相傳、部落文史紀錄、歷史篇、社會篇、祭儀篇、人物篇

一、　前言

　　每個部落的文化是她的血液命脈，文化不僅使部落得以延續，更不斷增進族群的生命活力，為重拾先民累積之智慧永續發揚傳承下去，保存部落文化宜儘速進行，有系統的做部落資源調查與紀錄，以搶救保存即將湮滅不為人知的部落人文、歷史、生態、產業文化，以建立部落文化資料庫。

　　撰寫卑南族 Likavung（利嘉）部落文史紀錄，基於感恩的心鼓勵部落族人自己口述生命史，匯集成部落文史記憶庫保存與人分享。另一方面感念部落耆老親恩，耆老口述歷史，是部落族人的共識，基於真正了解自己部落文史耆老大多年邁日漸凋零，為能儘早尋回部落文化的根，彌補部落文獻史料不足，必須靠其口述歷史、田野調查、整理紀錄，因此部落文史的收集編撰為一刻不容緩的工作。

　　傳承部落文化除了從部落做資源調查外，我們早在民國 94 年創辦〈呂家望部落社區報〉。刊物從無到有，靠著一群熱愛自己鄉土文化的傻瓜們，自立自強、自助人助完成不可能的任務。每月定期出刊呂家望社區報，除了報導社區及部落資訊外，每期有部落文史的介紹，包含歲時祭儀活動及人物特寫……等，我們部落由下而上爭取上級公部門資源的補助，歷經多年來的田野調查、耆老訪談、邀請專家學者前來指導，完成利嘉部落文史記錄，多年來一路走來有甘有苦。

二、 撰寫部落文史的動機

（一） 編輯部落文史記錄是部落族人的共識

也是個人從事教育工作退休後，回到自己的部落加入社區發展協會，擔任營造員的工作開始起步。記得民國 94 年，國立台東大學原住民族教育中心舉辦原住民自助文化研習，有幸參加中級班的研習課程，從研習中學會撰寫部落文史記錄的方法與步驟。

（二） 利嘉部落文史記錄的編撰

早在民國 86 年，時任鄉民代表的江堅壽議員就開始籌劃為自己的部落做文史紀錄、田野調查、耆老訪談……等工作，因當年經費籌措不易，加上資源人力不足，因而中斷一段時間。直到民國 90 年公務部門的經費開放爭取，只要有立案的協會、團體經由下而上提報計畫，經公開評審審查通過後就可獲得經費補助。因而部落族人有了共識，期盼能早日完成部落文史紀錄。

（三） 記得民國 92 年退休前

在網際網路上看到我的母校利嘉國小，在馬老師帶領班上的小朋友，參加當年利用網際網路的競賽，發表報導部落文史「當利卡夢年紀小的時候」為題，在老師指導下，小朋友利用網路上網蒐尋部落文史資料之外，加上田野調查、親訪部落耆老訪談、參考文獻……等做成部落文史紀錄發表在網路上，讓我留下深刻的記憶，也開啟我要為自己部落寫下文史紀錄的夢想。

（四）　民國 96 年

我們社區發展協會，為了爭取文化處 96 年度辦理「社區營造進階型點徵選補助計畫」，我們參加文化局舉辦的說明會，在說明會中，我們分享到電光社區發展協會與史前博物館合作編輯的《電光火史》部落文史記錄。在這一場說明會中，觸動了我們要為自己部落著手進行編撰利嘉部落文史記錄。讀了《電光火史》帶給我很多的回憶，感動的是因為電光里是我第二個故鄉，記得民國 57 年師校畢業初任教職的工作，就分發到電光國小服務了七年，在這裡有我教育生涯及電光部落美好的記憶。

三、　編撰部落文史的歷程

（一）　利嘉社區發展協會從民國 90 年起

開始推動社區總體營造，接受「文建會社區總體營造計畫心點子創意構想」辦理一系列的社造工作，到了 94 年度，我們社區發展協會再爭取「新故鄉社區營造計畫」，當年的計畫重點在於出刊〈呂家望部落社區報〉，每個月定期出刊呂家望社區報，除了報導社區、部落資訊外，每期有部落文史的介紹，包含歲時祭儀活動及人物特寫……等。有了社區報，開啟了我們編撰部落文史的第一步。

（二）　民國 99 年辦理「社區營造盤石計畫點徵選」後

休息了一段時間，有人說休息是為了走更長遠的路，到了 104 年社區積極參與「台東縣 104 年度新故鄉社區營造第二期計畫」，當年我們申請社區營造計畫是以「利嘉部落文史記錄」

為主軸重新出發。為的是想建立社區與部落的人文、地景、
影像資料庫，並結合歷年出刊的社區報內容加以彙整，並將其
資料建置分類為「歷史篇」、「社會篇」、「祭儀篇」、
「人物篇」，編輯為利嘉部落文史記錄出版，以延續部落文化
傳承做好薪火相傳的工作。

（三）　民國 104 年「新故鄉社區營造第二期計畫」

　　利嘉社區發展協會由下而上提報計畫參加徵選爭取經費，
經備妥相關資料於預定時間前往文化處報到做簡報，由評審委
員審查評比，本會申報的計畫案最後通過，獲得經費補助壹拾
捌萬元。有了經費，召開部落會議報告爭取的經費始末及執行
項目內容，讓部落族人建立共識，大家一起努力為部落文史記
錄打拼。

（四）　編撰「利嘉部落文史紀錄」

　　獲得補助經費後，第一步首要任務成立部落文史記錄工作
小組，大家分工合作。小組人員依文史篇內容包含「歷史篇」、
「社會篇」、「祭儀篇」、「人物篇」，找尋部落族人有意願、
肯付出者擔任召集人。經大家推舉「歷史篇」與「人物篇」
由本人擔任；「社會篇」由江郁喬擔任；「祭儀篇」由部落
族人斯乃決負責。有了召集人，我們共商聘請史前文化博
物館學有專精的林頌恩副研究員前來指導。

（五）　104 年「新故鄉社區營造第二期計畫」

　　我們申報的計畫重點，除了編撰部落文史之外，另有
文化傳承的任務，也是部落族人期待很久的願望，舉辦「利嘉

部落重返祖先發祥地 Revuwa'an（陸浮岸）祭祖」。在執行「利嘉部落文史紀錄」計畫中，為了部落尋根重返祖先發祥地 Revuwa'an（陸浮岸）祭祖，特別召開部落會議取得部落族人共識，決議於 104 年 4 月 18 日舉辦「利嘉部落尋根重返祖先發祥地祭祖」活動。這是事隔 60 多年之久，第一次由部落族人共商集體前往祖先發祥地 Revuwa'an 祭祖。在部落尋根祭祖之前 4 月 16 日由頭目蔣喜雄、村長林肯毅、耆老潘村雲及本人，先前專程前往知本拜訪知本 Katratripulr 部落三大家族的領導家系 rahan（拉漢），當天會面的耆老有 Mavaliw（瑪法溜）高明宗耆老、Pakaruka（巴卡露固）林文祥耆老、Ruvaniyaw（羅法尼耀）陳興福耆老及陳明仁、陳鏡榮、陳政宗……等部落族人，我們懷著慎終追遠的心情前來請教有關我們部落尋根重返祖先發祥地祭祖的儀式。

圖：部落尋根之前專程拜訪知本 Katratripulr 部落三大家族的領導家系 rahan（拉漢）。

（六）　104 年 4 月 18 日在族人共識下

　　舉辦「利嘉部落尋根重返祖先發祥地 Revuwa'an（陸浮岸）祭祖」。當天在頭目與拉漢帶領部落族人前往 Revuwa'an（陸浮岸）一行 50 多人，到達目的地，首先由青少年清掃場地，接著由部落族人準準備的祭品，擺設在先祖立碑處，三位先祖「索加索加伍」、「派魯伍」、「塔巴塔布」。祭拜前先行來到支援的知本部落耆老陳明仁先生，告知知本三大家族領導家系 rahan（拉漢）及青年團員將前來支援祭儀儀式，隨後抵達的知本三大家族 rahan（拉漢）說明祭典儀式後，正式進行祭祖儀式。首先由婦女耆老高媽媽向祖靈土地神虔誠祈禱平安，接著由部落祭師 rahan（拉漢）以傳統祭儀，向三位先祖「索加索加伍」、「派魯伍」、「塔巴塔布」獻禮祭拜祈福告知部落族人前來尋根祭祖。隨後由部落頭目、長老們帶領族人，依長幼有序各個走到先祖前合手叩拜，表達對先人的飲水思源以達成尋根祭祖心願。

圖：知本三大家族領導家系 rahan 前來指導。

「利嘉部落尋根重返祖先發祥地祭祖」活動影像紀錄

圖：部落族人準備傳統的祭品擺設在先祖立碑處。

圖：祭師 rahan 以傳統祭儀向先祖獻禮祭拜。

圖：頭目與長老們帶領族人向先祖合手敬酒祭拜。

圖：耆老高媽媽向祖靈祭拜祈求祖靈護佑。

圖：族人依長幼有序向先祖合手獻禮叩拜。

圖：部落青少年們飲水思源獻禮祭拜。

上圖：全體族人載歌載舞以歡樂   上圖：歡樂中天上飄下一陣雨
的心情與祖靈同歡。   想必感動了祖靈。

右圖：事隔 60 多年族人重返
Revuwa'an 祭拜先祖。

下圖：利嘉部落重返祖先發祥地
Revuwa'an（陸浮岸）祭祖全體
族人合照留影。 104/04/18

祭儀結束後，所有族人圍聚在紀念碑前廣場，由青年團帶領一邊吟唱傳統歌謠，一邊踩著傳統舞步，以歡樂的心情與祖靈同歡，村長夫妻與婦女們忙著準備午餐供族人享用。用餐中，知本耆老陳明仁先生為大家講述發祥地 Revuwa'an（陸浮岸）及部落遷移史由來，整個祭祖活動於歡樂中。結束前天上飄下一陣細雨，想必感動了祖靈吧！

（七）　部落尋根重返祖先發祥地後，展開部落文史研習講座

　　第一場文史講座舉辦耆老口述歷史，邀請部落耆老許平相長老講述呂家望部落的地形及部落地名的由來，羅永昌長老講述利嘉部落傳統領域及部落史，蔣喜雄長老講述部落傳統歲時祭儀儀式，潘村雲長老講述部落傳說故事，林校長講述部落重大歷史相關事宜。藉由耆老口述歷史的記錄，尋回部落的點滴，用文字寫下先人的智慧經驗，薪傳不息。

上圖：許平相長老講述呂家望部落的地名的由來。

上圖右：羅永昌長老講述利嘉部落傳統領域及部落史。

右圖：潘村雲長老講述部落傳說故事及家族歷史。

第一場文史講座舉辦部落耆老口述歷史影像紀錄

左圖：大家一起分享耆老口述歷史說故事。

左圖下：聽完講演學員們相互交換心得。

下圖：薪火相傳用心學習認識自己的部落史。

（八）　第二場文史講座外聘講師

　　針對部落文史學有專精的文史工作者前來指導，有台大歷史所研究生林文正講師，細述從歷史文獻尋訪呂家望及如何轉化歷史文獻與口述歷史結合。來自屏東來義鄉文史工作者，目前任職於來義文物館駐館員陳文山講師，分享走過炭火相傳白鷺部落文史紀錄的經驗分享。同時聘請熱愛部落文史，且具有文史紀錄編輯專長經驗的史前博物館助理研究員林頌恩講師，分享如何做田野調查編輯部落文史紀錄。

第二場文史講座邀請文史工作者講師分享經驗影像紀錄

研習地點：利嘉巡守隊本部　　　研習時間:104 年 7 月 24 日

上圖：文史講座主持人介紹外聘講師。

上圖右：林頌恩講師講述如何做田野調查。

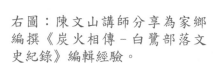

右圖：林文正講師細說從歷史文獻尋訪呂家望文史。

右圖：陳文山講師分享為家鄉編撰《炭火相傳－白鷺部落文史紀錄》編輯經驗。

右圖下：座談與交流江議員針對部落文史交換意見。

下圖：分組研討各組針對部落文史發表心得報告。

第三場文史講座

邀請陳文德博士、江堅壽議員講師分享經驗影像紀錄

研習地點：利嘉巡守隊本部（舊的活動中心）

研習時間:104 年 8 月 18 日

左圖：江堅壽議員講述利嘉部落遷移史。

左圖下：講述部落文史後大家分享交換意見。

下圖：部落長老羅永昌先生分享個人心得。

左圖上：主持人介紹講師陳文德博士。左圖下：陳文德博士講演『利嘉部落文史探究』。右圖：陳博士講述部落史以投影片詳加解說。

（九）　第三場文史講座外聘講師

則邀請中央研究院民族學研究所副研究員陳文德博士前來指導，為部落族人講演利嘉部落文史探究，分享陳博士長期關注卑南族文史的研究心得。講演中，陳博士以他多年來編著台東縣史卑南篇中，有關書寫利嘉部落相關文史的探究介紹給族人，讓部落族人留下深刻的記憶。會中特別介紹陳文德博士，英國倫敦大學亞非學院社會人類學博士、現任中央研究院民族學研究所副研究員。長期關注台灣原住民社會文化與歷史，尤其是卑南族與阿美族，研究興趣包括人類學理論、親屬、社群研究與都市原住民等課題。著有阿美族與卑南族研究論文多篇、《臺東縣史卑南族篇》（2001）、《卑南族》（2010）等書籍，可供部落族人一起分享其著作。另邀請部落菁英江堅壽議員針對長期對部落文史紀錄的關懷講述利嘉部落的遷移史。

（十）　辦理部落文史紀錄進行田野調查

耆老訪談以建置部落文史紀錄。辦完三場文史講座讓部落族人凝聚共同意識，引發族人自主學習及參與。接著培訓部落文史編輯人才，以組織專業分工合作建立部落文史資料庫，透過資源田野調查為主體架構出發，將部落傳統文化部落文史、社會制度、地名由來、傳說故事、歲時祭儀等關係產生密切的連結，尋回部落的點滴用文字寫下先人的智慧經驗，薪傳不息。

四、　編撰部落文史成果報告

（一）　104 年「新故鄉社區營造第二期計畫」

我們申報的計畫編撰「利嘉部落文史紀錄」歷經半年多的時間，在部落族人自助人助協力下，加上工作團隊在執行本計畫中，定期召開工作檢討與階段成稿的校稿會議，不斷檢討、調整、編修，在預定時間內達成編輯紀錄利嘉部落史初稿。部落史分別以「歷史篇」、「社會篇」、「祭儀篇」、「人物篇」整體規劃編印成果報告書。

（二）　在執行本計畫編撰「利嘉部落文史紀錄」

工作團隊在編印成果報告書後，多數族人看完成果報告初稿建議需要再重整編修、增加內容，確實部落族人具備為了要做文史而動起來的心志與行動，因此不管是構想研習或活動來執行，或是透過訪談口述取得口述訪談資料，或是邀請更多人加入參與文史製作的分工行列，都可視為為了產出部落文史紀錄文稿的準備與努力。

非常開心的是，在編撰利嘉部落文史紀錄的過程中，取得日本學者末成道男同意並提供有關利嘉部落研究的英文與日文文章，兩份英文文章已翻譯完畢；一份日文文章仍在翻譯進行中。另外喬健博士也有相當多針對利嘉部落的研究，這些都是「社會篇」非常重要的基礎。本部落研究生斯乃泱以小米作為祭儀中心的研究也極為精彩，如何針對幾位學者的研究再做主題上的濃縮、收錄或是改寫，是初稿排定之前還要再多花時間做進一步融會與整理的地方。

辦理部落文史紀錄進行田野調查耆老訪談影像紀錄

上圖左：
訪問部落耆老朱瑞雲女士。

上圖：訪問部落耆老陳德儀先生。

左圖：陳德儀耆老將手寫文史紀錄交給工作團隊。

上圖：訪問高齡 90 歲長老陳春蘭女士（左 1）。

上圖右：訪問團隊與高齡 92 歲陳德儀長老（前排右）合影。

上圖：文史工作團隊與部落耆老合影留念。

上圖：104 年社造計畫　　中間及右圖：108 年「台東縣卑南族民
出刊第一本文史紀錄。　　族自治事務促進發展協會」贊助出版。

（三）　部落文史紀錄歷經重整編修

我們也期盼在薪火相傳下，讓更多有心為部落文史紀錄貢獻心力的族人加入參與文史製作行列，一方面我們也想讓初稿的文史紀錄早日編輯成冊分發給部落族人大家一起分享。幸好在108年獲得「台東縣卑南族民族自治事務促進發展協會」大力協助重新編輯贊助經費，於去年初完成集結成冊出版分發給部落族人分享。

五、　結語：感恩與分享

《卑南族（Likavung 利卡夢）── 利嘉部落文史紀錄》能順利完成出刊，感謝許多貴人相助，有曾經來到部落做田野調查的專家學者喬健博士、末成道男博士、陳文德博士與林頌恩助理研究員提供田調文史資料，在此也要衷心感謝部落耆老陳德儀先生、羅永昌先生、許平相先生、潘村雲先生、林幸男先生、陳春蘭女士、朱瑞雲女士、高林秀梅女士及部落菁英江堅壽議員、李芳媚代表、黃學臺代表、林肯毅村長、理事長斯乃決、工作伙伴江郁喬、江秋玉及部落族人全力協助提供部落文史資料。

最後要特別感謝「台東縣卑南族民族自治事務促進發展協會」、「Pinuyumayan 卑南族原住民族教育中心」全力協助編輯支持贊助經費，讓我們完成利嘉部落文史的紀錄，並能集結成冊出版，藉此一併申謝。

參考書目

末成道男

　　1967〈利嘉小米文化紀錄〉，未出版手稿。

　　2001〈口述及田野筆記〉，（未出版）。

林時吉、陳文山

　　2009《炭火相傳－白鷺部落文史紀錄》。屏東縣來義鄉白鷺社
　　　　區發展協會。

陳文德

　　1989　〈「年」的跨越：試論南王卑南族大獵祭的社會文化意義〉，
　　　　　《中央研究院民族學研究所集刊》67: 53-74。

　　1999a　〈親屬到底是什麼？－一個卑南族聚落的例子〉，
　　　　　《中央研究院民族學研究所集刊》87：1-39。

　　1999b　〈「族群」與歷史：以一個卑南族「部落」的形成為例
　　　　　（1929-）〉，《東台灣研究》4：123-158。

　　1999c　〈起源、老人和歷史：以一個卑南族聚落對發祥地的爭議
　　　　　為例〉。刊於《時間、記憶與歷史》，黃應貴編，
　　　　　頁 343-379。台北：中央研究院民族學研究所。

　　2001　《台東縣史・卑南族篇》。台東市：台東縣政府。

　　2002　〈試論「社群」（Community）研究的意義〉，《「社群」
　　　　　研究的省思》，黃應貴、陳文德編，頁 43-91。台北：
　　　　　中央研究院民族學研究所。

　　2003　〈民族誌與歷史研究的對話：以「卑南族」形成與發展的
　　　　　探討為例〉，《台大文史哲學報》第五十九期，頁 143-
　　　　　176。

　　2004a　〈族群與文化認同〉，《人文與社會科學簡訊》5（4）：
　　　　　84-89。

　　2004b　〈衣飾與族群認同：以南王卑南人的織與繡為例〉，刊於
　　　　　《物與物質文化》，黃應貴主編，頁 63-110。台北：中央
　　　　　研究院民族學研究所。

2009a〈臺灣卑南族的兩個祭祀〉，《東台灣研究》13，頁 95-138。

2009b〈卑南人的年祭〉，《台灣傳統民俗節慶講座文集》，頁 125-143。

2010a《卑南族》。台北：三民書局。

2010b〈巫與力：南王卑南人的例子〉，《台灣原住民巫師與儀式展演》，胡台麗、劉璧榛主編，頁 135-187。台北：中央研究院民族學研究所。

陳實

〈1947-50 臺灣原住民族的來源歷史：知本（katipol）族名傳說手稿〉，陳明仁譯編，1997。

張中元

2005 〈日治時期原住民初等教育之探究－以呂家公學校（1905-1945）為例〉。國立台東大學教育研究所教育行政碩士論文。

張家瑋

2004 〈原住民族社區權力結構變遷之探討—以卑南族利嘉社區、魯凱族東興社區為例〉。國立中山大學政治學研究所碩士論文。

張萬生等編著

2007 《電光火史 - 電光部落文史紀錄》。台東縣關山鎮電光社區發展協會。

曾建次

1998 《祖靈的腳步：卑南族石生支系口傳史料》。晨星出版社。

2005 《卑南族卡地布部落文史，　時祭儀篇》。台東縣卡地布文化發展協會。

喬健

1961 〈卑南族呂家社的社會組織〉。台灣大學考古人類學研究所：碩士論文。

1972 〈卑南族呂家社祖家制度的研究〉，《中央研究院民族學研究所集刊》第 34 期，頁 1-21。

1973　〈卑南族呂家社葬儀分析〉，《臺灣大學考古人類學刊》。

1986　〈卑南族呂家社祖家制度之研究〉，《臺灣土著社會文化研究論文集》，黃應貴主編，頁 253-278。

1998　〈人類學家與原住民研究——一些個人的經歷與反思〉，《田野工作與文化自覺（上）》，頁 400-415。

2003　〈文化變遷的基本形式：以卑南族呂家社百年經歷為例〉，《廣西民族學院學報》（哲學社會科學版）第 25 卷第 2 期，頁 21-25。

2014　〈喬健口述史〉，《中國人類學家口述史文庫》，頁 50-57；78-83；134-135；152-155。

臺灣省文獻委員會採集組（編）

1997　〈台東縣鄉土史料・卑南族分組座談紀錄〉，《台東縣鄉土史料》。台灣省文獻委員會。

從祭屋出發

儀式與名字建構下的親族系譜網

Umasan 洪嘉謙[1]

摘要

karuma'an，祭屋，譯「真正的家」，是 Kasavakan 卑南族人傳統信仰的祭祀中心，也是親族關係連接的軸心。

部落青年自組調查小組將過去參與記錄部落祭祀及祭屋之相關研究彙整，結合部落祭典前祭屋分工祭祀儀式之調查、訪談梳理出祭祀儀式與祭屋關係，確定祭屋的存在與工作儀式為過去的部落形態保留了部分記憶，牽動著部落信仰文化、親屬關係的連結，守護部落傳統分工模式，儼然為部落歷史脈絡的中樞核心。

1　Kasavakan 祭屋調查小組、Kasavakan Youth Organization（Kasavakan 部落青年組織）代表

　　隨著時代進步、多元文化交流，與2、30年前的部落祭祀相關文史調查相比較，發現近半數的祭屋運作雖已消逝，但現今持續有功能運作的祭屋依舊堅守著祭祀工作，並藉由繼承者來維繫著系統下的親屬關係。

　　從祭屋系統中的祭祀繼承者牽出族譜網絡，發現原來不同「漢姓」的我們都在同一網絡下，是留著同樣祖先的血。循著祭屋的線絲，連結到那一些我們遺忘的祖先的名字，確認了那一些說不清卻很親的親屬關係。

關鍵字：Kasavakan、karuma'an、繼承者、親屬關係、族譜

一、　從自己出發

我是 Umasan，Kasavakan 部落祭屋調查小組召集人。

祭屋調查小組在 2020 年成立，沒有特定的成員，由一群對親族關係有強烈好奇心，或想找到自己族名的原始擁有者的年輕人所集結，所以只要對 Kasavakan 部落族譜及祭屋相關話題都是共同討論與研究的夥伴。

◆　「找」的過程

我的名字 Umasan 在 2002 年，我 16 歲時，從家裡的 palisian[2] 上祖先牌位中的小名牌中請示後起得，但部落及家族中的長輩卻沒有人有印象這個名字，於是我好想知道 Umasan 是誰。

2016 年的 Umasan 和 Vavali[3] 可說是祭屋調查小組的起始，那時我們一起工作，在工作之餘聊著彼此間的親族關係。當時還與祖父母同住的 Vavali 會將彼此討論的內容和問題帶回家問，之後我們再一起從家族長輩口述中整理出族譜。平常時不時的家人聚會我們就會把握時機詢問長輩親族間的關係；那段時期老人家也會用日曆紙寫下他們記憶中的祖先的名字，再對我們解釋這些祖先間的關係，但也還是有些人明知道很親，卻抓不到是從哪裡開始親。

2　palisian：譯祭祀的地方，通常指神桌、神龕。
3　Umasan 和 Vavali 為姨甥關係，親族關係緊密。

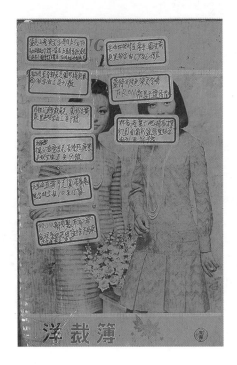

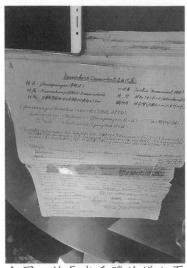

上圖：林長老手謄族譜內頁
擷取。

左圖：林長老手謄族譜封面圖。

　　2017年夏天，Kemaderunan[4]前在部落小吃，住在部落小
吃旁的 Hongce 叔叔拿了一本邊緣殘破又泛黃的線圈筆記本[5]給
正在部落小吃午餐的 Takidi 和 Lraduy 等人，帥氣的說：「你們
是不是有在做族譜？這給你們看！」

　　如此珍貴的手謄族譜紀錄就這樣出其不意的出現，似乎
就是冥冥中祖先的指引，知道我們在找，而且找得很苦惱，就
在差不多要停擺的時後出現，給了當時正在族譜漩渦中苦惱的
Umasan、Vavali、Masako 及 Pinian 等人一股堅持下去的動力。

4　Kemaderunan 為 Kasavakan 部落夏祭 - 小米收穫祭。
5　2016 年尼伯特風災重創台東，Kasavakan 也被掃得滿目瘡痍，家家戶
　戶在颱風過後整理家園，Hongce 叔叔整理家裡時發現其父 - 林昇繁長
　老於 1970 年初期手寫之族譜筆記本。

圖：2020 祭屋調查小組主要成員（左至右：Vavali, Masako, Umasan, Minimini, Alikay, Sangpuy）。

　　Kemaderunan 後 的 8 月， 當 時 的 Umasan、Vavali、Masako 及 Pinian 等人開始閱讀蛸島直教授於 1980 年代駐村於 Kasavakan 時對祭屋及祭祀的調查紀錄[6]，讓 Umasan 在 Adaudan 裏找到了 Umasan。

　　2018 年的 Kasavakan 有了文健站[7]，Palakuwan 小姐[8] 們有更多時間和部落長者相處，也從與長者聊天的過程中聽到更多

6　蛸島直教授在 1986 年 2 月開始在 Kasavakan 部落進行田野調查。

7　文化健康站為原住民族委員會推展原住民族長期照顧計畫所設置，Kasavakan 部落文健站設置於建和多功能聚會所內；2018 年設置之初有 2 名專職照顧服務員，2019 照顧級距提升增加至 3 名照顧服務員，受照顧之部落長者現逾 40 位。

8　為文健站長者對在參與文健站工作及課程的老師和志工稱呼。

親族關係的故事，讓我們可以將口述和文獻資料相互比對尋找解答。

2019年把家系族譜調查納入當時進行的活力計畫[9]執行項目中，試圖瞭解更多關於家系族譜的故事。

2020年欲深化了解家系族譜與祭屋關係，於是申請文化部原住民村落文化發展計畫，祭屋調查小組於此時正式成立。（小組持續壯大，2021加入更多年輕新血。）

二、　karuma'an──Kasavakan 的祭屋

依據口傳歷史及文獻記載，Kasavakan部落是個文化歷史悠久的部落。過去，「沒有教堂的部落」是研究巫覡文化學者的標準田野印象，此亦為Kasavakan部落特色，也顯示出Kasavakan部落在經過歷史遷移、異族融合交流的流轉，在信仰多元的現今社會中，仍保有屬於傳統卑南族對於「祖」的堅定信仰。karuma'an（祭屋）即為部落族人信仰的祭祀中心，且緊密連結著部落歲時祭儀及巫儀文化。

karuma'an的存在與現有儀式為更早之前的部落型態保留了部分記憶；karuma'an牽動的不單單是信仰文化、親屬關係的連結，也是守護部落的傳統社會分工模式，更是部落歷史脈絡重要的軸心。

9　原住民部落活力計畫為原住民族委員會補助計畫，Kasavakan部落執行5年。

（一）　karuma'an 的主要祭祀

祭屋即祭祀用的小屋，通常會建在主祭者家屋後院，傳統以竹子搭建並面向東方，多數祭屋高約 140 公分左右，內有一小平台作為祭台，亦可收納祭祀用品及擺放穀物。

主要祭祀一般在部落大型祭典前進行，是對祖先的嘗新儀式 ——dimira'，為祖靈獻上新收的穀物，感恩祖靈保佑部落作物豐收與平安。

dimira' 是 Kasavakan 部落夏祭（Kemaderunan—— 小米收穫祭）及冬祭（'amiyan—— 年祭）前的重要儀式。由部落領導家的 karuma'an 為祭祀起始，將今年新收成的穀物（夏祭為 dawa—— 小米、冬祭為 kalumayan—— 旱稻）獻祭到 karuma'an，告知祖靈穀物收成、感念祖靈的庇佑。

dimira' 祭儀需準備綑綁成束的新收穀物、檳榔、inasi（陶珠）等，具巫師身份的祭祀者還會備有 tinar（碎鐵鍋片）。祭祀方式因著每一氏族及繼承者身份會有所不同，同時具有巫師身份的祭祀者會使用 tinar 擺設 viniling（阻隔外靈）陣法。

過程需生火起灶將新收的穀物象徵性烹煮成 avay（粿）及 mulaw（粥），獻至 karuma'an 的祭台上以完成 dimira' 儀式。

在 Kasavakan 的 karuma'an 網絡中，祖先會選定祭祀的繼承者，被選定的繼承者若無法親自進行祭祀，可由親人披著繼承者的衣物代為祭祀。若 karuma'an 的祭祀者當年為喪家，則該年不進行 dimira'。

（二）　祭屋在 Kasavakan 的流轉

　　Kasavakan 遷徙至現部落位址今年為 92 年，遷村之初為日治時期，從 Sinadikidan 移居到現址時，日本人將各家的祭屋統一集中在新社 [10] 後方，並於入口處設置鳥居 [11]，祭祀時期族人再前往祭祀，但祭祀者多同時具有巫師身分或有些祭祀者會有特定需求須在祭屋進行祭祀，管理的情形似乎不符合祭祀需求與期待，故在日本人離開台灣後，各祭屋的繼承人便把自身主持的祭屋牽回家。

　　在蛸島直教授紀錄中也提到，祭屋的繼承者婚入其他部落，為便於祭祀，而將繼承之祭屋新建或分靈到現居地；可看出即便祭屋跟著繼承者移動，也仍不影響其運作模式。

10　Kasavakan 部落遷移中，Sinadikidan 為現部落的前一舊部落，位置為現在部落的後方；新社即現部落位置，為日治時期規劃的棋盤式社區，1929 年自 Sinadikidan 遷入至今。

11　日治時期為管理部落，將族人自 Sinadikidan 集中遷移至現部落位置，同時也將個祭屋集中設置在現建和部落二街頂的位置，並與入口處搭建鳥居。

Kasavakan 部落祭屋屬性與名字

◆　1931-1932 年：

在來系統：		
Dumaradas（41-43 戶）		
Tovaronih（5 戶）		
Padok（3 戶）		
Parokaroman（6 戶）		
Karuholan（10 戶）		
Paonamon（5 戶）		
Martokaon（10 戶）		
Karangira（10 數戶）		
外來異分子系統：		
I　Sakurair（知本社，5 戶）		
II　Palingao（Tachigiru 社，8 至 9 戶）		
III　Tarinavan（大武窟社，9 戶）		
IV　Rovaniau（Toritori 社，4 戶）		
V　Parusunoh（虷仔崙社，7 戶）		
VI　Taroehe（虷仔崙社，6 戶）		
VII　Darongan（大竹高社，6 戶）		

表一：馬淵東一《台灣高砂族所屬之研究》。

◆　1987-1999 年 Kasavakan 部落的祭屋：

名稱	《系統所屬》中之表記	祭屋有無	性別	概觀
Dumaradas(a)	Dumaradas	有	男	現首長的 karumahan
Dumaradas(b)	Dumaradas	有	男	
Dumaradas(c)	Dumaradas	有	男	
Dumaradas(d)	Dumaradas	有	女	
Dumaradas(e)	Dumaradas	有	女	
Adok(Padok)	Padok	有	男	祈雨、祀壺
Araudan	—	有	女	Dumaradas 的女性版
Arukaruman	Parokaroman	有	男／女	祈晴、祀石
Aruvdan	—	無	男／女	
Kazagidan	Karagiran	?	男	舊集落時期 dumaradas 勢力二分
Makaunamun	Paonamon?	無	女	
Martokau	Martokao	有	男／女	
Padigau	Palingao	無	男／女	
Rovaniau	Rovaniau	無	男／女	排灣族系統
Ruvudun	—	有	女	排灣族系統
Sakraer	Sakrair	有	男／女	
Tuvarune	Tovaronih		女	

表二：川子之藏，馬淵東一，宮本延人 1988〔1935〕。

◆　2003 年 Kasavakan 巫師的祭屋：

Karuma'an	名字	其他（註）
Dumaradas	Muimui	
Martukaw	Sanpuyi	
Pakaukaw(知本)	Haru (1)	排灣系統 puringaw
Kwalungan	Siciko	兼任南北斗星君的乩童
Adaudan	Haru (2)	負責 marsur kana kriu 的祭祀者
Dumaradas	Hayhay	
Sakura'er	Ihang	
Dumaradas	Linga (1)	
Dumaradas	MihiL	
Martukaw	Linga (2)	
Palingau	Miyoko	
Makaunamun	Hanako	

表三：擷取自楊江瑛〈Mukiangai：建和卑南族巫師（temaramaw）的儀式實踐〉。

◆　2019-2021 年 Kasavakan 部落的祭屋：

祭屋系統	特色功能	祭祀者（首位為主祭者）
Dumaradas	領導家 / 祭儀開端	Haku
		Hayhay、其三女之大女兒及小女兒、Kiku
		該氏族男性
		Kiku 之女
Adaudan	祭儀收尾 / 苧麻	Kimliyan
Aduk	祈雨	Ikic 及其二女兒、小女兒長子、Ulrulru
Arukaruman	祈晴 / 鞦韆之源	Asiyong、Siawvung
Makaunamun	驅趕颱風	Hanako 及其長女
Martukaw	巫師多	Lringa
		Ihang
Sakudair		Ihang
Palingaw	排灣系統	Miyoko
Ruvulreng	排灣系統	Haceko、Tongsu
Sayko 的祭屋		Sayko
月美的祭屋		月美

表四：祭屋調查小組 2021。

◆　1931-2021 年 Kasavakan 巫師的祭屋：

屬性	祭屋系統					備註
在來/既有	1932	1999	2003(僅巫師系統祭屋)	2021	現繼承者	
	Duma-radas	Duma-radas	Duma-radas	Duma-radas	Haku	
					Hayhay 等 4 人	
						該氏族系統男性
					Kiku 之女	
	Tova-ronih	Tuva-rune		-	-	
	Padok	Adok		Aduk	Ikic 等 4 人	2018 kispi'(指「分靈」儀式。)
	Paroka-roman	Aruka-ruman		Aruka-ruman	Asi-yong Siaw-vung	
	Karu-holan	-	Kwalu-ngan	-	-	
	Paona-mon	Makau-namun	Makau-namun	Makau-namun	Hanako 及其長女	2000 重啟 2021 長女繼承再重啟
	Marto-kaon	Marto-kau	Mar-tukaw	Mar-tukaw	Ihang	
					Lringa	
	Kara-ngira	Kaza-gidan		-	-	
	-	Ara-udan	Ada-udan	Ada-udan	Kim-liyan	2018 繼承重啟
	-	Aruv-dan	-	-	-	

屬性	祭屋系統					備註
外來	Saku-rair	Sakraer	Sakura'er	Sakudair	Ihang	
	Pali-ngao	Padi-gau	Pali-ngau	Pali-ngaw	Miyoko	
	Tari-navan	-		-	-	
	Rova-niau	Rova-niau		-	-	
	Paru-sunoh	-		-	-	
	Taro-ehe	-		-	-	
	Daro-ngan	-		-	-	
	-	Ru-vudun		Ruvu-lreng	Haceko, Tongsu	
	-	-	Paka-ukaw（知本）	-	-	
未知	-	-	-	?	Sayko	2018 繼承重啟
	-	-	-	?	月美	

表五：1931-2021（90）祭屋流轉。

（三）　Kasavakan 部落中祭屋的功能

過去一個部落就是一個國家，祭屋的存在就像國家體制中的各個部門，對應處理當時生活型態中會遇到的事情，各司其職，維護著部落社會的和諧。

　　從上述表格可看出祭屋之於部落的功能角色及消長概況。經由紀錄，即便有些資訊模糊甚至無解，但可確定的是祭屋一定具有特定功能，大則對應部落公共事務，小則守護其系統下親族後世，都是為穩定一部落的運行。

　　Kasavakan 的領導家 Dumaradas，亙古以來皆由男性主持繼承，在 1930 年代並無記錄到分支，但在 1980 年代的紀錄中分出了女版的 Dumaradas——Adaudan，根據 tumu Hayhay 說明，Adaudan 的首位祭司——Rutip 應生在 Sinadikidan，活躍的年代是在日治初期 [12]。而 Adaudan 祭屋的產生是為獵物處理且與原生的 Dumaradasa 在部落祭典中做對祖靈通報的分工，以 Dumaradasa 為祭典起始，Adaudan 為祭典結束。

　　過去族人堅信天象氣候皆有特定運轉形式，萬物靈會因著族人的生活態度給予或懲罰，如乾旱或水災。農作與狩獵是部落重要的飲食來源，而農耕直接由天象氣候所影響著，故傳統的祭屋中就有負責風調雨順的祭屋，如一直都不下雨就要找祈雨的祭屋——Aduk；下太多雨要找停雨的祭屋——Arukaruman；風大雨大的颱風恐會破壞作物和家園，就找驅趕颱風的祭屋——Makaunamun。

　　早期的部落形態醫療與科學不發達，巫師在部落通常也被視為巫醫；Martukaw 是巫師眾多的氏族，且多成為活躍的 Avukur[13]，巫師的家如同診療室，讓身有病痛或疑難雜症的族人前往 taramaw[14]。雖然 Martukaw 不若以上祭屋之於部落有特定

12　Adaudan 祭屋於 1930 年代未被記錄到，但經由巫師口傳歷史中，確認此祭屋創建時代應為前一舊部落時期，推論當時的報導者仍將其歸屬於 Dumaradas 系統。

13　譯為巫師長。

14　taramaw：當族人有身體不適或疑難雜症時請求巫師解答，巫師會透

功能性，但在此系統下有眾多巫師，儼然也是一種特定功能，同樣參與者部落的穩定機制。

還有其他祭屋，目前小組們也釐不清是否具有特定功能，但其實不論是否有特定功能，存在著就絕對有意義，至少守護系統下的後代就是基礎功能。

（四）　Kasavakan 現（2021）正運作的祭屋概述

1. Dumaradas

是 Kasavakan 部落領導祭屋，目前分有 3 家祭屋持續運作，為頭目 Haku、temu Hayhay 及該氏族男性。

該祭屋系統除了繼承巫師職責的 tumu Hayhay 的祭屋是女性，其他皆由男性主持 dimira' 儀式；在每年 Kemaderunan（夏祭）及 'Amiyan（冬祭）前夕，由 Haku 主祭的領導家祭屋首發進行 dimira' 儀式後，各祭屋於次日始接續進行 dimira' 儀式。

夏天部落小米收成完畢後，由青年會長及 2 名青年攜 2 瓶米酒至頭目家請示是否可以辦理小米收穫祭，接著頭目會等待好夢 [15] 再進行 dimira'。

頭目 Haku 的祭屋在祭祀時會在火堆中烤地瓜，再將熟地瓜帶至部落四個 lraluwanan（跨越的地方），進行祭衛兵儀式，

_____

過咒語與天地神靈溝通及巫術儀式為其解惑與指點迷津。

15　視之為夢占，作為是否能進行祭祀的依據。

告知衛兵部落將舉行收穫祭典，請衛兵看守好部落出入口，像是設立結界讓其他惡靈不能進入部落破壞祭典。在祭典歡慶結束後的隔天一早，頭目再帶領青年會長再次到城門祭衛兵（pu'alising），分享收穫的食物，並且告知祭典結束，可以將新食物帶出部落，答謝衛兵的守候讓祭典得以圓滿結束。

頭目 Haku 的祭屋在祭祀結束後，參與的親屬可為祖靈進行分享穀物，祈求祖靈保佑。

另一 Dumasradas 系統之領導家祭屋為「男性所屬」；與多數祭屋同樣會於祭典前進行 dimira' 儀式，在祭祀當日可見該系統下的男性成員集結一起做祭祀準備，祭祀過程會有巫師輔祭，但在擺放祭祀穀物及儀式則只能由該系統男性成員執行，且祭屋也僅有男性可以進入。在 Kemaderunan 祭典當日，該祭屋系統成員會在祭屋前設席慰勞 remnad[16] 的男子，稱為 paakan。

2. Adaudan

亦稱為「vavayan na Dumaradas」，譯「女子的祭屋」，是 Sinadikidan 時期由 Dumaradas 祭屋分出始獨立祭祀，首位祭祀者為 Rutip[17]，歷代皆由女性為繼承人進行主祭。

部落狩獵有收穫時，會獻給領導家祭屋，然若獵物是落入陷阱並經一段時間而產生腐化現象，則獻給 Adaudan 祭屋。

Kasavakan 部落由 Dumaradas 領導家為首進行嘗新祭以展開祭典，Adaudan 則以收納苧麻告知祖靈祭儀完成結束。

16　remnad 意指 Kasavakan 部落男子於夏祭時在部落遊行的精神舞。
17　為部落當時活躍之巫師。

在一世紀前 Adaudan 祭屋創建進行部落祭祀分工，在 2007 年持有祭屋的主祭者逝世後即封存停止祭祀，時任執行祭屋封存儀式的巫師預言 12 年後才能再開啟，玄妙地在 2018 年時祭屋繼承者在祖靈的引導下繼承祭屋主祭，在 2019 進行遷靈儀式，帶祖先搬到 Adaudan 的新家（新建祭屋），開始由 ina Kimliyan 主持祭祀，恰好就是當初預言的 12 年後重啟祭屋。

3. Aduk

Aduk 祭屋主祀祈雨儀式；祭屋中傳有祭壺、葫蘆及竹壺等法器。

祭壺於降雨時置於祭屋外接雨水，但不得將盛裝的水倒出或裝入一般用水，且忌諱非相關人拿取此壺；雨停時立即將祭壺收至祭屋，不得在外曝曬。

過去部落遇到長期不下雨情形時會請該進行祈雨儀式，由該祭屋祭祀者主祭祝禱後帶領族人自部落出發越過河域再返回部落，其意義似為將水帶回部落。

Aduk 祭屋系統在紀錄中[18]追溯到最早的主祭人名字即為 Aduk。在 1950 年代以前該祭屋在夏祭會獲有領導家所分配的部落徵收的穀物；在現祭屋主祭者 ——Ikic 祖父 ——Ulrulru 主祭時代，祭典前的祭祀規模盛大，據悉可長達 9 天，可見此祭屋執行的儀式具有公共性且之於部落擁有特殊領導意義。

小組所紀錄的現祭屋主祭者 Ikic，其所持有之祭屋為 2018 年分靈後祭祀，在分靈前都是回到老家的祭屋進行祭祀；ama Ikic 所主持的祭屋目前參與祭祀的繼承者共有 4 位，且年紀最小的僅 4 歲。

18　參考資料：蛸島 直。

4. Arukaruman

Arukaruman 祭屋主祀祈晴（停雨）儀式；祭屋中祭祀著高逾 1 米之細長石頭。當部落遇到大雨下不停而釀成水患，長老及巫師會聚集在此祭屋前進行祈晴（停雨）儀式，祈求雨神停止下雨。

儀式以燃燒白色小石及松木，於祭屋前以檳榔為供品獻給該氏族祖先、Ruvuwa'an[19] 及 Aranumu[20] 的祖先，並向其祈禱；而長老會先製作弓與箭在儀式中向上天發射，此射箭動作象徵著用箭破壞雲層，讓陽光進來已達到停雨目的。

此祭屋現亦稱為「鞦韆之源」，因 Kasavakan 部落於冬祭搭建之鞦韆的發明者為此祭屋歷代繼承者 ——Rahan[21]。

傳說 Arukaruman 祭屋亦同 Dumaradas 及 Aduk 為領導家系統，每年祭典前會收到部落所收集的穀物，其執行的儀式也具有公共性，故之於部落擁有特殊領導意義。

該祭屋約於 1938 年後由 Yuwa 繼承主祭，族人即稱為 karuma'an ni Yuwa（Yuwa 的祭屋），鮮少人知道其為 Arukaruman 系統祭屋。目前祭屋主祭者為 Yuwa 次子及 Yuwa 姊姊的女兒的小女兒，近年 Yuwa 次子的一雙兒女也會一同參與祭祀。

19　祖先發祥地，位於台東縣太麻里三和村台九線道路旁；建和部落族人固定每年農曆 3 月 3 日會到此祭祀祖先。

20　指「都蘭山」。

21　Rahan 於祭屋系譜紀錄中直接以人名概念紀錄，但於卑南族語中也為「祭司」之意，如同一特定「官職」，可聯想與 Arukaruman 為領導家相互應，推論這位 Rahan 應另有其個人名字。

5. Makaunamun

在 2000 年，繼承人 Hanako 重建祭屋重啟祭祀且 kiparahan[22]。

temu Hanako 因身體狀況不佳故停止祭祀已多年，當初重建祭屋是由 mumu 的丈夫 temu Layhok 建造。2021 年夏季 mumu 的祭屋再度重建重啟祭祀，且產生新的繼承人——mumu 的長女。在 mumu 身體狀態良好時對孫女 Cian 提及祭屋主要是對颱風進行儀式，要颱風趕快離開。

6. Martukaw

相傳 Martukaw 與 Sakudair 雙方祖先為手足，現有繼承者 temu Ihang 同時主祭 Martukaw 及 Sakudair 兩座祭屋；另由 Martukaw 祭屋分出之繼承者有 temu Lringa 和 Naceyo，2 人並無繼承 Sakudair。

Martukaw 並無特定主祀職責，但該祭屋系統下擔任巫師職責者多且參與祭祀者也眾多；繼承者 temu Lringa 於部落擔任巫師職責，為目前部落尚有持續執行傳統屋儀的巫師，而 Naceyo 亦為被祖先擇定之巫師人選。

7. Sakudair

相傳 Martukaw 與 Sakudair 雙方祖先為手足，temu Ihang 說其所繼承的兩座祭屋至今沒有分開過，祭屋系統成員包含知本部落的親屬，每年的 dimira' 都會有知本部落的親屬前來此祭屋共同祭祀。

---

22 temu Hanako50 歲時經巫師診斷繼承祭屋，前一繼承祭祀者為 Hanako 之母，然其於 36 歲時逝世，祭屋祭祀期間很短，而祭屋隨之荒廢；故 Hanako 繼承後需重建祭屋，且進行 kiparahan（成巫儀式）。

8. Palingaw

從蛸島直教授調查紀錄中歸納為排灣系統的祭屋，由排灣族頭目之女 Sadun 帶到 Kasavakan，但似乎又與屏東馬卡道族有關聯。

已故繼承者口傳後世說明此祭屋是祭祀太陽神，祝禱時要面向東方，向 Icas[23] 祈求後，神靈就會從太陽處降臨。

temu Miyoko 為目前祭屋唯一持續進行祭祀之繼承人，同為部落中持續執行巫儀的巫師，其 dimira' 過程在嘗新儀式（獻新穀、為祖先煮食穀物）後還會進行「tumatuway 招喚運氣」、「umudun 堆疊儀式」、「puru'em 加持儀式」等，最後食用今年新穀製成的食物，並在 karuma'an 外喝酒，表示 dimira' 儀式完成。

9. Ruvulreng

是排灣族系統的祭屋，以琉璃珠[24] 首飾為傳承寶物。

Laduy 為 Ruvulreng 氏族在 Kasavakan 的首位祭祀者，也具有巫師身份，其夫婿為 Kasavakan 部落族人。

現 Ruvulreng 祭屋進行 dimira' 時，會朝向 Ruvuwa'an，且檳榔擺陣的方式也與部落原有之祭屋系統有所差異。

Ruvulreng 在系統紀錄中皆由女性繼承，且近代具巫師身份的主祭者──Muymuy 在世時也曾於紀錄中[25] 表示

---

23 此指「神」，通常指最大的神靈。
24 琉璃珠首飾為 Laduy 自原生家帶回，傳說具有特殊神力，故繼承需由祖靈擇選，會以透過做夢，生病等提示，再經巫師詢問後確認才能繼承。
25 蛸島直 1999。

「Ruvulreng 只有女性」。目前參與祭屋祭祀繼承者有 2 位，為 temu Haceko 及 Tongsu。

10. Sayko 的祭屋

Sayko 在 2018 年經由 taramaw 確定繼承已故祖母的祭屋，由丈夫於 Tavurung[26] 老家建立。祭祀的第二年在祭屋前方自然長出一株豐碩小米，視之為祖先賜給的禮物。

此祭屋原主祭者逝世多年才由 Sayko 繼承重啟祭祀，對於祭屋相關故事及屬性皆難以得知，然 Sayko 迄今在 temu Lringa[27] 輔祭中持續不間斷每年兩次的 dimira'。

11. 月美的祭屋

原本祭屋位置在 temu Ihang 家[28]，三年前遷移至 Tavulung，祭祀繼承者為月美，同時也接受成巫 kiparahan，但長年旅居西部，兄姐表示其熱衷於廟宇活動，鮮少回到老家祭祀，故實際祭祀的是月美同母異父的姊姊與哥哥執行，詢問代為祭祀的兄姐此祭屋是屬哪個系統，皆表示不清楚，只知道月美是繼承祖母的祭屋。

12. 小廟（追思堂）

現在小廟的位置在還沒遷村下來時是一條道路，恰好有一棵樹，下山外出或征戰的勇士在走這條路時常會在樹下休息。

26　今建農里雲南路，族語譯為「低窪處」。
27　Martukaw 系統繼承者，現職巫師。
28　temu Ihang 為 Martukaw 和 Sakudair 系統繼承者，但月美繼承的祭屋非此二系統，判斷應為 temu Ihang 夫家之系統，然目前資訊不足無法確認系統所屬。

新社建立後，已逝的勇士亡靈仍往返於這條路上，常引起不幸的事，在 1994 年以道教形式建造了小廟，廟內供奉有三尊木刻神像，中間為在地神靈、兩側為 avukur（巫師長）及勇士。

　　小廟祭祀著上述神靈，同樣地在部落祭典前進行 dimira'，在漢人祭祀中的中元節也會進行普渡，持續至今。

（五）　繼承

　　祖先會透過一些無法解答的形式引導其所擇訂的繼承人來繼承祭屋，通常就是生病不會好，即所謂的 mukiangai。多數的繼承者其實在年幼時就知道自己需到祭屋祭祀，但或許是因為多數祭屋的持有者同時也具有巫師身份，於是對於繼承祭屋產生恐懼甚至排斥，直到年長後身體開始出現醫療無法有效控制或查不清原因的狀況，才意識到繼承祭屋的必要性。

　　調查小組成員在經過閱讀文獻、族譜繪製與標記、耆老訪談後的討論，發現祖先所擇選的繼承人多為旅居在外、或在親族聯繫上較為疏離的族人，似乎是在牽動著這些繼承人「回家」。

　　在 temu 們都還是少男、少女時代前，祭屋的祭祀是繼承者或祭祀者非常重視的例行事務，參與祭祀的人員眾多，更會跨部落前來，然因著時代的變遷[29]，因著諸多緣由參與人員

29　順應時代潮流，族人為求學及就業旅外情形普遍，對於部落事務受限空間與時間僅能階段性參與。

越來越少，祭屋的祭祀往往是跟著部落例行公眾事務運作，持有祭屋的主祭者並不會宣傳自己的祭屋何時要祭祀，過往多是繼承者們在「差不多的時候」[30] 前往主祭者家詢問何時祭祀。

　　temu Miyoko 在我們陪著祭祀時感慨的說：「現在的人比較不相信神靈的責罰，所以都不來拜拜啦！以後我沒有的時候怎麼辦餒？」，可知 mumu 是多麼期盼能有人可以接續她的工作。

　　ama Kinhac 從妹妹繼承祭屋後就持續代為祭祀至今，在祭祀時偶有一些抱怨，雖然抱怨著自己不是繼承人還在忙這個 dimira'，但還是和姊姊、姪兒等家人堅持著祭祀工作，祈求祖先保佑家族成員一切安好。

　　dimira' 起灶煮食，身為 temaramaw 的祭祀人起火一直不順，在唸了一串咒語後聲淚俱下的對著祖先說：「『他／她』因為……所以沒來」，溝通一陣後才起火成功；原來祖靈在找人，找那位祂指定的繼承人 [31]。

　　目前多數持續進行祭祀的祭屋，多已有年輕的繼承者出現，卻在祭祀時不見其身影，仍由家中長輩披著其衣服在低矮的祭屋中忙碌著，2020 年在旁陪伴與紀錄的小組們著實感慨，卻又無能為力，期待繼承者們能體認自己被祖先所賦予的任務；在 2021 的祭祀儀式中，部分祭屋已有年輕繼承者共同參與，可以感受到總是獨立祭祀的長輩們心情很好，整個氣氛確實有些改變，變得更輕鬆和諧。

30　在小米收割後，祭屋系統的繼承者會主動向祭屋主祭者聯絡，確認進行祭祀時間。

31　繼承者若無法前往參與祭祀，通常多會提供自己的衣服由家人或相關人披著代為祭祀，若無提供衣服，則祭祀時祖先沒有「聞到」該繼承者，則會生火不順影響祭祀，此時主祭者或輔祭的巫師便會拿者碎鐵片邊唸咒語邊丟向起火處，向祖靈說明不到原因。

年邁的繼承者 mumu 們背負著祭祀的使命，默默地透過儀式祈求祖先保佑部落風調雨順、後代子孫平安健康，每一年每一年用年邁的身軀堅定的守護著後院小小的 karuma'an。

三、　祖譜

　　建置家族譜對小組而言是一件很重要的事，說不上為什麼就是很想知道，這份濃厚的想知道驅使著莫名堅持，一定要做。

　　我們以參考林長老手謄族譜、老里長製作之族譜[32]及蛸島直教授於 1980 年代駐村調查為基礎參考、協同部落耆老及各氏族親屬口述相關故事彙整，並嘗試繪出氏族家系關聯圖。

　　透過辦理「日治時期戶口名簿判讀工作坊」鼓勵族人向戶政申請，再共同梳理內容，嘗試比對相同名字的祖先，進而串接彼此間的親族關係。

　　從自己為中心開始繪製族譜，再透過祭屋系統的紀錄彙整、對應進入到系譜裡；好多好多的親族關係上下左右擴張成巨網，裡面找到好多祖先的名，無形中也梳理出一些故事，「祖譜」不單單是親族關係的紀錄，每一條線的連結都是部落運作的歷史軌跡。

　　2020 的文化成長班，調查小組嘗試帶著成長班的孩子及家長共同「從自己出發」來繪製自己的 3 代族譜，也請孩子去和住在家裡附近的小朋友對看看有沒有共同的親人出現在彼此

32　老里長即為部落族人所稱之林昇德長老，在建和於行政區為卑南鄉時任村長、台東市建和里里長，善於部落文史紀錄，對於部落有極大貢獻。

的族譜中。最後，請已有族名的孩子去找找「你的名字是誰的名字？為什麼你會是這個名字？」，期待孩子能夠知道自己族名的由來，並且能大聲驕傲的說出自己的名字。

四、「祭屋名」・「家族名」・我的「族名」

在這幾年的調查當中，祭屋的名字，小組人員總是覺得很可能是「人名」，是祭屋首位的祭祀者，因著祂的名、祂主持的祭屋，稱做「〇〇的祭屋」。

經過 mukiangai 繼承祭屋時，temaramaw[33] 會說是哪位祖先來找的、繼承的是誰的祭屋。

Dumaradas 是部落起源家族，推論可能因著對應當時生活型態需求而分出了特具功能性的祭祀主持人，因著祭祀而建立祭屋，於是具特定功能的祭屋就產生了；祭屋在當時的命名已無從考究，可能是主祭者的名、也可能是因著功能而給予命名。

1995 台灣的法規發布「臺灣原住民回復傳統姓名及更正姓名作業要點」，鼓勵原住民族人恢復傳統姓名。關於卑南族的名字，排列形式為「個人名＋家族名」，例如我的家族是 Adaudan，所以我的完整的名字應該是 Umasan Adaudan，可是……接觸越多關於祭屋、關於祖譜，我就只會說：「nangku ngadan mau i Umasan.」。

部落族人知道小組有在做祖譜時，會來詢問「我是哪個家族？」，系譜網這麼大，部落氏族目前歸納出 10 個：

33　譯「巫師」。

Dumaradas、Adaudan、Aduk、Arukaruman、Makaunamun、Martukaw / Sakudair、Palingaw、Ruvulreng、Kadangilran[34]、Ruvaniyaw[35]，除非你的祖先總是跨部落或跨族群聯姻，不然你很難只出現在單一系譜脈絡裡。就我自身來討論，以歷代長輩婚入情形來看，我是 Adaudan 家族，但依循著我的血緣往上找，我不單單在 Adaudan，也出現在 Kadangilran、Martukaw、Ruvaniyaw 和 Palingaw 的祭屋系譜裡。

部落族人往往追尋著家族名為自己恢復傳統姓名，來符合既有的命名規則「個人名＋家族名」，似乎要這樣才會是百分百正確，可是，若祭屋的名字等同於家族名，就要討論到認同與繼承了。例，我是 Umasan Adaudan，我的認同依循著長輩婚入形式，但假若有一天，Martukaw 的祖先擇定我為繼承人，我是不是要因為繼承而改成 Umasan Martukaw 呢？這樣的情形真實出現在婚出他部落的男性長輩後代。

日本在台灣的時期是一個很重要的歷史紀錄階段，為了當時殖民政策詳細記錄了人民的生平與生活型態，包含了家族中親族關係的連結，所以日治時期戶口名簿上的內容就會是進行祖譜調查中很值得參考的根據，再對應傳說故事和口傳歷史，便能爬梳出家族系統脈絡。在排灣族與魯凱族人的日治時期戶口名簿中可以清晰地看到自己的家屋名，布農族也註記了氏族名，甚至泰雅族紋身位置於何處也詳細記錄著，如此詳細記錄著族群與個人的特徵，然在卑南族的紀錄上卻不見所謂家族名，僅看出原居住地與婚出入情形。

34　Kasavakan 部落氏族，在一世紀以前的舊部落為一領導家。
35　Kasavakan 部落氏族，屬排灣族系統，不確定是否與知本部落的 Ruvaniyaw 有關係。

在祭屋系統的祖譜裡，一個人會出現在不同的系譜中，也可能因為長輩的婚姻關係重複出現在同一系譜裡，或僅出現在單一系譜中，甚至有部落族人目前都還沒被寫到這目前歸納出的 10 個氏族系譜裡，可能這些族人就是目前消逝的祭屋系統的後代。但無論如何，名字很重要，能延續祖先的名字是記住祂們的方式，血緣的連結與認同更是重要……。

五、 讓祖先的名字繼續留在部落

看過電影《可可夜總會》嗎？是一部關於墨西哥亡靈節的動畫片；亡靈節是追思先人的日子，就像是台灣的清明節、重陽節等，也對應到我們卑南族的 dimira'、remawa'[36] 等；電影中有一句經典台詞「真正的死亡是世界上，再沒有一個人記得你。」（*The real death is that no one in the world remembers you.*）。

「當這些名字不再被使用，才是真正的死亡！」（土坂‧Muakai 林秀蘭）。

「真正的死亡」不是生理上當下不運轉的結果，而是不存在在任何人的記憶中，沒有人知道「你的名字」、「你是誰」……。

時光不停地走，當那些固定在生命中出現的親人，有一天成為祖先的時候，便再也不會真實地出現在身旁，留下祂的名給予新的生命，持續被喚著，讓其延續著……。

36　remawa'：一種祭祀儀式，主要為後代子孫對祖先的感念進行的「分享」儀式。

Kasavakan 的祭祀系譜網絡中，橫向牽引著越來越多的親人，向下更是繁衍壯大著氏族，但在世代的洪流中，對於「名」的意義卻逐漸流失，對於「祭」的信仰亦同，無論直向或是橫向的網絡線，我們循跡找尋著先祖灑下的絲，並嘗試編織成強壯又堅韌的線，使之變成不能忘、不可斷的信念。

參考資料

蛸島直（黃淑芬譯）

　　〈卑南族的 demirah 祭儀 - 對於祭祀小屋 karumaan 歸屬原理之理解〉。

　　〈卑南族 Kasavakan（建和）村中具勢力的祭屋〉。

楊江瑛

　　2003〈Mukiangai：建和卑南族巫師（temaramaw）的儀式實踐〉國立清華大學人類學研究所碩士論文。

陳文德

　　2014〈名制與社會生活：卑南人的例子〉《卑南學資料彙編第一輯》。

石磊

　　1985 〈卑南族的親族制度〉《國際中國邊疆學術會議論文集》1403-1422。

　　1978 〈個人、儀式與社會卑南族消除儀式的個案研究〉《國立政治大學民族社會學報》129-145。

卑南族史「中古時期」幾個事件的演義及其影響分析

林二郎

成功大學台灣文學系研究生

摘要

今日指稱的卑南族聚落，族人慣以「八社十部落」稱之，內部並以 ＂Pinuyumayan＂、「卑南族」作為民族稱謂。然而，從最初的四個部落，到清領時期的「八社番」迄今，台東平原發生了不少的歷史事件，「卑南族」最終整合形成了一個民族共識。然，論及「卑南族史」往往忽略了事件參與部落本身的自我認同，及其所存在的文化差異、歷史記憶、各自的詮釋視角與影響所及。盡管不同部落、氏族成為一個「民族」，從來就是衝突、協調、接納融合的過程，是進行式，也是不斷詮釋與形塑的過程，但這個形塑過程卻不必然是最初各部落發生衝突當下的共同願望。當 ＂pinuyumayan＂ 與「卑南族」已然作為共同族群稱謂的現在，回頭檢視過往幾個事件過程，卻依舊懸疑著三個有意思的問題：一、事件發生如何改變部落之間的關係；二、事件之間的關聯及後續發展；三、當時台東平原各部落是怎樣的畫風。

　　本文選擇宋龍生《台灣原住民史：卑南族史篇》的「中古時期」發生的幾個具關鍵性的事件出發，結合、比對曾建次所著《祖靈的腳步》口述歷史與荷據時期紀錄文獻，做全景的描摹與演義，使上述問題的探究形成更清晰的脈絡，有助於族內同胞相互理解彼此歷史記憶的差異與民族形塑的過程，進一步釐清呈現歷史事件發生的時間、背景與後續影響，使引號的卑南族，真正成為具共同歷史記憶與重視史料細節的民族。

關鍵詞：卑南族史、竹林戰役、索卡索卡魯南遷、衛瑟林事件、東部卑南地方會議。

一、　前言

　　今日指稱的卑南族聚落，包括 Katatipul（知本）、Kasavakan（建和）、Likavung（利嘉）、Tamalrkaw（泰安）、'alripai（阿里擺）、Mulivelivek（初鹿）、Danadanaw（龍過脈）、Pinaski（下賓朗）、Puyuma（南王）、Papulu（寶桑）[1]（陳文德 2010：3）等，族人慣以「八社十部落」稱之，內部並以〝Pinuyumayan〞、「卑南族」作為民族稱謂。然而紀錄裡，在荷蘭時期有〝Pimaba〞的文字記述，清領時期有「卑南覓」的官方文書與「八社番」的稱謂，日治時期更出現「プユマ、Piyuma、Puyuma、漂馬、彪馬、卑南、八社蕃」等語（陳文德 2010：7），[2] 直至 1935 年日本學者移川子之藏、宮本延人和馬淵東一撰寫的《台灣高砂族系統所屬の研究》[3] 才有較固定與一致的說法。顯示出以個別部落名稱，總結作為幾個具有相近文化特質的部落共同稱謂的現象由來已久，而最終各部落接受以「卑南族」〝PUYUMA〞作為整體族裔對外名稱的事，卻是極晚近的事；以〝Pinuyumayan〞作為內部稱法，更是在 2010 後民族議會運作下取得的共識。在這個之前，卑南族作為民族稱謂，從內部往外觀視，筆者認為得加個引號。

---

1. 「龍過脈」原屬於初鹿的一部，1980 年代開始自己辦理祭儀與初鹿分開自成一個部落。寶桑則是在昭和二年（1927）數戶遷出普悠瑪社而成。詳見陳文德《卑南族》，台北，三民出版，2010.3 第 3 頁
2. 同註 1 第 7 頁
3. 《台灣高砂族系統所屬の研究》，移川子之藏、宮本延人、馬淵東一著。台北，台北帝國大學土俗人類學調查視報告，1935

　　學者宋龍生在其《台灣原住民史：卑南族史篇》[4]（以下簡稱《卑南史》）的研究報告中，將「卑南族」的發展歷史區分為「上古時期」、「中古時期」、「近古時期」、「近世時期」、「現代時期」五個時期。除了「上古時期」描述創世紀以降的，不知延綿多少歲月年代的口傳歷史，另四個階段則皆以實際已經出現在文字記錄的「信史時代」，其分別各自模糊又清晰對應著不同的國家體制統治的年代。其中「中古時期」對應的是荷蘭東印度公司及明鄭時期，「近古時期」對應著清領時期，「近世時期」對應著日治時期，「現代時期」對應著國民政府遷台以後的治理。（p.1-5）作為被統治、治理的客體，各時期政府的文字紀錄自然以其管理實務為出發點，無論涉及的範圍與時間線性，都不可能完整詮釋或描述「卑南族」整體面向與歷史形成的過程與關鍵因素。因此「卑南族」內部各部落的認知與傳述，成了彌補文字記述不足的重要參考，這也是宋龍生在《卑南族史》裡四個已經有文字記述的時期，還大量參酌口述歷史與研究觀察報告的主要原因。這些紀錄併呈了口述歷史與文字紀錄，描繪各時期部落間的互動與後續影響，提供我們理解「卑南族」形成的脈絡。

　　然而，以今日已然成形的卑南族意識，回頭檢視與整理帶有引號的「卑南族」過往幾百年間各部落互動的軌跡與結果，並以「卑南族史」稱之，有無因其具有「後設」況味與「民族——部落」的階序暗示，想當然爾的合理化衝突是「卑南族」內部不同部落之間調整與變革的必然路徑，忽略了事件參與部落本

4.　《台灣原住民史：卑南族史篇》，宋龍生，南投，台灣省文獻委員會。1998.12。

身的自我認同，及其所存在的文化差異、歷史記憶、各自的詮釋視角與影響所及。盡管不同部落、氏族成為一個「民族」，從來就是衝突、協調、接納融合的過程，是進形式，也是不斷詮釋與形塑的過程，但這個形塑過程卻不必然是最初各部落發生衝突當下的共同願望。今日 ˝pinuyumayan˝ 與「卑南族」已然作為共同族群稱謂的現在，回頭檢視事件過程，卻依舊懸疑著三個有意思的問題，一、事件發生如何改變部落之間的關係，二、事件之間的關聯及後續發展。三、當時台東平原各部落究竟是怎樣的畫風。

　　本文選擇宋龍生《卑南族史》所區分出的「中古時期」裡發生的幾個具關鍵性的事件，結合、比對曾建次所著《祖靈的腳步：卑南族石生系口傳史料》[5]（以下簡稱《祖靈的腳步》）口述歷史與《熱蘭遮城日誌》第 1-4 冊[6]、《荷蘭人在福爾摩沙》[7]等荷據時期紀錄文獻，做全景的描摹與演義，使上述問題的探究形成更清晰的脈絡，有助於族內同胞相互理解彼此歷史記憶的差異與民族形塑的過程，進一步釐清呈現歷史事件發生的時間、背景與後續影響，使引號的卑南族，真正成為具共同歷史記憶與重視史料細節的民族。

5. 　《祖靈的腳步：卑南族石生系口傳史料》，曾建次，台中，晨星出版社，1998.6。

6. 　《熱蘭遮城日誌》第 1-4 冊，江樹生譯註，台南，台南市文獻委員會，2000.1。

7. 　《荷蘭人在福爾摩沙》，程紹剛譯註，台北，聯經出版社，2000.10。

二、 部落勢力消長的標誌事件：「滑地之戰」 與「索卡索卡魯氏族南遷」的始末與影響

　　《卑南族史》記述了兩個關於知本與普悠瑪社因「貢品／歲賦」[8]引發的械鬥，並以「竹林戰役」稱謂此一械鬥事件，本文參考《祖靈腳步》所述事件發生地在zaluzalusan（很滑之地）以「滑地之戰」統稱此事件。在知本的口述版本裡，德國神父山道明博士[9]在1965年採訪知本部落汪美妹Varikai，提到在各部落都對卡砦卡蘭Kazekalan部落按時繳付貢品的時節，普悠瑪社Puyuma的人居然沒有交付。

> 　　……於是我們的祖先便動身前往普悠瑪社。「交付的獵品在哪兒？」他們問？那些普悠瑪社的人往南方去割剪他們放在路上的竹棍，也就是在他們的南方。這便開始了一場激烈與惡毒的吵架。「我們偷偷的離開吧！」那些祖先說。當他們來到這些堆放竹棍地時，卻蹉跌並翻觔斗而摔成一堆。普悠瑪社的人於是就地展開了屠殺。只剩下祭司長raxan沒有被殺。普悠瑪社的人於是將他拖了回村落去。到達普悠瑪社時，他們將他的肉一寸寸地割下。「這就是你們所要的交付獵肉，這就是了。」他們說。當他們在最後，切割他們的胸腔時，他才合目結束生命。（P.162）

8. 以「貢品」指稱每年交付的肉品或收穫，並不妥當，知本設在卡砦卡蘭時期即便強大，也不是一個中央王朝的概念，部落交付任何肉類、穀物，適當的認知應該是之本人的先占權，後來的部落依禮數每年繳送的禮物，可視之為「歲賦」。本文皆以「歲賦」稱之。

9. 在《祖靈的腳步》一書，曾建次自序中提到，在民過五十六年期間，知本部落一位德國籍天主教神父費道宏（Rerv.Patrick Veil）邀請曾在日本交人類學的退休學者德國神父山道明，一起花了三年的時間對知本祖先流傳下來的歷史、故事、慶典作採訪紀錄，留有不少錄音帶。後來曾建次去德國時從圖書館將它們拷貝了下來。

普悠瑪社的說法有二，一是宋龍生 1995 年 4 月 6 日訪問李成家：

> 沙德勒茂 Satelemaw 與沙德勒莎 Satelesau（二夫妻）在巴拿巴拿樣 Panapanayan 定下來後，生了兩個兒子。……之後……弟弟對哥哥老大與父母說，要自己一個人出去求發展。弟弟出發向北走，一日來到卑南……於是在此建房屋住下，這個地方後來發展成後來的卑南。……這之後，卑南與知本二地的人口越來越多，於是兩兄弟商量，哥哥說：「我是老大，以後你們去打獵打到的獵物，要向我繳稅金。」後來有一年，卑南的人去打獵，獵得不少獵物，部落的長老仍依照慣例，派成年會所之除役級的青年 bangsalan，把應繳給知本的稅金繳過去，但是這些青年在送獵物到知本的途中，就把獵物給吃掉了，因此知本在那一年裡就沒有收到卑南送過去當稅金的獵物，引起知本人的不滿，因此派人到卑南來理論，要跟卑南打仗。……於是卑南的頭目就命令 bangsalan 到兩個部落交接的地方去砍竹子，把砍下來的竹子截成 3 呎長一段一段的，在地上排了起來……很多的知本人在竹子上滑倒，被普悠瑪人殺了很多。……知本那時的頭目名叫 Karidak，被普悠瑪人抓了起來，帶到成年會所 palakuwan……（p.199）

這採訪記述的割肉情節大致與知本的說法相同，不過普悠瑪人詰問服不服氣時，因為知本人堅持要收到應該收到的獵物而不肯妥協，所以普悠瑪人一刀一刀地割下了他的肉，直到割胸膛時氣絕身亡，這也凸顯知本人 Karidak 硬挺的傲氣，令人動容。

　　另一個說法，是宋龍生稍早在的 1993 年 12 月 30 日南王大獵祭的山區工寮內的採訪，情節除了兄弟在巴拿巴拿樣登陸後插了竹子，然後一路向北，哥哥在知本落腳，弟弟則到卑南地方發展。其餘因繳納歲賦因起械鬥與割肉情節大致相同。這兩者的敘述也都提及：

> 因為這一場械鬥，知本人輸了，所以讓普悠瑪社從知本部落取得了統治權，不但知本部落要向卑南部落繳稅納貢，就是台東的很多其他的部落，也開始對卑南部落繳稅納貢。（p.199）

　　曾建次在《祖靈的腳步》第三十六章〈為貢品慘遭殲滅〉以更演義的敘述呈現這事件的場景。

> ……有一年各部落的貢品都已經送齊，唯獨南王部落（普悠瑪社）的貢品遲遲未送達，於是知本的年輕人組隊前往南王部落（普悠瑪社）欲探究竟。
>
> 他們一入村即詢問長老為何今年不送貢品，長老直言此事由青年人負責。知本青年心想事有蹊蹺，於是趕到青年會所，向南王青年興師問罪。此時南王青年早有防備，兩邊青年話不投機立時爭鬥了起來。知本青年寡不敵眾，衝出門外向南奔逃，直到南王部落南邊的小徑上，由於對路況不熟悉，青年一時心急，竟陷入南王人早已經鋪設好的圓竹筒道上，奔逃者個個踩上圓竹筒而滑倒。……留守在那裡的南王青年，立刻上前逐一砍下滑倒的知本青年頭顱，唯獨留下帶隊者回會所

百般羞辱，從他身上割下一塊一塊肉說：「瞧！這是
你們的貢品。」當割下他的乳頭的時候，那位知本青
年隊長便即闔眼斃命。（曾建次 1998：130-131）

　　這三個說法，儘管有部落本位主義的語氣與視角，但都同
樣交集在幾個可能性：一、這「滑地之戰」前，位於卡砦卡蘭
的知本部落，確實擁有向其他部落收納「歲賦」的權力與事實。
二、這是普悠瑪社的預謀，絕非擦槍走火的意外。三、這是卡
砦卡蘭前所未有的挫敗與羞辱。

　　卡砦卡蘭的知本部落，擁有向其他部落收納「歲賦」的權
力與事實雖然僅是知本、卑南兩社的口傳敘述，但從《卑南史》
所述及知本人建立了 sinasaqan 作為歲賦的收受地，以及在旁
設立斥候塔（瞭望台）的設施看來（p.160），其收受的對象
就不可能僅止於一兩個部落。除了文中所述普悠瑪社、阿美族
人以及其他來自北方部落，《祖靈的腳步》裡提到的由大武山
向東移居的排灣族在南邊建立的幾個村落（p.119），是否也
包括在內？這提供了不少的想像。再從汪美妹[10]在 1965 年關於
sinasaqan 的一段敘述來看：

　　……而那個類似防禦中心的斥候塔，就是兩兄弟
Sinakovan 和 Remaqovong 二人用來俯望北方的偵查地。
當那些來自北方的部族將要交付的獵品送來時，他們傲
然而行地登上交易的平台，大聲喊叫並立即跑開。如果
有人沒有跑離該處又開口咒罵，二兄弟就會將他們打死。

10. 汪美妹 varikai（1889~1978），知本 mavaliu 氏族，巫師身分。庫瓦克
　　採錄的主要報導人之一。

　　而其中 Remaqovong 是個非常擅長跑步的跑者，他就是那個，去追捕那些早期送來獵物交付的人的跑者。那時在古時期就得給我們交付的人，來自北方及南方直至 Kalongit。接著他們那要交付的獵物放在那台架旁，然後便大聲喊叫著跑開了。他們就是如此做的。如果有人逃開，人們便將他捉起來而後打死他。……（p.160）

　　從這敘述所表達的自信，可以肯定知本部落的確有收受歲賦的事實，而且南北兩個方向都有，其蠻橫的氣焰、態度也一以貫之。這一點，在經過約兩百年之後的英國人喬治・泰勒，在 1887 年旅行東台灣時，經歷了知本與呂嘉望部落之間的械鬥，也證實了收歲賦與知本在態度上的蠻橫。他記述：

　　很久以前，有幾個知本家族建立了呂家望（Nicka-bong），今天，他的規模及人數都超越了知本。不久以前他們對祖傳的頭目，仍帶有形式上的效忠。但是，大概在 3 年前，一些比平日的傲慢還要差勁的行為，無疑惹惱了他們，呂家望社人毅然丟下他們以往的忠誠，宣布自己獨立。[11]……（p.125）

　　泰勒描繪的情景，正值知本人逐漸向知本現址 tipol 集結成新的聚落的衰落時期，知本人的態度尚且讓已經做大的呂家望忍受不住要與之發生戰鬥，更何況勢力還算穩固興盛的卡砦卡蘭時期，對待未按時交付歲賦的部落，所展現的強橫、囂張氣焰恐數倍於此。這個強橫的態度，弱小部落可能還隱忍不說，但在平原上，已經在 Tongtongan 集結完整六個氏族，農業興盛、

11.　《1880 年代南台灣的原住民族：南岬燈塔駐守員喬治・泰勒撰述文集》謝世忠、劉瑞超譯，杜德橋編，台北，行政院原住民族委員會，2010.5

無天災的累積了強大實力的普悠瑪社來說，一場風暴的爆發是再自然不過的事。

這裡根據前面關於「滑地之戰」普悠瑪社的口述，我們描摹、演義一下當時的情景：

對於每年送歲賦到卡砦卡蘭的勞役，普悠瑪社的青年們bangsaran 頗有微詞，甚至出現了排斥的現象與態度，所以，青年領導人馬勒額納 Mareyana，向部落長老建議，乾脆不要再向卡砦卡蘭送歲賦，畢竟普悠瑪社的實力已經凌駕他們，繼續送歲賦，不但不合理，也沒有必要。但這個建議被長老們否決，認為傳統規矩還是要遵守的。

在心不甘情不願的情形下，送歲賦的公差勞役，還是像往年一樣由平原爬上山崖上的卡砦卡蘭交付歲賦。但因為不情願，態度上引起知本人看守歲賦收受地人的不滿，追出去打人，普悠瑪人也不甘白挨揍，還了手造成兩方都受了點傷。基於大局，雙方沒有進一步擴大，但傷害已成，也成了雙方青年之間的強烈憤恨與心結。第二年，繳送歲賦的時節到了，青年領導人馬勒額納 Mareyana 獨斷下了指示，要送歲賦的勞役們在路途上吃掉所有的歲賦。於是勞役們開心地在呂家望溪畔開心的玩起了烤肉的營火晚會。

下了命令的馬勒額納 Mareyana 自然知道以知本人的高傲自視不可能接受這種結果，他將情況報告給長老團，卻引發了一陣不安，但也沒有人指責馬勒額納 Mareyana 的魯莽，畢竟這是大家多年隱忍不說的怨氣，反而加緊研商如何應付知本人

可能到來的問責。一方面研討給個適切的說法，推給青年的魯莽，二方面做好了戰鬥準備，偵察了地形，認為部落南方通往卡砦卡蘭的小徑，在下切大巴六九北岸溪床的雜樹林位置，適合作為伏擊的位置。於是，先在那段斜向坡的小徑鋪上乾草，並準備了數十節約手臂長，修磨好了表面節紋的竹節藏在附近備用。部落男人磨好了刀，靜靜等候知本人。

知本人果然無禮的直接闖進了部落巴拉冠，其問責並追討歲賦的態度堅決與蠻橫。起初長老們暖聲解釋並推說是青年魯莽，結果不被知本人接受，爭吵與斥責變得激烈。普悠瑪人趕緊啟動B計畫，暗中撥調人手到伏擊位置，將竹節疊層放在小徑的乾草下，然後人員埋伏在小徑兩側。部落其餘青壯年配著刀紛紛湧進巴拉冠廣場支援叫戰知本人。知本帶隊首領加力答克 Karitak 眼看對方人多，場地小不好展開，於是霸氣的約戰到部落外決戰，說罷便吆喝著知本人朝部落外移動。普悠瑪社眾青年見知本人朝外離去也追了上去，就在埋伏的小徑上，慌亂中，知本人踩上了疊層的竹節紛紛失控滑倒，兩側埋伏好的普悠瑪社青年趁機一擁而上，提刀砍下知本人腦袋，只留下加力答克 Karitak 被綑綁捉回去巴拉冠廣場。只見普悠瑪社長老們早已經列坐等待，一批青壯年也配著刀站列，似乎一切都是安排好了。當下，加力答克 Karitak 明瞭了這一切是普悠瑪社的詭計，怒目瞪向列坐的長老群。

無論是上述三個關於「滑地之戰」的敘述，或是本文演義，可以看出在卑南覓平原已經壯大的普悠瑪社人，早已不服知本人收納歲賦的傳統與無禮，想挫一挫知本人的銳氣，可沒想到

伏擊的戰果大出意外，令其本身也不知所措。而這一伏擊，
引來知本人更大憤怒，隨後編組復仇隊由 paruhuruh 領軍，
前往卑南復仇。意外的是這位隊長卻沒出息的一見鍾情於普悠
瑪社女子，棄復仇隊於荒野不顧（曾建次：131-132）。被伏
擊傷亡與不戰而退兵的屈辱，日後引發了一些家族離開卡砦卡
蘭向南遷徙。

至於「滑地之戰」發生在什麼時候？宋龍生提出兩個時間點，
一是「約當荷蘭人在東部台灣的中期時期」（p.163），筆者
推算約在 1645 年前後；另一個時間點是「上古時期之末期和
中古時期開始的這一階段」（p.195），筆者推算約在 1635 年
前後。但宋龍生在第三章的第一頁提到荷蘭人第一次聽到關於
東部部落的敘述，透露出了一個可對照的年份參考：

> 早在公元 1636 年（明崇禎九年）四月五日，荷蘭牧師
> 尤紐斯（R.Iunius）奉派到放索 Pangsoya 社（地在屏東
> 縣林邊鄉墩厝附近）時，而在其南臨有瑯嶠 Lonckyouw
> 社附近十七個村落的盟主，與荷蘭人並無往來，於是尤
> 紐斯及派漢人 Lampaeg 前往簡瑯嶠社酋長贈送禮物，
> 並勸告他和荷蘭人修睦。這時，正好該社和東部卑南覓
> 的土人正在交戰中，酋長只得權宜從事，表示同意。
> （p.121）

這份援引自《熱蘭遮城日記》5 月 19 日的敘述（p.239），
提到了與卑南覓（卑南平原）來的土人交戰，宋龍生認為
這些土人是知本社人。在這個推論下，筆者也傾向同意這些
「土人」極有可能是因戰敗感覺羞辱，舉家族南遷的第一批

知本社人，也就是後來所謂「索卡魯卡魯族」或「斯卡羅族」。
參考曾建次的說法，滑地之戰後「多年」，因受屈辱而悲憤，
參與戰鬥的知本氏族便舉家南遷作為一個判讀（p.133）。
「滑地之戰」發生的時間最早應於 1630 年左右，最晚不會
晚於 1636 年，這與宋龍生提及發生於上古時期之末，中古時期
之初的說法相近。因為 1638 年荷蘭人已經出現在卑南覓平原，
接觸了普悠瑪社留下了人員，日後甚至展開卑南地方會議
相繼舉行，若發生這類事件，應該可以在荷蘭紀錄中提起
一兩筆。但直至 1662 年荷蘭人離開時，未見此類紀錄，而普
悠瑪社已經是兵強馬壯，甚至讓意圖侵擾卑南覓的明鄭軍隊
感到驚詫（宋龍生 146）。

　　滑地之戰可視為卡砦卡蘭的知本部落與平原普悠瑪社勢
力消長的標誌性事件。一是，普悠瑪社在平原的穩定農耕與
狩獵，已然累積了豐厚的人口數額與經濟條件；而山崖上的
知本社刀耕火種的食物供給與人口發展，定然到達了極限，
雙方一經碰撞，人心的向背離散立現。二、知本社自此，
開始向南遷徙，向山崖下的 topi 尋找新的立足點，卡砦卡蘭
雖然依舊保有實力，但抵不過離散的趨勢，甚至不斷傳出關
於和親普悠瑪社消彌爭端的傳說。而普悠瑪社，一戰打出士
氣與團結，鞏固了馬勒額納 Mareyana 的青年領導人地位，
只等待荷蘭人 1638 年的造訪，那個手握刀柄接待荷蘭人的圖
像載入史冊。

三、　現代軍事知識的啟蒙：

「大巴六九事件」及其後

　　宋龍生援引岡松參太郎在 1918-21 年所編著的《台灣番族慣習研究》[12]，內容提及關於卑南族（社）所擁有的軍事知識與軍隊組織，其期交戰規則（需知）如下：

1. 在戰線躊躇晉級或發現欲從暫列中逃走者，毫不假借以斬殺之。

2. 死傷者由戰友力送至司令部所在地，不可委之於敵手。

3. 為隊長者，絕對不可離開先頭之位置。

4. 戰士與隊長同進，即為水火亦不可離之，亦不可與隊長相分離已採取自由行動。

5. 退卻之際，須集合於司令部，作為司令部之後衛。

6. 進擊時要採取立姿，退卻則採伏姿而迂迴之，不可直線退卻。

7. 追擊時要思慮的之伏兵，不可急率追之。

8. 敵彈飛來時，要判斷其方向而利用地形潛伏之。

9. 正面之戰隊，左右兩翼包圍敵人時，即要轉而進擊，在其以前決不能妄動。

10. 在退卻時，阿美族與卑南族同，都設有後衛隊，藉以順次退卻為常。（p.129）

---

12. 台灣蕃族慣習研究，1918-21 台北，臨時台灣舊慣調查會，8vols. 黃文新譯，中央研究院，民吳學研究所。

　　上述的交戰規則在河也喜六編著的《蕃族慣習調查報告第二卷：第四篇卑南族》[13]也同樣有相同的紀錄，另外增述了兩項：「與敵人對峙時，應先從衣袋中取出檳榔藤做祈禱（出門也要做祈禱）」、「槍械之射擊方法及弓箭的射法」。有趣的是，這些現代陸軍步兵戰技、戰鬥教練的基本規則與戰場紀律，如何在 1918 年日本眼裡所謂「蕃人」的部落武力中，就已經被教條化與行動準則，而令軍職身分的崗松參太郎大為讚賞？

　　宋龍生認為，普悠瑪社參與了荷蘭軍隊各項大小的戰役，荷蘭人的軍事指揮部即營房社在卑南地區，後勤的糧食補給彈藥的儲存處也設在普悠瑪社的民家。普悠瑪社的戰士隨軍出戰，也曾在敵軍伏擊下安然返回。重要的是他們曾在當時最新知識的荷蘭軍官、軍曹的指揮下從事實戰經驗的攝取。但這個說法，並不能完全解釋這現代軍事行動準則，為何是卑南族交戰的基本規則。因為荷蘭東印度公司 1624 年出現在台灣西部，執行交戰的對象都是原始冷兵器的西拉雅民族，他們源自歐洲大陸十七世紀初的編組與戰術，泰半還屬於「排射」、「半列式」射擊的排列或方陣形式，即便因應台灣各地的地形與敵情調整隊形與射擊方式，也還不至於發展到與現代陸軍班、伍戰鬥相同的形式。

　　我們對照一下十九世紀幾個戰鬥：1896 年卑南社 ra'ra 氏族陳達達領軍的「雷公火之役」與馬蘭社在現在電光部落，對清軍劉德杓我形成的犄角隊形防禦態勢，震驚了日本以及後來的軍事研究者；如 1888 年「呂家望事件」，呂家望社與

---

13. 《蕃族慣習調查報告書》，第二卷，〈阿美族、卑南族〉，臨時台灣舊慣調查會第一部，1914

清軍槍砲相向對峙數月的戰爭；又或者 1638 年知本與呂家望位於利嘉溪的列陣械鬥，知本以迂迴戰術造成呂家望防線的潰堤。這些遠超乎常人對「部落」軍事素質的想像究竟從哪裡學習得來？我們既無法再往前溯及任何一場具現代意義的戰鬥，也無法與荷蘭短暫的在東部地區的幾場武力征討直接相聯結。它成了一個謎，也成了一個話題與想像。但宋龍生提出了另一個看法，認為「在這些軍紀、戰技、戰法上的描述，其中固然看到卑南族受到荷蘭人的影響的部分，設若沒有卑南族本身固有的嚴密會所制度和年齡階段為基礎，恐怕還不能使普悠瑪社在未來的歲月，躍居為台東地區的軍事強權部落。」這個說法削弱了直接承襲荷蘭軍事概念與組織的連結，更進一步指出是源自與卑南族本身的巴拉冠組織的嚴整與戰鬥性，在新的軍事思想啟蒙後，本身廣面向的吸收外來的思想與技術，結合本身條件發展出適合自己的軍事準則與戰鬥紀律。為進一步詮釋這個說法，我們得回頭省思，普悠瑪社或整體卑南族接觸或面對現代武器與戰術的最初，究竟是在哪裡，何時發生？

《熱蘭遮城日誌》1638 年 2 月 12 日記載了猶利安瑟 Jan Juraense 帶部隊到卑南密探險回，他報告了他們是在 2 月 1 日抵達卑南的部落，並與部落首領達成議和並相互致贈禮物。卑南領主將戴在頭上的周沿鑲金薄如鐵皮的帽子致贈與猶利安瑟，而猶也致贈了相對的禮物，一頂灰色帽子和一些紅色天鵝絨，用以同表確認該協議。由於找尋黃金未果，猶利安瑟的探險軍隊便折返大員。他進一步的敘述，述及了當時他在普悠瑪社聽到與看見的狀態：

> ……因此乃將外科醫生 MaertenWeslingh 留在卑南，
> 他對書寫頗有經驗，將可為此多方研究，俾以更好的基
> 礎重新進行這件事，上述領主向他承諾，要為繼續所締
> 結的和議，他將證實他的幫忙與協助。
>
> 上述卑南位於一片平坦的農地上，種植許多檳榔和椰
> 子樹，人口約 3000 人，其中約有 1000 個魁偉的戰士，
> 武器有弓箭和 15 呎長甚至 18 呎長的矛，還有六、七個
> 小村莊附屬於該村莊。……（p.381）

在這引文裡的 MaertenWeslingh，便是我們在許多文本所
看到的衛瑟林，在本段引文的注釋中，註明他是哥本哈根人，
1935-1636 在日本治療過 Phesodonne（平藏殿，指末次平藏），
教日本人釀酒，1636 年被任命為外科主任醫生三年，升任下
席商務員，在 1641 年 9 月在大巴六九社被殺。這看似很有才
華的 MaertenWeslingh 被殺是怎麼回事？引文中提到他善於書
寫與研究，其留下「俾以更好的基礎重新進行這件事」這裡的
所指的「這件事」便是猶利安瑟此番率領大軍探險的目的——
找尋黃金。衛瑟林 Weslingh 果然不負所托，戮力費心的尋找
回金並通報大員的總部，2 月 26 與 2 月 28 日分別寄了兩封信
報告他探險北方的幾個部落，十數個部落願意議和，5 月 7 日
的書信報告更北方的 Linauw 里漏社有大量黃金。[14] 衛瑟林在東
部的部落顯然相當活躍，前後五次往返台南——卑南之間，但也
讓荷蘭人重新認識台灣東部原住民部落數量的龐大與狀況。

---

14. Linauw 里漏，指得是今天花蓮的吉安鄉。在多個版本的紀錄里都相當
　　被關注，原因是謠傳那裏有大量黃金，荷蘭人先後幾批人到台灣東部，
　　都試圖前往一探究竟。

1641 年五月末衛瑟林再經瑯嶠，由旱路到了卑南覓，從事宣撫與找尋黃金。八月底九月初，來到 Tamalocou（大巴六九部落，今泰安村）以及 Nicabon（呂家望，今利家村）兩村地界，受邀宴款待，不料在席間被殺。

衛瑟林被殺的消息在 9 月 12 日傳到台南，引起極大的震動，對於荷蘭人在台東探查金礦和招撫原住民的工作產生了根本的打擊。駐安平長官托拉列紐斯決定率隊親征懲兇。1642 年 1 月 11 日，率領 353 人組成的隊伍（225 名荷蘭人、110 名中國人、18 名爪哇人）乘船至瑯嶠後走陸路，1 月 22 日抵達普悠瑪社。（程紹剛 2000：232）。[15] 經查訪，衛瑟林是大巴六九人酒後殺害。荷蘭人照單收取了衛瑟林的遺物之後，決定迅速備戰，並令普悠瑪的戰士報名助戰。1 月 24 日發動攻擊，在一條溪附近遭伏擊，[16] 致使荷蘭人一個人死亡，五個人受輕傷，而大巴六九部落死 27 人，多人受傷，在軍隊與其他協助者經過一些難行的路段，遭遇了猛烈的抵抗，還是奪取了該社[17]，並予以毀壞。托拉列紐斯就地發布命令，不許在這地方再度建造房屋居住。2 月 12 日大巴六九派了五個人前往普悠瑪社求見荷蘭長官，經斥責後，托拉列紐斯長官嚴訓，並責令大巴六九社從此臣屬普悠瑪社。[18] 這事件筆者稱之為「大巴六九事件」。

---

15. 《荷蘭人在福爾摩沙》，程紹剛譯著，聯經出版社，2000，頁 232。
16. 應是涉越甘達達溪與大巴六九溪上游河流處時遭伏擊。
17. 該社，指得是 1642 年大巴六九人位在 veneveneng 伐能伐能的部落，今甘達達溪南側，朝陽公墓靠鄰近鄉公所公墓的區域。直至 20 世紀中葉，該處還留有不少的石短牆與房屋基座，刺竹圍籬雖殘存，還大致可看出一些範圍。此後殘存的大巴六九人遷徙到溪北岸，逐漸形成新的部落，名為阿里蘇萊 'alisulai。
18. 見《熱蘭遮城日誌》第二冊，頁 13。

「大巴六九事件」可以說是卑南史中古時期一個令東部各
社瞠目結舌的現代火器展演。而這個事件，有幾個意義：一是
讓卑南族或普悠瑪社第一次見識到了現代軍事行動中，兵力與
火力運用的知識與效果。提供調整內部組織與行動準則制定的
參考與啟發。二是有效震懾卑南覓平原的部落，為日後荷蘭的
探險、宣撫與地方會的成形與舉行奠定基礎。三是大巴六九部落
被責令監管、臣屬卑南社，一方面加快大巴六九部落「卑南化」
的進程，二方面讓普悠瑪社看到勢力擴張的契機，日後積極配
合荷蘭人在東部的行動。宋龍生對此作了一個總結，

> 認為卑南族體認了以火焚燒敵人村落的戰鬥，作為懲
> 治不接受統御部落的手段。若加上戰爭行動前的夢占、
> 鳥占，在路途中之預祭敵人靈魂的賠償祭儀以確保戰
> 無不勝、和在半途所擺設的種種檳榔陣勢以驅逐邪惡
> 不幸來看，已進入到了講求謀略、秩序、戰術、戰法、
> 指揮統御、目的的「戰爭藝術」階段。（p.130）

這個總結表達了他對日本記錄中關於卑南族戰術思想與
戰場實際運用的看法，說明卑南人善於保留自己傳統的優勢
作為，並積極參酌新思想、新戰術融入自己體系的可能。但這些，
我認為卑南族或者普悠瑪社，基本上都啟蒙於「大巴六九事件」
荷蘭毀村攻擊的軍事行動，以及攻擊前關於糧食、武器、人員
調度與精神動員的戰備整備。畢竟那是第一次參與、見證的戰鬥，
即便伴隨著痛苦、驚訝與恐懼的經歷。

四、　以普悠瑪社為中心的芻建：
東部地方會議的進行與效益

　　「滑地之戰」雖然可視之為知本與普悠瑪社勢力消長的標誌事件，而卡砦卡蘭在居民漸次往外移居的情況下，呈現出衰落的狀態，然而也沒有證據說明普悠瑪社已經完全超越知本社，而吸引所有部落的跟隨或依附。卡砦卡蘭依舊向其他部落收取歲賦，像衰落的帝國，榮光依舊只是不那麼燦眼，傲氣依舊卻不再蠻橫囂張，有識之士也開始思考緩解與普悠瑪社的關係。[19] 而真正夯實普悠瑪部落成為卑南族乃至全東部部落的中心，是荷蘭人在普悠瑪舉行五次「東部卑南地方會議」的舉措所致。宋龍生指出「這一制度，在荷蘭人離開台灣後之二百餘年間，卑南社還持續維持著定期的向附近村社徵收貢穀、獵獲物的權力傳統，不無與卑南社在荷蘭統治時期與其合作並代徵收貢物有關。」（p.132）

　　這一段話結論式的給予地方會議對普悠瑪社最終效益的評價，也許暗示著，這可以是普悠瑪社一開始就能想像的事，所以謹慎的謀略的掌握每一次的機會，調整自己的做法，增加影響力；也可以是在運作的過程中察覺其代理與代言的好處，而在幾次的會議所形成的時期中，採取加強自身在荷蘭與諸部

19. 宋龍生紀錄了他採訪卑南社鄭開宗（1970），鄭說明其所繪製的系譜時，「有一天知本青年包你恩 Paoninu 以自願當兩社和睦之調解人，而來到布油馬 Puyuma（卑南社）向長老魯愛 Roai 報告來社之意，並得到同意，而成立兩社之和睦，後又得到長老之准許，而居住布油馬，剛此時卑南社以大巴六九社怠繳租而拉致女人 Rugurugu，包你恩娶她為妻，嗣此一對夫妻又得到魯愛之准許，而遷入日奈敷 Pinaski 高台定居，當時當地係卑南社之領土，而上無人之境。」

落之間協調、聯絡與管制的功能，以至於後來能順利開展替代荷蘭在區域的功能；但也有可能在不知不覺的情況下，普悠瑪社被已經習慣了聽從聯絡、指揮的諸部落推向了一個類似盟主或決策中心的位置，而持續多年。但實際情形如何，並無法從有限的資料辯證出，只能從最後的結果假設這幾個情形。

關於荷蘭東印度公司的「地方會議」，宋龍生援引末任總督揆一（Frederick Coyett）的紀錄指出，為了進一步加強隊原住民村社部落的掌控，於是規定：

> 「各村落選選出一名有能力的長老，由台灣長官任命該村落的首長，在（東印度）公司派遣率領約二十五名士兵的政務員的監督下，指揮村民。以及告知公司的指令等事。若有違反者，得在兵士的協助下，強制其守法。並且，所有這些村落的首長，必須每年一次，大抵在四月末頃，集會於公司的長官之下，報告有關各地方的政治狀況。此時，治績優良者，可獲相當恩賞，越加鞏固其地位；治績不佳者，則被罷免，奪回其象徵首長的藤杖，賜給你繼其任者。」（p.132）

這大致說明了荷蘭東印度公司，是計畫以各村為單位，制定一個村落自我管理的機制，除了承認被推舉出來的領導人之外，同時給與象徵權力的藤杖，借懲罰獎賞令部落向荷蘭人示好與配合其政令。另外又編組士兵 25 員作為保持威懾與實際介入部落事務的可靠力量。藉著每年定期舉行聚會，各部落報告各自的狀況並依一整年荷蘭人實際的觀察考核，給予獎賞或褫奪其權力。另根據宋龍生的的調查指出，荷蘭將

他們治理範圍的村落區分四個區域，台南分成「北部地區地方集會區」、「南部地區地方集會區」，以卑南為中心的「東部地方集會區」和以淡水為中心的「淡水地方集會區」，形成以「村落」為基本單位，以「區域」為一個年度會議單位。台南地區在 1641 年便成立，卑南地區較晚成立。但有正式詳細紀錄的共有五次，集中在 1652 年至 1656 年之間（p.132）。其中於 1655 年 5 月 15 日舉行的第四次較有詳盡的紀錄，也提供了觀察卑南社在這一時期所擁有的地位。宋龍生指出：

> ……此次會議召開之前的 3 月 19 日，卑南大首長的兒子曾從 27 未隨從出席赤嵌的北部地方集會，參觀台南赤崁及會議，……幾可證實這位大首長，是卑南社的第十位的領袖 Kapitayan 者，而其子，則為後來繼任的第十一任領袖，名為 Kerasai 的屬於 Ra'ra' 氏族的青年。

> ……就這一次集會內容，荷蘭海牙總文書館藏之檔案……記錄了以卑南為中心，向北從玉里以南，向南至大竹高溪（今又名為大竹溪）以北之台灣東南沿海一帶之 43 個村社。這些村社出現在報告的順序是，以卑南為首，顯示出卑南社在荷蘭心目中的重要地位，和其在此一地區所扮演的領導優勢角色，……東部地方會議之席位，是以卑南社之參與者坐於中央之首席，然後才是卑南為核心的卑南集團做於集會所的北邊面向南，而在知本溪以南的諸排灣族部落，則坐在集會所的南邊面向北。（p.134）

這一段引文透漏的訊息，大致為卑南社進入中古時期初期的局勢發展，做了一個清晰又具像的描繪。首先，時任卑

南族的領導人已經是卡比達彥 Kapitayan，而不是那個策動「滑地之戰」，那個在 1638 年初見荷蘭人時，手握刀柄見人的青年領袖馬勒額納 Mareyana，他並未接下領導人位置。某個意義上說明普悠瑪社審時度勢，聰明的選擇身段更柔軟，更受荷蘭人信賴的卡比達彥 Kapitayan。其次，卡比達彥 Kapitayan 指派他的兒子 Kerasai 參與前往台南赤崁的地方會議，可見他要兒子開拓視野，及早與治理者建立良好互動關係的遠見。經過 17 年（1638-1655）的接觸與交往，再加上前三次地方會議的運作，普悠瑪社已經完全受到荷蘭人的信任與託付。此時，普悠瑪社已然是東部卑南議會區域內的核心部落，平時為荷蘭人聯絡協調或監督各社，開會期間召集各社攜帶需繳納的鹿皮、山羊皮或古物等等，大有完全取代「滑地之戰」前知本社的地位。

然而，卡砦卡蘭的知本社，此時又將處於怎樣的位置，我們無法從資料進一步得知。但滑地之戰後，陸續向南遷徙了幾批家族，又向 topi 遷徙成新聚落的知本 tipol 社 25 戶人家，即便卡砦卡蘭仍然有一定的規模與勢力，勢必也大不如前。而卡砦卡蘭首領 Invil 接受卡比達彥 Kapitayan 的邀約，參加第四次的地方會議並獲贈衣服一套，也說明了卡砦卡蘭雖然緊緊的維持尊嚴不接受荷蘭人招安，但不可否認的，普悠瑪社在第十任領導人卡比達彥 Kapitayan 的任內已經是東部地區實質的中心，擁有一定程度的發言權、代言權。這一切，皆與荷蘭人的到來，以及一連串軍事行動所取得的信賴與扶持，在地方會議期間更達到高峰與成熟。那原屬於卡砦卡蘭知本社的榮光，成了日暮西山那一片無限美好的夕陽餘暉，徒留唏噓、感傷。

五、　結論

　　重新耙梳《卑南史》與其他文獻資料關於卑南族史中古時期的幾件大事，有提醒讀者或族人理解，形成「卑南族」並不是一件理所當然的事。個別部落，特別是中古世紀前「盟主」地位的卡砦卡蘭知本社，也許主觀意識中，是期望形成以知本為名的族群稱謂。只不過山崖上地理環境所存在的發展限制，埋下在「滑地之戰」遭遇挫折的因素；加上荷蘭人來了以後，對普悠瑪社所挹注的現代知識的助力，讓普悠瑪社迅速累積的實力，得以確立其作為東部區域部落的中心、新崛起盟主的地位，而後延續二百餘年。這讓知本人延續霸權的期望戛然而止，也讓 19 世紀末，以「卑南」「Puyuma」為民族稱謂，成為一個順理成章的事。至於其他小部落的沒落、重生或成立，經過兩百餘年間的磨合，最後融為「卑南族」的成員，回頭審視中古時期的爭霸事件，或許有扮演家庭小孩的功能，有助於緩和兩大部落歷史遺留的情結，凝聚現代卑南族的向心，一起面對永續發展的共同挑戰，讓引號的「卑南族」，真誠成為一個共同的符號與榮耀。

　　本文或受限於文獻資料不足，然或許也提供了另一個想像的路徑，讓讀者理解十七世紀上半葉，處於大航海潮流中的台東平原舞台上，卑南族史的華麗展演與轉身。

參考資料

江樹生譯註

　　2000《熱蘭遮城日誌》第 1-4 冊，台南，台南市文獻委員會。

宋龍生

　　1998《台灣原住民史：卑南族史篇》，南投，台灣省文獻委員會。

河野喜六

　　1914《蕃族慣習調查報告書》，第二卷，〈阿美族、卑南族〉，
　　　　臨時台灣舊慣調查會第一部。

岡松贊太郎

　　1918-21《台灣蕃族慣習研究》，台北，臨時台灣舊慣調查會，
　　　　黃文新譯，中央研究院，民吳學研究所。

移川子之藏、宮本延人、馬淵東一著

　　1935《台灣高砂族系統所屬の研究》，台北，台北帝國大學土
　　　　俗人類學調查視報告。

陳文德

　　2010《卑南族》，台北，三民出版。

曾建次

　　1998《祖靈的腳步：卑南族石生系口傳史料》，台中，晨星出版社。

喬治・泰勒

　　2010《1880 年代南台灣的原住民族：南岬燈塔駐守員喬治・泰勒
　　　　撰述文集》謝世忠、劉瑞超譯，杜德橋編，台北，行政院
　　　　原住民族委員會。

程紹剛譯註

　　2000《荷蘭人在福爾摩沙》，台北，聯經出版社。

卑南族巴拉冠（palakuwan）青年會所建築調查與研究

鄭丞志[1]、陸俊元[2]

摘要

卑南族傳統上有著組織緊密地會所制度，使得在能在臺東平原上佔有一席之地，其中重要的訓練場所就是巴拉冠（palakuwan）青年會所，現今卑南族八個大部落都有屬於自己的會所建築，每棟外觀看起來相似，但又不盡相同，希望透過本調查紀錄建築的樣貌，並研究其中的異同的因素。

透過現場建築測量繪製建築圖面、攝影紀錄、人物訪談、文獻回顧、比較分析等研究方法，對卑南族巴拉冠（palakuwan）青年會所建築，有系統的調查與研究。

1　鄭丞志為第一作者，樹德科技大學建築與古蹟維護系碩士班畢業，曾任原住民族電視臺製作人及企劃、現任史前館卑南遺址公園國定卑南考古遺址監管員。
2　陸俊元為第二作者，東海大學建築研究所碩士畢業，創立「雨耕聯合設計顧問有限公司」，致力於文化資產保存研究以及建築古蹟保存修護。

　　希冀透過本研究做為卑南族傳統建築研究之基礎，並保存傳統建築技術，若將來要替換材料及工法時，還能理解傳統建築的智慧與空間形塑的脈絡。

　關鍵字：卑南族、巴拉冠、palakuwan、傳統建築、傳統工法、
　　　　　建築調查

一、　前言

「巴拉冠」譯自卑南族語 palakuwan，是部落裡的男子青年會所，也稱作「集會所」，它是卑南族男子集會及集體生活的地方。通常它包含一座竹造建築和一塊廣場，適於共居、集會和共舞，可以說是卑南族部落自治的核心場域（宋龍生1998）。文獻上常將 palakuwan 譯為「青年會所」，但是若就進入 palakuwan 的男子被視為「成人」，而且觀念上與稱呼上都有別於少年階段成員的特徵來說，「成人會所」一詞顯然較為適切（陳文德 2010：26-35），本文以目前部落族人慣習使用的中文字「巴拉冠」稱呼之。巴拉冠制度是卑南族重要的社會文化特徵，被認為是往昔卑南族勢力所以強盛的一個重要因素。

　　首先耙梳早期有關卑南族巴拉冠的文獻探討，再透過分期的方式說明巴拉冠的發展，再透過巴拉冠建築測繪作建築分析及營建系統影響，最後彙整分析結果。

二、　早期的文獻探討

（一）巴拉冠的起源說

　　依《番族慣習調查報告書》（河野喜六 1915：361；kuack1988）中的紀錄，在卑南社的調查中，巴拉冠的起源有兩種說法：

　　一是據說昔時在住宅內燒鐵致使農作物數年皆無收成，因而認為在住宅內燒鐵乃不符神意之舉，於是另造一屋舍，終於成了集會所的起源；另一說是為了分配狩獵的獵物而建一大屋舍，此成為後世之集會所。上述兩者何者為真不詳，但是將房舍當成社民的集會所，以至轉用為晝夜的警備所，成為警備上之要地的年代，顯然距集會所創設年代不太遠（中央研究院民族學研究所編譯 2007）。

根據河野喜六（1915：361）卑南社巴拉冠的建築順序記述：

　　古老部落 maydatar 的創始人 paDungaw，首建 kinuTuL 成年集會所，次建少年集會所 ami，之後才設立 paTapang 集會所，以及 barularu 集會所。這是北卑南社集會所興建的次序。至於後併入南卑南社，則以 arais 家族先建 gamugamut 集會所，人口繁衍了再增設 kaLunung 集會所。當 badaur 任頭目時，仿北卑南社，建造了 tinul 少年集會所。最後才建 kinaburaw 集會所。

據知本部落的口傳故事敘述（林金德編著 2016）：

　　先祖在射馬干山南峰的 Kazekalran 舊部落，地名語意為「真正的部落」，在此處建立了部落，規劃嚴謹的政治制度，創設少年會所與青年會所等培養勇士的軍事組織。

以普悠瑪部落的調查，在口傳故事中得知會所形成時期一些線索，在部落時代的南北二部組織，始終保持互相對抗，相互刺激的型態（宋龍生 1965）。巴拉冠神話傳說的由來，大致上與宗族的繁衍及分化有關。但不管巴拉冠真正的起源

為何，各部落有不同的說法，可見在日治時期之前，部落自治的年代，為了部落防衛的目的，巴拉冠存在的社會組織即是嚴密如軍隊的年齡組織，所有的男子都要加入巴拉冠，就像實行徵兵制男子都要當兵，也可推測當時各部落存在著緊張競爭關係。甚至學者推測東魯凱族大南社的年齡階級和會所制度，可能要對抗其鄰強卑南族的脅迫，而由卑南族學習過來的（陳奇祿 1965）。

巴拉冠的原始意圖已很難確定，不過從它後來的發展來看，明顯和卑南族的宗族、男子成年禮、年齡階級組織、猴祭、大獵祭（mangayaw）有關，是卑南族男子社會化最重要的訓育機制。而從功能上看，它也是卑南族部落自治的主體，同時具有部落管理、對外防衛、維護部落領域的作用，集軍事、行政、教育、祭祀等為一體。卑南族會所的設立代表了男性活動的存在，青年會所 palakuwan 的功能，教育上有體能訓練、忍耐力的培養，服務及尊老的習慣等。比較重要的還有社會的功能（政治組織）、經濟的功能（共勞團體）、軍事的功能（軍事組織）（宋龍生 1965）。

（二）　早期有關巴拉冠的紀錄

最早在 1887 年英國探險家泰勒（G. Taylor），隨著當時的斯卡羅族琅嶠十八社大頭目潘文杰拜訪當時的知本社，曾入住知本社的巴拉冠，在紀錄中提到（劉克襄 1992）：

> 卑南附近的每一個村子，依自己的的大小，有一個以上的 palakuwan。它是一個大房子，供青少年居住，直到他們結婚。⋯⋯平常這房子由一名年輕人輪流看管，

　　經常整個村子的人都去野外，只有他們守在巴拉冠門
外昏昏欲睡，……一張硬床並未妨礙我打鼾，直到第
二天凌晨，我發現大腿被跳蚤咬痛。巴拉冠都是由竹子
搭蓋，舖有藺草、稻草的地板，這也是形成跳蚤的天堂。
清潔房子的事似乎從未被想過。就我所知，當蟲子太多，
形成矇矓的氣層時，他們就放火燒掉，重新建起新的一座。

　　可見泰勒發現在台東平原上的每一個村落，都不只一棟巴
拉冠，也就是說一個部落依規模大小，會有數棟巴拉冠。竹子
為主要搭建材料，有硬床及地板鋪設有藺草、稻草。巴拉冠室
內少有清潔整理，當蟲子太多時則放火燒毀重新搭建，也就是
非永久、固定的概念，可異地重建，推測泰勒住宿的應該是當
時知本社專門提供外客住宿的巴拉冠。

　　日人中最早紀錄卑南族住居的是鳥居龍藏，他於 1896 年
8 到 12 月間，進行第一次台灣調查，1896 年 10 月 26 日抵台東，
之前曾赴知本社、卑南社、擺仔擺社（鹿野）。第三次調查
於 1898 年 8-12 月又來到知本社、卑南社及卑南族數社。在其
《台灣東部蕃族及其分布》一文，是其第一次調查後之田野報
告中，各有一節文字論及卑南社與知本社的情形：

　　「每一蕃社都蓋了一座大房屋，土人把它叫做
　　Parangan，就是公館。公館是未婚青年寄宿的地方，
　　也作為蕃社的會議場所，可以說社內的公事，都在
　　Parangan 議決。」（鳥居龍藏 1897：175-182）

　　「最令人驚異的是：知本蕃對公館（Parangan）的建
　　築技術……與其他蕃族的公館，在結構上是大不相同的。

公館的地板非常高，用數十枝圓木柱支撐，木板上鋪
以竹蓆。屋樑中央部分比人高，但是越是接近屋簷，
高度越低，最低處只到胸部的高度。屋頂向兩面傾斜，
室內地板的中央部分設有火爐，從外面進屋時，沿竹
梯上去。……從沒有在別的蕃社看過或聽過這樣的樁
上建築，……。」（鳥居龍藏 1897：182-186）

此處顯然指述的是高架杆欄式的之少年會所，可能誤植
為成年會所巴拉冠。1904 年 9 月至 10 月，森丑之助來到台
東調查卑南族卑南社，拍下盛裝之卑南戰士。至於卑南族三盛
裝男子的照片，其背景為一竹造屋的門口，似乎是頭目家屋
或成人集會所的前牆。門本身為橫竹編成。門框為兩大木頭，
尚有木門檻。牆則用大竹剖片直排列，以圓竹每隔 40 多公分
橫向綁結一條，其後塞有結實的厚茅桿。照片右下方尚有一
細竹竹編似為門的東西，擱在石頭上，估計這是前庭一邊入
口的簡單門扉，開啟後擱在門邊前牆的石頭上固定住（關華山、
林佳雯 2008）。

1915 年佐山融吉統籌編《蕃族調查報告書》第一冊中有
對於卑南社集會所的描述，並有外觀黑白照片紀錄，可以一窺
當時的外觀和內部格局，甚至連氣味都有紀錄（中研院民族所
編譯 2007）：

　　各集會所的構造皆相同，其前有籬笆，籬笆兩側有
入口，進入後是泥地間，地上經常鋪設茅草以方便坐臥。
在往裡面便是小屋，亦即前有屋簷的平房建築，內部
設有床鋪，中間放置火爐以禦寒。集會所以竹子搭建，
屋頂覆蓋茅草，與住屋之搭建相同。其設有上下式的

床鋪，較高的稱為 kiyadengan，猶如船艙，還設有梯子 raripaan 以方便人上下，但因屋內沒有窗戶而顯得相當黑暗，加上經常掛著製作皮帽的生鹿皮，故瀰漫著一股臭氣，不習慣的還不敢踏入。社內未婚男子與他社一樣，晚上夜宿集會所，白天亦有數名壯丁在此工作，以備社內發生緊急事件時可以立即支援。床鋪處還掛著稱為 tawliyul 的物品。

同樣提到巴拉冠建物主要以竹子為建材，屋頂為茅草覆蓋，但特別提到進入建築物前有保留兩側入口的籬笆，前有屋簷，進入室內中央有火塘，且有上、下層床鋪，設有爬梯。屋內沒有窗戶，因製作皮帽有濃濃的臭味。

至於卑南的「住居」在日治時期日人的調查裡，最重要的文獻便是佐山融吉主編的《蕃族調查報告書第八冊排灣族、獅設族》以及第一冊卑南族卑南社，二處將卑南族的卑南社、知本社與呂家社等都包括了。第八冊中論及住屋，佐山融吉繪製了知本社、呂家社之住家、集會所、靈屋，並附有簡圖，可約略探知各建築之空間元素間的相對關係，無法看出其尺寸確實之狀況（關華山、林佳雯 2008）。以下彙整日治時期各社巴拉冠建築簡略平面與構造圖及相關的說明：

表1. 各社會所建築簡略平面與構造圖

簡略平面圖	圖錄名稱	佐山融吉說明	關華山、林佳雯說明
	知本社少年集會所平面圖，出自《蕃族調查報告書--排灣族》1921。	1.sariki(門) 2. 廁所 3. urupan(牀) 4. aruddu(爐)	知本社的少年會所呈矩形，入口偏於一屋角，正對面的屋角做廁所。而爐在右下角。床則在另一角落且延伸至爐邊。此形式顯然是在地平面上，而非高架的。
	Katepol社集會所平面圖，出自《蕃族調查報告書--排灣族》1921。	1.taruban(牀) 2. karisoasoan(泥地) 3. arudu(爐) 4. saza(牀) 5. rasian(架) 6. burarion(門) 7.dabol(石垣) 註：圖上未標圖例之數字。	知本社略呈方形，且有石垣圍出一前庭，前庭前半部似乎還有一塊特別的區域，框成一處。而集會所內部三面連床，只是深度不一，中間泥土地一角有一火塘。
	呂家社集會所(parakoan)平面圖，出自《蕃族調查報告書--排灣族》1921。	1. sabaku(亦稱darudaru，泥地部分) 2. arudo(爐) 3.barubal(牀) 4.sikayan(梯) 5.paral(爐上架) 註：圖上未標示圖例數字。	呂家社集會所呈長方形，入口在短邊，沿兩牆是為連床，似為兩層所以有梯可上。中間靠後面是一大火塘。(此集會所與魯凱族大南社後期集會所平面較類似)知本社與呂家社集會所雷同之處，即在一大房子，內有連床及一大火塘，且面對一廣場。

簡略平面圖	圖錄名稱	佐山融吉說明	關華山、林佳雯說明
	卑南社及會所平面圖，出自《蕃族調查報告書一卑南族卑南社》1913。		（1）平面呈矩形，二坡屋頂以茅草、竹構成，山牆為側面，亦以竹、茅草構築，可有斜撐。一邊之坡簷為正面入口，面對一前庭，以竹圍成，左右各開一口，庭內遠離房子的二角落是為小便處。而靠房子這邊常鋪茅草，方便坐臥。集會所內部三面沿牆設床鋪，中間設火塘，或設於牆邊，取代一床鋪。床鋪有二層，設梯(raripaan)上下。上層床稱 kiyaDengan。 (2) 室內無窗，所以平日很暗，加上常掛製皮帽的生鹿皮，空氣臭。床鋪亦掛有鐵磬(tawLiyuL)，它是青年代表喪家往親友家報喪時，腰間所繫的響器。社內各個青年依自己的喜好，可加入任一集會所。

表：各社會所建築簡略平面與構造圖（佐山融吉 1913：268、269 卑南社）、（佐山融吉 1921：222~224。知本社、呂家社）、（關華山、林佳雯 2008），鄭丞志彙整。

河野喜六（1915：357）有段文字細述了巴拉冠的建築：

> 本族之集會所和住家相同，皆面東（基於口頭傳說
> 上的迷信），向東的這一面全部敞開作為入口，西、南、
> 北三面圍以牆壁，呈東西窄、南北長之形。屋前留長
> 方形空地，圍上柵欄作為集會所的內庭，於柵欄的南、
> 北處設入口。屋內中央為細長的泥土地，在泥土地之南、
> 北兩側各做上、下兩層的床板，每區寬約四尺，長約
> 26尺，床板間的牆用竹子編葺而成。上層床板架設梯子，
> 為 bangsaran 寢臥之處，下層的床板則充為長老的寢臥
> 之處。泥地中央則鋪上稻草，夜晚做為 myabetan 之
> 臥床，其西端（即裡處）為寬闊的空地，靠西南隅之
> 處設方形爐。

此處稱「每區寬約四尺」恐嫌小，不合人體。若與佐山融吉
(1913：270) 所繪之簡圖來比擬，差異只在於這裡說西端為空地，
爐又位在西南隅。這樣可以簡略繪出以下平面示意圖出來。
（關華山、林佳雯 2008）

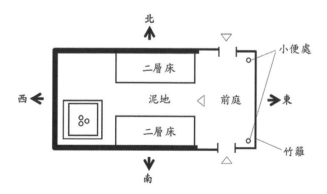

圖：卑南族成年集會所平面示意圖。（關華山、
林佳雯 2008）

1965 年宋龍生對於普悠瑪部落巴拉冠建築的描述（宋龍生1965）：

> 青年會所 palakuwan 的建築是一個面向東方，三面環牆，
> 一面無牆的長方形的建築物，無牆之一面正向東，而有
> 一竹籬院牆。屋內布置是北面與西面皆有長方形的上下
> 層的竹床，南面有一方形的火爐。床之下層是老人們
> maidang 睡覺的位置，上層則是除役的 bangsalan 和初婚的
> paraparapat 睡覺的位置。屋中之地上及院中皆舖有一種稱
> 之為 raput 的茅草，才是正在服役的 miabutan 睡覺的地方。

內容主要提到巴拉冠建築座向面朝東方，特別提到火塘在南向，並非在中央位置，北向及西向有上下層竹床。早期巴拉冠的文獻多聚焦於材料及功能上描述，簡圖只能了解其配置狀況，並無較精確的空間尺度。

三、 巴拉冠的發展

臺灣原住民的會所早期統稱為「公廨」，臺灣的建築學者認為阿里山鄒族的傳統 kuba 在建築學者千千岩助太郎 1936 年較精確之測繪調查前，存在一個「傳統期」的形貌。光復初期雄受基督教、白色迫害衝擊，產業也有所改變，氏族仍仗 kuba、戰祭維持一個「形式化期」。1980 年代臺灣民主化政治氣圍漸濃、觀光事業興起，kuba 與戰祭象徵族群認同之意義大大提高，kuba 之形貌也增加了在古典裝飾元素，很快地由「展演期」進入「後振期」（關華山 2006）。筆者認為忽略了

重要的日治初期至 1945 年的「皇民化期」，故本文分期上另再加入此段時期，並合併「展演期」及「後振期」，因此期間處於文化復振及創造的過程（陳文德 2011），簡稱為「復創期」。

（一）　傳統期

　　卑南族因資源相對的豐盛，而形成長久定居的大型集村，聚落內的建築類型及數量也較山區部落為多（林會承 2014）。依據普悠瑪部落的口傳故事，從位於卑南國中起至卑南大溪南側之貓山之間，曾經形成以氏族為土的零星部落。因防禦之故而採合併居住方式，直至近代。卑南族之集村居住型態是以密竹林為籬，形成外圈保護，居民則居於內（林志興等 2000）。居住型態從散居變成集村的聚落，原散居的各氏族集中後成為一村，每個集村呈現多氏族的情況，各巴拉冠分別屬於各祖靈屋，也產生多個巴拉冠建築且各有其名稱，部落以巴拉冠為中心，屬於此巴拉冠之人民便構成一基本的政治單位，每一個會所各有其所屬之獵場與竹林，並有一個領導者（ayawan）為此一單位的首領，管理眾人與會所財產。（佐山融吉 1913：268）（喬健 1972），通常巴拉冠的位置在集村的外圍入口位置。

（二）　皇民化期

1.　中央會所

　　1895 年之後日本取代清廷成為臺灣的統治者，日本政府除了針對臺灣漢人街城的環境衛生及道路系統，進行大規模改造，也將「集團移住」（集體遷村）列為施政重點之一，大量山地原住民被迫遷移至山腳地帶，平地原住民也進行棋盤式規劃。

如普悠瑪部落於 1929 年，由今臺東市卑南里向西遷移到現今南王里，並新建屬於北部落 Pasaraadr 氏族的 Patrapang 和南部落 Raera 氏族的 Kalunung 兩棟巴拉冠，以及南、北各一棟少年會所（trakuban）。在部落中也建立了一間中央會所，純為公眾集會之用。

1937 年日本政府在下賓朗部落北方建置一通行道路，遂促使居民逐漸將住所搬遷至此通道之南方，此時部落的空間較為整齊，是以巴拉冠為中心，據說會所的位置至今未變過（胡恩喆 2013）。約在昭和 8 年左右，日人以推展環境衛生的政策，當時在員警孫善宏規畫之下，部落呈現棋盤狀的部落形式。利嘉部落 1931 年（昭和 6 年）原來的六個巴拉冠至少有一半已經廢置，所以將原來數個巴拉冠合併為一個統一的巴拉冠（古野清人 1945：124）。

可觀察到日治時期成為棋盤式規劃後，巴拉冠的位置從原本的外圍位置，集中成為一處，並規劃於部落中央的位置，是為了方便日人管理所致，且建築材料上也出現變化。遷村不只是改變部落的地理位置，也擾亂部落內或部落間的社會關係。

2. 公會館

日治後期出現了公會館取代巴拉冠的功能，初鹿部落在日治時期約於二次大戰之前，集合村莊族人的力量蓋成會館（黃麗珍 2001：60），但是在 1985 年，因為火災燒掉了日治時期的會館。會館時期的巴拉冠已不具傳統巴拉冠的功能，它成為一處多功能用途之所，平時是托兒教育的地方，也是村辦公室，同時也是原漢族群開會之處所，只有在夏季收穫節

跟冬季年祭時，才能看到部落祭典文化在這裡有一絲喘息空間（米將 2016）。磚造的下賓朗公會館完工於於 1941 年（昭和 16 年），當時稱為「磚瓦的巴拉冠」或稱為「會館」，主要作為日治時期集會的功能。1945 年至 1946 年（昭和 20 年至民國 35 年）這段期間，因日本政府與國民政府行政上的交接，因此短暫的使用下賓朗磚造集會所前廣場搭設茅草棚來作臨時教育場所，而當是集會所沒有任何隔間，空間的使用作為活動、開會與發放物資使用（臺東縣卑南鄉下賓朗社區發展協會 2000）。

（三）　形式化期

1.　轉賣給天主堂

建和部落的巴拉冠由於天主教傳入，已於 1958 年春被摧毀，原址改建天主教堂，這使當時臺灣原住民各族之會所之唯一保有雕刻者，僅剩餘大南村之一所（陳奇祿 1961:29）。原本的巴拉冠祭儀活動土地，經過輾轉變賣，提供給天主教會建堂使用，此後造成部落沒有舉辦傳統祭典之場所。1956 年天主教吳博滿神父（Rev. Ernst Uebelmann, SMB）來下賓朗部落傳教，最初以部落集會所做為教友聚會的地方，1960 年於建立天主教堂，賓朗天主堂原本是部落巴拉冠的所在地，過去因為部落缺乏金援、缺水與缺電，經過三位部落領袖決議，將巴拉冠土地轉賣給天主堂，部落才得以有金錢遷電，並協議面前的廣場提供族人辦理傳統祭儀使用，而下賓朗部落的巴拉冠，因天主堂進駐與土地轉讓而停擺了。利嘉部落一位頭目 Penhuat 的女婿把巴拉冠的地賣了，兩年後又賣給天主堂，

1952 年當時巴拉冠已經拆除了，1950 年以後巴拉冠的制度便已經破壞了（喬健 1972）。目前調查到至少建和、下賓朗及利嘉三個部落原有的巴拉冠土地轉賣給天主堂建堂使用。

2.　公部門佔據

卡大地布部落當初族人為協助農會儲存肥料，無償提供給農會使用，農會為能長期占有，積極籌會購買這塊土地，沒經過族人的同意，被國民政府劃編為國有地，農會很輕易地買下全部土地，變為農會所有（林金德編著 2016：74-75）。

初鹿部落於 1990 年間，卑南鄉公所未與族人協商，逕自建造卑南鄉立圖書館，部落頓失巴拉冠，傳統祭典無法延續。當時正是台灣原民意識抬頭之際，經族人齊心合力至卑南鄉公所抗議，爭取到現今巴拉冠用地，首開卑南族第一個用集體力量爭取巴拉冠之先例（米將 2016）。

巴布麓部落於 1949 年國民政府遷台後，土地被徵收為國防部退除役官兵醫療所，而後又成為復興廣播電臺，直到 1995 年才再取回土地使用權（王勁之 2008）。

普悠瑪部落巴拉冠土地面前道路(今更生北路)往外拓寬後，活動場地變得更受限制，當時該土地部分為私有地，原有考慮以價購方式讓部落公眾使用，但不知道應該登記在誰的名下，因為當時沒有部落公法人的概念，最後卻變成被臺東市公所徵收為公有地。巴拉冠土地雖然是部落族人共有，但在土地登記制度下一直被視為「無主地」看待，也造成巴拉冠土地流失的重要因素。

同時三大家系連棟式的祖靈屋也落成。2000 年陳政宗當初任青年會長時，在目前的多功能活動中心左前方，用檳榔樹幹、竹子、茅草自然素材為材料興建，當時還吸引紀錄片導演進行拍攝興建過程。目前的巴拉冠建築於 2003 年盧皆興擔任青年會長時，由其父親盧華昌設計，並邀集部落族人共同執行搭建，遷移至現今巴拉冠位置重建，室內火塘兩旁的中柱雕刻為部落內的藝術家伊命（漢名林志明）的代表作品。之後曾於 2010、2020 年於原地修建的巴拉冠，修建皆沿用主要樑柱結構，故規模範圍大小沒有改變，並於巴拉冠東向新增一座瞭望臺。

　　普悠瑪部落於「普悠瑪傳統文化活動中心」興建一棟鋼筋水泥形式的巴拉冠，其二樓為多功能會議空間，前方搭建一棟少年會所（trakuban）。巴拉冠左側有 Arasis 氏族祖靈屋。少年會所右側有一棟長屋隔為三間。其中左側的一間 2014 年 10 月起作為北部落 Pasaraadr 祖靈屋；中間的一間提供臺東縣普悠瑪文化發展協會利用為辦公室使用，入口右側有多功能展演空間，巴拉冠前方有一個相當大的活動廣場，園區內的保留原南王國小舊宿舍之茄苳老樹。

　　建和部落爭取巴拉冠土地後，開始進行園區周邊基礎設施，2015 年 12 月 19 舉行動工典禮，在園區入口右方興建長 24 公尺寬 9 公尺鋼結構主體建築，包含半戶外集合場、公共廁所、戶外舞台及其他周邊相關設施，作為傳統祭儀及特殊慶典活動場地，整體工程費用 800 萬元。2017 年則由部落青年組成的人民團體「臺東縣射馬干青年文化發展協會」，向文化部申請「106 年度文化部原住民村落文化發展補助計畫」，提案名稱為「Kasavakan 部落青年會所重建計畫」，核定金額為 60 萬元，主要工作內容為以雇工購料方式，建造一棟傳統

形式的巴拉冠，該建築於 2017 年 12 月 14 日進行立雕刻中柱及上樑儀式，2018 年春天落成完工。

　　初鹿部落爭取到的巴拉冠土地位於初鹿一街與初鹿二街 57 巷交岔路口，2000 年 9 月 23 日初鹿部落族人成立了「台東縣巴蘭文化發展協會」，為保存巴蘭文化遺址、延續部落歷史、祭典、族語、樂舞、傳統生活技能等，推動部落各項大小型活動。2006 年協會申請 95 年度重點部落計畫，辦理「台東縣卑南鄉初鹿村初鹿部落「部落發展計畫」，計畫內容包含各年齡階層的母語課程教育、部落耆老人物誌的撰寫、傳統歌謠錄製之外，並運用各種資源進行巴拉冠的整建與周圍美化工作與相關電腦網資訊工程的訓練，巴拉冠建造方式以雇工購料方式進行，由族人參與興建過程，並邀請陶藝家廖光亮製作陶板創作裝飾牆面。忠魂碑於 2020 年 3 月從圖書館後方遷移至巴拉冠對面空地，可見初鹿部落族人對於巴拉冠與忠魂碑連結的共同集體記憶。

　　筆者 2021 年記錄下賓朗巴拉冠重建過程發現，現今部落青壯年人口外移，且平日大多各有工作，所以族人討論後決定採以數次利用周末族人空閒時間，至玉里兩天一夜採取茅草。於 2021 年農曆春節前，利用每個周末時間，老、中、青三代共同重建，也達到建築技術傳承的目的。值得一提的是族人認為建造巴拉冠是自己的事，堅持不向外界募款或是申請政府經費補助，本次僅使用下賓朗社區發展協會不到 5 萬元的結餘款，由族人自發性動員從採集建材到自行搭建。此次重建繼續沿用水泥方柱，沒有因土地被卑南鄉公所協議價購後，就改成傳統刺竹為主柱結構。強調蓋一個會爛掉的巴拉冠，這樣才能每年年底整修並達到材料採集與建築技術傳承的目的。

　　利嘉部落巴拉冠籌備委員會討論後，推薦利嘉部落內具有傳統建築經驗之工程行承包，承包廠商也是部落事務重要幹部，由他來承包此項勞務採購案。但成本考量下，此次工程項目只能完成巴拉冠主體樑柱結構及屋頂、牆壁，不包含室內火塘及床鋪製作，且主要建材茅草及黃藤由部落族人提供，也就是說本案僅能完成巴拉冠的外觀結構，不包含內部的設施。籌備前期部落族人多次至都蘭、富里等地採集茅草，也前往部落後山採集黃藤等自然建材，主要樑柱材料為 2018 年林務局與利嘉部落發生「第 8 林班地開發爭議」後，臺東林區管理處同意提供之漂流木（松木為主），另於鄰近區域採集光蠟樹（又名白雞油）作為立柱結構。2020 年 5 月 30 日動土典禮上午在利嘉國小後方基地興建舉行，由籌備委員會主委潘村雲主持，持削尖的竹管代替圓鍬挖土，完成動土儀式，族人希望做為部落文化復振之開始，延續重要的文化歲時祭儀，產權仍屬利嘉國小與部落共同維護使用。籌備委員會討論後堅持不使用五金零件，主結構採用木作榫接再釘上木釘的施工方式，認為這樣才是傳統工法。

　　本時期重建的巴拉冠建築，已經和傳統期的巴拉冠建築差異性甚大，使用之建築材料與形式呈現多樣化的樣貌，也有各部落相互學習、相互競爭的意味，例如：自然素材、量體規模、五金材料、搭建人力等，都是各部落注意的焦點。

四、 巴拉冠建築分析

（一） 巴拉冠的空間組成

　　有關臺灣原住民各族的會所，空間組成是以火塘、通鋪、祭臺（儀式空間）所組成，各族因氣候條件及就地取材，建築形式產生多樣的型態。

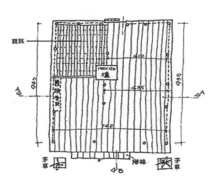

圖：達邦會所平面圖

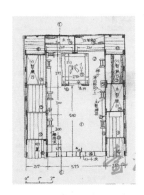

圖：大南社會所平面圖

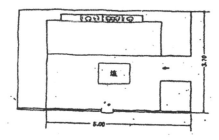

圖：平和會所平面圖

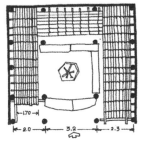

圖：馬蘭會所平面圖

1.　火塘

巴拉冠屋內中央通常為火塘，火塘中之火終日點燃不滅，象徵族群的興旺，火塘為矩形或接近正方形，通常火塘部分往下挖 1 台尺（約 30 公分），四周使用河床採取之礫石疊砌，外圍在以四支原木作為長凳。

照片：下賓朗部落重新製作火塘外圍座椅。

照片：利嘉部落於下挖的火塘外圍疊砌礫石。

照片：泰安部落巴拉冠火塘。

照片：卡大地布部落巴拉冠火塘。

但並非火塘都在巴拉冠正中央，本次巴拉冠建築紀錄時發現大致的平面格局，可分類為兩類，分別為：圍火格局，進入後中央為火塘，左右兩邊為床鋪；另為鄰火格局，進入後左邊為火塘，右邊為床鋪。

圍火格局   鄰火格局

圖：巴拉冠平面格局可分類。（鄭丞志繪製 2021）

　　圍火格局的有：卡大地布、建和、利嘉三個部落；鄰火
格局有：普悠瑪、下賓朗、巴布麓、初鹿、泰安。發現其中
有一特例，初鹿部落巴拉冠雖然為鄰火格局，但進入後右邊
為火塘，左邊為床鋪，觀察到初鹿部落目前的巴拉冠位於鋼筋
問凝土建築一樓，應是受到原本鋼筋混泥土結構及隔間動線上
的限制。另外普悠瑪、下賓朗、巴布麓在前庭有製作圍籬，
普悠瑪為鋼管仿竹圍籬，下賓朗為刺竹與長枝竹做成的圍籬，
巴布麓主要入口搭建門樓，其他三邊種植綠籬圍起前庭。對照以
往的研究中分類為「石生」和「竹生」系統與上述兩種平面
格局，具有相當的關連性，推測與部落遷移及鄰近部落相互的
影響有關。

2.　通鋪

依據泰勒的敘述巴拉冠裡「舖有藺草、稻草的地板」是提供就寢的場所，根據報導人孫大山先生的口述，早期巴拉冠不設置通鋪，地板上鋪設茅草後直接睡其上。河野喜六（1915：357）有段對於通鋪的描述：「屋內中央為細長的泥土地，在泥土地之南、北兩側各做上、下兩層的床板，每區寬約四尺，長約 26 尺，床板間的牆用竹子編茸而成。上層床板架設梯子，為 bangsaran 寢臥之處，下層的床板則充為長老的寢臥之處。泥地中央則鋪上稻草，夜晚做為 myabetan 之臥床⋯⋯」此段說明進入巴拉冠後左右兩側皆有上下層的通鋪，以竹子編綁而成，中央的地板上鋪道草為 myabetan 就寢的位置。

有關通鋪分布位置的說法，多表示沿用早期巴拉冠的室內建築配置，也有表示與巴拉冠內訓練的青年數量有關，當青年增加時則增建上層通鋪，若是通鋪再不夠就另外擴建床鋪於對側，就變成中央為火塘，兩側為床鋪即為筆者所稱的圍火格局。

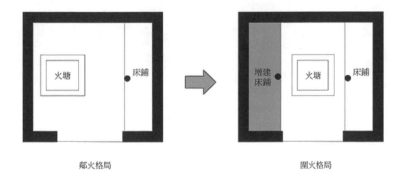

圖：巴拉冠平面格局轉變說明。（鄭丞志繪製 2021）

　　值得注意的是同樣被被分類在「Panapanayan」的魯凱族大南聚落舊聚會所，也呈現圍火格局，可見有著密切的關係。推測東魯凱族大南社的年齡階級和會所制度，可能要對抗其鄰強卑南族的脅迫，而由卑南族學習過來的（陳奇祿 1965）。建築學者提到日治時期『蕃族調查報告書──排灣族』的紀錄中，呂家社集會所呈長方形，入口在短邊，沿兩牆是為連床，似為兩層所以有梯可上。中間靠後面是一大火塘，此集會所與魯凱族大南社後期集會所平面較類似（關華山、林佳雯 2008）。2020 年利嘉部落籌備重建巴拉冠時，筆者曾提供日人佐山融吉於 1913 年所繪製的「呂家社集會所 (parakoan) 平面圖」以及日人千千岩助太郎於 1960 所繪製的「大南社會所平面圖」、「大南社會所剖面圖」共三張圖面，作為重建利嘉部落巴拉冠時之參考，其重建土地上有一棵茄冬樹，影響巴拉冠建築之寬度，故採用短邊為入口的縱向長方形平面格局，有別於其他卑南族部落巴拉冠的特殊平面配置。

　　3.　祭臺（儀式空間）

　　巴拉冠不只是男子訓練的場所，也包含祭儀空間，但各部落的巴拉冠位置和形式不同。例如在下賓朗部落巴拉冠左後方的竹架上，懸掛一個勺型的「竹杯」，在巴拉冠重建拆除前，部落的祭司長潘冬生先生，會對「竹杯」念禱詞告知巴拉冠準備拆除。卡大地布的巴拉冠最高的柱子下方放置一片石板，辦理小米收穫祭時會擺放檳榔、酒或是肉。但有些部落的巴拉冠是沒有類似的儀式空間。普悠瑪及巴布麓部落巴拉冠前方圍籬中央有設置竹架，據報導人指出早期功能為敵首架，現在僅有裝飾用途。

照片：下賓朗部落祭司長潘冬生告知巴拉冠即將拆除重建。

照片：卡大地布部落巴拉冠柱子下方有一塊石板。

照片：普悠瑪部落巴拉冠圍籬中央設置竹架。

照片：巴布麓部落巴拉冠前方綠籬中央設置竹架。

4.　平面配置

依據《蕃族調查報告書》紀錄的呂家社平面圖確實呈現長方形短邊入口的配置方式，卑南社平面圖也確實呈現接近正方形的配置。根據八個部落巴拉冠測繪調查，建物平面都接近正方形，僅利嘉及泰安部落呈現長方形，但較特別的是利嘉是短邊為入口，泰安是長邊為入口。另外普悠瑪、下賓朗及巴布麓部落的巴拉冠前設有圍籬，且左右兩邊均有出入口，而卡大地布的巴拉冠前方設有門廊緩衝空間，也有遮雨遮陽的功能。

　　火塘及通鋪的配置，雖有不同的說法，但主要是在部落組成的氏族及地緣間相互的學習有關聯性，呈現普悠瑪、下賓朗及巴布麓部落巴拉冠平面配置相似；卡大地布、建和及利嘉部落巴拉冠平面配置相似的狀況。

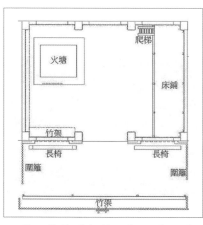

圖：普悠瑪部落巴拉冠平面圖。

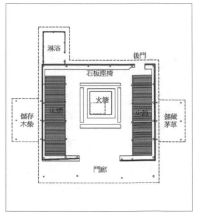

圖：卡大地布巴拉冠平面圖。

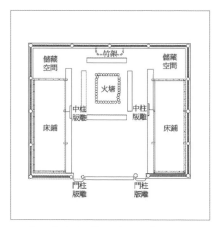

圖：建和部落巴拉冠平面圖。

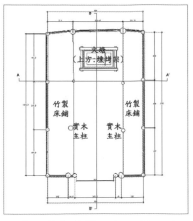

圖：利嘉部落巴拉冠平面圖。

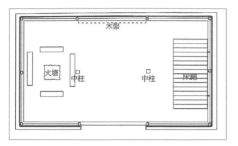

圖上：泰安部落巴拉冠平面圖。

圖右：初鹿部落巴拉冠平面圖。

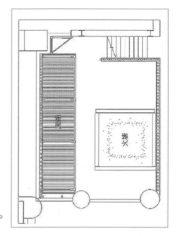

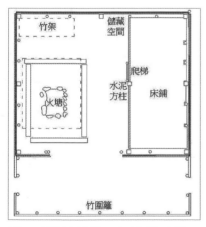

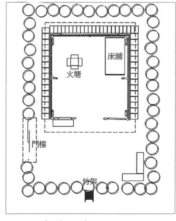

圖：下賓朗部落巴拉冠平面圖。　　　　圖：巴布麓部落巴拉冠平面圖。

（二） 巴拉冠的建築結構

1. 木、竹架梁柱結構

以木、竹、檳榔樹幹為主要樑柱材料，較近似傳統期的外觀，如卡大地布、建和、利嘉、泰安及下賓朗部落的巴拉冠都屬此結構方式，但材料搭接方式與傳統期使用黃藤綑紮方式已出現變化，卡大地布主要樑柱使用金屬螺栓固定；建和部落使用 L 型五金螺絲固定；利嘉沒有使用五金零件，採用木作榫接的方式；泰安使用木桁架五金螺絲固定；下賓朗部落使用鐵絲代替黃藤固定主要樑柱。

2. 鋼筋混凝土結構

以鋼筋混凝土為主要樑柱結構，再以木料、竹料製作通鋪及牆面包裹裝飾，如普悠瑪、初鹿部落等，一樓為巴拉冠，二樓為多功能會議空間。

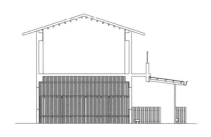 

圖：普悠瑪部落巴拉冠縱向剖面圖。　　圖：卡大地布巴拉冠縱向剖面圖。

3.　鋼構結構

　　以鋼管或金屬鋼材為主要樑柱結構，外觀還是呈現雙斜面屋頂形式，再以竹材包覆牆壁外觀，並以木料製作通鋪，如巴布麓部落。

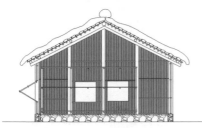

圖：建和部落巴拉冠縱向剖面圖。

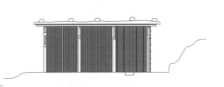

圖：利嘉部落巴拉冠縱向剖面圖。

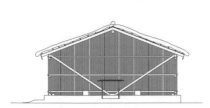

圖：泰安部落巴拉冠縱向剖面圖。

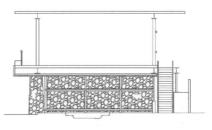

圖：初鹿巴拉冠橫向剖面圖。

圖：下賓朗部落巴拉冠橫向剖面圖。

圖：巴布麓部落巴拉冠縱向剖面圖。

（三）　巴拉冠的方向性

巴拉冠的方向性是重要的議題，分析巴拉冠建築座向時發現，普悠瑪、卡大地布呈現坐北朝南；利嘉、泰安、初鹿、下賓朗、巴布麓均呈現坐西北朝東南；唯有建和部落呈現坐東南朝西北，但筆者觀察到在 2014 年曾於園區入口右方以檳榔樹幹建造的臨時性的巴拉冠，座向為坐西北朝向東南。依據陳文德老師的註解，卑南社族人對東、西方向賦有特別的意義，「lauD 意為『東方』，相對的『西方』稱 zaya。lauD 和 zaya 這組空間方位在卑南社人的日常生活中有複雜的意涵，例如他們傳統的住家、祖靈屋、集會所，都必須是面向 lauD；反之，對於 zaya 的方向則有所忌諱，piazaya 即『向西』，又有『過世』的意思。」（同上：276）（佐山融吉 1913：275）

卑南族傳統的住家、祖靈屋、集會所通常朝向東方或朝向遷移來的方向（東方或是東南方），另以卑南族各部落目前所居住的地理環境來看，多數位於中央山脈山腳下或台東平原，朝向東邊或東南邊是較符合地理環境及氣候條件。日治時期開始從散居的居住型態，變成棋盤式集村型態，現今的巴拉冠方位隨著街道出入口及腹地面積而有所改變，巴拉冠的建築座向，還是以坐西北朝東南為最多。其中的特例是建和部落座向呈現坐東南朝西北的方向，因是受到園區入口動線在東南邊及廣場使用上的環境限制，故微地理環境也是影響現今座向的因素之一。

（四）　藝術表現

卑南族的藝術表現，另外一方面就是在會所中的人形雕刻。在日治時期的記載中，知本社青年會所中的人形雕刻，

與大南的魯凱族會所中的人形雕刻十分相似，而大南魯凱族也是魯凱族中唯一有會所的部落。因此，在此也呈現出當時部落之間文化表現互相影響的結果（陳奇祿 1961）。2017 年建和部落在重建巴拉冠前，族人北上至中央研究院民族學研究所，觀看日治時期「射馬干會所木雕版」，考究原件中柱雕刻版圖紋，重新依照圖紋復刻且再創作，並具有中柱建築結構性功能，上方以「神鹿與公主」口傳故事為靈感創作。巴拉冠左右門柱以卑南族成年男性後敞褲（kaTing）之繡紋為雕刻圖紋，具有成年會所巴拉冠之象徵意義。門匾雕刻版上刻有中文字「巴拉冠」，及拼音字「palakuwan」。

　　普悠瑪部落園區入入口門樓以卑南族普悠瑪部落男性「方帽」為創作靈感，色彩表現豐富，極具普悠瑪特色。普悠瑪部落巴拉冠雖然在鋼筋混凝土建築的一樓，但外觀裝飾木製雕刻版及彩繪。初鹿部落以「人鳥」圖紋木雕刻板裝飾巴拉冠建築外觀，並有盾牌裝飾。巴拉冠門匾上方，刻有水平排列刻有男性頭像隻木雕，上方刻意放置具初鹿部落特色之盾牌。圍牆上有收穫祭盪鞦韆陶板，初鹿部落每年的收穫祭會有盪鞦韆的活動，是除建和部落以外，另一個擁有盪鞦韆活動的卑南族部落，為陶藝家廖光亮之創作。

　　卡大地布部落巴拉冠門匾及門柱雕刻左右門柱以男性站姿為圖紋。門匾雕刻版上刻有中文字「巴拉冠」。中柱雕刻版由卡大地布藝術家伊命（林志明）所創作，於陳政宗前會長搭蓋巴拉冠時所創作，盧皆興擔任會長時重建巴拉冠遷於現址，版雕於巴拉冠主柱旁。其圖紋有一手舉高觸碰太陽及刻有少年會所、警鈴（tauliu）等，為意象式的創作風格。門口掛有整排的警鈴，另外巴拉冠沿廊掛有金屬人像「鐺」，小米收穫祭

時會到部落各家戶進行跳舞遊街活動，在跳勇士精神舞時會敲擊此金屬，作為動作指揮。卡大地布小米收穫祭時，會到部落各家戶進行跳舞遊街活動，在跳勇士精神舞時會敲擊此金屬，作為動作指揮。在本次建築紀錄中發現，有中柱雕刻者僅有卡大地布及建和部落，其他皆無中柱雕刻或雕刻板裝飾，雖然日治時期的記載中，知本社青年會所中的人形雕刻，與大南的魯凱族會所中的人形雕刻十分相似，但目前卡大地布巴拉冠的主柱雕刻採取藝術創作以意象的表現方式，非人像雕刻。各部落巴拉冠入口上方的木製門牌，多數刻有中文音譯「巴拉冠」木雕門匾，可見目前卑南族人以中文「巴拉冠」書寫或稱之。現今的巴拉冠不只是傳統上青年訓練之場所，也是最能表現各部落獨特性及象徵的建築物。

照片：初鹿部落，人鳥圖紋雕版雕。

照片：初鹿部落，男性青年頭像版雕及盾牌。

照片：初鹿部落，收穫祭盪鞦韆陶板。

照片：卡大地布，巴拉冠門匾及門柱雕刻。

照片：卡大地布，中柱雕刻版。　　照片：卡大地布，金屬人像「鐺」。

照片：卡大地布，警鈴（tauliu）。　　照片：建和，巴拉冠門區及門柱雕刻。

照片：建和，中柱雕刻版一。　　照片：建和，中柱雕刻版二。

（擷取自 IPCF-TITV 原文會 2017.12.14 原視新聞網路畫面）　　（擷取自 IPCF-TITV 原文會 2017.12.14 原視新聞網路畫面）

照片：普悠瑪，巴拉冠外觀裝飾與彩繪。

照片：普悠瑪，巴拉冠入口門區雕刻。

照片：普悠瑪，巴拉冠內竹製床鋪黃藤綁紮精美。

照片：普悠瑪，入口方帽意象門樓。

五、 巴拉冠的營建系統

（一） 搭建方式

1. 部落自行搭建

透過部落中壯年具有搭建技術者與青年會之青年、少年等組成團隊自發性地搭建，通常是沒有薪資酬勞，但會提供茶水和餐點，從採集茅草、刺竹等建材到施工搭建皆自行完成，並在過程中傳承建築技術。

2.　雇工購料搭建

部落計畫性的對外申請搭建巴拉冠的計畫書，在獲得公部門核定補助後，雇用部落內在地工班及外部專業技術團隊協助，工班成員通常是有領薪，材料會自行採集或對外購買建材方式搭建。

3.　發包委外搭建

部落有搭建巴拉冠的意願下，由公部門（縣政府或公所）對外發包徵求有意願承包之廠商，開標後由廠商搭建完成，並滿足公部門驗收項目。

4.　與園區合作搭建

觀察到原民會所轄文化園區管理局（現為原住民族文化發展中心）為展示原住民傳統建築目的，與特定部落合作，部落提供人力和建築技術，通常也會搭配園區當地人力，園區提供雇工薪資及材料，如文化園區內的卑南族巴拉冠及少年會所，都是以此方式搭建完成。另外九族文化村也有一棟「卑南族南王部落成人會所」，並非與部落合作搭建，從其建築形式及主柱版雕來看，並非普悠瑪部落巴拉冠，而較類似建和部落的巴拉冠，有誤用情形。

（二）　建築技術的演進

1.　傳統期工法

傳統卑南族對於建築材料的選擇，有一定的使用規範，從巴拉冠的歷史描述及當今的做法，仍可清楚的理解其相關建材的應用，在相關建材中，構成建築主體結構所占比例最多的是刺竹，其他樑柱的主體結構（鄭漢文等 2009）。

結構部位	卑南族語	使用植物優先順序
中柱	katurakan	臺灣櫸、黃連木、烏心石
柱	turak	臺灣櫸、黃連木、刺竹、茄冬、山漆、臺灣杪欏、杜英、青剛櫟
外牆支撐	pasuva/tatukuh	羅氏鹽膚木、光臘樹、小葉桑、土蜜樹、茄冬
主樑	kaluvungan	楓香、刺竹
橫樑	varad	檳榔、刺竹、樟、山黃麻
桁	vakur	刺竹
椽	trekipan	長枝竹
藤材	uway	印度編籐、黃藤、長枝竹
窗	lataw	蓬萊竹
門	ka'alrvanan	刺竹
牆	pati	刺竹、蓬萊竹、八丈芒
屋頂	sa'uv	白毛、甜根子草
竹簾	tarevariw	刺竹

　　筆者在 2020 年「卑南遺址公園卑南族傳統家屋展示修繕及周邊設施整修維護」紀錄中，觀察到刺竹被廣泛利用在卑南族的建材上，此次修建由下賓朗部落潘冬生長老指導，利嘉部落工班執行搭建，將傳統卑南族使用刺竹與黃籐綁紮固定的細節有詳實的記錄，此為依據下賓朗舊部落之傳統家屋搭建，可做為傳統期工法之參考（國立臺灣史前文化博物館委託雨耕聯合設計顧問有限公司 2020）。

照片：刺竹立柱與橫樑以黃藤綁紮細部 1。

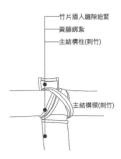

照片：刺竹立柱與橫樑以黃藤綁紮細部 1。

照片：刺竹立柱與橫樑以黃藤綁紮細部 2。

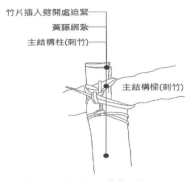

竹片插入劈開處迫緊
黃藤綁紮
主結構柱(刺竹)
主結構樑(刺竹)

照片：刺竹立柱與橫樑以黃藤綁紮細部 2。

照片：刺竹人字樑與橫樑以黃藤綁紮細部。

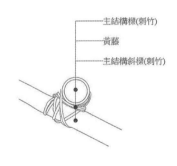

主結構樑(刺竹)
黃藤
主結構斜樑(刺竹)

照片：刺竹人字樑與橫樑以黃藤綁紮細部。

照片：中柱與脊樑以黃藤綁紮細部。

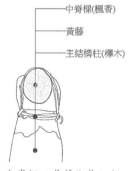

中脊樑(楓香)
黃藤
主結構柱(櫸木)

照片：中柱與脊樑以黃藤綁紮細部。

照片：內牆柱與脊樑以黃藤綁紮細部。

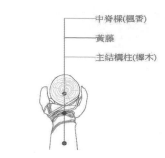

圖：柱以黃藤緊迫固定細部。

照片：外牆柱以黃藤緊迫固定細部。

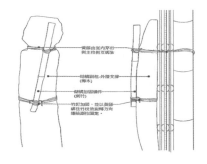

圖：外牆柱以黃藤緊迫固定細部。

2.　復創期的工法

　　傳統的巴拉冠建造時使用竹、木、藤、茅草等自然素材，且每一兩年需增補茅草及修補，若是建築結構材料遭受蛀蟲損壞嚴重，則需要重建，收集材料及重建的人力和時間付出非常浩大。復創期為了節省後續修補及延長巴拉冠的使用年限，或是受限於土地的使用，或是材料取得的困難，有些部落開始使用新的建材及新的建築工法。主要的編綁材料黃藤及長枝竹（竹皮）已被鐵絲替代；主要的樑柱材料刺竹以被木料、鋼骨及鋼筋水泥替代。以下彙整現今卑南族巴拉冠建築工法及相關資料。

分析項目　　部落別	建築座向	平面格局	主要結構	牆面材料	屋頂材料	木雕藝術	土地所有權
普悠瑪	坐北朝南	臨火格局	RC 結構	RC 結構	RC 結構	門柱、門扁	花環實驗小學
卡大地布	坐北朝南	圍火格局	杉木、C型鋼	竹	竹、茅草	門柱、門扁、雕刻版	臺東市公所
建和	坐東南朝西北	圍火格局	杉木	竹	竹、茅草	門柱、門扁、中柱雕刻	知本國中
利嘉	坐西北朝東南	圍火格局	光臘樹、檳榔樹	竹	竹、茅草	無	利嘉國小
泰安	坐西北朝東南	臨火格局	木料、角材	竹	木板、茅草	門扁、女賓止步	卑南鄉公所
初鹿	坐西北朝東南	臨火格局	RC 結構	RC 結構	RC 結構	門扁、外牆鳥人圖紋	卑南鄉公所
下賓朗	坐西北朝東南	臨火格局	水泥方柱、檳榔樹	竹	竹、茅草	無	卑南鄉公所
巴布麓	坐西北朝東南	臨火格局	圓形鋼管	竹	鋼樑、竹、仿茅草	門扁	臺東市公所

六、 結語

（一） 巴拉冠建築發展

早期各部落間存在著競爭與合作的緊張關係，巴拉冠為政治和軍事上重要的存在，現今功能上已經不需要抵禦外來的武力侵犯，而是作為傳統祭典與教育的重要場所。巴拉冠從傳統期至復創期受限於土地、材料、人力等因素，從多數合併成一處，位置由部落外圍遷至中央，又被迫回到部落外圍。自從日人採取土地登記制度，把原本提供部落族人共同使用的巴拉冠土地，被視為「無主地」，登記在當時頭目（ayawan）名下，導致戰後陸續發生巴拉冠土地遭受轉賣，在當時的環境下不只是卑南族，馬蘭部落阿美族聚會所土地也因此轉賣（李玉芬 2006），或是被政府佔據徵用的窘境。在巴拉冠土地轉賣後建立天主教建堂的有：建和、下賓朗、利嘉等部落；遭到公部門佔據的有：卡大地布（農會）、普悠瑪（市公所活動中心及道路擴寬）、巴布麓（國軍、復興廣播電臺）、初鹿（卑南鄉公所圖書館）等，可見土地登記制度是影響巴拉冠用地被剝奪的重要因素。現今的巴拉冠主要樑柱材料改以杉木、漂流木、金屬鋼管、水泥方柱及混凝土樑柱等，較耐久性的結構性建材，僅作維護及翻修工作，更延長建築物的使用壽命，都固定於同一個位置不再移動，主要是受到土地限縮的因素。

（二） 巴拉冠的建築形態與特徵

經由日治時期的文獻與調查記錄，可以了解傳統巴拉冠建築的木與竹造構造，現今各卑南族巴拉冠因應新材料的廣泛使

用及建築技術，運用在巴拉冠的材料上已經是必然的演進方式。
利用傳統的木料、竹料及茅草等傳統元素，以及現代的混凝
土及鋼構的結合，柱間的跨距變寬了，建築量體規模也隨著
增大，內部則保留以竹料編綁而成的通鋪、火塘等，呈現出
新的傳統與創新。平面格局的變化不大，幾乎都還是成矩形
的平面配置，採用前後雙斜屋頂形式，僅有利嘉採用左右雙
斜形式的創新做法。

（三）　營建系統

　　普悠瑪族語「pubaaw」（有使…活的、重生之意），指年
祭前會所修繕的工作，會所修繕是祭典的重要環節，也是起點。
而文化部文化資產局將「鄒族 mayasvi」登錄為重要民俗，
舉行這項祭儀有其中一項主要因素為「修繕會所之後舉行」；
同樣的「卑南族 mangayaw 大獵祭（含猴祭、除喪）」被登錄
為重要民俗，過程包含「會館修葺，祭司和巫師為部落祈福」，
兩者都視修繕會所為重要民俗的一部份。

　　從日本白川鄉與五箇山的合掌造聚落，被聯合國教科文組
織登錄為世界文化遺產，可以觀察到其不只包含聚落建築本體，
每次某哪一家的屋頂需要翻修，全村會動員同心協力一起完成。
若同意巴拉冠的建築材料可以因應時代的演進，但營建人力才
是真正巴拉冠的核心價值是不可以取代的，應透過會所制度由
部落組成營建人力共同修復或重建。

（四）　與其它臺灣原住民會所的差異

　　卑南族長久居住在台東平原及中央山脈的山麓，早期就地

最容易取財的建材即為刺竹，它也是隔絕部落外圍的屏障，刺竹也就作為巴拉冠和家屋主要的樑柱及牆板的建材。與阿里山達邦會所使用的大木料及排灣族使用的石板，也都應證材料的取得是表現在建築形式的重要因素。

　　但卑南族的巴拉冠一直存在一種可變性，一般說法是因為較早接觸外來文化的影響，對外來文化接受度較高，表現在巴拉冠的建築結構上，不像達邦會所具有神聖和不可變動的特性。但依據早期文獻分析，在觀念上巴拉冠本來就具有可變動之特性，例如泰勒所記錄的因跳蚤太多就直接放火燒了異地重建，或是因應防禦的需求變更駐紮位置。另外巴拉冠使用刺竹等自然素材為建材，經過 3 到 5 年主要樑柱自然損壞後易地重建是必然的，或日治時期棋盤式街道規劃後，被迫合併到部落中心的位置，這都是值得繼續觀察的現象。

（五）　心得結語

　　當巴拉冠重建好了，火塘的材火重新點燃，柴煙從竹牆的縫隙往外蔓延飄散在空中，巴拉冠就像重新活起來有了靈魂。火加上木材後才會一直延燒下去，就像巴拉冠的男子遵循著會所制度生活著，文化才會不斷地延續下去。巴拉冠是承載男子訓練的空間，當沒有人了，火塘的火斷了昇煙不再巴拉冠飄散，很快就會坦塌。若是巴拉冠重建之後，平常也沒有 valisen 進入昇火使用，重建巴拉冠就沒有意義，從巴拉冠的煙燻狀態就可以看出活動的頻率，期待重建後的巴拉冠不只是卑南族各部落的文化象徵性建築，更需要重建巴拉冠內在的社會關係。

參考資料

千千岩助太郎

　　1960［1988］《臺灣高砂族之住家》，臺北，南天書局。

王勁之

　　2008《巴布麓卑南人的「部落」觀念與建構》，國立臺東大學
　　　　南島文化研究所碩士論文，臺東縣。

古野清人

　　2000〔1945〕《臺灣原住民的祭儀生活》，葉婉奇翻譯，臺北市：
　　　　原民文化事業公司。

米將

　　2016〈變遷中的巴拉冠：初鹿部落的影像紀錄（1930~2013）〉，
　　　　《卑南學資料彙編第一輯》。

江瑞拱

　　2001〈臺東鳳梨的今昔〉，《農業世界》，214卷：68-73。

佐山融吉

　　1921《蕃族調查報告書　第八冊　排灣族　獅設族》，台灣總督府
　　　　臨時台灣舊慣調查會，余萬居譯，未出版，藏於台北市
　　　　中研院民族所。

　　［2007］1913《蕃族調查報告書　第一冊　阿美族南勢蕃　阿美族
　　　　馬蘭社　卑南族卑南社》，台灣總督府臨時台灣舊慣調查
　　　　會，中研院民族所編譯，台北市：中研院民族所。

李玉芬

　　2006〈馬蘭社阿美族集會所的區位、功能與臺東平原社會環境
　　　　的變遷〉，《地理學報》，第45期，73-94。

宋龍生

　　1998《臺灣原住民史卑南族史篇》，南投市台灣省文獻會。

　　1965〈南王村卑南族的會所制度〉，考古人類學刊 25/26：112-144。

林志興、林致遠、張思耘

　　2000〈都市計畫與原住民聚落發展之研究：以台東市南王里為例〉，族群、歷史與空間－東臺灣社會與文化的區域研究研討會論文集，國立臺灣史前文化博物館籌備處。

林金德

　　2016《心知地名：Katratripulr卡大地布部落文史紀錄》，臺東縣：臺東縣原住民主體文化發展協會。

林會承

　　2014〈臺灣聚落的類型與構成〉，《臺灣學通訊》第 79 期 / 鄉村聚落。

河野喜六

　　[2000]1915《蕃族慣習調查報告書 第二卷 阿美族、卑南族》，台灣總督府臨時台灣舊慣調查會，中研院民族所編譯。台北市：中研院民族所。

胡恩喆

　　2013《卑南族下賓朗部落空間形成與建築形式之研究》，國立臺灣科技大學建築系碩士論文，台北市。

陳文德

　　2001《臺東縣史－卑南族篇》，臺東：臺東縣政府文化局：143。

　　2010《卑南族》，臺北市：三民書局。

　　2011〈文化復振？文化創造？以卡地布（知本）卑南人為例〉，《臺東文獻》復刊第 17 期 3-25。

陳奇祿

　　1965〈臺灣土著的年齡組織及會所制度〉，考古人類學刊
　　　　25/26：93-111。

　　1961《臺灣排灣群諸族目標標本圖錄》，臺北，南天書局。

鳥居龍藏

　　1897〈台灣東部蕃族及其分布〉《東京人類學會雜誌》，175-182。

森丑之助

　　[1994] 1915《台灣蕃族圖譜》，台灣總督府臨時台灣舊慣調
　　　　查會，宋文薰編譯，台北市：南天書局。

喬建

　　1972〈卑南呂家設組家制度的研究〉，《中央研究院民族學研
　　　　究所集刊》34：1-21。

黃麗珍

　　2001《初鹿「卑南」人的家》國立臺灣大學人類學研究所碩士
　　　　論文，台北市。

劉克襄

　　1992《後山探險：十九世紀外國人在臺灣東海岸的旅行》，台北市：
　　　　自立晚報。

關華山

　　2006〈阿里山鄒族男子會所 Kuba 的重構與變遷〉臺灣史研究
　　　　200606 (13:1 期) 中央研究院臺灣史研究所。

關華山、林佳雯

　　2008〈卑南族傳統居住文化之重構〉，行政院國家科學委員會
　　　　補助專題研究計畫成果報告。

鄭丞志

    2006《一個部落失落至重現過程之研究：以知本 Katatipul 部落
        經驗為例》，樹德科技大學建築與古蹟維護研究所碩士
        論文，高雄市。

鄭丞志、陸俊元、林伯宥、張昱賢

    2020〈卑南族巴拉冠（palakuwan）建築測繪報告〉，雨耕聯合
        設計顧問有限公司。

鄭漢文、陳文德、林佳靜、李麗雲

    2009《卑南族的家與植物》，臺東：國立臺灣史前文化博物館。

國立臺灣史前文化博物館

    2020《卑南遺址公園卑南族傳統家屋展示修繕及週邊設施整修
        維護第三階段工作報告書》，委託雨耕聯合設計顧問有
        限公司。

臺東縣卑南鄉下賓朗社區發展協會

    2000《台東縣鄉土文集（5）遙想的國度：下賓朗部落影像紀錄》，
        台東縣後山文化工作協會編，臺東：台東縣政府文化局。

討論當代部落成員身分的構成與意義

以普悠瑪「越級者」的生命歷程為例 [1]

陸浩宇

國立政治大學民族學系碩士

摘要

在人的成長階段，會因社會文化的差異而有不同的意義。卑南族（Pinuyumayan）的年齡組織（*age organization*），在兩性成長過程有不同的社會身分，尤其男性進入會所後的社會身分更為多元。卑南人的生命歷程（*life course*）需經歷多次的身分轉變，這樣不僅呈現了不同「身分」在社會文化脈絡中的意義，也突顯了「人」在不同社會階段的意義。

1　本文內容取自筆者碩士論文《普悠瑪「越級者」身分認同的反思：從個人、部落和族群觀點分析》的第三、四及五章，並另行修改及縮減內容。筆者感謝在田野之時，普悠瑪卑南人的協助。此外，由於本文是以卑南族普悠瑪部落為例，因此文中提到的狀況可能會與其他部落有所差異，屆時若有疑問，還請各位賜教。聯絡方式：zzzxcvtw651@gmail.com。

　　本文修改自筆者碩士論文的第三章至第五章，討論有關未能適時舉行成年禮的男性 —「越級者」。過去的研究雖然指出國家定義下的族群身分與卑南族社會對於「人」的定義有差異。然而，這樣的討論仍舊欠缺了個人如何理解自己的身分及個人如何思考的身分認同。而「越級者」的出現不僅反映了普悠瑪社會的發展，以及會所制度在當代運行之下所面臨到的問題，而且從「越級者」的生命歷程，看到個人對於自身與部落的關係、自我的身分認同認知。更重要的，是部落成員的身分在當代發展過程中，呈現了整個普悠瑪對於部落成員定義的複雜性。

關鍵詞：卑南族、認同、Puyuma、會所、生命歷程

一、　前言

從 Rita Astuti（1995）透過在馬達加斯加的 Vezo 人的研究中，指出 Vezo 人的身分認定並不是倚靠血緣來認定，而是透過個人做為行動者時，藉由行動者當下行為的改變來做為身分的依據，藉此突顯了 Vezo 人的人群分類方式並不是以血緣，而是透過行為上的學習來獲取身分。此外，Astuti 也指出了這種身分與行為間的關係，並不是一種永久的狀態，她認為這是受到環境的關係影響，而導致的行為上的差異。因此她提出「地方與行為是一個持久的連結關係，而人與行為間連結是偶然。」

然而，Astuti 的討論仍具有爭議性，尤其是在講述身分轉換及認同一過程中，似乎都沒有顯示出這種不同身分轉換之下所造成的衝突，以及外在外力對於身分認同的影響。如郭佩宜指出 Astuti 沒能清楚交代島上的政治運作、商業活動、基督宗教進入，還有其他族群的比較互動（郭佩宜 2017［1995］：31）有關殖民者對於當地人的影響，以及殖民經驗對於 Vezo 的身分認同影響，Astuti 也未能清楚說明。此外，她認為該書雖然闡述的是動態的認同，然而去脈絡化的結果，使得此認同模式顯得有些靜態（同上引：31-32）。

從台灣原住民的族群分類看，謝世忠（2004［1999］）指出國家以政治權力或文化特性界定族群，是忽視了原住民社會實際的人群分類模式。例如，邵族對於族群身分的認同，來自於公媽籃信仰及八月過年系列的儀式；他們強調的是祖靈型的認同，而非國家體制下所賦予的族群身分。要言之，國家

概念下族群身分並不等同於族群內部對於個人身分的認定方式。相似的案例也呈現在卑南族之中，因此，筆者下節將回顧卑南族身分的研究，並且指出研究中的優否。

二、 卑南族身分的研究回顧

卑南族主要生活於台灣台東縣境內，人口數量為14,796 人。[2] 該族群以 10 部落為主要組成，分別為：普悠瑪（Puyuma）、卡大地布（Katratipulr）、建和（Kasavakan）、初鹿（Ulivelivek）、寶桑（Papulu）、泰安（Damalagaw）、利嘉（Likavung）、上賓朗（'Alripay）、下賓朗（Pinaski）與龍過脈（Dandanaw）。今日太麻里鄉三和村南迴公路旁的海岸被視為卑南族及其他族群的起源地，[3] 普悠瑪稱為Panapanayan；卡大地布稱為 Reuvuwa'an。[4] 此外，宋龍生（1998）將整個卑南族分成竹生系統及石生系統，[5] 前者以普悠瑪為代表；後者以卡大地布為代表。

對於卑南族的分類有些爭議，如日籍學者以體質、語言、社會風俗與祭儀的界定，將卑南族視為獨立的族（河野喜六2000[1915]；佐山融吉2007[1918]；古野清人2000[1945]）。

2　資料來源：原住民族委員會 2021 年 6 月原住民族人口數統計資料。網址：原住民族委員會全球資訊網 (cip.gov.tw)。查詢日期：2021 年7 月 29 日。
3　排灣族、阿美族
4　然而，在 1992 年《台灣原住民樂舞系列－卑南篇》之後，普悠瑪部落對於起源地產生了諸多爭議，引發了新發祥地的說法，導致部落內產生了起源地的論述衝突（參閱陳文德 1999）。
5　普悠瑪內部對於竹生這個概念有爭議。

森丑之助（2000［1913］：571-572）將卑南族視為排灣族一群，
分成：「排灣族卑南蕃」、「排灣族」與「排灣族澤利先蕃」。
移川子之藏等（1935）又將卑南族被認定為獨立的一個族。
要言之，從這樣族群分類來看，可以看到對於卑南族的族群
分類是有待討論的。

　　有關卑南族的身分討論，可以從卑南族社會內部如何定
義部落成員與區別人群來討論。如王勁之（2014）認為國民
政府繼承日本政府的族群分類，再經過諸多的立法之下，成為
了國家制度下的族群身分。但是，若是回到卑南族的社會文
化脈絡來看，對於個人身分的認定並非不是依據國家認定的
族群身分，而是透過卑南族本身的社會機制作為區別人群之
間的差異。同樣的，陳文德（2015：70）也指出目前的族群
分類在當代成為了重要的身分界定及認同的意義。他認為國
家以血緣作為身分認定的方式，不但將「家」作為族群身分
認定的社會單位，也忽略了家與其他社會領域的關係。他指
出部落成員的身分並不以血緣基礎，而是依據從家到社會的
身分轉換機制。他提出國家的族群身分是透過對於「過去」
的連結，強調共同祖先／來源作為區分群體的方式，並非強調
「當下」與「未來」的連結過程。陳玉苹（2001）清楚地提
到要成為卡大地布的卑南人，除了起源的力量以及先天的資
格所賦予的部落身分之外，另外也可透過個人的選擇成為
部落成員。例如，她舉出部落內的一些漢人青年因為長期
參與部落事務，並且也參與部落的青年會，因此受到部落
族人的認同。當他們要舉行晉級儀式時，便由漢人宗親長

tinumahizang 為他們舉行晉升禮。[6]

　　部落成員的討論，又可以從卑南族男性的成年禮來討論。如洪秀桂（1981）討論成年禮中的功能性包含：角色的確定、增進團結、除喪去凶及去除焦慮增強適應能力；陳文德（1989）從成年禮的社會文化意義指出除喪過程，miyabetan 不僅只是舉行個人的社會身分轉換而已，並且還是驅動著「年」轉換的動力，並提出成年禮過程突顯了再生（regeneration）的意義。此外，他認為成年禮是部落整合的象徵，更是彰顯言人權威的展現（同上引：70）。

　　上述的討論，我們可以總結為：關於卑南族的身分，實際上是呈現出國家的身分（族群身分）與卑南族內部社會的身分（部落成員）定義是有差異的。而我們從成年禮的討論來看，的確也呈現了成年禮在卑南族社會中的重要性。然而，筆者認為仍有些部分需要再釐清。例如，我們雖然理解成年禮在卑南族社會的重要性，以及對於個人的成長意義。但是，我們似乎並沒有從這些參與成年禮的當事人中，去理解他們如何理解與感受儀式對於他們的意義與重要性。此外，如何成為部落成員，除了社會本身既有的對於部落成員的定義之外（參閱陳文德2002：60-63），個人對於自我的部落成員定義是否與社會既有的定義是相同的呢？例如，陳文德（2015：70，例6）提及普悠瑪一位漢人青年熱衷於部落的活動，但是當他因家人關係可能要放棄舉行成年禮時，因而流露出不確定的神情。這樣的

―――――――――

6　陳玉苹（2001：93，註40）指出，這位漢人宗親長因為長期參與部落活動，而且在專業領域有一定聲望。不過漢人青年需要由漢人宗親長才能為其舉行晉升儀式，這似乎也突顯出了族群身分對於區分人群的影響性。

民族誌案例或許又值得讓我們去思考，關於部落成員的定義是否也會因個人的成長過程的改變，而影響了對於自我的部落成員定義。

　　從陳玉苹的研究中，筆者認為更值得我們去思考的，是關於族群身分可能影響了原先社會對於人群的認知與區分方式。例如，陳玉苹提到漢人青年要找漢人宗親長 tinumahizang 舉行成年禮。為何同樣是部落成員，但是舉行成年禮時卻區別族群身分呢？這樣的現象似乎也體現了，部落成員的定義在當代社會中，或許也因為受到國家的族群身分的影響，使得原先既有的人群分類方式，受到了族群觀念的影響。

　　因此，從上述的討論中，筆者認為若以「個人」的生命歷程（life course）為出發點，或許有助於我們重新以不同的視角來討論有關卑南族的身分（identity）的問題。筆者企圖從「越級者」的個人觀點，提供有關個人對於儀式的理解，理解他們對於儀式的看法，以及讓理解這些人如何定義自身與成年禮之間的關係。對於筆者為何會注意到這個問題，其原因乃是筆者也是「越級者」。因此，在第二節，先從個人的經驗來簡述越級者。第三節，討論有關卑南族的身分認同研究回顧；第四節，從越級者的觀點來討論成年禮的意義；第五節，筆者以「討論」的方式，寄望能透過本篇文章提供不同面向的思考。

三、 身為「越級者」的個人反思

將時間拉回 2017 年 12 月 31 日，正值大學四年級上學期，我已經連續 2 年沒有回來參與大獵祭 mangayaw。在去會場前，我一直猶豫著是否要去卑南文化公園參與凱旋旋的過程。在服裝穿搭上，我選擇穿了件白襯衫及黑褲，但我的祖母見我身上的穿搭不太適合，因此給了我一件繡有原民風圖紋的背心，要我務必穿上，因為今天是大獵祭的凱旋日。

在會場時，許多族人朋友都已經聚集在各自所屬的區域，而我與家人共同待在第一區。隨後見到上山的男子的隊伍緩緩地從遠方跑下，然後進入到以竹做成的圓形場地內，眾人便開始吟唱 irairaw。[7] 在這過程，我跟幾位來台交換的陸生相互交流。陸生詢問我有關卑南族的事情以及大獵祭的意義，對於筆者而言，這些問題雖然能夠很清楚地向她們說明，但是自身卻是帶著心虛態度來向她們解釋，畢竟這些是筆者從書籍及論文上所獲得的知識，而非是從我的參與經驗來分享。此外，當她們其中有位向我詢問到：「你剛說這個年紀的男子都會去山上，那你為何沒有跟他們（指在圈內中的那些男性）在一起呢？」這段話瞬間讓我語塞，更應該說讓我感到有些不自在。我試圖想要解釋清楚，但卻又不知道要從何開始說起。最後，我僅能草草地回應帶過。

在會場，我見到許久未見的親戚，我向他禮貌地打聲招呼，他卻以嚴厲的口氣回應我：「你穿的這是什麼服裝？誰讓你這樣穿的？」他緊緊抓著我的衣服，似乎對於我這樣的穿著讓他

7　irairaw 為卑南族大獵祭時吟唱之古調。

感到非常不滿。我雖然思考了許久到底要如何回應，但是心裡總覺得非常焦慮及不安。最後，我回答：「我沒有舉行成年禮，所以我不能穿這種衣服。」當他聽到我的答案後，便立刻跟我說：「明年你一定要成年禮，一定要！」從那之後，我便向父母親講述了我明年想補行成年禮。最後我在 2018 年年底完成了成年禮。

　　雖然我完成了成年禮，但是從那之後，我不斷地在思考自己為何願意返回參與？是何種動力推動著我決定補行成年禮？過去我曾參與過 2 次少年會所，但我隨後便不再去參與。在國三時，ali 們來到家中找我，[8] 其中一位向我問到：「你這次要跟我們一起當 maradawan 嗎？[9] 如果錯過這次，你就會落後我們了。」我仔細想過後，我便婉拒了他們的邀請。從那之後，我便沒有再參與有關會所的事宜。雖然家中的長輩一直希望我能回去參與，但我依然不願意參加，隨著時間一長，他們也就不再堅持了，我也沒有去多想這些事。

　　升上大學後，由於我有更多的時間都是待在外縣市，對於部落的關心程度也就更加的少了。然而，在我大三上時，因旁聽了一門由建築系的老師所開設的「原住民居住文化」的課程，才漸漸改了我的想法。該課程主要講述台灣原住民建築的空間觀與文化觀的關係，當課程講述到卑南族時，老師請我講述有關於少年會所、成人會所等建築的文化，雖然我能很明確的講出這些建築物的文化意涵，但是這些知識很多都是我從書籍上所獲得，而非是我個人親身參與及學習而來的。因此，

8　在普悠瑪少年會所中，ali 是作為同年齡及夥伴的相互稱呼。
9　maradawan 為少年會所中的最高年級者。

在我說明的過程中，我僅是透過現有的文獻資料來講述我所知道（或想像）的卑南族社會文化，畢竟我沒有經歷過這一切。

最後，對於我最大的影響，反而是我將「越級者」作為碩士論文的題目之後，使得整個問題也就更加複雜化。在我與這些越級者進行訪談時，我知道他們因為不同的原因而錯過了成年禮，我也看到當他們在講述自身的身分認同以及個人與部落的關係時，在神情的轉變、情緒的起伏不定及思考的斷裂，都呈現出他們對於自我身分認同過程中的不確定性，而且對於身分的懷疑並不是指族群身分，而是對自己的部落身分有疑慮及困惑。從他們的例子中，其實也是我在「『越級』後」之後，不斷地反思「部落成員身分」的認定與意義，而這樣的想法也促使了我傾向從個人的角度，來討論越級者的出現與當代普悠瑪年齡組織的發展關係，以及透過越級者的個人生命歷程，來思考當代普悠瑪部落成員身分的問題。

四、 社會改變與越級者的出現

在討論有關越級者的個人觀點前，筆者應先行說明何謂越級者，以及當代普悠瑪部落會所發展。「越級者」稱指涉的是：未經三年 miyabetan/valisen 的男子，透過 pasabung 的方式完成了成年禮。往昔研究者對於「越級者」的討論甚少，僅以敘述的方式將其帶過。然而，筆者認為這些人的出現其實是值得我們去思考的：其一，這種「越級」現象的發生並

非突然一夕之間形成，而是經過一段長時間才慢慢形成一種常態。換言之，這群人的出現也反映了社會環境的改變；其二，有關於 pasabung 的制度是何時出現，以及它的意義是什麼？過去也從未有所仔細討論；最後，對於這些人為何願意回來補行成年禮，也是值得我們去思考的問題，尤其每個人對於回來參與的原因與他個人的成長過程有其關聯性。因此，筆者將先行討論有關當代普悠瑪的會所發展狀況。

（一）普悠瑪卑南人的人群複雜性

第三節討論提到當代卑南族身分定義的問題，筆者認為就必須回到卑南族社會中的會所來討論。會所不單單只是卑南族部落中重要的組織，它也扮演著納入外來人群的社會機制之一。從本文要討論的普悠瑪部落來看，該部落的人群組合本身就呈現其複雜面向（參閱表格 1）。北部落的領導家系與卑南族起源地 Panapanyan 有關系；南部落的領導家系則是不清楚他們的來歷。小米收穫祭上，陳文德提及從移川子之藏等（1935：361-362）的紀錄來看，Sapayan 家是由兩位祖先（夫婦）從蘭嶼將小米帶回，因此每年都會朝向蘭嶼方向表達感謝之意；Raera 家是蘭嶼 Babutu 分家而來，因此都是共同行祭；Arasis 則是祖先曾被困在綠島，然後因為鯨魚協助而獲救，因此每年以供物向綠島行祭；Balrangatu 則是有位祖先從都蘭山拿取稻米（應為旱稻），回到部落分送給族人，此後才有米食出現。Pasaraadr 家與 Balrangatu 為親戚關係，且居上位，所以由 Pasaraadr 家主祭。

表 1. 普悠瑪領導家系集會所情形

半部落	領導家系與祖靈屋	所建會所	收穫祭	會所轄屬地	少年會所	領導家系與會所	全部落領導中心
北部落 yaami	Pasaraadr	Patrabang	都蘭山	池上鄉一帶、卑南鄉利吉村、上賓朗	trakuban yaami	Pasara-ad Pata-pang	原為 Pasaraad 後 Raera 取代，但儀式上仍以 Pasaraad 系統為優先，其次 Raera
	Balra-ngatu	Kinutul	都蘭山	都蘭、隆昌一帶			
	Sapayan	Balubalu	蘭嶼	富岡、成功嶺忠孝里、檳朗			
南部落 ya-timul	Raera	Kalunung	蘭嶼	利嘉、知本、馬蘭金崙一帶	trakuban ya-timul	Raera Karu-nung	
	Arasis	Gamugamut	綠島	初鹿、富岡、台東市			
	Lrunga-dan	Kinaburaw	不清楚	泰源			
資料來源：陳文德（2020：113，表 7）。							

　　由於領導家系的來源不同，我們也看到了各個家系擁有各自獨立的祖靈屋及成人會所，而且又以 Pasaraadr 的祖靈屋為部落最大。因此，在諸多儀式上，都須先從 Pasaraadr 先開始。另外一方面，我們又可以看到分成南北部落的關係，這不僅凸

顯出了普悠瑪部落內部具有一定程度對立狀態，如同二部組織
（*dual organization*）（衛惠林 1956）的社會型態。這樣的對
立型態從南北少年會所中的互動中更為明顯，而會所在普悠瑪
男性成長過程中被視為很重要的社會化（*socialization*）過程，
因此筆者下一段將從男性進入會所的重要性。

（二）人的成長與會所關係

　　普悠瑪卑南人兩性的成長階段有許多不同的社會身分（表2），
尤其對於男性而言，當成長至青少年階段之後，就必須進入到會
所之內，經歷無數的考驗。而會所在卑南族社會中，則是
扮演著極其重要的社會功能。男子進入青少年階段後，便是
trakubakuban 年齡階級，在這個階段的男子都必須進入少年會
所 trakuban。往昔男子進入 trakuban 的資格，是依照個人的身
體發育程度作為標準，以至於過去的少年會所中，在同一階級
中，會有相差三、四歲的情形發生（河野喜六 2000〔1915〕：
291）。當少年進入會所之後，便由 maradawan 為其取名，
此後該名變成為了少年在會所中所使用的名字，不可以「家」
中所取的名字來稱呼此人。

　　在少年會所的教育包含：膽識、禮節、服從、尊長及戰
鬥技能（宋龍生 1965）。少年會所的訓練時間是在小米收
穫祭結束之後開始舉行，少年前半年是居於家中，開訓後則
每晚到會所進行訓練並且睡在會所。在 12 月中旬之時，
少年會所成員會舉行少年祭 mangayangayaw/basibas。這樣
子的訓練過程將持續 6 年，一年又一年的晉升至階級最高的

maradawan，隨後便進入至成人會所 palakuwan。但是在階級的晉升上也並不是按照秩序，舉例來說，一位今年 70 歲的耆老提到他在 16 歲就已經晉升到成人會所的 miyabetan。原因是他當時為 mulapus 的身分，在準備晉升 maradawan 時，一位耆老看到他的體格比較好，跟其他老人討論以後，便要他直接去成人會所當 miyabetan。由於他領先了他同級的夥伴，因此長老要他 pasabung，但只有給糯米糕跟酒水，並沒有罰錢。因此，從這樣的案例中，可以看到過去少年會所晉升是較沒有制度的。

在上個部分，我們討論到二部組織的對立關係，從南北少年會所中平時互動過程中，我們便可看到這樣的對立及衝突關係。

> 雙方少年有怨恨時，隨時隨地都吵架、打架。有時也會故意用佩刀切擊少年會所的柱子，激怒對方。吵架、打架之時，父母不可以前去仲裁調解，如果去的話，男孩子會被擲出，女孩子則會被綑上纏腰布丟出（古野清人 2000［1945］：265）。

保持著彼此間的爭鬥，是南北少年會所的訓練目的之一。另外一方面，我們還看到在爭鬥之時，少年家人是被禁止干涉的。這樣的現象也凸顯出了少年會所傳說中兄弟二人搭好少年會之後，要求族人不可靠近，而兄弟的父親不聽孩子之言，執意前往看望因而遭致弓箭射殺。因此，從男性進入到少年會所中，家中的名字被取代、生活空間來回於家及會所之間，都顯示出以家為中心的親屬領域到非親屬領域，需要經過一個轉換過程，也呈現在空間上的轉移（陳文德 2010：30）。

表 2. 普悠瑪 Puyuma 兩性的年齡階段語稱呼

年齡階段	男性稱呼	年齡	女性稱呼	年齡	備註
嬰兒期	manuden	不足 1 歲	manuden	不足 1 歲	
兒童期	lralrakan	2-13 歲	lralrakan, tinubilran	2-13 歲	女孩子稍大時成為 miyatubilr，意為穿著貼身群 tubilr
青少年期	trakuba-kuban (1) mara-nakan （a）ngawa-ngaway （b） taliba-tukan （c）mula-pus (2) mara-dawan	13-18 歲 13-14 歲 14-15 歲 15-16 歲 16-17 歲 17-18 歲	melada-ladam milrabit	13-18 歲	trakubakuban 為少年會所成員，此時期又細分為 maranakan 和 maradawan 兩個階段，(a)~(c) 階段統稱為 maranakan。lrabit 是外裙，ladam 是練習，意為練習穿著外群。
青年／成年期	miyabetan	18-21 歲	paseket	18-21 歲	男子舉行成年禮，成為成人會所成員。成為 miyabetan 之後，老人不能再以 kis 稱呼青年，而以 tan 稱呼。paseket 是確認，意為正式穿著外群。
	bangesaran	21 歲至結婚前	bulabulayan	21 歲至結婚前	bulabulayan 的語根是 bulay 漂亮、美麗
已婚期	alabalabat	已婚至 55 歲以下	mikata-guwin	已婚至 55 歲以下	kataguwing 是「配偶」的意思
老年期	maidrang	55 歲以上	maidrang	55 歲以上	

資料來源：陳文德（2010：22-23）。

　　最後一年的少年會所訓練結束後，原為少年會所的 maradawan 必須進入成人會所 palakuwan。在他們進入之前，必須先找一位老人作為教父 kipuwabetanan。[10] 具備教父資格者必須時德行兼具者，也需具備一定程度的文化涵養，更重要的是老人的妻子必須健在才能收教子。[11] 當老人為青年圍上裙子 pubetan 之後，為第一次成年禮，兩人建立起教父教子關係。老人不能再稱此人為 kis，而是以 tan 來稱之。圍腰布的儀式代表著此人已是成年人，是一個「社會人」，因此此人將在成人會所內學習社會禮儀、習俗及規範（陳文德 1993：483）。

　　miyabetan 的身分必須維持三年。在這期間，男子的行為都有所被限制，如男子不被賦予任何名字（生家與少年會所名字皆不可使用僅稱 miyabetan）；禁止與異性發生性關係等（古野清人 2000［1945］：262；河野喜六 2000［1915］：294-294）。這三年中，教父扮演著教育者的角色，他們教育自己的教子要尊重長輩，並且需要時時刻刻注意到自己的行為舉止。另外一方面，往昔因為是農業時代，教子回去教父的田中幫忙，因此教子的數量越多也成為了重要的勞動力來源。

　　擔任最後一年的 miyabetan 之時，就要為他舉行第二次成年禮。由教父將原本的藍裙改換成黑裙，並且戴上由教母以澤蘭編織而成的草環，然後由教父帶領教子們跳舞。舞蹈結束後，由家人為其子換上華麗的禮服，並且戴上鮮花編織而成的花環，而教母也會給予教子她所贈與教子的禮物，以視為教母對於教子的祝福。然後，由教父將這些教子帶入場中，

10　字面意思為：繫圍裙者。
11　筆者曾詢問耆老若是該老人有離婚並且又再娶，那麼是否能擔任教父？耆老回答：「只能是最初的元配才有當教父的資格。」此外，有些老人會用較委婉的方式拒絕擔任教父。

與所有族人一同共舞。此時他們的身分為 kitubangesar（意為正在轉變身分）。晚上之時，由其他的 bangesaran 帶領這些 kitubangesar 到各家報佳音，[12] 除了是歡慶新的一年到來，也是要讓部落族人認識到新的成年男子，並且他們會邀請家中單身女子一同共舞，也間接促成雙方認識。男子成為 bangesaran 之後，便可與異性相識，並且組織家庭生子。

　　從上述來看，卑南族男性的成長與會所是緊密不可分的。要言之，一個人的獨立必須從離開家中開始，而卑南族的少年會所便扮演了其重要的角色。男子從青少年階段開始離家，接受高年齡層孩子的教導，並且從中學習服從及團隊合作的精神。隨後到了成人會所階段，男子的學習對象則是由長者來負責，並且以「父親」名義的教父教子制度來教育男子。會所不僅是作為男性社會化重要的過程，從不同年齡階層所賦予的社會身分及責任，也展現該社會對於人的成長過程的理想樣貌。

　　此外，從擔任教父的資格必須是妻子仍健在的規定來看，這樣的現象也凸顯出了「家」在整個卑南族中重要性的社會單位。若是少年會所是離家並且以少年會所內部自主管理，那麼進入到成人會所之後，則是又回到了家的管理之下。因為男子成年後必須成家，而成家必須要有學習對象，因此教父教母就成了他在 miyabetan 期間重要的學習對象。如筆者問到一位老人選擇教父的原因，他提到他會選擇那個人當教父，是因為他每次看到他在牽牛車時，從來沒看過他要求妻子下來幫忙，或者是改由妻子來牽，都是他一個人牽並且妻子都坐在牛車上。

12　此報佳音非基督宗教類型的報佳音。在普悠瑪大獵祭結束後，由單身男子組織隊伍至各家歡唱歌曲，其目的為祝福新的一年到來。初鹿部落稱為：訪少女。

他認為這個老人一定很找顧家庭，再加上他在部落的風評也很好，因此很快地就決定選他擔任教父。

上述討論的是有關理想的卑南人的成長過程，然而隨著時代的改變，不僅部落整體的社會文化有所改變，而會所等社會組織也在環境改變之下逐漸失去其影響力。在下一節，筆者主要要談當代的普悠瑪會所發展。

（三）當代會所發展與社會環境改變

1895年，因中日甲午戰爭爆發，中國戰敗並簽下馬關條約，台灣及其附屬島嶼皆交付予日本政府。隨著日本政府正式統治台灣，現代化的國家建設也隨之而來，位處台灣台東平原上的卑南社也跟著改變。例如1929年時，由當時的卑南社菁英加上日本政府的合作之下，將卑南社的卑南人遷移至今日的普悠瑪部落（南王里），一部分卑南社人，則是無法承擔日本人的勞役，因此遷往了北町新社區，隨後建立了巴布麓部落（王勁之2007）。相較於卑南社較為雜亂的居住空間及道路來看，南王部落不僅呈現了清楚的居住空間及部落界線之外，而且在道路規劃是呈現的筆直的形制。此外，有鑑於過往在卑南社時，因為漢人大量移入而造成的卑南人的土地流失及居住空間被壓縮，所以在建立新社之後，日本政府頒布禁令禁止漢人進入南王居住。因此，從1929年至1945年國民政府接收台灣前，整個南王部落是以卑南人為主要的居住人群。

除了聚落空間改變之外，會所在進入日治時期之後也開始出現變化，而這樣的變化與國家制度下的「學校」有關。1897年日本人設立了「卑南社分教場」，會所中的教育制度

皆完全被改變，甚至取代了原先會所教育的功能。例如在少年會所階段時，不可隨意稱呼他人的名字，然而在分教場的教育之下，老師直呼同學之名，同學間也直呼對方名字；會所嚴謹的年齡階級制度，是長幼有序的社會秩序，然而在社教場初立之時，所招收學員的年齡層 7 歲至 22 歲之間，並且是共同一起上課，打破了過往年齡階級之間的嚴格劃分；社教場的教學對象不僅只有男性而已，女性亦可加入學習。這樣的改變也衝擊了過往以男性為主體的會所教育；學校教育促使許多人在未來有更好的發展，並且成為了可以決策部落重要事務的決策者。這樣的改變也衝擊了以老人 maidrang 在部落內的權力（宋龍生 2002：44-46）。

　　學校的出現，改變了卑南人的社會秩序，也造成了會所制度崩解。在佐山融吉（2007[1918]）及河野喜六（2000[1915]）的紀錄中，成人會所陸續消失，最後僅剩下 Pasaraadr 與 Raera 的成人會所，以及南北少年會所。此外，又興建一座中央集會所，但不隸屬於任何一個家族，而是做為全部落集會之用。遷社之後，成人會所、少年會所與中央會所也同樣遷入新社，仍保持南北對立的型態。

　　然而，光復後，會所確曾一度消失。如 1958 年兩座成人會所及少年會所相繼廢除；1959 年中央集會所相繼因颱風倒塌，就停止使用。雖然保留會所的訓練模式，但失去了訓練場地，也造成了諸多麻煩：青年不再重視對於同年齡級與長輩的禮節；過去的南北會所爭鬥，維持住眾人的團結，但隨著會所消失，這樣的團結之心也漸漸消失，個人主義逐漸抬頭；傳統文化與技藝的無法傳遞，引起祖先不悅，使得

部落發生憾事（宋龍生 1998：356-357）。因此，在部落內的重要人士奔走之下，終於在 1964 年，在舊中央會所的土地上（今南王里多功能活動中心），重建統一的少年會所，隨後也重建了統一的成人會所。今日，普悠瑪部落的少年會所及成人會所都遷移至「普悠瑪傳統文化中心」（族人常以「巴拉冠」稱之），並且設有給 Pasaraadr 及 Raera 的祖靈屋空間。[13]

從上述來看，普悠瑪部落從多會所走到統一會所型態，實際上是反映了部落在社會環境改變下的轉變。如先期我們提到在日治時期，部落內的住民主要是以卑南人為主。然而光復之後，原先日本人訂定非卑南人不能居住在部落的禁令被廢除，導致整個南王又像過去的卑南社一樣，許多族人的土地流失。此外，1960 年代隨著西部地區重工業的發展，許多族人前往外地工作，也導致了部落人口外移。1980 年代為重要之轉折，隨著原住民運動的興起，原住民的權力被更加重視之外，原住民也開始關注到部落的文化發展。

對於卑南族而言，在 1992 年「台灣原住民族樂舞系列──卑南篇」也造就了許多部落開始重視自身的文化，並且開始進行文化復振（鄭丞志 2006；陳文德 2011）。普悠瑪部落在「卑南篇」之後，雖然經歷了起源地的衝突論述（參閱陳文德 1999），但是卻也加強了部落內年齡組織的制度化，尤其對於少年會所及成人會所訓練及制度有更加地清楚。

13「普悠瑪傳統文化中心」為當時同為普悠瑪卑南人的台東縣長陳建年（1993-2001）在任期內，為了解決舊有的部落集會場域太小等原因，因此在選定了南王國小（今普悠瑪花環實驗小學）的一塊用地作為部落族人可進行祭儀的場地。分別在 1998 年及 1999 年建好少年會所與成人會所。

　　現今，普悠瑪部落的會所訓練都已改變，如少年會所的訓練時間，是在小米收穫祭之後舉行開訓儀式 sabusabungan，但是受到學校教育或是孩子父母親在暑期另有規劃，因此不再是天天到少年會所訓練，而是以每個禮拜的五、六的晚上為訓練時間，而且不強迫睡在少年會所。除了訓練時間縮短之外，參與會所訓練的成員相較於過往有減少，很多時候都是在接近祭典時才逐漸越來越多人，甚至也有人只來參加祭典而不參與訓練。此外，過往少年會所以 maradawan 為主要的管理者，並且有權力教育低年級者。現今 maradawan 不能再以嚴厲的方式教育低年級者，甚至近三年來，時常有孩子認為 maradawan 在打屁股的過程中有所不公，因此向父母告狀之後，使父母前往少年會所理論。最後，過往 basibas 都是由少年會所的成員獨立完成，然而因為訓練一期的縮短，再加上族語能力的下降，使得訓練過程及儀式過程中，都需要有長者在一旁協助。

　　在成人會所的訓練也有了重大的改變。miyabetan 階段被視為重要的訓練過程，必須要擔負起許多的苦工。然而，在這個年齡層階段的男性，有許多正值高中三年級階段青年，或是已經到外地就讀大學的青年，因此教父與教子的日常互動也逐漸減少。目前 miyabetan 最主要訓練時間是大獵祭期間，負責營地的各項雜事，並且必須服從長者及其他 bangesaran 的指揮。成年禮在這個過程卻出現了最大的改變，因於越來越多青年因為學業、工作或其他問題，導致他們無法適時參與miyabetan 而錯過了成年禮。因此，出現以補行成年禮的方式，透過 pasabung 來完成年禮。然而，pasabung 的出現也造成了部落內部更大的紛爭，尤其是針對成年禮的公平性，有族人甚至提到：「若是 pasabung 就能解決一切，那以後誰還要照規

矩來當 miyabetan ？還需要這麼辛苦完成成年禮嗎？」

　　筆者從聚落空間的改變到整個會所制度的變遷，其目的是體現當前的普悠瑪部落現況是經過長時間的歷史演變而來的。本文將要討論的越級者也是在這樣的社會背景之下所產生的。那麼何謂「越級者」？以及何謂 pasabung ？何時開始有成年禮的 pasabung ？此外，這些越級者為何願意回來補行成年禮呢？

五、　pasabung 與「越級者」[14]

（一）　pasabung 的意義

　　就筆者田野過程中所獲得的訊息來看，當族人們在討論到有關非正常情況而直接成年禮的男子，通常以「跳級的」、「補的」與「空降部隊」來稱呼。若是以族語稱呼，則是稱為 pasabung。pasabung 字根為 sabung，有罰之意。pasabung 意思為：因（什麼事 / 行為）要被罰；sasabung 為要罰（未來式）。[15] 但是，當我們在，sabung 可能就不適用於「罰」的意思，例如祭司在進行 semalikid（部落邊界四門的防衛儀式）的儀式時，在祝禱詞提 到：matratremelr madadikes dra biki dra puran, ku sasabung ku puwatrima（意為「我拿檳榔當作我補償給祢的東西」）。祭司擔憂在儀式過程中有所閃失，而遭致神靈的懲罰，因此以檳榔作為補償儀式過程中的不足之處。再下一句禱詞中，我們也可看到檳榔被作為一種安撫眾神的功能：i ta sabungay,

---

14　本節討論資料主要參考陸浩宇（2022：67-74）的研究。
15　筆者感謝陳志偉老師提供關於此字的文法及其意義。

ta putrimaay mu, aw adriya mumagerareger, masenekin（意為「我們已經償付了東西給祢們，請祢們不要驚嚇！」）（轉引自陸浩宇 2022：67）。

從上述的祝禱詞來看，若是用「罰」作為 sabung 的解釋，似乎又無法精確地呈現禱詞的用法及解釋。然而，當筆者詢問到一位耆老時，他說：「用懲罰這個字來解釋，好像是你有做錯什麼事情一樣，但是實際上你沒有做錯事，很多事情不是你自願的。pasabung 是補償，是對那些按照規定完成會所訓練的人的歉意。」因此，關於 pasabung 的解釋，筆者傾向要從當下的語境以及所指涉的事情來理解。

當筆者在詢問有關成年禮 pasabung 出現時間時，雖然沒能得出確切的時間，但是其共同性在於都是因為有人在外地，由於工作的關係因而逾時舉行成年禮，然而但他希望能完成年禮，因此才要求他 pasabung。但是當我們看到民國 82 年的《臺東縣台東市南王里普悠瑪長壽會手冊》時，已經明文規定了 pasabung 的辦法：

> 因公事（如服役或就學等）未能按時晉升青年組（指 miyabetan）而其年齡已屆晉升成年組（指 bangesalan）之年齡者，經長壽會同意並繳納謝禮金 1500 元始可晉升成年組，若因「私事」原因者則繳納謝禮金 3000 元，始予晉升，否則按一般晉升程序規定辦理。（臺東縣台東市南王里普悠瑪長壽會手冊，頁 20）。

筆者認為，雖然我們沒有辦法確切得知最初的 pasabung 是何時出現，但是若是回到整個社會環境下來看，我們至少可以推判 pasabung 的出現與人口外移有所關係。那麼有關越級

者的可能出現時間，則需要放置一段長時間之下來討論。要言之，在第四節我們提到在 1960 年代之後，因為西部有大量的工作機會，因此使得許多族人開始外移。很有可能這種越級者出現是在 1960 年代之後才逐漸明顯，隨後為了因應這些人群的出現，因此制定了 pasabung 的制度。

第二部分，筆者從越級者的個人角度出發，從訪談過程來呈現這些越級者對於自我身分認同，以及理解他們為何願意返回參與成年禮。筆者將以兩位報導人案例來說明。

（二）　我與越級者

2020 年的大獵祭應是近幾年來最冷的一次。在寒冷的夜晚裡，男性族人都在自己的帳前升火，彼此分享著自己所帶的美食佳餚，喝著廚房煮好的熱湯，冷冰的身體在喝下一口湯之後便逐漸暖和起來。我則是待在教父身邊，聽著他與其他耆老間的談話。在 30 日當晚，也是在營地的最後一晚，陸陸續續有許多返鄉族人來到營地。此時，我見到兩位與我年紀相仿的男子，其中一位是與我同年一起 pasabung 的阿黃，另一位也透過 pasabung 完成成年禮的耀兄，他們倆有親戚關係。隨著當晚的 irairaw 吟唱結束後，我便找了他們兩位討論了有關成年禮的問題。

> 阿黃年為 25 歲的大四學生，由於父母親都在南部工作，所以他除了放長假會回來部落之外，其餘時間都待在外地。阿黃戴著眼鏡，膚色些許偏黃，身形屬於瘦長型，身高約在 170 公分左右。阿黃在說話時有些吞吞吐吐的，有時侯在說明一些事情時，較少提出自己的看法，時常

是重複著耀兄的回答；耀兄年紀 30 歲左右，大學畢業之後便投入職場工作。他從小就在部落長大，但是他卻鮮少參與部落的活動。耀兄同樣也戴著眼鏡，膚色較白，身形雖然稱不上是魁武，但是可以精壯來形容；身高約莫在 180 公分上下。耀兄說話較為輕柔，再加上可能因為在社會工作許久，因此在聊談中，也時常會聽到他對於目前市場景氣及工作環境的看法。

耀兄在去年完成年禮，他依然記得當時因為太少 miyabetan 參加，所以他們那時僅憑藉著少許的人，在廚房那裡忙東忙西。他出社會工作已經很長的時間，當他決定要回來補行成年禮時，他認為是對於自己的族群認知。畢業之後，他先在高雄工作，隨後又到了台南工作，目前則是在新北。在這段工作時間中，隨著年齡的增長，讓他開始體會到自己似乎是有些事情（指成年禮）是需要完成的。父親的年紀也大了，阿嬤也非常在意成年禮，再加上我覺得自己是長子，因此我認為我自己勢必得回來，總是有人要來傳承。另外，他覺得在大三時，因為學校校內社團有原住民研究社，也在因緣際會之下加入該社團，也間接認識了不同族群的文化。

然而，耀兄對於回來補行這件事情，仍是有一些無法確切說明清楚。當我再次問他返回參與的原因時，他提及自己以很多理由來說明自己要回來參與，但是他沒辦法說這就是正確的理由及原因。另外一方面，耀哥在談話中也回想了他在成長過程中的一些事情：在我高中時，有次在部落內的一所小學運動，遇到一位部落的耆老向他走來，他問我是哪家的孩子。當我向他交代了他的背景之後，他就說著我們這代都很少

參與部落事務。隨後以一句看似幽默的話回應我：「我還以為你是白浪（指漢人）呢！原來你也是原住民啊！」當他在外縣市時，他向別人介紹自己時，有人會很驚訝地說：「原來你是原住民啊！都看不太出來欸。」

耀兄對於他過去不常參與部落事務的原因，他認為這部分可能也與父母親是有關係的。耀兄的父親是警務人員，因為工作性質的原因，使得他無法常常待在家。因而教育之重責，則是交付到了母親手上。那時家中的長輩其實是很希望他去參與部落的活動，但是母親跟父親都沒有說很要求他一定要參與，尤其父親是個比較民主的人，所以他並沒有強迫耀兄去參與。

在談話過程，筆者向耀兄問到：「你會回來參與會不會是一種對於部落有虧欠？」他則是認為在現代社會之下，其實不是所有人都會一直留在部落，他認為我們都在追逐更好的生活。他提到自己一開始是在高雄的一間電子技術的公司上班，隨後希望有更好的薪資，曾去台南應徵一間高科技廠的工作，但未能順利錄取，不過後面也順利進入新竹某科技企業裡工作。然而，那間公司的工作壓力很大，使得他的作息漸漸不正常，體重在那時還暴增許多。現今，耀兄在新北一間科技業工作，薪水雖然沒在新竹那麼多，但至少他有更多的時間去嘗試不同事情，例如他現在用他較多的時間跟朋友合資開了一間遊樂場。每個月的薪水再加上遊樂場的分紅，都能讓他每個月的收入都增加很多。他認為過去父母親的觀念都是希望他能去考公務員，這樣才能有較穩定的薪水，但是他想去外面闖盪。耀兄希望藉由這樣的投資，不僅能夠提早存

好他的退休基金，而且能夠讓他與女友成家，並且順利在北部買下房子。

　　阿黃並沒有在這段討論中給予筆者太多的回應，當筆者有詢問他對於回來參與的原因時，他提到自己雖然從小都在外縣市長大，而且回來部落時都是在大獵祭這個時候回來。對於他而言，他有的血緣一半是卑南族（母方），一半是客家（父方），但是他比較熱愛卑南族的文化，他比較認同他自己是卑南族。不過，阿黃也提到他回來參與大獵祭的心情，他剛到營地時，其實是沒有搞清楚自己狀況的，例如筆者觀察到在 bangesaran 需要一起做事的時候，阿黃都是待在 miyabetan 那裡。因此，當阿黃在說明他為何回來參與的理由時，他其實都沒能說明清楚。他只覺得自己是外地來的，所以回來參與時感覺就像是來體驗的而已。

　　耀兄與阿黃兩人有一些共同點，就是他們返回參與的原因與他們的族群身分認同有關，尤其阿黃的例子讓我們看到，雖然他的族群身分是客家，但是他自我族群身分認同是卑南族。

　　然而，當耀兄敘述有關自己對於未來生活的期望時，又間接呈現了個人如何展現理想的自我在當代社會之中。傳統上，卑南族男性的社會化階段是從少年會所開始，個人不斷地接受上級的訓練，藉由辛苦地磨練讓他人之身心有所成長。當他進入成人會所便由他的教父來教育他。在擔任 miyabetan 期間，則是鍛鍊個人的耐力及獨立的能力，培養往後能再成年之後擔負起成家的責任。要言之，從這樣的成長過程可以看到人的成長與該社會的關係是緊密的。然而，隨著資本社會的到來，

也改變了我們對於人的成長過程的需要。從耀哥的例子來看，父母親的教育影響了他在成長過程中的思考，他提到的自己在不斷地轉換工作地點，以及與友人共同投資，都是為了能獲取更高額的薪資待遇，這些的努力的目的都是，讓他在未來他能夠順利買房以及跟女友結婚。筆者認為耀哥的例子，體現了個人對於「人」的理想生活樣貌，能夠在當代社會中立足的「人」。

當問題回到他們如在闡述返回補行成年禮的原因時，我們都看到兩者在這件事情上，都沒有辦法清楚講述願意回來參與的理由及原因。尤其在耀兄身上，他提到自己已經到了一個年紀了，似乎該回來做一些事情，但是這個促使他回來的動力到底是什麼，他卻沒有辦法說明清楚。但是，兩人都將卑南族身分是為他們很重要的身分認同依據，這樣的現象似乎又體現了當代的族群身分對於個人身分認同的影響。筆者認為這樣的認同是牽涉到 4 個問題：其一，個人有族群認同，但沒有部落認同；其二，個人沒有族群認同，但有部落認同；其三，個人是兩種身分都認同；其四，個人對於兩個身分都不認同。而從耀兄與阿黃的例子來看，兩人都具備對於族群的認同，但是否有對部落的認同是沒有辦法確定的。

最後，我認為老人提到的那句話「我還以為你是白浪（指漢人）呢！原來你也是原住民啊！」，這也是突顯了在當代的普悠瑪部落中，部落內的卑南人如何看待那些不參與部落事務的卑南人。實際上，目前部落內是人群混居的狀況，歲時祭儀成為了當地卑南人突顯該聚落空間屬於卑南人的方式。因此，對於「文化參與」這件事上，部落內的族人是非常看重的。然而，現實中，卻也看到了很多族人雖然生活

在部落內，但是卻不願意參與部落事務。例如在 2020 年的 alrabakay 時，我曾目睹到當時有一家戶婉拒了少年們進屋除穢。到大獵祭的報佳音之時，該家戶也婉拒了青年進入屋內。

六、 討論

　　本文一開始以筆者的個人經歷為引言，描述筆者決定補行成年禮的過程，以及越級之後的身分認同的反思。再來，筆者爬梳近年來針對卑南族身分認同的研究，都明確指出當前的卑南族身分的定義是與卑南族社會對於人的定義有所差異。隨後，筆者透過了「越級者」來討論「個人」對於自我部落成員身分的理解。筆者藉由兩位報導人的例子，指出個人在思考自己的身分時，已經先行被國家定義下的卑南族身分所束縛，因此在思考自己是否是部落成員之時，先是以自己的族群身分作為認同的動力。然而，當筆者在訪談中詢問到返回參與的原因之時，我們卻也明顯感受他們無法清楚說明。

　　從陳文德（2002）的研究中其實也能清楚看到，當代的普悠瑪部落，在歷史發展的過程之中，不僅是改變了部落族人過往的禁忌與儀式，而且也改變了族人對於誰屬於部落成員的範圍（參閱同上引：47-49）。換句話說，部落成員的定義在社會脈絡的發展之下，不僅只是呈現既有的定義模式，更重要的，是部落成員的定義在這個過程之中的改變，而這樣的改變也反映了目前當代普悠瑪部落的空間與部落成員的複雜性。就此而言，筆者從「越級者」的案例來看，不僅只是從個人的生命歷程不僅是突顯了由於個人成長的差異，以至於

他們對於自己無法適時舉行成年禮，更為重要的，是從他們對於自我的部落成員定義的過程之中，其實也是反映了當代普悠瑪部落人群構成的另一種複雜面向。最後，關於成年禮的規範與越級者的出現，我們看到在制定成年禮制度的過程之中，實際上也是體現的部落意識的形成，也加強了人與部落之間的關係。

　　「越級者」的出現不僅反映出了當代卑南族社會的會所制度的現象，而且也間接顯示出了原住民文化在當代社會中的傳承問題。部落內部對於越級者的出現所造成的爭論，顯現了在文化復振之下，族人對於傳統文化的認知以及關心。然而，從「越級者」的角度出發，我們也可以看到個人如何面對部落以及身分認同的過程。筆者以普悠瑪部落為例，來討論有關普悠瑪面對越級者時，部落內部如何做出因應的辦法。但是，由於各部落之間對於處理越級者的方式皆有所不同，因此希望透過本次卑南學來與各部落族人來討論。

參考資料

王勁之

2008《巴布麓卑南人的「部落」觀念與建構》。國立台東大學南島文化研究所碩士論文。

2014〈誰是「卑南族」？試論 Pinuyumayan 的身分認定〉。《卑南學資料彙編第一輯》，林志興、巴代主編，頁77-107。臺北市：山海文化雜誌社。

古野清人

2000 [1945]《台灣原住民的祭儀生活》。葉婉奇譯。臺北：原民文化。

佐山融吉

2007［1918］《番族調查報告書第一冊阿美族南勢蕃、阿美族馬蘭社、卑南族卑南社》。余萬居 譯，陳文德、黃宣衛編註，中央研究院民族學研究所編譯。臺北：中央研究院民族學研究所。

宋龍生

1965〈南王村卑南族的會所制度〉。《考古人類學刊》25：112-144。

1998《臺灣原住民史．卑南族史篇》。南投縣：台灣省文獻委員會。

2002《卑南公學校與卑南族的發展》。南投縣：臺灣文獻館。

河野喜六

2000［1915］《番族慣習調查報告書第二卷阿美族、卑南族》。余萬居、許人仁 譯，許木主、黃智慧編，中央研究院民族學研究所編譯。臺北市：中央研究院民族學研究所。

洪秀桂

1981〈南王卑南族成年儀禮之分析研究〉。《考古人類學刊》42：75-94。

移川子之藏、宮本延人、馬淵東一

1935《台灣高砂族系統所屬の研究》。台北：臺北帝國大學土俗人類學研究室調查。

郭佩宜

2017［1995］《依海之人》。新北市：左岸文化。

陳文德

1989〈年的跨越：試論南王卑南族大獵祭的社會文化意義〉。《中央研究院民族學研究所集刊》81：53-74。

1999〈起源、老人和歷史：以一個卑南族聚落對發祥地的爭議為例〉。《時間、歷史與記憶》，黃應貴主編，頁343-379。臺北市：中研院民族所。

1993〈南王卑南族「人的觀念」──從生命過程的觀點分析〉。《人觀、意義與社會》，黃應貴編，頁447-502。臺北市：中央研究院民族學研究所。

2010《卑南族》。臺北市：三民書局。

2015 〈家、部落與族群：「卑南族」Pinuyumayan 身分的構成與認定〉。《跨・文化：人類學與心理學的視野》，胡台麗、余舜德、周玉慧主編，頁 41-88。臺北市：中研院民族所。

2020 《從社會到社群性的浮現：卑南族的家、部落、族群與地方社會》。臺北市：中央研究院民族學研究所。

陳玉苹

2001 《先天的資格與個人的選擇——知本卑南人的階序與群體界線》。國立清華大學人類學研究所碩士論文。

陸浩宇

2022 《普悠瑪「越級者」身分認同的反思：從個人、部落和族群觀點分析》。國立政治大學民族學系碩士論文。

森丑之助

2000 [1913] 〈關於台灣蕃族〉。《生番行腳：森丑之助的台灣探險》，楊南郡譯。臺北：遠流出版社。

衛惠林

1956 〈臺灣土著族社會的二部組織〉。《中央研究院民族學研究所集刊》2：1-30。

謝世忠

2004 [1999] 〈身分與認同——日月潭邵族的族群構成〉。《族群人類學的宏觀探索：臺灣原住民論集》，頁 219-236。臺北市：臺大出版中心。

Astuti, Rita

1995 *People of the Sea: Identity and Descent among the Vezo of Madagascar. Cambridge University Press.*

miyasaur・她們說

普悠瑪部落婦女除草換工團的當代記述

然木柔巴高揚

大肚娃文化創意事業有限公司負責人

摘要

這些女性和女性之間，女性和土地之間的深刻連結，這些充滿孕育、守護和感謝的情懷，以及那些屬於女性的知識體系，卻隨著小米文化的式微，小米田迅速的消失，成為記憶。而部落中女性的面孔，也漸趨模糊。

因此，有那麼一群人，在很久很久以後，重新進入了小米田，開始一一找尋、拾起那些散落的記憶，試圖再次拼湊出—— miyasaur ——這一個字。

mi —ya—saur，存有—— 要—— 一體。[1]

要存在為一體。

1　該篇作品翻譯有誤，mi-ya-saur 漢語翻譯應為存有 - 進行式 - 一體。

　　　（以上節錄自 109 年原住民族文學獎報導文學組第二名作品

　　　　　　　　　　　　　──〈miyasaur・再・一起〉）

　　上揭文字為筆者於 109 年，以普悠瑪部落 miyasaur（婦女
除草換工團）10 年復振歷程作為主題，結合自身進入部落小
米場域的經驗，進行報導文學創作，並投稿 109 年原住民族
文學獎，有幸獲得報導文學組第二名。

　　然，因文學獎競賽字數限制，筆者未能將調查訪談的所有
內容，完整呈現於該篇作品中，深以為憾。因此，筆者盼能繼
續之前未完成的故事 ── 亦即儀式轉變過程，如燒墾、播種、
除疏（除草、疏苗）、收割、入倉等 ── 透過那些女性之間的
細語和隱微流動的情感，交叉構建當代情境下，小米田中的普
悠瑪部落女性形象，探討這一群在諸多學術研究或文化詮釋中，
被排除於「公領域」定義之外的女性，是如何在當代情境中，
撿拾起過去的記憶碎片，牽繫起過去、現在乃至於未來的時間，
重建她們曾經活躍於其中的「公領域」；並以具文學性的文字，
描繪出部落女性那充滿生命力、詩意與獨特語彙的身影。

關鍵字：報導文學、當代小米文化、普悠瑪、女性、miyasaur

miyasaur・她們說

——普悠瑪部落婦女除草換工團的當代記述

2011 年，夏，卑南遺址公園，普悠瑪部落小米共耕田。

當第一把小米束起後，miyasaur 的婦女們游入了金色的小米田中。每十個人站成一排，緩緩往前，以小刀割下一株又一株的小米，直到一手握滿了小米，她們就會喊出「lima！(手)」接著將小米往身側一一傳遞下去，每十個「lima」，就是一把，由小米田外側的人接手，以山棕葉將其捆起，放在帆布上曬乾。

那豐盛飽滿的小米穗，振奮了當時所有參與 miyasaur 的成員們，彷彿那曾經散失的一切，正逐漸地在小米田中，慢慢地生根發芽。

「lima！」「lima！」「lima！」這個詞彙不停反覆地從小米田中長出，長出了那些曾經的畫面，那些很久很久以前的聲音；一束又一束的小米，經過了一雙又一雙女人的手，傳遞著時間，傳遞著那些逐漸模糊，卻又逐漸清晰的面孔。[2]

◆　曬乾的那些，將成為新的土壤

帆布上的小米，在烈日下蒸騰出最後一絲水氣，封藏了飽滿的喜悅；綑紮小米束的山棕葉，也逐漸染上土壤的顏色。

2　以上文字節錄自〈miyasaur・再・一起〉倒數第二節內容，為之後本文能與該文合為一篇，原〈miyasaur・再・一起〉最後一節將拆分至本文各節。

　　小米曬乾後，婦女們再度聚集在卑南家屋前，用 parepare³給小米脫穗，用杵臼給小米去殼，用米篩給小米去糠。木質物件的敲擊聲，細碎穀粒的摩擦聲，不同的任務，不同的器具，她們的身體卻呈現相同的節奏與韻律。黃褐色的小米挾裹著碎語輕吟，宛如流沙，來回流動於 parepare、杵臼與米篩之間。

　　有老人家吹起了呼風的口哨。

　　自檳榔樹梢翻越而來的風，拂過米篩，帶走糠殼、石粒與塵土，留下了這一年的新米。新米入鍋，以扁平的木鏟不斷翻鏟，直到小米粥濃稠的香氣糊滿鼻腔。由王傳心祭司主持，引導遺址監管員，將這一年的 bini（小米種子）放入小米倉中。他手持檳榔與陶珠，唸著長長的經文，引領小米神進入小米倉。其他婦女們則肅穆地站在小米倉周圍，待祭司指示後，輪流接過滿盛小米粥的碗，以食指沾起小米粒，輕輕彈入小米倉中，敬謝小米神所帶來的豐收。

　　「既然收割與入倉都進行了，那我們下次要不要試著從播種之前的燒墾開始？」佳靜當時對著參與小米入倉儀式的婦女們，提出了這個想法。幾位主要成員，開始認真地思考這個問題，她們挖掘自己或是長輩們的記憶土壤，試圖翻出一些來自更古老時間的隻言片語。而很多老人家們都說，過去播種小米之前，確實都要進行燒墾，而且會換地方，不會每一年都在同一個地方耕種小米。

　　於是，佳靜帶著秀美，在公園裡尋看新的小米耕種預定地。

　　公園裡有一塊地放置著貨櫃屋，專門存放植栽工具與大型

3　脫穗專用的小米杵。

機具，而新的預定地就在貨櫃屋下方，是一塊雜草叢生、藤蔓糾結、樹石交錯，難以清理的雜木林。秀美看著那塊地，發出了「哇賽！」的驚呼，開始擔憂自己是否能說服部落的老人家們，在這塊地上進行燒墾，畢竟這已屬於重勞力範疇的事務。「我可能沒辦法說動老人。」秀美說道，而佳靜回答她：「妳試試看嘛！」

秀美的心情就像那塊小米耕種預定地一樣，既複雜又沉重。為了重新組織 miyasaur，部落恢復小米田除草的行動，但即使陸陸續續辦理幾年了，這一路上的碰撞和離齬，仍是繁不勝數。即使幾位主要的推動者，不斷呼籲小米文化傳承之於部落女性的重要性，但是承接的下一代還沒起來，在小米田中真正「身體力行」的勞動者，依舊是這些「已經沒什麼體力」的老人們。

南王國小放學後，秀美騎著車，想著先去找林清美老師商討看看這件事情怎麼處理，要怎麼說服這些老人，帶著年輕人進行粗重的燒墾工作。就在轉彎的那個路口，一個小菜園旁的鐵皮屋前，秀美看見有三個有參與 miyasaur 的老人家，[4] 正坐在屋簷下，曬著溫度剛剛好的太陽，一邊聊天一邊刺繡。

她靈光一閃，停下車，加入了她們的聊天。聊著聊著，她開始找機會置入她真正想聊的話題：「我們以前那個 misaur 之前，都要去燒墾對不對？」

老人家們回答：「是啊！以前我們都是這樣。」

「那是要做什麼？」

4　依據秀美的記憶，其中有兩位老人家分別是王林秀妹與何李春花。

「我們會先把那些樹和草砍了，放一兩個星期，讓它們曬乾，接著燒掉，再整地種小米。」

「我們年輕人很想學，很想做耶！如果我們在播種小米前，做燒墾的動作，你們有什麼想法嗎？」

幾個老人家驚呼起來，推拒著說：「我們年紀大了，沒有辦法使力了，膝蓋都不好了！」

「你們不要做啊！我們這些中生代的來做，主要是要先徵求你們的同意，你們只要說可以做這件事，工作就我們來做。」聽秀美這麼一說，幾位老人家才紛紛同意，說：「我們老人家沒有辦法，但你們年輕人要做，當然可以啊！」

秀美再接再厲地說：「但是你們要來看我們啊！你們就在後面唱歌，給我們鼓勵。不要只有我們這一些年輕的，沒有老人在場。」

「好啊！」幾個老人家乾脆地回答。

秀美得到回答後，感受到了無限的動力，興沖沖地騎上機車，繼續她的未竟之路，朝向位在巷底的林清美老師家。她對林清美老師說：「我們來做燒墾吧！」林清美老師愣了一下，反問：「你們可以嗎？」

「可以可以。」秀美說完，又連繫佳靜說部落這邊沒問題後，接下來幾天，她騎著車在部落裡繞行，到處找老人家聊天，說服他們燒墾當天到現場指導，同樣的對話不斷地重複上演。

「我們這一次要從燒墾開始做。」

「好啊！你們年輕人可以的話，就做啊！我們老人是不行了啦！」

「你們到現場，在後面跟我們說要怎麼做就好了！」

「是在哪裡？」

「就在公園，你們可以騎車過去，不會很遠。」

那一年特別寒冷，冷氣團一波接一波的來，整個部落籠罩在濃烈的燒酒雞酒香，以及混和著柴碳煙氣的烤肉香氣下。外套一層又一層地裹，棉被一層一層地鋪，門窗關得緊緊的。但是，就在某日清晨，灰濛的天空與黑色的大地之間，突然多出了一點又一點的絢彩。普悠瑪部落的女性們，從溫暖的屋子湧出，在刮痛臉頰的凜凜寒風中，逐漸匯聚成一道色彩斑斕的小溪，蜿蜒流向那位於卑南遺址公園貨櫃屋旁，說是荒煙蔓草都不為過的部落小米田預定地。

各種顏色的雨鞋，從機車踏板上，落到了枯枝雜草上，用極其絢爛的顏色輾壓冬天單調的色彩。一頂接著一頂的斗笠，挨挨擠擠。每頂斗笠上都包覆著花色各異的頭巾，讓枯燥的雜木林中，盛開出一叢又一叢艷麗的花朵。這群女人，紮緊了腰間的 sukun[5] 以及工作刀，注視著雜木林，恍如一個又一個，穿著鮮花盔甲的戰士。她們揚起手中的刀，以看似舒緩實際迅猛的節奏，看似優雅實際狠厲的角度，一路披荊斬棘。

而那些說好只在後面掠陣的老人家，卻因著長久以來身體的習慣，不論是否上場，依舊是全副武裝地來到現場；也因著長期集體勞作的習慣，說好在後面負責唱歌鼓舞士氣的這些老人家，也一一走進了雜木林中，揮舞起工作刀。

5　普悠瑪女性的工作圍裙。

　　盤根錯節的雜木一一被放倒在地，厚重的雜草被連根翻起，大石塊被挖起清除，肥沃的土壤逐漸顯露出它原本的樣貌。部落雖然只剩下零星的小米田，原本的 miyasaur 組織，似乎也被水泥建築和貫穿部落的臺九線，切割得七零八碎；但是，當火苗開始吞噬乾燥的枯枝殘葉，草木逐漸成灰，翻著土的這一群女性，再一次證明了 miyasaur 始終存在 —— 在這塊土地上，在她們的身體中。

　　而普悠瑪女性的小米文化，像是那被撒播至新田中的種子，漸漸地冒出新芽，破土而出；也像是那陣陣飄往天空的白色煙霧，化為了四方之風。

◆　一聲口哨，風起

　　在普悠瑪部落流傳一種「呼風口哨」，若工作途中覺得熱了，只要對著空中吹出一段特殊的旋律，過不久，就會聽見樹葉擺動的沙沙聲，自遠而近。那或許是掠過縱谷平原而來的風，或許是拂過太平洋海濤的風，祂們聽見了招喚，循音而來。

　　「我們曾經有 10 幾種的口哨聲，有呼喚風的，有要大家休息一下的，不一樣的旋律有不一樣的意思。」小米田中的姆姆們，對著幾個年輕女孩說道。

　　於是，在之後幾年的小米田中，常常會聽見彎身除草的女孩子們，彼此詢問：「有誰還記得那個口哨怎麼吹了？」「誰來吹一下口哨？」以及，在這些對話中零星響起的，那些不成調，卻依舊能將清風請來的哨音。

　　2012 年，或許是受到了前一年小米田豐收的鼓勵，也或許是受到當年度巴布麓部落辦理「聯合年祭[6]」的影響，普悠瑪部落吹響了一道特別的哨音，呼喚四面八方的族人，嘗試辦理卑南族 10 個部落的聯合 misaur，試圖將「小米除草換工」以及「存在為一體」的概念，跨越部落的疆界，擴展至整個族群。

　　然而，並不是每一個部落都願意參與，這個活動也只辦理了這一次。

　　「當時的聯合 misaur 真的是因為有林清美老師的號召力才辦得起來，但是像建和部落就沒有參加，因為小米不是跨部落的事務，禁忌的部分每個部落都不同，比如下賓朗就不能在小米田中唱 emayaayam 以外的歌。」

　　和下賓朗族人長期合作來往的佳靜，之後說道：「那時候南王的人在小米田旁唱歌的時候，下賓朗的人就覺得怪怪的。」

　　雖然這個活動之後不再辦理，但是，不曉得是否為這次活動的影響，抑或是巧合，後來，陸陸續續聽說了，有些小米消失很久的部落，開始慢慢建立起小米共耕園，開始有了自己的 misaur。

　　而秀美的先生，在這一年度的開墾後，聯合 misaur 前，因病離世。

　　在普悠瑪部落的慣習中，秀美作為喪家，在進行年底的除喪儀式前，被禁止靠近小米田，僅能參加小米除草前的

6　後更名為「聯合年聚」，為卑南族每兩年由各個部落輪流辦理的族群聯誼活動。

meraparapas[7]。也因此，她沒有參與到聯合 misaur，也沒有參與 2012 年的 mugamut、收割和入倉。

在這段期間，原本被祖靈選定的那位遺址監管員也因生涯規劃離職[8]，收割和入倉的負責人需要重選，而當時的祭師長王傳心長老，直接指定由佳靜來擔任。那年的入倉，王傳心長老在小米靈屋前，讓佳靜站在他身旁，以檳榔作陣，不斷地向各方向的神靈與祖靈說明換人的事宜。

聽不懂卑南族語的佳靜，在許許多多的陌生的音節與音韻中，聽見自己的名字，一而再、再而三地出現。那一刻，她想起了那位遺址監管員曾寫過的一篇文章，文中提到 ——「以往總是在旁側記的我，這次轉為站在 tangkankar 身旁，成為他們口中禱念的人。[9]」

佳靜說，她那一瞬間，終於理解了這段文字。

她的名字被呼喚了，她被呼喚來這小米田，她的名字進入了禱詞中，她和一些事物產生了連結與共鳴，就像每一次她聽見 tawlriyulr(銅罄) 和 miyasaur 召集夥伴的呼喊聲般。

「我也不知道為什麼，每次聽到 tawlriyulr 和婦女呼喊的聲音，我都會很興奮，有種來了、來了、要來了的感覺。」佳靜笑著說。

可能是對這種婦女的呼喊，有太多強烈的感受。那一年，在她帶著五歲的兒子參加荒野協會親子團的活動，並討論要以

7　引渡該年度所有亡靈至部落界外的儀式。

8　於〈miyasaur・再・一起〉一文中，有說明該遺址監管原被選定的過程，本文不再重複說明。

9　高玉屏，2011。〈被召喚的身體：與部落栽植收割小米過程的身體感知與心境轉換〉。史前館電子報：207 期。

什麼樣的方式進場亮相時，便對兒子提議道：「要不，我們就用 huhuwa 吧？」那一次的活動，他們那一隊的孩子，就像 miyasaur 的婦女一樣，列隊、小跑，一遍一遍地呼喊著：「huhuwa！kasakasakar a inulisawan a ！ huhuhuwahui ！」[10]

　　似乎就是這聲聲呼喊，從部落裡不斷地發散，進入公園、博物館，甚至是任何它可以到達的地方；也是這聲聲呼喊，連結起了時間、空間，以及那些帶著不同文化與生命經驗的人們。

　　2013 年，小米田依舊在同樣的位址。燒墾後、播種前，由王議苓巫師長進行告知與潔淨儀式。佳靜站在巫師身畔，再次聽見自己的名字不斷出現在禱文中。那一年，她印象深刻的是，她與第一區副會長江玉葉姆姆的對話。她對江玉葉姆姆說：「謝謝姆姆們這麼支持。」對方回答：「不用啊！這是部落的事情。」

　　這句話，讓佳靜想起了她剛開始進入公園時的樣子。從栽種臺灣原生植物，到開始建蓋東排灣家屋，與種植東排灣族的民族植物；接著建造以下賓朗為主的卑南族家屋，以及在其周圍栽種卑南族民族植物，作為植物與文化的展示。而現在，公園有了小米田，小米田中不只有小米，還有人、歌聲與清風，有許許多多種下去的記憶種子，以及許許多多等待長出的故事。

　　可惜的是，或許是未換地耕種，當年的小米長得不是很好。而同年度，卑南遺址公園的東排灣家屋，也因例行性的燻煙防蟲工作操作失誤，整座燒毀。

　　2014 年，吸取去年度的經驗，普悠瑪部落的婦女們，和佳靜商量後，決定換另一個地方耕種。考量到小米田亦可作

10　本段節錄自〈miyasaur‧ 再 ‧ 一起〉最後一節。

為公園的重要展示，因此這一年，她們選擇了考古遺址現場前的空地，作為小米共耕田。

2013 年成立的 Pinuyumayan 卑南族花環部落學校（以下簡稱花環學校），也在這一年，將他們的學生帶進了部落的小米田中。這些學生被帶到下賓朗的小米共耕園進行 misaur，努力辨認哪些是雜草，哪些是小米。除完草的下一週，他們穿上了盛裝，參與了普悠瑪部落的 mugamut，女性學生和普悠瑪部落的婦女們，一起列隊小跑，呼喊著：「hu huwa ！ kasakasakar a inulisawan a ！ hu huhuwa hui ！」

幾個月後，這群學生又前往建和部落參與收割。再過一年，他們在自己的學校中，開墾出了自己的小米田。他們來自各個部落，跨越了部落的疆界，聚合成了另一種 miyasaur，和 3 年前，普悠瑪部落曾經試圖挑戰的跨部落 miyasaur，殊途同歸。遺憾的是，部落學校十年規劃，於 2018 年由原住民族委員會喊停，僅辦理了五年。

而 2014 年的普悠瑪部落小米田，也因位處在遊客頻繁路經之處，曝光率確實提高了不少，但大家也同時發現，遊客似乎比鳥群蟲鼠更為兇猛。到收成時刻，還存留在莖上的小米穗已寥寥無幾。秀美微帶抱怨地說道：「我們的小米一直被偷，長得很漂亮，就被偷。後來佳靜就說不要在那邊種了！」

然而，當年最大的問題，並不是小米所剩不多，而是在收割前，陸陸續續有好幾個老人家離世。依據普悠瑪部落的小米相關禁忌，除了帶喪者不能進入小米田外，短期內曾去探訪過喪家的人，也不能參與小米田事務。這些禁忌，差點導致收割工作無法進行。幾位曾至喪家慰問的 miyasaur 成員，擔憂自己

可能會觸犯小米禁忌，因而和巫師長提出，在進入小米田前，可否請進行 melekaw[11] 的儀式？而巫師回答大家，最初收割和入倉的儀式是誰做的，之後都得由誰負責。

　　於是，三年前途經小米田，只不過感嘆幾句，就如蝴蝶般扇出小米收割、入倉和燒墾的三位祭師 ── 王傳心長老、賴進生長老和李連添長老，再次登場，慎重地為婦女們進行了 melekaw 的儀式。

　　2014 年，婦女們收穫了不到一袋的小米，曬乾了送別的悲傷與淚水。

　　次年，婦女們想再次回到卑南家屋前的空地，但是要幫忙打田的老人家，在看過家屋前的空地後，說石頭太多了，打田的機器會壞掉，不肯幫忙。在大家苦思冥想有沒有其他適合的地方時，佳靜突然想起被燒掉的東排灣家屋，於是和大家提議：「要不我們去看看東排灣家屋那塊地？」

　　或許是遺址所在地的關係，這幾年共耕田所在的地方，土質其實都不是很好。因此，當大家來到東排灣家屋的舊址，看見閃耀著深邃色澤的肥沃土壤時，頓覺驚喜。秀美向公園的植栽工人再三確認這塊地的狀況，而工人們也再三對她保證，他們曾在這塊地種過紅藜和地瓜，這塊地絕對沒問題。

　　秀美和佳靜做最後的確認：「可以嗎？這個地方不是排灣族的嗎？」佳靜回答：「沒有排灣家屋了，可以。」

　　就這樣，普悠瑪部落的小米共耕田，從那一刻開始，直到現在，都在東排灣家屋的舊址，再也沒有更換過。該土地的肥沃程度，暫停了輪作與休耕的規則。

11　隔斷儀式。

「那裡的土很好，反正排灣族家屋不在啦！我們就理所當然地一直在那裡。」幾年後，秀美開心地笑著說道。

◆　那停止的，和，那開始的

原本各家各戶都擁有的小米田，現如今僅剩部落的共耕田，以及因著信仰而保留小米田的零星人家。長達幾個月的 misaur 換工除草時間，也縮短成三天。一直到 2016 年，這三天始終是週五上午除草，週五下午 meraparapas，週六一整天的 mugamut，以及週日的 kiyabatrang。

2014 年，看見花環學校的學生進入小米田後，幾個從復振之初即持續參與 miyasaur 的老人家們，包含巫師長，都紛紛對秀美說道：

「秀美啊！你們一直說要傳承傳承，你們是要傳承給誰？像 misaur 這些，沒有傳承到下一代啊！」「不是說要教給中生代和學生嗎？要的話就是從頭開始做啊！kiyabatrang 和 misaur 都是老人，你們還要傳承給老人家嗎？」

秀美愣住，才猛然發現，原來，十年前的中生代，有的已經穿戴上美麗的十字繡套，換上老人的藍色褲裝；有的褪下了象徵生育能力的紅色繡裙，套上了進階的黑色繡裙。而十年前她帶的那批孩子，也已在外縣市唸書或工作。小米田固定下來了，參與的人卻也固定下來了！前者是好事，後者不是。

「那該怎麼辦？」

「misaur 是不是可以放在週六？週日辦理 mugamut？
mugamut 是慶歡，學生每年參加也沒學到什麼，
kiyabatrang 也是其次。除草小朋友都不會，連認都不會，
他們怎麼知道小米長得怎麼樣？」

秀美將這些老人的話，帶給了時任婦女會會長的林清美老師，
但得到的回應卻是，週日有很多老人家要上教會，這樣她們會
沒有辦法參加 mugamut。

秀美想起部落中有許多高中生，以及到外面念書的大學生，
常常說起很想參與 misaur，但週五的時間真的讓她們沒有辦法
參與。她猶豫了很久，最後鼓起勇氣，再一次爭取：

「如果上教會的人沒有超過一半，是不是可以把時間調
一下？ misaur 和 meraparapas 這兩項，年輕人和學生都沒
參與到，我們還做什麼傳承？她們如果只參加 mugamut，
沒有意義。」

但作為虔誠的基督教徒，同時又致力於部落文化事務的
林清美老師，考量到 miyasaur 中有許多老人家和她一樣，都要
上教會，輕易地改變時間，會帶給這些老人極大的困擾，因此
她依舊回絕了秀美，這個問題就暫時被擱置下來。

其實，不只是小米田中的人越來越少，整個部落尚存的壯
勞力也越來越稀薄。過去普悠瑪部落將社區劃分為四小區，
輪流主辦祭儀或慶典，近幾年已重新整併為南北兩區。雖然婦
女會會長底下依舊有四個分區副會長，但只要是辦理祭典或
是活動，都是以南北區劃分處理。

　　2016 年，佳靜因身體因素留職停薪，但是只要是和小米田相關的事務，她一定會被召回公園。而所有的婦女，也往往是等到佳靜抵達現場時，才有所動作。即使之前參與了這麼多年，但是直到在留職停薪的狀態，卻依舊被召回小米田現場的這一刻，佳靜才深刻地感受到，她和小米田，她和 mi-yasaur，正是透過這一連串的儀式，不斷重新確認與加強彼此的綁定關係。

　　「真的是一定要一起的感覺耶！」佳靜如此說道。

　　但是，就在 2017 年初，為她綁定關係的祭師長王傳心長老，卸下了一生的重任，與世長辭。而當年度王議苓巫師長因健康問題，無法主持小米田播種前的 penelin，以及除完草後的 meraparapas。在沉重的商議後，婦女會宣布停辦 mugamut。

　　「在辦理 mugamut 前，一定要 meraparapas，沒有做 meraparapas，不能辦理 mugamut，所以 106 年 (2017) 我們停辦。」秀美補充說明：「那一年連續走了好幾個，我家對面的、旁邊的，還包含了我的娘家爸爸。」

　　這些老人家的離開，帶走了許許多多大家還不知道的，以及，那些還來不及知道的。每隔幾年，mugamut 的大合照中，總會有一部分的身影，不復存在。

　　即使 mugamut 停辦，小米田中的小米，依舊循著穩定的節奏，安然地抽高、抽穗，向天空延伸而去。當這些小米穗終於承受不住那累累的重量，一一垂下時，在家中休養的佳靜，突然接到了電話，要她趕緊到小米田。她緊急趕到小米田時，

看見今年度因身體關係，缺席所有場合的王議苓巫師長，已準備好儀式相關物事，在小米田旁，等著她。

五年前，2012 年，體能尚佳的王傳心長老，在豐收的金色小米田旁，以檳榔做陣，告知祖靈、四方之靈與小米靈，佳靜將代替離職的遺址監管員，與小米田綁定關係。五年後，2017 年，同一個時節，同樣是衣服和皮膚黏在一起的炎熱天氣，虛弱強撐的巫師長，以檳榔和 inasi[12] 做陣，正式卸除了佳靜負責人的身分。

那個儀式做了很久、很久，巫師長不斷地和各方之靈溝通，從讓人汗流浹背的烈日當空，一直到路燈一盞盞地亮起，氣溫一度一度下降，電視新聞的摩斯電碼滴滴答答地響起。

次日的收割，與之後的入倉，皆由賴進生長老接手主持，而小米田負責人這個職務，則是由婦女會會長林清美老師暫代。解除與小米田綁定關係的佳靜，自此，恢復自由身。

也是在當年度，林清美老師宣布她將要從婦女會會長的位置退下。過去，婦女會會長是終身職，但因著年紀、體力，以及想要專注於族語教學事業，林清美老師做出了「退休」的決定，並提名由第一區副會長江玉葉姆姆[13] 接任。

2018 年，小米田播種時，尚未正式接任婦女會會長的江玉葉姆姆，看著小米田中那些熟悉的夥伴們，忍不住再次和秀美提起了，那被擱置已久的問題。

12 小陶珠。
13 普悠瑪部落將社區分為 1-4 區，婦女會會長之下有分別代表 4 區的副會長，負責每區聯繫、祭典配合款收納等作業。

「秀美啊！你們一直說要傳承傳承的，之前 misaur 的時候，也是我們這些老人家，都沒有年輕人。我們的膝蓋不能蹲了啦！你要叫那些年輕人、那些小姐、那些國高中生來參加啊！」

秀美很煩惱，有越來越多的人跟她反應這個問題。她跑去詢問幾個上教會的 miyasaur 老成員，是否能將 mugamut 改在週日進行，但那些老人家也一再表示「不行，我們要上教會。」最後，這個問題直接在婦女會的小米除草籌備會議上，以臨時動議的方式提出，展開激烈的討論並訴諸表決。而表決結果顯示，希望能將 misaur 和 merapapas 放在週六的票數為多。

表決結果一出，原本堅定支持按照原來時間辦理 misaur、merapapas 和 mugamut 的林清美老師，率先表態：「我會和上帝請假，那些平時也有在上教會的，可以和我一樣和上帝請假，或是上完教會後，中午再來 mugamut。」

在她的帶領下，幾位週日固定上教會做禮拜的老人家，也紛紛表示她們可以配合。畢竟，她們確實也感受到了，如果小米田中再沒有新的人、新的力量，就像流失地力的土壤一樣，種子無法發芽，小米無法抽穗。

同一個會議，原擔任第一區副會長的江玉葉姆姆，在林清美老師的提名下，全場毫無異議的掌聲中，正式接任了婦女會會長的職位，而秀美也成為了婦女會的總幹事。

留職停薪兩年的佳靜，也在該年度回到了公園，重新進入 miyasaur 中，卻發現小米田旁邊，多了許多新面孔。「今年的年輕人好多啊！」「對啊！因為改在星期六了啊！」有人這樣回答。

　　除草前，林清美老師隨手指著那一群女孩子中的一個，説：「妳代表。」

　　和老人家一樣穿著雨鞋和sukun的女孩子，一時之間愣住，慌張地問：「我現在是要做什麼？」

　　旁邊有幾個老人家笑了起來，有人開玩笑地回答：「要比賽跑步。」

　　女孩子更慌張了，問道：「怎麼跑？跑哪裡？」

　　有曾經很年輕、很會跑步的老人家決定現身示範，在林清美老師高喊了一聲：「kimaaariya ta dra bali！（我們要和風賽跑！）」後，老人家優雅輕快地向小米田另一端跑去，跑幾步就彎下身，假裝除草一下，接著繼續跑，反覆幾次抵達了另一端後，再輕快地閃避著小米苗，跑了回來。

　　秀美在旁邊為幾位年輕人解釋：「這是我們要和風比賽的意思，要跑得比風快，保佑我們除草能快速順利。」

　　彷彿接力賽跑一樣，年輕女孩接下老人家遞去的除草刀，旋風似地衝進小米田，老人家一陣陣「不要踩到小米！」的尖叫，追在女孩身後。女孩疾衝到另一頭，又疾奔回來。整座小米田在那一瞬間，注入了春風的新鮮潮氣，長出了不一樣的面孔。

　　在女孩奔回隊列的那刻，林清美老師以蒼老沙啞的聲音，喊道：「mungesalra ta lra！（我們要開始了！）」

　　號令一出，圍在小米田旁的婦女們，同時間彎腰向土地，揮起了除草刀。她們或蒼老或稚嫩的面孔，隱藏在斗笠或遮陽

帽底下；不好的膝蓋或柔韌的身體，套著印花袖套或防紫外線外套；但她們同樣都穿著 sukun，不論底下是菜市場的棉褲，還是牛仔褲。而老人家的驚呼聲不斷自斗笠下響起：「小心腳下！你踩到小米了！」「那個是小米，不是雜草！」「不是那樣除草，你這樣沒有連根拔起！」

她們從外圍開始除草，逐步向中央聚攏，範圍越來越小，能容納的人也越來越少，像一場淘汰賽，越年輕的越先被淘汰。

有年輕的女孩，惶恐地站在老人家身後，問道：「我們不用幫忙嗎？」

老人家不客氣地回答：「你們不會的先在旁邊看，要不然小米都沒了！」

幸好，即使被如此折騰，這一年度的小米，還是再次順利結穗，靜待收成。

◆　離去的人，故去的事

但是，就在收割前，巫師長和婦女會的幹部，進行了非常嚴肅的討論。最初的收割與入倉儀式，是由已離世的王傳心長老執行，做得非常慎重、嚴謹與複雜。而收徒過程一直不甚順遂的巫師長，開始擔憂之後，部落可能沒有人能承擔這些繁重任務，若現在不即時處理由王傳心長老設置的禁制，或許會導致嚴重的後果。尤其是，過去的小米田是屬於「家族」或「家戶」的，而現在的小米田則是部落共耕，各家各戶的人都有，也沒有「可以綁定的負責人」，若還是依循過去的入倉儀式，

可能會讓參與者，無形中觸犯諸多的禁忌。

　　於是，2018 年 6 月，巫師長再次站到小米靈屋前，用一整天的時間，收掉了那緊密交織在小米田、小米靈屋與參與成員之間，猶如密實安全網的儀式，讓那些事物，隨著已離去的人，離開。

　　同時，巫師長將小米田相關的儀式簡化，使其更能適應現在小米田的性質。小米田的負責人，在佳靜解除綁定關係後，則是由部落的婦女會會長「暫代」。因此，2018 年的收割和入倉，至 2019 年的開墾、播種、除草，皆是由新任婦女會會長江玉葉姆姆主持辦理。

　　2019 年的除草，維繫了去年度的盛況。進入小米田的年輕女孩，越來越多，甚至還有更小的小女孩，在母親的帶領下，一起在小米田中勞作。那年的 mugamut 亦是如火如荼，透過一起在小米田中真實的勞作，這些年輕的女孩不再只是盛裝參與祭典的「自家觀光客」，她們確實地進入了 mugamut──小米除草完工慶；在慶典中擁有了明確的位置 ── 除完小米田的草，需要被好好慰勞的女性。

　　然而，該年度 5 月中旬，小米還沒浸透陽光色彩，才剛剛由青轉黃時，有幾位 miyasaur 的成員，倒下了！這之中，包含了時任婦女會會長的江玉葉姆姆。

　　5 月第 3 週的星期五，連續兩位女性成員的喪訊傳來，秀美心中警鈴大響，趁著上班前的清晨時刻，跑去小米田查看小米的狀況，發現雖然大部分還稍顯青嫩，但卻有部分小米成熟了。她當機立斷，去找了其中一位 miyasaur 成員，但是人不在；她又轉往另一家，但是對方已經去過喪家了。她立刻打電話給前任會長林清美老師，急匆匆地詢問：「老師，我剛

剛去看過小米，已經能收了！但是我等等有課不能臨時請假，你今天能帶大家收小米嗎？」

林清美老師回答：「小米好了嗎？星期六再割啊！這麼臨時會找不到人。」

「不行，我怕萬一，如果星期六之前有人走了，那我們就收不了小米了！」

「那我找看看有空的人。」

於是，接到通知且時間較為彈性的幾位成員，立刻或騎車或開車地趕往小米田。秀美掛念著現場的狀況，打電話給其中一位，問她都有誰在，卻發現，現場有許多人都去過喪家了！「因為是林清美老師通知的，有很多是教會的，剛好教會有人是喪家，她們都有去慰問。」秀美後來說道。

而當時的秀美，則是立刻與電話那頭的人說：「不行，叫她們回家。」對方愣了一下，回答：「我不敢講啦！人都來了！我怎麼好意思說？」並且直接把電話拿給林清美老師。

秀美馬上對林清美老師說：「老師，你們趕快離開現場，不要在那裡，這種東西寧可信其有。」

電話那頭的林清美老師回答：「我沒進去，在旁邊。」

「一樣，巫師說的，有去過喪家的就不要去小米田。你們趕快離開！反正能收的小米不多，那幾個沒去過喪家的就可以了，不需要那麼多人！」

幾分鐘前，機車與轎車轟隆隆地蜂擁至小米田旁；幾分鐘後，

這些車子與人，又轟隆隆地呼嘯而去，留下不到五個人，面對一整座青黃交雜，待搶收的小米田。

能收的小米不到幾把，那些還青嫩的小米留在田中，其中一位年紀較輕的，問道：「這些就這樣留著嗎？會不會很浪費？」另一位年紀較長的，隨意而自然地回答：「就給小鳥吃啊！不會浪費。」

一位愛唱歌的女性長輩，在收到一半時，突然哼唱起了一首古調，說道：「這是我們的會長最喜歡聽的歌。」當她輕輕哼起時，似乎有風自遠方而來，輕輕地停駐在樹梢上。

次日一早，所有成員，都收到了會長江玉葉姆姆離世的消息。

搶收的小米曬好後，巫師在小米入倉前，再次執行了 melekaw 的儀式。這個儀式在短短 9 年內，就辦理了 3 次。這些複雜精細的操作，這些林林總總的規矩，或許也是普悠瑪部落始終沒有發展小米產業的原因之一。

miyasaur 的成員將瓦斯、快速爐、大鍋子等廚具和其他餐具搬到公園的卑南家屋前，開始一年一度的 merimaw[14]。每年皆是如此，將小米脫穗、脫殼、煮成粥，在巫師或祭師的引領下，每個人輪流將小米粥敬獻給小米靈，然後一起圍坐在家屋旁，分享著濃郁甜香的小米粥。

而這一年特別不一樣的是，佳靜在巫師的指示下，緊急聯繫了公園的主任，由主任作為入倉的主持者。在執行儀式時，巫師再次和各方神靈溝通，再次說明儀式簡化，以及由主任作

14　煮小米粥分享給小米靈的儀式。

為主持者的理由，不斷地說服祂們，這座小米田是位在觀光區域，這座小米田只是傳承教育使用，並不真正屬於誰，請祂們放手，請祂們不要懲戒那些因無知而觸犯禁忌的人。

之所以會有這樣的詞句出現，是因為年前，巫師因長期感到不舒服，而去尋求竹占師協助解惑。在多次的斷竹溝通後，竹占師對巫師說，這是一個警告 ── 在自己家的小米還沒有播種、除草、收割和入倉前，不能進行部落小米田的事務。也就是說，家裡有小米田或是小米倉的，都必須先處理好自己家的小米田，才能處理部落的小米田，否則即是觸犯禁忌。

然而，miyasaur 的成員中，有一些人雖然沒有小米田，但是家裡的小米倉還未收掉。因宗教信仰的關係，有些人相信，有些人不介意，但不管如何，若相關儀式的主持者是部落的族人，確實有很高的概率會觸犯到禁忌。因此，成員們和巫師最後討論的結果，即是，誰是公園的主任，就由誰作為小米田祭儀的主持。

幾年間，小米田陸續換了多位負責人，不再與誰綁定，儀式也逐年遞減。在巫師多次盡力地溝通協調下，部落的小米共耕田，那些禁忌與規範，逐漸鬆綁；那些守護與力量，似乎也逐漸淡出這塊土地。

◆　miyasaur・存在為一體

2020 年春天，莿桐花盛開燃燒天際之時，重新出馬、臨時代理婦女會會長的林清美老師，在婦女手持紅布圍成的舞圈中，代替已逝的婦女會會長江玉葉姆姆，交出手中

的信物，由秀美接下，成為新任的婦女會會長。

2020 年夏天，毛柿果成形，小米浸透了陽光的顏色。在便利商店中，秀美與佳靜剛剛討論完小米文化論壇的簡報內容。秀美說道：

> 「普悠瑪的小米真的有很多禁忌，很辛苦。」她一邊回憶一邊說：「在我婆婆離開之前，她有說過，要將家裡的小米帶走，不要再讓後面的孩子守著這些禁忌，守得那麼辛苦。但是有長輩說，不行，小米不是妳帶來的，所以妳也無法帶走，後面的小孩子也必須每年都要種小米，即使沒有田地，要上班，也可以種在盆栽裡，至少要讓小米神聞到新米的味道，要不然祂一生氣，就來找你麻煩了」

因此，每年部落的小米收割、入倉前，秀美都會從她的盆栽中，收割那幾株小米，紮成細細的一束，慢慢曬乾。在入倉前，她會點燃立香，向著祖先牌位告知她的名字，以及小米即將要入倉的事情。她家中倉庫中的一小角，放了一個桶子，那是她的小米倉。在她放入新的小米前，她總是會對著小米靈說：

> 「這是我今年收的，雖然很少，但還是新的，我沒有忘記祢。」[15]

從最初帶著女兒，騎著單車，穿過古老茄冬樹交織而成的綠色隧道，去看下賓朗部落辦理的 misaur，到 2004 年將 miyasaur 重新復振起來，再到 2011 年和公園合作，部落終於擁有了固定的小米田；一路走來近乎二十年的時間，秀美已從母親的身分，升格成為了好幾個孫子的祖母。

15　本節內容部分節錄自〈miyasaur・再・一起〉最後一節內容。

　　從 2001 年進入公園工作，開始種植原生植物，到 2008 年建造卑南族家屋，調查卑南族民族植物，再到 2009 年參與普悠瑪部落的 meraparapas 與 mugamut，最後到 2011 年，普悠瑪部落的小米田與 miyasaur 進入了公園；佳靜從「林小姐」這個被稱，成為「佳靜啊！」這種呼喚，一路走來，也是二十年。

　　秀美和佳靜，以及其他進入 miyasaur 的她們，在小米田中相遇，展開各自的故事，這些故事卻又在某些時刻，交織、延展、跨界。這十年、二十年來，因種種不同的原因，使得小米田間的儀式有所改變與簡化，但 miyasaur 的「一起一起」，不論是勞作還是分享，不論是看得見的、看不見的，卻始終存在。

　　就像秀美每年對小米靈說的那句話——「我沒有忘記祢。」——miyasaur，要存在為一體。她們記得彼此，而這個彼此，沒有疆界。

捍衛者之心：

從三起卡大地布主權受考驗事件談起

Varasun Ruvaniyaw 陳政宗 [1]

卡大地布 Ruvaniyaw 代理 rahan

摘要

找回自己、回來部落的時間越久，越發現我的部落 Katratripulr 卡大地布面臨現行法律、政策等大環境下存在著許多衝擊。

在我的經驗裡，首當其衝便是「獵祭遭森警隊驅趕受辱」此一事件。2007 年 12 月 31 日部落執行大獵祭傳統祭儀祭典時，部落男人巡守傳統領域執行狩獵任務時遭當時森警隊驅趕，致使部落獵人受辱、傳統年祭祭儀中斷，無法圓滿結束。這凸顯當權政府長久以來對原住民傳統領域的漠視，更輕忽了原住民部落在這塊土地上必須行使的狩獵權、採集權等文化權益。因而在 2008 年 2 月串連了全臺原住民族部落引發「228 狼煙」及 2008 年 3 月「為獵人尊嚴而走」抗爭行動。在部落不斷

1　本文作者曾任卡大地布青年會會長、部落協會總幹事及理事長、市民代表，現為縣議員。在部落行事上代理父親作為 Ruvaniyaw 的 rahan（部落司祭長）一職，參與傳統祭儀及部落對內對外之大事決策。

努力下，同年（2009年底），依據原住民族基本法第19條的立法精神，卡大地布部落與林務局、森警隊、原民會共同連署2009年卡地布大獵祭狩獵公約，承認卡地布在自己傳統領域行使狩獵採集等文化主權的絕對合法性，此一創舉一直沿用至今。

　　第二起抗爭事件是「悍衛祖靈拒絕遷葬」，部落在傳統領域上守護了狩獵採集等文化主權的權益，然而，部落的傳統領域仍面臨不斷的衝擊。2010年9月臺東縣政府、臺東市公所乙紙「開發觀光、城鄉發展」為理由的「遷葬公告」，就要挖部落祖墳、要毀滅祖靈神聖安息地（知本第六公墓為部落傳統領域），切斷部落子孫與世代祖靈連結的臍帶，泯滅了我們對祖靈的信仰。當傳統文化不存在了，部落也就消失了，卡大地布視此「遷葬政策」為滅族政策。

　　從2010年起至2018年間，我陪著部落族人走向街頭抗爭、陪著部落與臺東縣政府與市公所不斷的斡旋談判，甚至對簿公堂上訴最高行政法院，在歷經11次行政訴訟後最終與市公所達成和解，歷經長達近9年「悍衛祖靈拒絕遷葬」的抗爭行動，終於在2018年3月將祖靈迎靈至原先安息地，原知本第六公墓也正名為卡大地布先祖追思文化園區。拿回土地、爭取自主、堅決捍衛部落文化信仰的核心價值，這是部落在「悍衛祖靈拒絕遷葬」的抗爭行動給予我深刻的體認。

　　然而，不知是否是祖靈給予部落的考驗？！經此二事件抗爭行動之後，卡大地布的自然主權、土地主權、文化主權依然被漠視及侵犯。後來讓部落面臨前所未有的嚴峻考驗則是「知本光電案開發案」，從標租、規劃到審查時程，完全未與部落進行實質的諮商，皆以臺東縣政府和開發廠商意志而行，完全不

尊重部落內意願，致使部落內不同意見，在壓力下難以溝通對話，造成部落嚴重對立與分化，這是此光電開發案衍生爭議所造成最大的錯誤。

　　此案已告一段落，但看到過去部落面臨如此強大的衝擊，在我心裡對部落的土地守護、文化核心價值的捍衛、甚至部落凝聚的情感不曾動搖，因這是我的歸屬，我用生命去捍衛的一切。

關鍵字：Katratripulr 卡大地布（Katripulr 卡地布）、卑南族
　　　　知本部落、獵人驅辱事件、反遷葬、知本光電案

一、 前言：
給自己留給卡大地布這廿年來的生命對話

「失去的越多，更要用力找回，不要讓祖靈哭泣，更不要讓部落的孩子找不到回家的路……」部落老人家的一句話，在那文化意識逐漸覺醒的年代驅使著我，回到自己的部落，試著追趕老人家的腳步，努力將失去的文化一步步找回來

1999 年，那年 7 月傳統小米收穫祭，我被部落青年遴選成為 Katratripulr 卡大地布 palakuwan 巴拉冠（會所）青年會會長。

2000 年，正式接任，終於，我踏上回家的第一步……。

回部落，其實就是一個學習的過程，一開始擔任會長的職務就跟著 rahan 拉罕（部落司祭長）、pulingaw（司祭智者）、老人及青年們接續執行部落的文化歲時祭儀祭典的執行工作。三年會長的生涯，陪著部落族人恢復了 'amiyan 傳統年祭（少年猴祭、男人大獵祭、除喪祭）、婦女換工祭（小米播種、除草、收割）、傳統祭祖祭儀、祖先遺址尋根、小米收穫祭等部落重要的傳統祭典。

雖然籌備及執行部落傳統祭典的工作繁重辛苦，但每個過程就是學習，學習如何跟老人對話、跟意見領袖溝通、學習跟自己的 ali' 阿類與 anay 阿奈（同年齡的男性朋友與女性朋友間互稱）一起工作，甚至學習將所學交棒給部落的下一代。大家一起為部落做事，為部落文化付出所凝聚的情感，這不僅僅是我一直想找回「自己是誰」的初衷，而部落給予的養分也讓我

在人生不同階段的位置上，無論是現行體制下協會總幹事、理事長，甚至是後來當上市民代表、縣議員，或是傳統組織階級裡的青年會長、中壯年團幹部到目前代理拉罕的位置上，我從傳承部落文化及守護部落土地的視野去看待部落在現行大環境下所面臨的衝擊，轉眼廿餘年，這段期間，似乎也意識到也許是祖靈在冥冥之中給卡大地布部落安排了不同階段的「試煉」。

回首來時路，陪著部落一路跌跌撞撞地走來，過程雖艱辛，但卻也夠我含淚帶著淺淺微笑回顧。當我允諾第五屆卑南學研討會交付一篇關於卡大地布部落十餘年所經歷一連串「試煉」的文章時，心情與壓力是沉重的，從不斷反思與回顧的過程，決定想從我自身的觀點去闡述，與其說是將這廿年來，站在部落的土地上親身經歷面對政策、體制衝撞下的經驗交付於卑南學的紀錄裡，其實，更深層的是，對我的部落卡大地布這廿年來生命的刻畫。

二、 獵祭遭森警隊驅趕受辱

（一）土地緊密串起祭儀、文化、信仰是不能被切割的核心價值

1999年冬季，那年回來部落執行的第一個傳統歲時祭儀就是 'amiyan 一系列年祭（少年猴祭、大獵祭、除喪祭），還清楚記得當時對於 'amiyan 傳統年祭懵懵懂懂的我，在執行完少年猴祭後的一個清晨，被老拉罕林茂生囑咐，陪他前往 pana（巴納，位於知本天主堂南面下方農田）執行祈福祝禱的

儀式。當時，趁清晨天還未亮，跟在老拉罕後面，攙扶著他在
地上擺著檳榔陣，面向東方振振有詞念著祝禱經文，結束後我
試著去解讀老拉罕對我說的話：「跟祖靈告知，我們的土地……
我們的男人今年要往東南方去巡守我們的領域……那不好的、
骯髒的、隔離……不要犯禁忌……不要怕累……有力量……
保護土地……」。

　　老拉罕的叮嚀，在他老人家離世後，在三大家族拉罕接
續堅持遵循與各世代族人努力的執行下，我們慢慢清楚理解了
mangayaw 大獵祭的意義。農忙結束，入冬時，由司祭長拉罕
引領下進行隔離、祈福等儀式，並指揮部落男人前往部落固有
領域進行巡守工作，在進行巡守工作時如遇外族即嚴厲警告，
不從則進行獵敵首任務，出草取其敵首後，部落男人前往部落
獵場進行狩獵工作，將狩得獵物經由拉罕進行驅離、隔開、
強化生命力等淨化儀式，感恩對方貢獻首級犧牲生命，讓我們
的生存領域不被侵犯而完整，讓我們的後代子孫及未來的祭儀
得以延續。

　　底下由安東（Anton Quack）整理過去長輩所提出草的意義，
說明我們面對生存挑戰所展現的精神與態度：「如果我們不
勇猛點，敵人難道就不會逾界入侵嗎？我們和外族之間的界
線絕不允許他們逾越。如果他們入侵的話，我們就〔要他付
出代價〕只有採取報復行動。」（山道明、安東原著，陳文
德主編，林文玲、陳瀅如譯 2009：30）這是卡大地布族人在
復振傳統文化祭儀努力實踐下最真切的體認，更意識到土地
代表傳統生存領域，緊密串起祭儀、文化、信仰的這個關係
是不能被切割的，這也是執行 mangayaw 大獵祭最重要需要
守住的核心價值。

　　然而，卡大地布堅守 mangayaw 大獵祭最重要的核心價值，卻在 2007 年 12 月 31 日凌晨被臺東森林警察隊以霸凌執法的手段破壞殆盡。細節可從當時的新聞報導看出（陳賢義 2008）：

> 卑南族八社十大部落年祭重頭戲「大獵祭」甫落幕，期間卻傳出知本卡地布部落獵人遭森林警察暗夜追趕、搜身的消息，前晚包括知本等聚落 60 餘名卑南族人齊聚發出怒吼，直呼猶如「白色恐怖」再現，要求森警及相關單位給個交代，否則不惜發動激烈抗爭。

> 上月 31 日凌晨 2 時許，寂靜的知本溪上游突然傳出陣陣「警察抓人！警察抓人！」的警告聲。森林警察暗夜配槍出擊，卡地布部落獵人有的遭搜身，有的被追得滿山跑，其中帶著數名青少年探訪傳統領域的資深獵人高仁廣，更是一路沿著陡峭山壁劈草開路閃躲，景況極為狼狽；所有人直到上午 8、9 點才回到紮營地，個個憤恨難平。

> 前晚包括建和、初鹿、利家（嘉）等卑南族聚落青年會、耆老等，均前往卡地布部落聲援。

> 高仁廣語帶哽咽表示，大獵祭經縣府核准打獵的期限為去年 12 月 26 日至今年 1 月 1 日，但森林警察卻選在 31 日凌晨，獵人陸續下山回營的時機追趕原住民，讓人情何以堪！

> 森林暨自然保育警察隊台東分隊分隊長古正明昨澄清說，大獵祭雖經縣府核准，但狩獵區域僅限知本溫泉 29 至 33

林班地附近原住民保留地，槍聲自知本國家森林遊樂區響
起有違常理與規定。

　　面對此事件的發生，部落族人充斥著疑惑與不解，老人家
一句疑問；「我們不是都有申請嗎？」疑問中表達了土地都已
經被這政府搶走了，我們也都有遵守這政府訂定的規定啊！
無奈般的語氣更夾雜了被剝奪的餘恨，而負責巡守部落傳統領
域的部落獵人更是忿忿不平地斥責：

　　「我們遵循了傳統祭儀的規範，更聽從了拉罕的指示，做我
們身為巴拉冠男人該做的事，這本來就是我們應該要盡的責任。可
是這個政府為什麼還要給我們獵人盤查、搜身，甚至在我們的土地
上『追趕』？？我們錯了嗎？這政府憑什麼？」

　　然而，在森警隊表達澄清的話語：「大獵祭雖經縣府核准，
但狩獵區域僅限知本溫泉 29 至 33 林班地附近原住民保留地，
槍聲自知本國家森林遊樂區響起有違常理與規定」（陳賢義
2008），就像獵槍直指部落的心臟，猶如直接告訴卡大地布部落：
「你們的傳統領域依舊是我們政府的，所以，不管做什麼工作，
執行任何祭儀，一切需要遵照政府的規範；違者，我們政府有
權干預甚至禁止。」就在這種顢頇、無知、不理解、不尊重部
落文化的體制下，衍生了卡大地布在傳統年祭期間執行巡守傳
統領域進行各文化祭儀工作時遭遇國家機器森警隊以搜身、盤查
甚至追趕的方式侵犯及干擾整個年祭祭儀的事件，此執法的行
徑已點燃了卡大地布的怒火，部落全體一致表示不解、不滿、
憤怒，並將此事件定位為「傳統獵祭驅辱事件」！

（二）獵人尊嚴遭踐踏，展開 122、228 與 308 行動

　　面對卡大地布「傳統年祭祭儀」，在文化復振十幾年的過程，我們也不斷反思，為什麼要跟縣府申請狩獵區域？申請狩獵期限？甚至還要申請狩獵種類、數量？老獵人一代一代告知，甚至一步一步引領著獵人走遍了部落的領域，這片土地我們最清楚，為什麼當我們要巡守、守護我們的土地時，我們還要「申請」？

　　老拉罕也一次一次叮嚀，當指引部落男人守護傳統領域時進行的各項如祝禱、告知、除穢、隔離、注入生命力等祭儀儀式，那是感恩這土地的給予，對天地萬物生命的尊重，為什麼還要被這國家外力干擾？那麼我們要如何對祖靈、土地交代？卡大地布「傳統獵祭驅辱事件」嚴重阻擾祭典儀式進行的神聖性，觸犯祖靈禁忌，而對守護領域的獵人們進行驅趕霸凌執法的行徑，踐踏了獵人的尊嚴，這是對卡大地布族人集體文化權的侵害，更揭露了長久以來政府對原住民傳統領域的漠視，對原住民土地的文化祭儀抱著輕蔑的態度。面對這處境，卡大地布號召、串聯我們原住民，在當時進行了一連串跟政府的對話與衝撞。

　　卡大地布「傳統獵祭驅辱事件」，事發在執行傳統年祭祭儀期間，所以也立即引起卑南族十部落的共同關注，卑南族各部落的 ayawan（傳統領袖）一致表達，卡大地布的遭遇，卑南族十部落感同身受，因此在卡大地布召開部落會議討論後，隨即又召開卑南族跨部落會議共同聲援並議決在 2008 年1 月 22 號以「祖靈受辱，卑南族人怒吼！原基法形同虛設，原民力爭文化權！」的主體行動，「要求政府應落實原住民基

本法，根本性的處理各原住民族有關自然採集、狩獵文化等集體文化權、生存權之權益保障問題」（【卡地布部落獵人行動0122】新聞稿）。

　　自 1 月 22 號這場獵人行動至縣政府抗議，歷經數次聚集對談，不僅串聯卑南族各部落族人，當時，東部各族群也前來聲援，因為這已經不是卡大地布單一部落面對的問題，而是所有原住民族生存權的問題，只是長期以來一直被壓抑而不被突顯。當部落訴說，這是我們的痛，也是你們的痛，我們不能只是停留在敘述舔舐傷口，我們更要將長久以來被漠視被視而不見的處境翻轉。所以，我們起步展開了各部落的串連，組成東部族群聯盟，在當年發起「228 部落烽火狼煙串連」，希望能喚醒各族群與部落的主體意識。除了聲援部落獵人遭辱的卡大地布部落，更接續以「308 為尊嚴而走」的具體行動，串連各部落集結至臺北，在 308 這天走向總統府，向國家提出捍衛原住民傳統領域、尊重部落傳統領域主權的訴求。

　　隨著 228 狼煙在每個部落逐一釋放，我們要表達的是，長久以來我們面臨土地的流失、主權的喪失、生存權的漠視，我們始終被忽略、摸頭、輕視、欺騙……「升起火，燃起煙」，這是我們這片土地共同的語言，喚醒我們，認清我們的處境，進而讓我們站在一起。而「308 為尊嚴而走」這力量的凝聚就像從前在我們土地上為了生存而燃起的火一樣，那曾經擁有的本能重新被點燃，被延續，一直到被這政府聽見、看見，進而站在我們原住民歷史的傷痛改變。228 狼煙串聯喚醒原住民主體意識，308 尊嚴怒吼捍衛原住民領域主權，這也是經歷這兩場行動後我一直期待的部分。

（三）從原民會棄權到部落狩獵公約的誕生

卡大地布「傳統獵祭驅辱事件」在經歷「970122 卡地布獵人行動」、「228 狼煙」、「308 為尊嚴而走」行動中，強調落實原住民族基本法第 19 條「捍衛原住民傳統領域的自然主權」是所有族人表達訴求的核心，部落族人也視原住民族基本法是第一部保障臺灣原住民族的法律，等同於原住民族的小憲法。「傳統獵祭驅辱事件」也讓部落族人更加意識到落實原住民族基本法第 19 條立法精神的重要性，因此，在經歷三起行動後，2008 年 11 月 29 日，卡大地布部落首次發文給原民會，告知將依據「原基法第 19 條」進行傳統歲時祭儀「大獵祭」狩獵祭儀，更隨即召開部落會議，訂定「97 年度部落狩獵公約」以舉行大獵祭。然而，原民會正式回文臺東縣卡地布部落文化發展協會，表明要求臺東縣卡地布部落文化發展協會要轉向農委會依「野生動物保育法」提出申請。

原住民族最高主管機關竟然放棄了原基法第 19 條保障原住民狩獵之權利，再次背叛原住民族的立場。我與部落族人的期待，隨著「原民會棄權、原住民族受辱」而讓部落族人再度扼腕失望，除了嚴厲的譴責外，毅然決定大獵祭結束後，北上原民會抗議，要求原民會還給部落、原住民族一個公道。

經歷「傳統獵祭驅辱事件」洗禮後，在部落不斷努力下，同年 2008 年底，依據原住民族基本法第 19 條的立法精神，卡大地布部落與林務局、森警隊、原民會共同連署「107 年卡地布大獵祭狩獵公約」，承認卡大地布在自己傳統領域行使狩獵採集等文化主權的絕對合法性，重現部落守護山林的能力，重拾部落獵人尊嚴。此公約明文提出卡大地布在自己傳統領域

行使狩獵採集等文化主權的絕對合法性，此一創舉一直沿用
至今。卡大地布部落之所以堅持依據「原基法第 19 條」進行
傳統歲時祭儀「大獵祭」，堅守卡大地布部落訂定之「狩獵
公約」舉行大獵祭祭儀，因我們深信，古老神聖的文化祭儀
「大獵祭、獵敵首祭、出草祭」，證明卡大地布世世代代存在
這片土地上，傳統領域及主權，是要用生命去捍衛的。而經過
試煉後訂定的「卡大地布狩獵公約」，不僅要與這國家對話，
更要證明我們擁有守護土地的能力不曾失去，就像老拉罕當初
交代的一句話：「這是我們的土地，要守護！」

三、 捍衛祖靈拒絕遷葬

（一）捍衛卡大地布的祖靈信仰

　　我們的土地，要守護；我們的信仰，也要守護。我們族人
常半開玩笑跟外界說：「我們有三個『年』，漢人的農曆年、
部落的小米收穫祭、還有一個跟祖先聚在一起清明掃墓節的
『年』」。從小到大記憶中每年清明在知本「第六公墓」掃墓
就像「過年」過節般去族人家裡聚聚般熱鬧，但更增添了溫馨
與思念。熱鬧的是，從外地回家的家人往往比農曆年、收穫祭
典還要多，溫馨的是可以跟死去的家人表達對祂們的依戀，
透過思念的傳達，當下那一刻家人跟祖靈是凝聚在一起的，
這樣的畫面化做信念在每個族人的心中是美麗與動人的。

　　在我的部落，面對「死亡」其實未必是一件極盡悲傷的事，
老人家總會安慰說：「死去的家人只是身體沒有了，讓祂靜靜
地躺著，不要去打擾祂，等祂慢慢地化為土給大地養分，

變成祖靈，一樣都陪在我們身邊，眷顧著我們⋯⋯」。等這個
ruma（家）的空間容納不夠了，那家就留給「死去的家人」，
讓祂們靜靜地待在這個家，我們在世的親人就遷到其他的地方
居住，這個就是我們傳統「室內葬」的文化習俗，是我們純真、
自然、尊重的祖靈信仰。

世世代代「室內葬」的傳統習俗，在經歷日本時期的殖民政
權壓迫下進行遷葬，而遷葬的位置就在族語地名稱為 Tarna'uwan
的地方，意指瞭望警戒的地方。這區域於明清時期以前，卡大地
布部落原住民尚居住於屯落社（Kazekalran）及杜比社（Tupi）時
（林金德 2016：122），即今臺東市建興里青仔林山區及山腳，
當時為防範他族侵略，保衛族人生命安全，設立警戒哨防禦，
同時闢為獵場及耕地，就是在現行的臺東市第六公墓現址
（林金德 2016：98）。

日本殖民政權的霸凌手段破除了室內葬的傳統習俗，驅使
我們與祖靈分開，但「祖靈信仰」的牽引卻也讓我們清楚意
識到 Tarna'uwan 臺東市第六公墓這裡是卡大地布的傳統領域，
是我們的祖靈安息聖地，這是絕對的事實！

然而，2010 年清明時節，當族人依舊抱著欣喜的心情與
祖靈相聚時，驚訝地發現先祖墓碑被鮮明的油漆畫上了詭異的
數字符號，我永遠記得我家祖先被畫上「918」的編號，當時
族人紛紛猜疑著也察覺到早在前幾年知本第六公墓已下了禁葬
的規定。然而，後續又聽聞第六公墓準備進行遷葬的工作的訊
息時，更是讓族人感到錯愕與震驚。

在 2010 年期間，臺東市公所一紙以「開發觀光、城鄉發展」
為由的遷葬公告張貼在公墓入口，面對此公告的族人都抱持著

焦慮，疑問著為什麼市公所都沒有前來部落說明？疑問著如
何遷？何時遷？而遷葬後的都市發展與觀光產業又是什麼？
在當時，部落族人種種疑惑卻不見臺東縣政府、臺東市公所做
公開說明或協調等應對方式。草率、敷衍的遷葬公告就像莫名
塗抹在先人墓碑的數字符號一樣令族人感到不安，而遷葬政策
也在族人不解的氛圍下無情地展開。

（二）反遷葬，戳破發展觀光的謊言

　　事實上，臺東縣政府、臺東市公所以「開發觀光、城鄉
發展」為由的「遷葬公告」，是沒有經過卡大地布族人同意、
更沒有與族人協商達成共識的情況下，就要臺東市轄區內知本
里第六公墓（主要屬卑南族卡大地布部落）、以及同屬轄區內
富岡里第十公墓（主要屬阿美族加路蘭部落）族人把埋藏著歷
代祖先屍骨開挖、並強制遷移離開祖靈安息聖地，而目的只是
以開發觀光的名義強行改建為公園。

　　當時臺東縣政府、臺東市公所先做再說的舉動，激怒了卡
大地布部落族人的不滿與憤慨，而後續才有的協調過程卻讓人
處處感覺到地方政府「反正就是要你遷、其他的再來談」的蠻
橫作為，卡大地布部落族人視為踐踏民族尊嚴。

　　魯莽的遷葬政策也嚴重侵犯原住民基本權利，無視於第
六公墓 Tarna'uwan 為卡大地布祖靈安息聖地的存在，這已違
反了原基法第 2 條所提到「原住民族土地係指原住民族傳統
領域土地及既有原住民保留地」，在沒有經過卡大地布族人
同意與族人協商達成共識的情況下逕行遷葬的行為，違反了
原基法第21條「政府或私人於原住民族土地內從事土地開發、
資源利用、生態保育及學術研究，應諮詢並取得原住民族同

意或參與，原住民得分享相關利益。」特別要注意以下所提：
「政府或法令限原住民族利用原住民之土地及自然資源時，
『應』與原住民族或原住民諮商，並取得其同意」。

　　更甚者，卡大地布部落堅決強調，第六公墓埋葬在地底下
的遺骸是卡大地布的祖靈遺骸現址（早已發現日本時期埋藏數
代先人塚所立之石碑遺跡，至今保存完整），早年（約 40、
50 年以前）因無墓碑設置，現今無法辨識原本埋葬的位置，
早年亦無撿骨的習俗，先祖骨骸已層層疊疊，「臺東市第六
公墓」強制遷葬乙案卻將埋在地底深處歷代層疊的先遺骸
視為「無主墳」，臺東市公所以無主墳墓的強制處理方式，
是要將卡大地布祖靈的遺骸放置於不見天日的納骨堂地下室，
無人祭拜，我們後代子孫於心何忍，能不心痛？

　　試問，一個漠視祖靈安息聖地存在、切斷與族人相互依
存祖靈信仰的遷葬政策，一個以「開發觀光、城鄉發展」
為由卻充斥著蠻橫、無知、粗暴的遷葬政策，卡大地布的族
人會接受嗎？

（三）「依法行政」的權力霸凌，造就卡大地布的痛

　　當這政府將所謂「依法行政」的權力套用在這顢頇粗暴
的遷葬政策上，在族人眼裡看來是荒謬的，在心裡，卻是族人
切身之痛。

　　2010 年至 2011 年在反遷葬這段期間，執行傳統祭儀祭典
各個祝禱儀式過程中，族人很強烈地感受到祖靈給予「冷漠、
難過」的訊息。2011 年 3 月間陸發安發祥地的祭祖儀式，
祖靈透過 pulingaw（司祭智者）傳達這個訊息：「我是這土

地的一份子，軀殼沒有了，我的靈還是會陪伴我的孩子、孫子 tumuwamuwan（下一代的子孫）……，但……你們要帶我去哪裡？？」在七月小米收穫祝禱儀式中，一樣透過 pulingaw（司祭智者）傳達：「不要去那個我們（祖靈）不知道的地方，你們 tumuwamuwan（下一代的子孫）感覺不到我，我們（祖靈）也不能眷顧你們啊！」一次在第六公墓，拉罕引領著巫師智者及族人在現地詢問祖靈是否願意遷走的意願時，祖靈用最深痛哭喊的方式傳達給 pulingaw（司祭智者）及族人：「這是我們眷顧你們的地方，為什麼要趕我走，你們要忘記我們了嗎？」

　　一次次來自祖靈傳達的訊息是如此不安與不捨，一次次傳達這個東西（指遷葬）為什麼要切斷、撕裂族人與祖靈之間凝聚的生命情感。那段時間族人強烈感受到祖靈在泣訴的煎熬：「你們（族人）忘了我的存在，就是與我們（祖靈）斷了聯繫，所有傳統祭儀儀式沒有我們（祖靈）的牽引、眷顧與祝福，部落的祭典有意義嗎？文化還在嗎？部落還在嗎？」

　　這是卡大地布的痛，心被掏空的痛！

（四）「悍」衛祖靈，拒絕遷葬的決心

　　卡大地布面臨的是一個以「開發觀光產業」大騙局強壓在部落身上，要我們遷走祖靈遺骸，直接切斷部落子孫與世代祖靈連結的臍帶，泯滅了我們對祖靈的信仰，扼殺部落的文化，文化消失了，部落還會存在嗎？這個對祖靈、文化、尊嚴棄置不顧，如此不公、不義的「遷葬滅族政策」，讓卡大地布部落徹底從「心」燃起「悍」衛祖靈、拒絕遷葬的決心！

　　我清晰記得……

Mavaliw 瑪法琉家族拉罕林文祥說：

「我保護我的族人，這次，更要保護我們的祖靈！」

已故的 Pakaruku 巴嘎魯固拉罕高明宗說：

「不要怕勇敢」，要打到他們（政府）怕我們！」

Ruvaniyaw 邏法尼耀拉罕陳興福說：

「他們（政府）認為我們卡大地布都不懂，那族人努力就要讓他們懂！」

pulingaw（司祭智者）：

「去吧！tumuwamuwan（祖靈）會看見，會保護我們！」

遷葬政策，讓卡大地布經歷了掏心之痛，2012 年 3 月部落首次到臺東市公所表達訴求未獲臺東市公所正面積極回應，部落並不覺得意外。回顧那段時間，臺東縣政府跟市公所在推動此遷葬政策是以粗糙敷衍的「依法行政」為開端，過程中一面裝著要與部落協調，一面夾著行政程序準備遷葬動工，一面又說尊重部落共識，一面卻又在部落造謠說部落族人同意遷葬。更讓族人氣憤的是操作警察執法權力，不顧協商還沒達成共識就以維護廠商之名進行動工儀式，當時，警力又進到前來聲援卡大地布的各部落青年會向他們索取名冊等動作，讓卡大地布及各部落青年會猶如面臨「戒嚴時期的白色恐怖」的恐懼。整個過程中處處可以見到欺瞞、推諉、蠻橫甚至威嚇，但造成的局面只是讓卡大地布又再次見識政府對原住民族土地、文化、主權上議題的漠視，也因為這樣讓卡大地布有了更多更縝密的思考，為這次艱辛的抗爭之路做準備～

感動的是，部落孩子勇敢的參與，部落孩子在部落老師的帶領之下以「家・枷」為主題，把部落在遭遇遷葬族人將面

臨要與祖靈分開時的痛苦與部落辛苦的抵抗感到不捨，透過傳統歌舞劇傳達出來，這是部落養分給這群孩子的勇氣，也為這次的抗爭行動注入了更多力量。

堅持的是，部落男人與巴拉冠青年在當時第六公墓祖靈建置靈魂加油站，搭起瞭望台，以輪班長期駐守的方式宣示守護祖靈地，萬一面對突如其來的動工，甚至做了以肉身來擋怪手機具的準備。

諷刺的是，當臺東縣政府以「宣揚原住民族傳統優美文化」辦理南島文化節的開幕式時，部落族人（不分男女老幼）強勢進場，手舉「沒有文化沒有部落」、「假觀光真滅族」等布條，高喊「悍衛祖靈拒絕遷葬」的口號，以捍衛祖靈的決心向臺東縣政府、臺東市公所正式宣戰。

2012 至 2013 年間，卡大地布幾乎竭盡全力在「悍」衛祖靈、拒絕遷葬的抗爭行動上，在部落所有祭典祭儀的場域裡，在網路空間裡以臉書粉絲專業發佈「支持卡地布悍衛祖靈拒絕遷葬 anytime, anywhere」的訊息尋求更多的關注。巴拉冠青年會老會長桑布伊更在得到金曲最佳原住民族語歌手獎殊榮時，在得獎台上還謹記為部落正面臨要被遷葬的遭遇而發聲，讓部落得到更多串連的力量。卡大地布全體族人甚至不顧觸犯侮辱公署、妨礙公務的罪名串聯各部落走向街頭向臺東縣政府及臺東市公所發動激烈的抗爭，絕不輕易妥協戰到底的決心，來自於部落深信祖靈在看顧著我們的同時一直給予的力量。

（五）曙光，卡大地布先祖追思文化園區的催生

面對顢頇的遷葬政策，「他們（政府）不懂，就戰到

他們懂」，「悍衛祖靈」的抗爭行動除了激發卡大地布部落
的本能去抵抗外，部落也深刻理解同時要從這公部門的「法」
來嚴正表達部落「悍衛祖靈拒絕遷葬」絕對正當的立場，抱著
更大期待的是，國家的法律能還給卡大地布部落一個正義的公
道。經高雄行政高等法院提起行政訴訟，歷經兩年多 11 次開
庭不斷斡旋協商，最終在法院的裁決下，卡大地布與臺東市公
所達成協議，而在整個抗爭行動過程中，卡大地布部落堅持
的三大訴求也正式名列在雙方簽訂協議書。2015 年 1 月 18 日
的協議書，明文列出這些內容：

　　一、臺東市第六公墓內祖先遺骸以自然環保葬的方式全
部植存於「追思園區內」。

　　二、已遷出之先人骨灰、骨骸得以自然環保葬之方式植
存於「追思園區內」。

　　三、卡大地布部落族人未來有往生者，得以自然環保葬
之方式植存於「追思園區內」。

　　三大訴求中所提的「追思園區」，就是臺東市知本第六
公墓，就是 Tarnau'wan 祖靈聖地，這代表著「悍」衛祖靈拒絕
遷葬階段性的任務告一個段落，而「卡大地布先祖追思園區」
的設置又是另一個使命的開始……

　　2016 年 7 月 23 日，在祖靈聖地 Tarna'uwan 執行部落傳統
動土儀式，準備朝向未來卡大地布先祖追思園區的方向施作。
一年多過去，2018 年 3 月 23 日，卡大地布部落在「卡大地布
先祖追思文化園區」舉行迎靈儀式，卡大地布的祖靈回到祖靈
聖地 Tarna'uwan 長眠安息，也代表「悍衛祖靈拒決遷葬」的行

動任務宣告結束！這場「悍衛祖靈拒決遷葬」抗爭，卡大地布從 2010 年到 2018 年足足打了八年之久，回顧這八年來在「守護土地，祖靈信仰」的堅持下，從成立自救會、第一次街頭遊行，對臺東縣政府、臺東市公所的每一場對談都不斷強烈表達部落的態度，一直到南島文化節「悍衛祖靈拒絕遷葬」佔據開幕舞台，卡大地布部落開始正式向公部門宣戰。以三大家族拉罕為首，中壯年及青年會為部落主力，婦女會為部落後盾，在每一次的抗爭裡，部落族人甚至連孩子們也都聲嘶力竭用行動去捍衛祖靈的態度，這個就是卡大地布的主體。

　　這場戰役也許是祖靈安排給卡大地布族人的一個試煉，考驗著我們在面對外來強權侵犯時，部落如何應對？有什麼條件面對？經歷這長達快九年的行動抗爭，我們最清楚，就像拉罕及司祭團對族人說的話，代表著在卡大地布在這幾十年文化復振過程中，從部落傳統組織重建（司祭長、司祭智者群的司祭團、中壯年團、巴拉冠青年會所、trakuvan 達古範少年會所）、傳統祭儀祭典的執行、部落教育的傳承等辛苦累積的能量全轉化對自己這土地的情感、主權、文化及祖靈信仰的堅守，這話語很簡單但卻直接喚醒卡大地布的本能。對，「卡大地布的本能」，加上祖靈給予的智慧讓我們適時結合現代環境的機制如成立部落會議做為主要對話平台、成立捍衛小組運籌帷幄來面對這嚴峻的考驗。

　　回顧起來，卡大地布認真打了一場以古老的力量與部落主體結合的新時代的戰爭，不論勝負，但部落依舊會繼續努力拿回自己的土地、爭取自主、堅決捍衛部落文化信仰的核心價值，這是經歷「悍衛祖靈拒絕遷葬」的抗爭行動中給予部落最深刻的體認。然而，舊創尚未平息，新傷又被國家劃開。

四、 知本光電案開發案

（一）從夢幻般的溼地到土地的傷痕

　　知本濕地，自小就跟兒時的玩伴稱知本濕地為「夢幻湖」，終年依四季的變化呈現不同的風貌，木麻黃倒映著湖面就像一幅美麗的圖畫，感覺置身在仙境一樣，這個仙境有著湛藍的太平洋、平坦的沙灘、清澈的知本溪、像迷宮的草原。小時候暑假童年時光就在這草原用彈弓打鳥、做陷阱捕鳥、在湖裡捉魚、摸蜆仔，在知本溪嬉戲中度過。知本濕地，在我兒時的記憶是一個天堂；而在老一輩族人的記憶裡，在這裡養牛放牛、搭工寮及辛勤的開墾，更有著跟這塊土地串起的情感。

　　從老人家的口述及部落文史裡如 Kanaluvan（卡那魯汎）是「沼澤地帶」的意思，這裡就是 Pakaruku 巴嘎魯固家族當年居住的地方；Pulud（捕鹿得）地區，這裡過去是部落重要的狩獵與耕作的地區；Muveneng（姆芙嫩），意即「積水區」，此處屬於海岸自然濕地，有著豐富的動植物生態；Kikuwangan（今古哇岸）也就是「槍聲響起之處」，記載著 1640 年左右，荷蘭人為尋找黃金從臺南航行到此，從知本溪口登陸往上游前進，在這裡用火繩槍獵捕水鹿，當時巨大的槍響引起在附近耕作的族人注意，於是得名。每個地名記載著一個故事，證明著世代族人在這塊土地生存的足跡，表達著我們曾經在這生活過，這是我們的土地、領域（林金德 2016：18-27）。

　　然而大時代的變遷，殖民政權的更迭，這片族人曾經生存過的領域，在族人不懂文字及政權遊戲規則的情況下逐漸被佔領、開發。部落老人說，日本時期「台東開拓株式會社」

在 Kikuwangan（今古哇岸）北邊開闢甘蔗園；國民政府時期
為了要安置當時遷台的軍人，在 Kanaluvan（卡那魯汎）地區
整治道路及開闢農田，讓當時遷台的退役軍人在此開墾耕作
（林金德 2016：19）。

　　然而，對卡大地布族人來說，這片傳統領域面臨最嚴重
的剝奪，還是在約卅年前的「知本綜合遊樂區」捷地爾開
發案。當時臺東縣政府為了此開發案對族人徵收農地、收回
河川地等，要在此處打造號稱「臺灣的迪斯奈樂園」的開發
計畫，硬生生逼迫族人與傳統領域分離。後來因土地取得及
契約爭議開發失利，這個美麗的夢，到頭來完全只是一場空，
臺東縣政府與開發商捷地爾公司契約訴訟纏訟至今，讓這土
地一荒廢就是卅年。

　　臺東縣政府與開發商捷地爾公司契約訴訟至今仍未解決
之際，臺東縣政府不僅未能記取卅多年前的教訓，為了搶搭中
央政府推廣綠能政策的便車，以賺取高額權利金利益為目的，
在 2018 年 1 月 10 日進行公告招標開發卡大地布傳統領域
這 226 公頃偌大的土地設置「知本光電區」，且一經開發就是
廿年甚至卅年。

　　卅年前「知本綜合遊樂區」捷地爾開發案的教訓，讓部落
族人感受到政府不僅不珍惜這片土地的美好自然環境及珍貴文
化資產，更不顧在此地生存更久的卡大地布部落族人想法。
卅年後，部落面臨了知本光電案，會不會又在政府對原住民土
地的覬覦及以開發利益為前提下重演卅年前的歷史悲劇，部落
擔憂著土地的傷痕，政府始終是想要做什麼就做什麼，不問這
塊土地的主人！

（二）令卡大地布錯愕的知本光電案，
　　不明確的「諮商」定義造成錯誤的開始

　　不知是否是祖靈給予部落的考驗？！在歷經「獵祭遭森警隊驅趕」事件、「悍衛祖靈拒絕遷葬」的抗爭行動後，卡大地布的自然主權、土地主權、文化主權依然被漠視及侵犯。而當今讓部落面臨前所未有的嚴峻考驗則是讓部落還在療傷中的「知本光電案開發案」。

　　該案相關位置全名為「臺東縣臺東市知本健康段設置太陽能發電設備及教育示範專區」，位在知本溪北岸共226公頃。其中161公頃草澤區、灌叢區等規劃為太陽能光電區，65公頃濱海區沙灘地、潮間帶、防風林則維持原貌。161公頃由縣府租給業者廿年，期滿得續租一次，租期為十年。

　　事實上，知本光電案設置的區域範圍就座落在卡大地布的傳統領域內，以過去十年前部落歷經「大獵祭遭森警隊驅趕」、「悍衛祖靈拒絕遷葬」的土地議題經驗，最初整體部落意志當然要求先來部落做公開的說明「諮商」，再從「土地開發與土地主權」必須二者兼顧的態度來面對。然而，此案從開始的先期規劃（可行性評估作業），接著進行標租、規劃到審查時程，完全未與部落進行實質且全面的諮商，皆以臺東縣政府和開發廠商意志而行。由於完全不尊重部落內意願，也致使部落內不同意見在壓力下難以溝通對話，造成部落嚴重對立與分化，此光電開發案一開始就令卡大地布錯愕甚至措手不及。

　　「知本光電案」預計規劃及施作的區域，無論口述文史記載，部落多年來辛苦傳統領域調查的結果，經原住民族委

員會核定「屬於卡大地布部落」的傳統領域。而且自光電案開始以來，無論縣府的函文、契約書、營運計劃書等等也都載明「知本光電案」161 公頃的土地，是卡大地布部落傳統領域，這是一個不爭的事實！所以，一切均依照原基法的法令來辦理！

面對知本光電案的開發，原基法第 21 條就有很明確的規範：「政府或私人於原住民族土地內從事土地開發、資源利用、生態保育及學術研究，應諮詢並取得原住民族同意或參與，原住民得分享相關利益。」重點在於以下所提：「政府或法令限原住民族利用原住民之土地及自然資源時，『應』與原住民族或原住民諮商，並取得其同意。」

然而針對「諮商」的定義，原民會的解釋就非常含糊，其中「實質開發」前的諮商時機點就是很大的癥結所在。原民會的解釋函中，意有所指表示「只要實質開發動工前」取得部落同意就好，那麼意思是指，在怪手開挖前取得同意即可嗎？而臺東縣政府也依據此一含糊解釋，在行政程序「偷工減料」的情況下便宜行事。從計畫規劃開始這一年多時間，未與部落諮商及未徵詢族人意見，僅辦理過一場正式的說明會，就火速公告招標，強迫部落要接受已訂好一定發電量的知本光電開發土地案。試問，此光電案規劃報告既沒有與部落討論，又在部落未充分知情前即公告招標，有做到「諮商」？！由於「諮商」定義的不明確，甚至與卡大地布族人的認知出現嚴重的「落差」，這號稱全亞洲最大型的光電案，投資金額數十億之多，如此龐大金額的開發案卻在這麼草率、不符原基法立法原則及違反程序正義下進行，一開始就錯得離譜，導致後續的作為衍生更多爭議與疏失。

（三）先射箭再畫靶的契約，專橫霸道的開發案到底要部落同意甚麼？

　　事實上，知本光電案的先期規劃作業（可行性評估報告）在 2017 年期間就開始進行，同年 8 月完成，而這份可行性評估報告是在部落不知情的情況下進行，所以最清楚這片土地的部落主人根本沒有參與其中，更無法表達意見。諷刺的是，臺東縣政府在 2017 年 12 月完成規劃報告後為知本光電開發案宣傳的文宣上，清楚記載著光電開發帶來的種種，同時也明訂了為因應光電開發，必須尊重、遵照原基法相關規範辦理。

　　但部落在沒有實際參與的可行性評估的情況下，2018 年 1 月 5 日由臺東縣政府所召開第一次說明會同時也是唯一一次正式說明會，1 月 10 日此標案公告招標，同年 4 月 2 日廠商得標，同年 4 月 23 日臺東縣政府與廠商完成簽約。從可行評估作業到廠商得標與臺東縣政府完成簽約，期間只有一次正式說明會，在在顯示臺東縣政府面對原住民土地開發的專橫霸道。

　　知本光電案從可行性評估、標租、審查到簽約，皆以臺東縣政府和開發廠商意志而行，先射箭再畫靶的作為，凸顯了這是一個沒有與部落諮商、違反程序正義的契約。此案在招標出去那一刻，在未經部落同意下，臺東縣縣府就將卡大地布傳統領域出租給得標廠商廿年，這是對原基法的漠視，更是臺東縣政府對部落土地的主權出賣。

　　更甚者，臺東縣政府在契約裡，把責任轉嫁給廠商，讓廠商直接進到部落「行使諮商同意權」。部落就在這資源不對等、對談不平等、立場不對等的情況下導致內部紛紛擾擾，造成部

落對立分裂的開始。這個契約漠視部落的主權、分化部落，卡大地布這幾十年來最在乎的團結，在臺東縣政府如此輕忽又粗暴的作為下，在簽約的那一刻硬生生被剝奪了。

　　知本光電案營運計劃書於 2018 年 12 月 14 日核定，依據契約廠商要履行原基法之「行使諮商同意權」在 180 天內取得部落同意。就因為此案在一開始程序的不正義、沒有與部落實質諮商、也沒有部落參與的可行性評估作業，只有臺東縣政府及廠商雙方合作意志的契約書、而契約書明定的惡劣手法則讓廠商直接進到部落進行遊說造成資源不對等、立場不對等的因素，讓部落分化等等爭議都未釐清的情況下延至 2019 年 6 月 1 日召開「行使諮商同意權」部落會議。在這麼多爭議未釐清的情況下，試問，充滿瑕疵的諮商行使辦法，到底要部落同意什麼？？是沒有思維的營運計畫書、沒有明確的回饋機制、不完善的環境評估機制、風災造成損害的評估機制又是如何，在族人都不瞭解這些正確資訊的情況下，會做出正確的判斷嗎？所以，到底要部落同意什麼？？

（四）擴大解釋的投票方式，扭曲了我們在土地上作主的決定

　　而在 2019 年 6 月 1 日由臺東市公所代行召開「行使諮商同意權」的部落會議中，弔詭的是，「行使」的方式又被原民會的擴大解釋造成更多的疑問。

　　其一是「家戶代表」此一代表行使方式，亦即非族人也有投票權。為什麼同意權投票的行使是以家戶為單位？以一個家戶為一票來看，有的家戶人數六、七位也是一票，有的家戶人數一位也是一票，這樣公平嗎？為什麼戶長（年滿 20 歲且具

原住民身分，家屬亦同）是當然的家戶代表，除非戶長本人不想行使才指派家屬 1 人去投票。然而，難道只有家戶戶長才有投票權表達他的意見、部落內眾多成年族人就沒有投票權表達自己的意見嗎？這是什麼規定？公平嗎？

　　其二是「委託」方式的解釋。明明該辦法第二條第六款規定，家戶代表是指戶長，或由戶長指派的家屬，但原民會又提出指派與委託並行的解釋，說戶長除可指派家屬外，也可以委託部落範圍內任何一位成年原住民代為出席及投票。這樣的解釋擴大到讓人無法苟同。按照部落的慣習，傳統上所謂的部落家戶或成員，是指認同部落、參與部落活動與事務，以及付出責任者。但該辦法所講的部落成員，是指設籍於部落區域範圍內的家戶或成年之原住民，不管對方是新搬來或寄居的，有沒有認同這個部落、有沒有參與部落活動及事務、或是對部落有沒有感情，反正做為家戶就是有一票來影響或決定一個他不認識的部落的未來與土地，這也非常不公義。

　　其三是「部落行政區域」的界定。對於可參與投票的行政區家戶範圍界定在三里一村，然而這在投票日前兩個月部落才知情，這是否跟「投票戶數不明增加」有著奇妙的關聯，這些情況很巧合的都在知本光電案籌備期間，在部落不知情的情況下就這樣發生了。

　　上述族人的疑慮都在 2019 年 6 月 1 日由市公所代行召開「行使諮商同意權」的部落會議中，被族人舉目歷歷「印證」。部落族人不解為什麼臺東縣政府甚至連最應該了解部落的原民會，應該用部落歷史文化層面的角度來做最有利的解釋，卻反而沿用當代法律體制擴大解釋，此一做法侵害了部落主體性。

2019年6月1日，部落會議投票的結果最後以贊成187票、反對173票，同意知本光電案的開發，這叫部落情何以堪。部落也在事後反思過程中，察覺到這充滿瑕疵與爭議的諮商辦法行使過程充斥著亂象，不願意接受在這種不公平情況下投票產生的結果，更意識到如果接收這不公不義的投票結果，其實也就默許了部落主權已被侵犯的窘境。於是三大拉罕在與部落幹部討論後，決定於2019年12月代表部落，針對當年6月1日所召開之部落會議提起「諮商同意會議投票無效」的民事訴訟。我們希望能藉由法律的途徑釐清這些爭議，目的就是為維護部落族人的主權及尊嚴（不論是同意方或反對方），怎可任由此破壞部落傳統決策機制及充滿瑕疵與爭議的諮商辦法侵犯傳統領域及剝奪部落主權。

（五）面對爭議，部落期待以民事、行政訴訟釐清

爭議不斷的知本光電案，帶給部落衝擊所造成內部的對立與分化是部落前所未見的，知本光電案因為「諮商」定義的不明確，漠視原基法立法原則、在違反程序正義下進行，一開始就犯下嚴重的錯誤，卻為了眼前的開發利益，坐視不管部落的主權，導致後續的作為衍生如諮商辦法行使上更多的疏失。面對眼前的爭議，部落提起「諮商同意會議投票無效」的民事訴訟來釐清這些爭議。相同的，光電開發案的申請程序也在「籌設許可」核准與否的階段卡關，部落也對此提出籌設許可無效的行政訴訟。總之，部落期待民事、行政訴訟的結果能釐清這些爭議外，更重要的是能還給部落土地正義及土地主權一個公道。

然而，知本光電案爭議持續延燒，始作俑者的臺東縣政

府在哪裡？卡大地布部落當時為了守護土地的主權，被這不公不義的開發案踐踏得幾乎體無完膚時，臺東縣政府始終抱持「依法行政」的敷衍態度，口口聲聲說尊重部落拉罕的決定，但又無視於諮商辦法行使上的爭議帶給部落分裂對立的痛苦；精算於因開發案將得到的利益，打著「一切按照合法程序」的口號，卻極度忽視契約相關規定「如果廠商簽約後兩年內未能辦理完用地變更，臺東縣政府可以終止租賃契約」的依據，一再同意廠商申期展延，為的就是保護廠商完成契約履行事項。卡大地布的傳統領域在臺東縣政府眼中只是提款機而已，爭議不斷的知本光電案開發案至 2021 年已將近四年，臺東縣政府的作為令人失望。

　　知本光電案開發一事爭議不斷，卡大地布部落站在守護土地、主權的立場，拒絕不公不義的開發案，更拒絕成為不當程序的犧牲品。因為如果我們默許了，那這個惡質的開發案會在原住民的土地上開一個先例，那麼未來在部落其他領域上或者各原住民族群的傳統領域上，是不是又會遭致相同的命運？！所以，部落將這幾年面對的經歷，化為警訊，以「今日卡大地布明日你的部落」此一概念串聯各部落、族群，在 2021 年 5 月 7 日再度走上街頭，向臺東縣政府表達我們的訴求。

（六）守護土地主權迎接曙光

　　知本光電案依舊考驗著卡大地布對土地主權守護的堅強韌性，從地方政府到中央部會（經濟部、內政部營建署分區審查會議），部落不斷地表達從文化、土地、環境緊密不可分的連結性，從法律的層面來說，部落也極力重申此案程序的不

正義、充滿瑕疵的諮商行使辦法造成部落主權的喪失，即便過程中部落被撕裂、衝擊著部落的團結，但對於部落土地的主權，卡大地布堅決不退讓。透過「諮商同意會議投票無效」的民事訴訟，以及籌設許可無效的行政訴訟這二起訴訟，卡大地布不放棄任何可以努力的希望。

如此的努力不懈終讓部落迎來了一道道曙光！在 2021 年 11 月 23 日臺東縣政府就知本光電案發佈了「臺東縣政府依約終止與簽約廠商之契約關係聲明」（臺東縣政府財經處工商科 2021）。更在部落持續努力下，於 2022 年 9 月 8 日臺北高等行政法院對知本光電案做出「原告卡大地布部落等與被告經濟部間電業法訴願決定及原處分均撤銷」的宣判。此宣判結果代表著撤銷知本光電案電業籌設許可，更認定此案極具爭議的諮商同意辦法遭臺北高等行政法院認定違法，宣告「知本光電案」準備告一段落，這對部落來說絕對是歷史性的一刻！

五、　代結語

（一）　面對光電案的衝擊卡大地布何去何從？
　　　　來自部落的省思……

來自部落的省思，這十餘年來祖靈給予部落的考驗，喚醒卡大地布的生存本能！

我們歷經「獵祭遭森警隊驅趕」事件，喚醒在我們土地上守護自然主權的信念；經歷了「悍衛祖靈拒絕遷葬」的抗爭行動，喚醒在我們土地上守護「祖靈信仰」的文化價值核心；在我和

所有族人的心中，「卡大地布」一直是個像石頭一樣很硬、很悍的部落。

　　然而，知本光電開發案對部落的衝擊，讓部落被撕裂了，分化了。因為，在我們一直相依相存的土地上面臨了「主權」與「開發」的抉擇。或者更深切地說，我們連抉擇的權利都被這政府給遺忘、剝奪了。

　　事實上，開發案之初，在知本光電案尚未得標之前，部落也提出了可以與光電設置共同發展農業、文化、生態共存永續發展的開發案。然而，現在這個開發案卻不是共同發展、共存永續的概念，這個開發案是在這政府不願意去理解、不願意來聽取部落族人的想法就硬生生丟一塊開發大餅給部落，然後就要部落吞下去……，試問？我們吞得下去嗎？更甚者，在僵化式的開發模式思維下，讓開發商將利益導入部落進行遊說的工作，造成了部落的撕裂對立，甚至在部落建立另一個「主體」談合作，這也讓長久以來族人認定以拉罕為部落領導中心的傳統決策機制被挑戰，破壞了長久以來的團結。試問，這樣部落有做選擇的機會嗎？這叫部落情何以堪。

　　這幾年，面對部落的紛紛擾擾……，Mavaliw 瑪法琉拉罕林文祥憂心地訴說，不管族人如何爭吵，「手心手背都是肉」，總希望還是能有機會坐下來好好談談……，Pakaruku 巴嘎魯固拉罕林茂盛也掛念著，如果土地是在這樣子的情況失去了，我們長久以來守護的，是不是也失去了？而部落的青年孩子也跟我說，為什麼要在這樣子不清楚的條件下（指有瑕疵的諮商同意行使辦法），讓部落決定這塊土地的未來？同樣地，

我們年輕人也沒有決定的權利啊，在不公平的決定下，卻是要我們年輕人承擔這塊土地的命運廿年、卅年。

在我內心不斷地反問著，如果這是政府、開發商口口聲聲對部落說的共榮、共生、共好的開發案，又怎麼會存在這麼多瑕疵、爭議，甚至造成部落對立、分化，那這是一個良善的開發案嗎？我的部落如此努力為的是什麼？無非就是要把失去的土地主權、生存主權、文化主權、找回來！部落的堅持是什麼？無非就是不要將部落的主體意識、傳統文化的核心價值輕易拱手讓出！我們有能力自己決定自己要的發展是什麼！！

如果開發案成局，部落必須要思考內部如何對話，讓部落主權能在繼續伸張的情況下為部落爭取更大的權益；如果開發案未成局，部落更要努力一步步為這片土地付出耕耘，這樣才能證明卡大地布有能力自己決定自己所要的發展主權是甚麼。誠實面對部落的現況，這真的需要時間讓部落沉澱、重整，更需要的是部落「一起」面對及承擔，這是我的感受與期待，更是祖靈給卡大地布的試煉！

2022 年 9 月 8 日，臺北高等行政法院宣判撤銷知本光電案電業籌設許可的結果，真切見證了部落這幾年來對土地主權的守護與堅持，隨著知本光電案逐漸落幕，但部落並不感到欣喜，而是再次以部落的主權立場對政府發出聲明。這份部落的聲明，除了對法院的判決宣告持於肯定，而這樣的決定也為部落自治建立了新的里程碑。

同時，卡大地布也嚴正向原民會表達現行的「諮商同意辦法」並沒有納入部落的觀點，應立即廢止，更期待中央立法院能盡速修改符合原住民土地主權的「諮商同意辦法」。卡大

地布部落之所以如此堅持聲嘶力竭表達，正是因為這場土地主權之戰帶給部落衝擊代價太大，部落要靠未知的時間來修復，反思的同時就是用力告訴政府、原民會、臺東縣政府不要在我們的土地上重蹈覆轍，還給我們在自己的土地上做主的權利！

（二）捍衛者之心

　　2022 年 9 月 10 日也就是臺北高等行政法院宣判撤銷知本光電案電業籌設許可隔日，拉罕與司祭靈媒帶領著部落傳統組織幹部，不卑不亢重新站上 Kanaluvan 這片土地上，拉罕與司祭靈媒依舊虔敬地向祖靈告知已慢慢尋回在我們土地上自主的權力！而我，也在心裡祝禱與沉思著……，回顧這廿年來，無論站在部落傳統組織的位階上如青年會長、中壯年團幹部、甚至代理拉罕，或是現行體制位置如協會總幹事、理事長、甚至市民代表、縣議員，我一路陪伴著部落去感念祖靈的交代，去感受這土地的給予，我的部落很努力地把失去的土地主權、文化主權一步一步找回來，盡最大的努力去守護部落的主體意識、傳統文化的核心價值！

　　未來，我們需要時間沈澱、整理、忘卻曾帶給部落的傷，但要謹記經驗，透過縝密的規劃在部落共識下制定符合部落文化主體的部落章程及部落成員辦法，進而制訂部落傳統領域使用辦法以維護部落主權，這真的需要部落一起「面對、承擔」，重新從自己的土地出發～這是我的感受與期待，更是祖靈給卡大地布試煉。我深信「捍衛者之心」這個信念，將永遠存在我們卡大地布所有人的心中。

　　卡大地布，一起，繼續……

參考資料

山道明、安東原著，陳文德主編，林文玲、陳瀅如譯

　　2009《知本卑南族的出草儀式：一個文獻》。臺北：中央研究
　　　　院民族學研究所。

林金德

　　2016《心知地名：卡大地布文史紀錄》。臺東：臺東縣原住民
　　　　主體文化發展協會、臺東縣卡大地布文化發展協會。

陳賢義

　　2008〈獵祭遭＂驅＂辱卑南轟森警〉《自由時報》。https://
　　　　news.ltn.com.tw/news/society/paper/180211。

【卡地布部落獵人行動 0122】新聞稿

　　2008/01/22。臺東：卡地布部落會議。

司法院

　　2021〈臺北高等行政法院 109 年度訴字第 1509 號原告卡大地
　　　　布部落等與被告經濟部間電業法事件新聞稿〉。https://
　　　　www.judicial.gov.tw/tw/cp-1888-711789-f83b8-1.html。

臺東縣政府財經處工商科

　　2021〈有關知本光電計畫臺東縣政府依約終止與簽約廠商之契
　　　　約關係聲明〉。https://www.taitung.gov.tw/News_Content.
　　　　aspx?n=13370&s=107076。

拒絕在自己的土地上不受尊重：

從反遷葬到追思文化園區看卡大地布的抗爭行動

林頌恩[1]

摘要

　　Katratripulr（卡大地布部落），位於臺東市大知本地區，自 1992 年參與了國家劇院的原住民樂舞演出歷程而讓青年受到刺激，開始向長輩請益而朝向文化復振、重新確認會所階級制度以來，以青年男性為主的青年會形成部落非常重要的組織，承繼了部落原有的 palakuwan（巴拉冠）會所功能，也是部落的動能所在，聽命於三大家族 rahan（司祭長／部落領袖）的領導。

　　該部落自 2010 年起遭逢一起重大抗爭事件，就是位於傳統領域的部落公墓遭公部門欲遷葬，激起了老少族人捍衛祖先長眠之地的決心。部落從 1992 年起進行文化復振以來曾接受或關心巴拉冠訓練的族人，以 rahan（司祭長／部落領袖）為首，用堅強的意志與各具創意的方式，不屈不撓面

1　本文作者為國立臺灣史前文化博物館展示教育組副研究員，國立東華大學族群關係與文化學系博士候選人。

對公部門依法行政的纏人與壓迫。pulingaw（女祭師）、婦女、小孩、青少年及青少女也都全心支持，部落對外形成一致的態度反對到底。最終迎來沒有贏但也沒有輸的底線，該公墓用地於 2016 年 7 月 24 日動工改建為「卡大地布先祖追思文化園區」，得於 2018 年 3 月 26 日將原先遷走的部分先人骨灰再度迎回安葬，成為族人可以聚集在此辦理追思祭祀儀式的空間。

　　本文嘗試透過卡大地布的例子，從相關報導、作者現場參與觀察及訪談部落中生代主要意見領袖，來看待當代部落於面對不當公權力欲取其土地之壓迫時，部落族人如何從其所屬一分子的角度，對內凝聚、對外發聲；同時也提供理解原住民社會運動如何以部落群體為組織動員或個體發聲及遭逢的困境，作為公共事務參與的面向參考。

關鍵字：卑南族 Katratripulr 卡大地布（Katripulr 卡地布）／
　　　　知本部落、palakuwan 巴拉冠（會所）、悍衛祖靈、
　　　　反遷葬（拒絕遷葬）、原住民族運動

一、 前言：
當信仰遇上政府支持開發案

　　Katratripulr（卡大地布部落，以下直接以族人慣用的表音漢字「卡大地布」稱之）位於臺東大知本地區，[2] 卑南族十部落之一，自 2010 年至 2018 年間遭逢一起重大的反遷葬抗爭事件，可以用「拒絕在自己的土地上不受尊重」來形容。而國際間與抗議原住民祖先長眠地遭到不當開發的著名案例則有 1990 年的「奧卡危機」（Oka crisis），為加拿大原住民 Mohawk 族傳統領域 Kanehsatake 部落祖先墓地遭到開發而爆發的抗爭事件。起因於官方堅持在奧卡鎮（Oka）的族人長眠之地開發高爾夫球場，導致族人極為不滿、產生武裝衝突死傷甚至是封路癱瘓交通，甚至引起美國、加拿大各地都有各族原住民族人加入聲援。

　　奧卡危機成為 20 世紀末加國官方與第一民族之間的最大衝突，「這反映了官方若漠視原住民為保衛其祖靈信仰而一意孤行，將產生連自身也無法善後的下場。」（林頌恩 2012）。此一集體力量導致開發案終止，也使得當時總理 Brian Mulroney 在抗爭協議後有如下反思，認為未來政府面對原住民所關注事務須有此意識並須全體國民攜手（加拿大真相與和解委員會 2020：7-8）：

　　政府措施回應原住民族的要求，並分為四部分：解決土地權索討、改善保留區的經濟與社會情況、重新定義原住

2　Katratripulr／卡大地布的部落名稱，係 2013 年 12 月 6 日族人經部落會議決定，將原先 Katripulr／卡地布的部落名稱更改而來（張宇欣2015：89），也就是一般人較為理解的知本部落。

民族與政府關係、處理原住民族對當代加拿大生活的顧慮。諮詢原住民族、尊重政府的委託責任，於此過程中皆不可或缺。聯邦政府決心以尊嚴、信任與尊重為基礎，為原住民與非原住民加拿大人締造新關係。

　　奧卡危機之後促使加拿大成立了皇家原住民族委員會來開展日後的和解願景工程，此一案例至少有三點重要啟示，一為：當與原住民信仰有關價值與核心理念受到外界壓迫時，特別是祖先長眠之處的土地未來要做何種運用時，如果原住民子孫沒有感受到外來者秉持相互尊重且具溝通信任的基礎、沒有得到雙方皆有共識的諮詢結果時，則後人對於無論是財團或官方任何片面決定都不會輕易退讓；二為：如果執政體系要創造行政區域境內不同群體間能有良好的未來與關係時，則政府須先秉持尊嚴、信任與尊重之基礎來行事，否則要締造原住民與非原住民之共同體新關係將屬無稽之談；三為：在原住民認為與自己群體具有密切關連之土地上，政府不能單就地目、法條等可在自身權責處理範圍內自行解釋或解套而恣意任為，否則將產生更大的衝突。

　　從國外 Kanehsatake 部落的例子，可以清楚看到，原住民對於祖先長眠處受到嚴重干擾不只是關乎土地問題，也關乎信仰核心價值的守護問題、關乎該族後人是否認為仍與先人具緊密連結而決定將採取何種行動的問題。當信仰遇上政府支持未獲諮詢共識的開發案，卡大地布的反應也與 Kanehsatake 部落一樣，面對主權遭侵害時不願任由宰割而展開一連串行動，抗爭的過程與告一階段的成果也成為國內與原住民族爭取主權有關的重要參考案例。

二、 不怕勇敢，面對失落與復振

在卡大地布部落流行一句慣用語「不怕勇敢」，此話源於在地三大家族之一的 Pakaruku（表音漢字為「巴嘎魯固」）家族前任 rahan（司祭長／部落領袖）高明宗。他經常這般勉勵接受 palakuwan（成年男子會所／青年會所，以下直接以族人慣用的表音漢字「巴拉冠」代稱）教育的年輕人：「你們要『不怕勇敢』。」

在高明宗 rahan 喪禮上，故人略歷對於「不怕勇敢」的解釋如下：「你要比勇敢還要勇敢，否則你會被勇敢擊敗。」[3] 這句話根據族人的說法可解釋為，接受巴拉冠教育的人甚麼都不（要）怕、（要）很勇敢面對任何事情。有族人認為，比起「要勇敢」的一般說法，「不怕勇敢」可說是更高一級的形容，因為如果連「勇敢」都不害怕了、或者是「連『勇敢』都要怕你們（指族人）了」，那麼就真的沒有甚麼好害怕了。

卡大地布「不怕勇敢」的源頭其來有自，最早源於強盛的部落會所制度，以訓練青年戰士保衛家園而聞名。當部落定居 Kazekalran（位於知本青林山區）時期，達古範（trakuvan／少年會所，部落於表音漢字習慣寫為達古範）與巴拉冠制度皆奠基於此一時期，軍事化的嚴謹訓練，使得該部落成為南迴海岸至花東縱谷南端雄霸一時的盟主（林金德 2016：122）。這段歷史與認同，今日依舊鮮明地銘刻在卡大地布人的意識裡而引以為榮，並不時提起過去 Kazekalran 的豐功偉業，作為自省與勉勵。

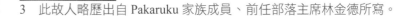

3　此故人略歷出自 Pakaruku 家族成員、前任部落主席林金德所寫。

　　除了成年男子的驍勇善戰之外，文獻記載也反映了卡大地布先人婦女與小孩的勇敢行為。1647 年 3 月 15 日，荷蘭人與卑南社聯合攻擊當時位於 Kazekalran 的知本社，在取得的 20 顆頭顱中，其中 9 顆為婦女、5 顆為少年，荷蘭人認為婦女遭殺害是咎由自取，原因在於「因為她們已經多次做了可惡的事情，尤其是最後一次，她們為了她們丈夫的緣故殺死我們三個士兵……」（江樹生譯註 2002：60），後代族人推測應該是趁著壯丁不在的時間偷襲，所以才會在聚落僅有老幼婦孺的情況下，沒有遇到所謂強烈的抵抗（林金德 2016：101）。這種寧可戰死也不願屈服的團結力，儘管幾百年過去，或多或少也顯現了該部落族人的性格與行事。

　　此外就是馘首文化的源流。不管是重視為使土地肥沃、小米豐收的祭祀行為，或是往昔男性表現勇氣與膽量而能得到女性的肯定，或是以戰力向侵犯者宣示主權等等而形成的出草動機與脈絡（山道明、安東原著，陳文德主編，林文玲、陳瀅如譯 2009：27-33），在今日主要以儀式型態表現在 mangayaw 的實踐上。[4] 轉換在 mangayaw 儀式上的象徵行為，是在 mangayaw 結束後返回部落之前，青年會會長以長刀將 rahan 用芒草編擬成象徵人頭的芒草束砍下，表示成功獵得敵首（林金德 2016：93）。此儀式的進行，也具有強調族人不怕勇敢、保護家園領域的信念。

4　mangayaw，現慣稱「大獵祭」，但卡大地布亦有族人使用「獵敵首祭」、「大獵（首）祭」（呂宏文 2016：63、66）等說法，或認為大獵祭是整個出草祭其中一環（林金德 2016），以強調本源在於巡視領域的獵首行動，狩獵只是附加性質及因應當今不出草脈絡的轉換；而在 Uki Bauki 拍攝製導講述卡大地布會所訓練的紀錄片《巴拉冠誓約》，則將 mangayaw 依其巡視傳統領域、實行保護部落的實質意義翻譯成「戰祭」。

　　不過，卡大地布在時代洪流與環境變化下，歷經日本與國民政府統治百年嚴重面臨文化上的失落（鄭丞志 2006）。[5]所謂文化的失落，主要便是指部落失去自己數百年來面對外在環境與勢力變化於自我調節與應對的能力，源於以下多重原因產生的現象。由於卡大地布鄰近知本溫泉，在日本時代將該區域劃入普通行政區域而使得早年移入做生意定居者不少，之後北上外出工作者亦多，造成部落所在地社區人群結構的組成變化，多少會影響族人之間對於部落事務的參與；此外與外族通婚者亦不少，甚至是往昔由男性婚入女方由女方掌家繼承家業的結構轉變為男方取得女方家產、子女從父姓的文化養成而使得原先社會型態產生變化；會所制度也因為教育功能由學校取代、戒嚴期間國民政府禁止多人聚會、原先會所用地遭到農會佔用而失去空間（林金德 2016：74-75），加上不再有人加入會所階層造成斷層等因素而式微；以小米為主要種植作物的歲時祭儀隨著稻米成為主食而導致祭儀式微，強調保衛部落的 mangayaw 雖因馘首習俗不再而未實踐，但並沒有跟著轉化為當代意涵而不復舉行，至於強調展現會所男子訓練的 kavarasa'an 小米收穫祭則只剩下青年男女以豐年祭思維進行跳舞。特別是大環境造成土地所有權產生變化、「山地平地化」的政策方向造成母語及文化流失、原住民的自我認同流於汙名化，可以說在民國 50-70 年代之間，當時普遍不利於族群意識與文化傳承發展，尤其對於卡大地布而言更是有著嚴重的文化失落。

5　根據林金德（2016：74-75）所指出，可以見得卡大地布在日本統治時代與戰敗後，集會所仍維持護衛部落及公共事務的運作，因而文化傳承的主體性仍有，只是隨著時代而有所因應調節，變化的程度尚能在部落承受的範圍。但隨著中華民國政府來台後強加許多禁止的制度與做法，加上外在社會的變化劇烈，使得會所制度式微。

直到原住民族運動的影響開展，特別是當部落青年參與
1992 年國家劇院演出時，過程中看到其他卑南族部落對於自己
部落的文化所保有的內涵與實踐，而受到重大刺激，年輕人開
始請教長輩該如何邁向文化復振的實踐之道（鄭丞志 2006、
林金德 2016：53）。卡大地布也在逐漸重新確立巴拉冠的制
度以來（林頌恩 2004），不只逐步尋找與重新建構當代祭儀
的實踐、也因為人群的凝聚力而關注部落公共事務發展，其強
大程度也一度讓卑南族其他部落引頸羨慕。

三、 捍衛與拒絕的知本主義

回首這段從失落到復振的歷程，可以做如下註解，便是因
為曾經失去太多，因而後來這個部落所努力重建並且試圖要尋
回的，便是族人想要極力守護、且不容許他人或外力再次將之
破壞的種種人事物，這當然也包括土地與主權。

根據此一信念與產生的力量及行動，近代最明顯表現在族
人為了爭取現在的巴拉冠文化園區用地的過程即可看出。族人
先是於 1995 年至南投市當時的臺灣省政府陳情，之後則因為
不願接受該地興建卑南族文物館的政策，拒絕該場地的權力與
自由遭到限縮、拒絕樣板官方館舍作為文化的表徵，而強調傳
承文化應落實於好不容易重建起來的會所制度，並確保該空間
由族人自由使用的完整性。因而族人強烈表達不願興建的意見
與訴求，最後導致該規劃案預算收回，族人憑己之力打造卡地
布文化園區，巴拉冠、達古範、三大家族祖靈屋皆在此園區，
後續形成部落在公共事務上重要運作的基地（林頌恩 2009）。

　　而在 2007 年年底 mangayaw 期間，發生了「獵人遭驅辱事件」。族人於祭儀期間上山狩獵巡守祖先去過的地方，卻遭森林警察追捕搜身與不當驅離，不僅神聖祭儀被干擾，部落亦深感群體權利與文化權不受尊重。曾任青年會會長的中青輩族人陳政宗認為，獵人當時按照規定去申請狩獵許可，結果獵人受到侮辱：「按照你們的遊戲規則卻要被你們干擾，文化的價值就被破壞掉了」（2021/08/25）。此事件後來持續發酵，發展成「獵人行動」[6]，不只尋求卑南族十部落的支持，也有排灣族盟友如 Lalauran（拉勞蘭部落）、Kalaluran（卡拉魯然部落）的力量於 2008 年 1 月 22 日至臺東縣政府抗議，後來也與在地關心原住民權利議題的盟友形成東部族群聯盟串聯發聲。陳政宗認為，公權力的態度讓部落感受到「自然主權被輕忽，而且是草率的……（文化復振）這廿年來的努力一直是不被重視的。」（2021/08/25）顯現族人深感若就此忍耐或默認接受，則努力過一個世代廿年的艱辛幾乎遭全盤否定而無意義，且將來也可能會有其他部落的族人遭到同樣不受尊重的對待，因而不願坐以待斃。

　　由於 2008 年 2 月同時也有司馬庫斯風倒櫸木二審判決有罪、溪州與三鶯都市部落遭強遷以及獵人事件等原住民權益遭剝奪等層出不窮的問題，透過 2008 年「228 部落烽火狼煙串聯行動」的奔走加溫，最後在總統大選前兩周於 3 月 8 日迅速召集全國各地族人、戰友以「為尊嚴而走 為尊嚴怒吼」為訴求在當時的中正紀念堂（今自由廣場）爆發，並進入總統府表達原

6　有關「獵人行動」衍伸的後續運動與影響及串聯，包括後來同為卑南族的部落 Papulu（巴布麓／寶桑）同樣也在 2016 年年底的 mangayaw 祭儀期間，遭到警方干擾移送法辦帶出的抗議行動，都有許多探討國家執法與原住民自然主權的議題及後續發酵，在此就不以短短篇幅註解說明。

住民要維護尊嚴與主權的立場（阮俊達 2015：1-2、呂宏文 2016：58-65）。對於此一行動，曾任青年會會長的中壯輩族人高明智提出他早期於擔任會長期間所思考的體會：「發現原住民的存在是要別人同意的，是被別人蹂躪的，於是決定恢復男人該做的事情、女人該做的事情、部族該做的事情，『如果不夠憤怒，表示你已經屈服了！』」（汪明輝、邱凱莉 2015：47）這也指出部落對此事所鳴發的憤怒之聲，由此延燒而出的串連行動，強調原住民所重視以其方式存在的尊嚴要被國家正視，當年「三〇八」這場抗爭遊行，不僅成為全國注目的重要原運事件與經驗，也操練了卡大地布面對公部門絕不退縮的意志。

正因為價值重建與尋回的不易，基本上，卡大地布族人對於多數會觸及其底線、危及其存在的事務相對敏感，若遇不符合部落信念、價值、利益之事欲強加於部落之上時，經族人商討決定該如何對內凝聚共識、對外表態立場後，就會形成一致的口徑。而這類對於外界的回應，基本上可以使用「捍衛與拒絕」此一說法做為參照，來形容族人行動的一體兩面：要捍衛的是自己堅守的信念與相信的價值，要拒絕的則是部落不該被不當與不公義對待。

四、 祖先遭遷葬，是心被掏空的痛

「悍衛祖靈‧拒絕遷葬」運動源於族人反對臺東市公所為配合觀光發展更改地目，於 2010 年 9 月以一紙公文命令要第六公墓（知本）與第十公墓（加路蘭）限期遷葬的做法。陳玉苹（2012a）以「再次的殖民暴力」為聯想，來形容臺東

市公所以漢人觀念強制卡大地布族人要面對遷葬帶來心靈失根的問題，與日本政府當初以室內葬不衛生為理由，硬要族人割離與祖先死生都在同一屋簷下的習慣，一樣都是殖民暴力。

　　不管是要居民以二次撿骨方式將先人遺骸改葬至靈骨塔處理，或是市公所要將地下三公尺認定為「無主墳」的部分招標清除乾淨，這樣的認定與處理看法，很明顯是以漢人的殯葬習慣而非考量原住民的喪葬習俗與祖靈信仰來看待，再重合了行政命令的公權力優位勢力來強迫施行。陳玉苹（2012b）指出：「遷葬，幾乎等同是讓他們在宇宙觀層次上的流離失所，也就是強迫他們從認為『祖靈經常在身邊』的信仰，變成一個無神論者。」這對於緊緊抓住祖靈信仰進行文化傳承的卡大地布而言，是一大斲傷。

　　第六公墓位於台九線的卡大地布部落上方，從這裡可以俯瞰整個臺東平原。卡大地布的傳統地名稱呼這裡為 Tarna'uwan，意思就是「瞭望」，源於部落在 Kazekalran 山區時期，為監視整個平原以免敵人入侵，所以在此設置瞭望台而來。當日本政府強迫族人改變喪葬習俗時，族人選擇此處，用意在於「祖靈可由高處瞭望子孫生活動態，才能時時庇護，以及保留『生死與共、親情相連』的室內葬文化精神」（林金德 2016：98）。可見當地是卡大地布祖先自日本時期以來的長眠之地，累積了多少先人遺骸，不管能否辨識屬於哪一家族是否仍有後人祭祀而被市公所視為無主墳，然而對族人來說，只要是自己先人，同樣都是卡大地布的祖靈。[7]

7　當然，此一公墓不僅只有卡大地布與 Kasavakan 射馬干（建和部落）兩個在祖先源頭共為親弟弟與親姊姊關係的原住民先人葬於此地，這裡同時也是大知本公墓區，漢人進入此地定居後逝者也葬於此處。

在當地族人最早室內葬的想法裡，當一個家屋地下葬滿之後，只有生者離開重建新屋、留給亡者寧靜之處的做法，並沒有生者反過來打擾亡者的作法，儘管現在土地使用並無法如以往般家屋底下葬滿後轉往他處另外取得聚落居住用地，但對於當地族人而言，仍舊會認為遷葬即視同打擾亡靈，是非常不可行的作為，更何況這裡是族人的傳統領域。

事實上，漢人的傳統民間信仰與行事，並不完全與當地原住民習俗相隔閡，就如同天主教信仰在部落落地生根一般，也會產生結合或轉化的情形。時任卡地布文化發展協會的總幹事陳政宗形容往年在 Tarna'uwan 掃墓的情形，就像輪流跑家族聚餐般熱鬧溫馨：「以前有點像是漢人的過年在我們的墳墓進行，你了解我的感覺嗎？哇～～ 全部的族人都回來了，我可以到處去跑攤，跑死人攤耶，那麼快樂地可以跟祖先在一起。」（陳政宗 2016/11/18）他表示，在清明節時刻，漢人掃墓跟族人與祖靈相聚的信仰極度融合，不只是與地上親友開心問候話家常，也是與地下祖靈相聚在一起、快樂感受與祖靈同在的時刻。然而自從遷葬的公文命令下來之後，這一切都悄悄改變了。

當許多族人跟陳政宗一樣，突然發現自家祖墳被噴漆寫上三個數字的編號，卻完全不知道是怎麼一回事時，事實上已顯示市公所在遷葬告知的程序上有問題，也就是僅有公告，卻沒有尋求更完善做到事先溝通或徵詢族人意見後再行決定。而在公告之後，公部門又以殯葬管理條例等宣稱遷葬案依法有據，面對這種情形，使得不知道該怎麼對應、不知道該找哪個部門表達意見的族人，能拿出來的依據只有上位卻無子法的原住民族基本法，可說處在下風，讓族人感到相當憤怒與氣餒。儘管以法律位階而言，原基法高於殯葬管理條例，市公所的遷葬案

不符法制（張宇欣 2015：108-109）。然而對族人而言，落在
法規裡面打轉並不利於族人，一句：「法都是他們的啊！」（陳政宗
2016/11/18）說明了這類不利於部落主權解釋的法規，讓族人
難以就法律上展開能跟公部門對話的切入點。

　　陳政宗以「被掏空了」的感覺，來說明一開始的痛：「我們感
覺到祖靈不要理我們了啊。」（陳政宗 2016/11/18）事實上這
是相對的感覺，因為當時祖靈也透過不給予任何訊息、給予任
何訊息來表示，子孫為什麼要拋棄祂們、要祂們離開長眠之地。
所謂不給予任何訊息，是指族人在祭祀的時候（特別是 2011 年
4 月在祖先發祥地的祭祖儀式、7 月 kavarasa'an 小米收穫祭的
祭祀），明顯感受不到祖先的訊息以及與子孫的同在。由於
rahan 也因此無法像以往般順利交代祭祀之後各種該進行的事務，
這讓族人陷入一種捫心自問的情境，若無祖靈同在，則部落祭
典難道就只是為執行而執行嗎，如此一來就不是信仰與儀式了。
而所謂給予任何訊息，則是指在部落還沒決定該如何跟公部門
對談時，那段期間陸續出現族人以並非壽終正寢的方式辭世的
情形，因此多少有人會認為這跟遷葬打擾先人有關係（陳玉苹
2013：18），也就是族人認為在其信仰內已有警示系統告知發
生問題，因此當時整個部落瀰漫著不安、不祥、慌亂與無依靠的
氛圍。

　　而更加深族人感受到祖靈拒絕遷離此地的原因，則是在
2011 年 11 月時當 pulingaw（女祭師）到第 6 公墓祭祀，詢問
祖靈是否願意遷出時，當時主祭的 pulingaw 突然倒地不起，
事後經過族人詢問，pulingaw 表示那是祖靈「不願遷離」
的表示。後來部落其他幾位 pulingaw 去詢問也都得出同樣
的結果，自此也加深了族人「悍衛祖靈、拒絕遷葬」的決心。

其中也有不少族人再三評估後，只好選擇接受將祖先遺骸遷至第三公墓納骨塔，其中原因諸如擔憂無法真正與公權力行事抗衡而難以料想未來結局，或是越晚遷移便會錯過補助作業時間而增加負擔塔位的費用等；至於尚未遷移的族人或採且戰且走的態度觀望，或是四處奔走展現沒有商量餘地的態度準備對抗，也就是部落內部同時有著不同聲音與因應做法發酵著。一直等到三大家族 rahan 以及熱切在意此事的族人選擇直接扣緊祖靈信仰作為核心，來凝聚做出不同決定的族人，至此才是主戰場的尋回，也確認了抗爭行動所要爭取眾人理解的價值。

五、 為了和祢永不分開，所以抗爭到底

就因為體會曾經失去的痛，以及不願意再次承受全盤失去的苦，卡大地布族人在 2011 年 3 月份首次至臺東市公所抗議未獲積極回應後，內部開始有更多磨合與思考，決定將戰況與能見度拉高。這樣的醞釀也逐漸轉化成長期抗戰的思維，後來便表現在族人各方面的行動上。

面對公部門的高姿態，卡大地布在沒有任何資源下，能憑藉的只有部落族人的團結、跨族群與部落盟友的聲援支持。陳政宗表示，公部門無法理解他們族人的痛：「既然你不懂，我們就擋到你懂。」（陳政宗 2016/11/18）這裡所謂的「擋」，可以解釋為部落展開了各種就算微弱、但絕不怯懦的抗爭方式，來表達不願莫名其妙承受公部門行政命令的決心。

首先是 2012 年 3 月 15-16 日，部落青年開始在第六公墓搭建瞭望台，宣示要用實際行動在該處埋鍋造飯以守望祖靈地，

以防市公所有任何突如其來的動作要動工，後來並在當地掛起
「靈魂加油站」的木牌，也陸續在道路兩旁掛上相關的抗議標
語布條。

　　而擔任知本國小原住民舞蹈隊的指導老師 Salreng 高雅玫，
也在「100 學年度全國舞蹈比賽」以「家・枷」為舞碼主題，
把族人抗爭過程的痛苦與不捨透過舞劇傳達出來。當時舞台
上出現「為發展觀光　限期遷葬」的公告，穿著白衣黑褲的官
方代表與穿著傳統服裝的族人群體形成來回進退的拉鋸畫面，
旁白則提到當時縈繞在族人內心有很多擔憂，例如有人擔心
遷葬政策不可能改變，所以在遷葬登記期限快到時就先主動
遷走；或是擔憂如果太慢遷走，在納骨塔位置的選擇上會得
到不佳的位置，或是擔憂補助即將截止等因素而選擇先遷走。
不過還是有很多族人堅持要繼續守護。編舞老師 Salreng 高雅玫
接受訪問時提到，為什麼他們這一代之所以下定決心要站出
來捍衛的原因：「我很怕他們這一代以後會變成，要看圖片
說故事，因為沒有留給他們……，所以這一次才要抗爭到底。
不管結果如何，至少我們有去做。」如果現在沒有作為而讓
下一代成為沒有根的原住民，那麼卡大地布過去所努力要守
護與實踐的傳統信仰與信念也將隨之消無。

　　因而舞劇最終這一幕，「族人難抗公權力，無奈仆倒在地
哭泣，象徵官員的舞者蠻橫地用榔頭將墓碑敲碎，台下的族人
也跟著淚流滿面。」（翁聿煌 2012）不管是在臺東的初賽或
是臺北的決賽，每次演出至這一幕時，台上學生及台下家長都
哭成一團。尤其是劇終，一位代表小孫子的女孩牽著 mumu（祖母）
的手對著遠方說出這句話：「阿祖，你們不要怕，我們很快
就會接你們回了～」更讓人希望看到一個能同樣發生在現實的

好結果，有朝一日能將祖先骨灰迎接回來。因而演出不只是演出，也是每次凝聚族人意志與氣勢的再深化，同時也是族人藉由不同媒介持續傳達其反對公部門粗暴行事的心志。時為部落協會的理事長陳明仁即呼籲政府：「尊重原住民的文化習俗，即使要改建公園，也可以妥協成為有原民特色的公園，不要造成衝突和民怨。」（翁聿煌 2012）

接著是「知本 - 卡地布部落 - 悍衛祖靈 拒絕遷葬 -」臉書粉絲專頁於 2012 年 9 月 6 日成立。這與 8 月 29 日再公告二次招標有廠商得標承攬，促使部落更加進入備戰警戒狀態也有密切關聯。至於為何是使用心字旁的「悍」而非提手旁的「捍」，族人強調是要用心去捍衛而來。

當時臉書尚不受演算法限制，因此臉書粉專對於各式社運而言是非常好的動員與集結管道，特別是對於地處各式媒體邊陲的臺東來說，透過臉書訊息以自媒體方式以主體性自我表述來集結各式資訊、影片、新聞、聲明稿等分享，是創造與凝聚社群關注極佳的方式。因而之後緊接而來的影像拍攝與影片發布，都相當依賴此一代表部落對外宣傳發聲的管道去擴散，除了悍衛祖靈小組與粉專管理群持續貼出族人的心聲，也有賴部落青年攝影師們不斷提供令人有感的質佳畫面引人關注。

至於觀摩學習其他相同性質粉專對於公共議題訴求的作法，互相轉貼產生盟友支持的漣漪效果，也是當時其中一種操作方式。例如反對東海岸不當開發的團體於「東海岸事件簿」、「不要告別東海岸」等發起「絕對不住美麗灣」的拍照上傳活動，也形成一種邀請疾呼關注的方式。因此反遷葬粉專後續也在 2013 年 6 月起發出邀請全民持標語「支持卡地布悍衛祖靈 拒絕遷葬 *anytime, anywhere*」的拍照上傳活動，

企圖引發更多關注。

　　粉專成立後兩天也就是 2012 年 9 月 8 日，族人趁著臺東縣政府辦理南島文化節的開幕式時，手持白布條如「祖靈憤怒 血染戰刀」、「捍衛祖靈地」、「假觀光 真滅族」、「卡地布反遷葬」、「沒有文化沒有部落」等，直接以觀眾身分進入會場，然後趁機衝上台快閃吶喊「拒絕遷葬！捍衛祖靈」（謝莉慧 2012）。當時不只部落的男人，婦女小孩也都無畏抗議，卡大地布將之定調為「宣戰」[8]。族人認為要他們不顧祖靈信仰，文化就會消失，因而遷葬行為自然是滅族政策（陳政宗 2012）。此舉自然震驚了現場的國際表演團隊，單看當時以卡地布青年會為名所發出的聲明即可得知，這對於長期以來想藉由辦理南島文化節來宣稱臺東是南島原民之鄉的地方政府，可說是重賞了一巴掌（謝莉慧 2012）：

> 在台灣原住民族裡，「祖靈」是唯一的傳統信仰，也是千年來台灣各族群可以一直在這塊土地延續下去的根本，如果，根都被挖走了，拿甚麼來談「傳統與文化」？台東縣府每年編列預算辦理「南島文化藝術節」，強調的正是南太平洋語系的原住民族傳統文化，如今要斬斷部落的根，還要拿原住民族的傳統作秀，卡地布部落全體族人與祖靈已不能再容忍這傲慢無禮的態度，決定為部落祖靈與尊嚴奮戰到底。

---

8 由部落青年攝影師上傳之影片 https://www.youtube.com/watch?v=faZy0qHz8vc，標題即寫著「卡地布開戰時刻」，因此在成立粉專兩日後以「宣告開戰」可以看出部落此時所具有對外公開的行動態度。也有少女提到，去年講述霧社事件的電影《賽德克 · 巴萊》播映時，看到少年為了部落無所畏懼的態度，讓她們也在這次抗議感受到同樣的態度。

　　族人認為有根才有果，如果不捍衛祖靈長眠地則等同於放棄祖靈信仰，如何能有子孫。因而在 2012 這一年秋天，連著 9 月 21 日與 10 月 12 日，卡大地布更是聯合不同部落族人且串連更多關心主權與土地正義議題的單位與民眾，至臺東市政府與臺東縣政府陳抗。不只是因為當時市公所行文縣府表示已取得部落長老團協議，而引起族人認為公所未能提出證明有涉嫌偽造文書而大感不滿。至於加劇陳抗力度的導火線則是源於 9 月 20 日上午，施工承包廠商在 Tarna'uwan 第六公墓進行動土祭拜儀式，族人前往了解時與員警間呈現緊張氣氛，就在分局長突然爆出一句「我動你是應該的」這句話影響之下，產生推擠與衝突事件，這也讓族人即使未獲街頭遊行申請許可也堅持照原定計畫於 21 日上街提出訴求。

　　該次辦理以「誓死悍衛祖靈、拒絕遷葬」為名的記者會，也在加路蘭、都蘭、莿桐、射馬干等不同部落參與聲援下，現場約有 300 多人，強烈表達未達共識前全面停工的訴求。當時僅獲得市公所代表簽字同意暫緩施工但並沒有縣府連帶立即停工的簽字（樓乃潔 2012），而在沒有白紙黑字保證停工下，族人仍舊無法感到安心。

　　後續於 10 月 12 日這場抗爭，更是在三大家族之首的 Mavaliw（瑪法琉）家族 rahan 林文祥的帶領與宣示下，比照 mangayaw 結束後返回部落前所做的儀式，rahan 親自於市公所廣場砍下茅草束象徵出草行為，以表示族人將公部門侵犯部落主權的行為視為要保護部落免受侵害的行動。過程中族人對著公部門建築丟擲雞蛋、廣告顏料以表達強烈不滿，後來地方檢察官以妨害公務為由提起公訴，被告族人認為「遭起訴雖感不公，但捍衛祖靈的堅持不變」（盧太城 2013）。然而為部落拼命

卻招來日後要面臨官司的問題，此事也在部落引起不小震盪，特別是一些家長會擔憂子女前途發展而告誡跟著青年會行動時務必要小心。而族人基於捍衛祖靈的決心，決定透過法律程序對市公所、縣政府提告，於 2013 年 5 月 3 日起第一次開庭，開始了更漫長的訴訟歷程。

六、 為了和祢永不分開，繼續抗爭到底

　　抗爭過程中，族人在任何能夠表達想法的場合上，想盡一切辦法將此一理念透過各種方式表達出來。在 2012 年、2013 年的 kavarasa'an 小米收穫祭可說充滿濃厚的抗爭氣息，青年、青少年也都綁上抗議的白布條或頭上綁著寫有「拒絕遷葬」的黃毛巾跳著 putengalr 精神舞遊街，巴拉冠文化園區也可以看到掛有寫著抗議口號的白布條。kavarasa'an 期間固定會販售的設計 T 恤，則結合了「悍衛祖靈」的字樣，連同可說是東海岸常見的抗議毛巾設計，做為周邊商品販售與表達理念。2013 年 kavarasa'an 的音樂會甚至便以捍衛祖靈為訴求，各組來自不同部落的歌手也都在台上表達對於捍衛祖靈的支持。當台上歌手如同搖滾巨星般喊出的口號是「拒絕遷葬」同時也讓台下族人如歌迷般嘶喊呼應，這一幕委實是相當弔詭的畫面，看似歡樂實則憤怒、看似振奮卻更哀痛。

　　不過令人不禁氣餒的是，抗爭的新聞就算有媒體關注，基本上頂多停留在地方版新聞與原住民族電視台，對於不認識原住民或對原住民族運動所為何來的更廣大民眾而言，多屬無感或所知不多。但是就在 2013 年 7 月 6 日的第 24 屆流行音樂金曲獎頒獎典禮現場上，部落抗爭的發聲瞬間在全國影像上流動。

出身卡大地布的青年桑布伊（Sangpuy ／盧皆興）以同名專輯《dalan》（路）獲得最佳原住民語歌手獎上台的機會，於臺上致謝詞時傳遞出卡地布族人抗爭的訊息，讓全國更多人知道了這個部落抗爭到底的決心。

　　桑布伊致詞時數度提到感謝祖靈、感謝不斷勇敢發出聲音的卡地布族人：「在這幾年，我的部落臺東知本卡地布部落，因為地方的政府要掠奪我祖靈之地，非常的難過，我們抗爭了很多次，沒有關係。卡地布部落的人，是最勇敢的，卡地布部落的人是最團結的，我們會用我們的行為來證明我們的堅定。」（2013 *Golden Melody* 2013/07/06）。當時他不只把自己部落面對的土地議題標舉出來，也邀請其他入圍的原住民歌手連帶以標語小牌提出「拆美麗灣」、「反核反核廢料」、「守衛東海岸」、「拒絕不當開發」等議題一同上台，所要傳達的都是原住民在自己土地生存上面對主權遭侵害的議題。

　　桑布伊在台上持續發聲，直到被大會提示鈴聲不斷提醒才停止：「老人告訴我，原住民存在的價值就是跟這個萬物、跟這個大地存在，所以我們存在的價值現在就是要捍衛土地、捍衛海洋、捍衛水資源、捍衛山林、捍衛空氣。原住民加油！」（2013 *Golden Melody* 2013/07/06）曾任青年會會長的桑布伊不放棄短短幾分鐘的機會，透過金曲獎得獎掌握話語權得以向全國發送信念的契機，表達抗議到底的理念。即使在得獎後接受訪問時，他還是繼續將「地方政府掠奪我祖靈之地」此一訊息帶出，希望獲得尊重與尊嚴：「希望地方政府可以聽到我們族群的聲音，我們在那塊土地生存了百年已經甚至超過千年了，我們要的只是互相的尊重、互相的告知、互相的怎麼去合作。」（*eTV* 行動傳媒 2013/07/06）桑布伊的話語

激起不少漣漪，也讓社會大眾看到金曲獎之外，真實發生在部落的事情是如何不受尊重。

　　從這裡可以看出，部落的師生、歌手、設計師、攝影師、導演等各行各業族人友人，從少到老都竭力盡他們所能掌握的管道來為部落發聲。捍衛祖靈此一信念在卡大地布成了全民運動。對卡大地布族人而言，即使對內有著接受公部門條件而辦理遷葬的族人而有不同聲音與看法，但是至少在對外的時候，這些不同聲音的族人也不會反對那些站出來拒絕遷葬的族人，因而呈現出部落對外口徑一致的聲音。

七、 依然拒絕不被尊重之事件重演

　　「悍衛祖靈」的種種行動從 2010 年到 2014 年這五年間一直沒有停止，前述所提及的部分只是較為鮮明易為外界所辨識的場合。事實上，部落在歷經抗爭、提告公部門上法院、抗議族人被告而獲無罪，以及數度與中央及地方政府協調的過程以及法院判決的紀錄，都還有更多值得探討的內容（黃雅鴻、高明智 2016）。[9] 這一路最後在新市長繼任後，2014 年 4 月 3 號在族人、市公所、縣政府三方協調下，達成設置卡大地布追思文化園區的共識，這對卡大地布而言算是得到一個沒有贏但也沒有輸的結果。

9　有關行政訴訟、文化論戰等有關法律與部落就不同知識系統與理念認知間的衝撞、轉譯等更細緻的討論，詳見黃雅鴻與高明智 2016 年發表的文章，亦可搜尋兩人於地球公民基金會與財團法人小米穗原住民文化基金會所辦論壇的發表〈【環原台灣 #7】「我們的就是我們的」：卡大地布傳統領域主權之戰〉。（來源：*https://www.youtube.com/watch?v=AL3D6_OcEr0&t=16s.* 2017.9.17）。

　　2016年族人忙完kavarasa'an小米收穫祭後的7月23日上午，rahan、pulingaw 等祭司團人員與部落核心幹部、青年等再次來到 Tarna'uwan，對著未來即將要作為追思園區的方向施作部落的傳統動土儀式（陳賢義 2016a）。雖然這離族人想要取回傳統領域土地以自主做主的夢想還遠，但卡大地布族人將近六年來的抗爭與努力，似乎可以稍微告慰祖靈，子孫們已盡最大努力不讓祖靈離開此地。

　　不過，就在族人看似好不容易可以放下這幾年來與公部門周旋對抗的緊繃神經，而能稍微喘息的片刻，2016 年 11 月起又連續爆發了三起與卡大地布族人傳統領域攸關的公共工程建設事件，其中造成部落內部不同意見且嚴重不和的便是第三起稱為知本（溼地）光電（開發）案。

　　其一是臺東垃圾若要運至高雄代燒，代價是要運回焚化底渣掩埋，縣府擬將之埋在知本溫泉度假區填土使用（莊哲權 2016a）。儘管縣府環保局長表示，屆時將就掩埋一個月的結果做調查檢測，若有汙染將停止（張存薇 2016a），但這對族人而言完全是不顧當地生態與水質影響的話術，也對整個大臺東地區環境影響甚鉅。

　　其二是 11 月 16 日臺東縣政府在新知本橋下辦理了興建棒壘球場的動土儀式，以往縣府擬 BOT 開發當地做為知本綜合遊樂區，卡大地布族人稱之為 Pana 與 Kinguwagan 的地方，然而此事不僅沒有事先徵詢卡大地布族人的意見，縣立棒球場場長更表示開工之初已向臺東縣政府原民處徵詢過，被告知該地非屬卡大地布傳統領域因而辦理相關作業並展開動土儀式

（陳賢義 2016b）。然而此一說法對族人而言，完全不能接受，很明顯若原民處不知該處為其傳統領域可謂不具文化敏感度，更嚴重來說則是失職。[10]

　　其三光電案則是 11 月 21 日經臺東縣長公開表示，準備規劃部落附近當初於 1982 年預定做為「知本綜合遊樂區計畫」但後來閒置卅餘年的土地，要做為綠能發電的基地（莊哲權 2016b、張存薇2016b）。然而族人口中這片稱為Muveneng（姆芙嫩，即知本溼地）的區域（當初與縣府簽訂合約的廠商為捷地爾開發公司，因此該區一般多被簡稱為「捷地爾」），開發案一事爭議由來已久（林金德 2016：21）。早年政府行事並沒有考慮到卡大地布族人的感受，加上當時做此開發之想的年代仍處在戒嚴時期，族人也未能表達自己的意見。然而卅年之後，族人對於縣府此一構想除了同樣毫不知情以外，更產生了不平之感，認為儘管過去一個世代，但為何與自身部落相關之事卻仍由公部門隨意決定。

　　以上這三起重大事件，對於部落而言可謂一波未平、一波又起的考驗。連著三起事件，讓部落再次備感不受尊重的難堪，為何號稱要把臺東打造為南島原鄉企圖的公部門，每每面臨與在地族人及其傳統領域攸關的重大公共事務，都不肯先嘗試與部落溝通，且對原基法 21 條完全視若無睹。

　　對此，卡大地布族人幹部先是於 2016 年 11 月 20 日召開會議，特別是對生態環境有高度疑慮的底渣問題做出如下決議，以前部落是「捍衛祖靈，拒絕遷葬」，現在則要「捍衛領域，

10　儘管臺東縣政府原民處澄清已於 2016 年 5 月行文函知應依原基法與部落溝通開發行為，但對族人而言，決策過程仍舊過於粗糙，以至於有遭到先斬後奏的感受（陳賢義 2016c）。

拒絕毒害」。將在族人授權下成立「捍衛領域，守護主權」工作小組，以積極推動保衛固有土地各項事務，目標是要求公部門未來在面對傳統領域問題時要落實原基法賦予部落的權利。[11] 之後在部落完成傳統領域調查告一段落之後，族人更是在 2017 年 3 月 25 日於年度在南迴公路三和路段的發祥地祭祖時召開「卡大地布部落宣告傳統領域記者會」（陳賢義 2017），並且在婦女射箭、青年開槍下，一如 mangayaw 祭儀時砍下標示著「中華民國歷代政權」的人形茅草束並燒毀，於牽手歌舞聲中如所掛出的白布條再次傳達「我們的領域就是我們的」、「部落主權才是王道」此一態度，宣示傳統領域的決心，「呼籲政府要以國與國的對等關係，與部落協商交還傳統領域和自治的權利」（章明哲 2017）。這也造成有史以來所謂省道第一次被社區村落封路的情形。

　　對卡大地布來說，公部門不依照原基法 21 條的精神先與部落溝通並取得相關同意的作為，讓部落一再面臨對外與對內溝通的耗損與阻礙。儘管從積極面來看，每一次事件都是讓部落在面對外力帶來的衝突時去試圖凝聚，同時也是貫徹巴拉冠精神護衛部落的行動 [12]，從老到少落實「不怕勇敢」。然而從消極面來看，每一回因為外力影響部落主權在內部所引發不同立場的意見與衝突，相對也增加內部溝通產生共識的困難。

11　取自卡大地布時任部落主席林金德 2016 年 11 月 20 日發布於「卡大地布部落公共事務 - 訊息平台」臉書粉絲頁之貼文。

12　導演 Uki Bauki 於 2017 年發表的紀錄片《巴拉冠誓約》，透過影像說明了卡大地布為何將捍衛祖靈、捍衛土地、捍衛部落主權視為是接受巴拉冠教育洗禮所該實踐保護部落的行動。

八、 追思園區之外

先回到 Tarna'uwan。當這塊地在 2016 年正式改建成追思園區啟用之後，「悍衛祖靈」的行動任務可說就告結束了。整起運動於 2018 年 3 月 24 日告一段落，這一天不只是族人首度在追思園區辦理祭祖的日子，也是追思屋內石碑所寫下的立碑日期。

追思屋為外部覆以竹編牆面的小型水泥建築，竹牆上掛著一塊木牌寫著「PUANGERAN ZA TEMUWAMUWAN」，anger 意指心裡面，pu 則有強化思念之意，an 則是指地點，temuwamuwan 有兩個意思，隨語境意指祖先或是兒孫，在此則是指祖先，因此全句解釋為「思念祖先的地方」意即「追思屋」。追思屋後方植存園區以矮平白色柵欄做為區域劃分，採環保自然葬，不立碑也無標示，可以看到族人獻上的花束，當初沒有離開的、離開又遷回來的先人遺骸已經撿骨磨成粉如樹葬般埋入底下。儘管追思園當初的設定是希望採用極簡方式來追念，但按照族人的習慣還是會擺上祭拜物品如三牲四果及 avay（糯米飯或包餡料糕類）、艾粄等常見於祭祀使用的食品。

園區啟用後，族人集體至此處園區祭拜祖先的習慣也已形成，舉辦時間約為 3 月下旬週六半天，時間點則會選在發祥地祭祖之後。以 2021 年為例，發祥地祭祖時間為 3 月 20 日，追思園區的祭祖時間便選在發祥地祭祖後的下一個周末即 3 月 27 日。在此之前，青年會成員先去整理園區，婦女會成員則準備祭品，並為三處要祭拜的石碑戴上編好的花環。三處石碑分別為保護照顧男性族人上山的 Mi'alrup（保護神）、追思屋內寫有「Tarna'uwan 卡大地布先祖靈位」的石碑，以及當初在現地被發現刻有立於昭和九年（1934）的「知本納骨塔」

石碑（樓乃潔 2012；蔡志偉、許恒達、吳秦雯 2016），底下有著日本人進行水圳工程挖掘到近百名遺骸移至此地安放。

　　祭拜當天，各家族人攜帶祭品，擺在桌上，待 rahan 與 pulingaw 群祭拜後，再跟著祭拜。祭拜順序為 rahan 與 pulingaw 群依序以酒祭拜 Mi'alrup（保護神），接著是男性族人，女性族人因為不需要上山打獵故省略此一祭拜；接著，rahan 與 pulingaw 群進入追思屋內以酒祭拜先人，結束後剛好男性族人也從祭拜 Mi'alrup（保護神）的隊伍轉入追思屋內繼續祭拜，女性族人或家族全體無分男女則跟著開始進入追思屋祭拜；rahan 與 pulingaw 群結束完追思屋祭拜後，來至納骨塔石碑前祭拜，接著為族人不分男女，之後牽手歌舞也與祖先團聚。整個過程約莫兩小時，族人或將祭品搬回家食用，或就地在現場共享。

　　然而對於當年力抗捍衛的成員來說，這裡的土地與主權問題還沒來到真正的終點。當年被以妨害公務提告、在保衛部落這一路上選擇進入體制監督地方政府而成為縣議員的陳政宗，目前同時是代理三大家族之一 Ruvaniyaw（邏法尼耀）家族 rahan 的身分，對於追思園區，他認為如果是以真正落實到自己的土地由自己部落去管理來看待，那麼追思園區的型態會是新的開始。

　　儘管縣府希望由部落提出管理及使用辦法，然而實際上園區的用地尚未從農牧用地變更為殯葬用地，這中間還有習俗與殯葬管理政策的問題要解決，土地的主權也需要爭取恢復：

　　「歷史意義也回復了，可是我們還沒拿到管理權啊，所以後半段的延伸還是要繼續努力」、「我們還無法實質管理，好像

也只有掃墓的時候過去看一下，那如果認真追下去的話，最好的方式是，已經變成先祖園區了，那按照信仰、殯葬習俗、國家殯葬政策，應該是我們去 *handle*，而不是層層法律的約束了～～」（陳政宗 2021/08/18）

陳政宗直指核心還是回到這個問題打轉，要陷入被國家法律與政策設定的局裡去談，還是依照信仰與習俗希望能解套衝出新局，這也可以解釋 Tarnau'wan 目前的現況：檯面上在還沒有急迫性的情形下看似平靜已解決，但追根究柢則是懸而未決。

針對這一點，陳政宗在 2022 年參加 111 年地方公職人員選舉爭取第 20 屆臺東縣議員連任的政見上提出如下訴求：「督促縣府建置台東市卡大地布部落先祖追思文化園區土地的適法性，以建構完整的傳統祭儀場地。」希望可以持續透過民主政治體制內監督、協商及表達民意的機制來處理此事，以免遭擱置忽視。

九、 小結

回到本文反遷葬的議題，並綜合族人對於前述三起與土地有關事件的反應與處理方式來看，可以歸納出卡大地布部落對待攸關部落事務與議題的態度有其一貫的原則，要選擇與公部門、或外力、或廠商展開對話抑或對抗，端看對方的態度與想法如何回應、有否尊重。如果對方不尊重部落，或是不將部落經 rahan 們做為最高級意見領袖群裁定的意見來加以重視，那麼不能責怪卡大地布為何幾乎始終以強烈的態度，抗拒對方認為事屬正當而無須溝通的開發行為，就發生在影響自家部落主權甚鉅的地方。Mavaliw（瑪法琉）家族 rahan 林文祥表示：

「我們不是要抗爭，要的只是尊重。」（鄭淳毅 2014：11）
這便說明了部落並非一昧反對各種規劃考量，而是無法忍受這
些思維並沒有站在族人的立場跟角度，同時缺乏事前溝通即
單方做成決議並強要部落配合。

　　卡大地布拒絕任由公部門決定部落事務的意志與展現，
率先藉由反遷葬事件成為至少是舉國聽聞的例子，例如成為
2016 年大學指考的考題：「某地方政府為發展觀光，決定逕
行遷移被某部落視為祖靈地的傳統墓地，用以開發為公園與休
憩設施，該案並獲地方議會通過。但是部落認為開發案『有違
《原住民族基本法》尊重原住民族自治的精神』，決定展開抗
議行動。」儘管在原題幹界定上有誤或是提供的答案選項在設
計思維上都出現問題，但也表示該事件具有一定被關注的程度
（陳張培倫 2016）。[13] 而臺灣臺東地方法院法官對於族人因退
無可退而丟擲雞蛋、顏料的抗議行動遭以「妨害公務」被提告
一事，就尊重族人信仰、無減損公署名譽之意而判決無罪的
結果，也對於原住民與非原住民共同訴求原住民土地財產與
祖靈保護的訴求，係高價值政治性言論應獲得最大保護的考量
（蔡志偉、許恒達、吳秦雯 2016：304-326）；以及臺東檢方

13　當時出題委員錯解問題源頭，在於主事單位沒有尊重部落並事先取得
部落集體同意（此題目所影射的部落在此係指卡大地布以及 2016 年三
地門鄉公墓更新遷葬一事未與家屬溝通獲得共識即遭挖掘的事件），
但由於不明白這些箇中細節的差異，而設計出的答案又出現不適當的
選項而引起爭議（陳張培倫 2016）。部落意見領袖更認為，命題與答
案的取向並非了解族人站在捍衛傳統領域及部落文化價值的角度，不
僅將族人的行動曲解成為了私利而抗議，更嚴重的則是造成讓人誤以
為只要是不合原住民的意思，原住民就是會為反對而反對來製造對立
（原住民族電視台 2016.07.04）。但反過來看，若視為是大考中心試著
將原住民議題帶入考題而努力來引起考生關注，則反遷葬一事也可說
已被視為攸關原住民運動與權益的指標議題。

不服臺東地方法院判決結果而上訴遭到臺灣高等法院花蓮分院駁回的結果（臺灣高等法院花蓮分院 2015），這些都帶來足供參考的範例。

　　拒絕遷葬一事，從一開始到園區啟用達八年之久，引發出卡大地布對抗的能量與訴訟攻防的能力，不過帶起的力道，在後續卻也讓部落族人在不斷需要抗議動員、面對訴訟、屢次出庭、亟思如何陳述好讓行使公權力之代表得以明白部落訴求等情形間，造成族人在種種來回運籌拉扯中已消耗極大元氣。特別是 Muveneng（姆芙嫩）知本溼地光電案纏身之後，部落內部的不同聲音不再於對外發聲時形成口徑一致的情形，因而對部落內部形成更大的作用力。

　　此案不同於先前「悍衛祖靈」以祖靈信仰為核心、拒絕先人長眠地遭干擾所形成的共識，撇除生態與環保之外，贊成開發者認為既然過去土地遭棄置多年，現在能有新的可能性，為何要放棄可以主動與廠商合作及談條件的權益，不為後代子孫的工作與生活著想；反對開發者這一方並不完全反對開發，然而所要堅守的底線則是部落主權不能被漠視與不受尊重，否則未來難保再受侵害，因而要求縣府退回光電案，重新與部落展開諮商來審慎規劃，也希望原民會儘速修正《諮商同意辦法》，而不是在連串操作上迫使部落毫無選擇不得不接受。然而在利益進入部落、諮商同意權行使程序上有著瑕疵與爭議的情形下（陳玉苹 2020），昔日在「悍衛祖靈」行動號召下採取同一陣線的族人，後來在光電案持不同立場。儘管族人內部沒有對錯問題，只是看待事務的立場與角度不同，然而在 2022 年 9 月 8 日台北高等行政法院判決撤銷得標廠商的電業

籌設許可之後，對於不同立場的族人而言要再次展開共創未來
的討論時，還需要一段極長的修復時間。

　　只能說，如果過去面對公部門種種磨折卡大地布的苦與痛，
是這個守護祖先發祥地後代子孫得比其他部落挑起更重的責任，
那麼，卡大地布充滿傷痕與鬥志的經歷，相信也將會是帶給其
他部落更多勇氣與祝福的明證，雖然我們都衷心希望，這類被
剝奪的例子還是要越少越好。

　　（本文部分草稿內容曾發表於國立臺東大學南島文化中
　　心 2016 年 11 月 27 日主辦之「臺東地區原住民族社會運
　　動與公共事務參與」學術研討會。感謝刊出前，兩位審查
　　委員給予修改建議。）

參考資料

eTV 行動傳媒
　　2013〈盧皆興第 24 屆金曲獎最佳原住民歌手獎得獎感言〉。
　　　　（來源：*https://www.youtube.com/watch?v=hiThBssaDlw.*
　　　　2013.7.6）。

2013 Golden Melody
　　2013〈2013 年 7 月 6 日第 24 屆流行音樂金曲頒獎典禮現場〉。
　　　　（來源：*https://www.youtube.com/watch?v=euJL7Lrv21s.*
　　　　2013.7.6）。

山道明、安東原著，陳文德主編，林文玲、陳瀅如譯
　　2009《知本卑南族的出草儀式：一個文獻》。（臺北：中央研
　　　　究院民族學研究所，2009.12）。

江樹生譯註
　　2002《熱蘭遮城日誌》第二冊。（臺南：臺南市政府，
　　　　2002.07）。

呂宏文

2013 〈卡地布部落反遷葬〉，《人類學視界》12 期，頁 13-17。（2013.03）。

2016 《當代卡地布部落文化復振運動之探究：一個在地人類學家的省思》。（花蓮：國立東華大學族群關係與文化學系碩士論文，2016.07）。

汪明輝、邱凱莉計畫主持

2015 《原運三十研討會成果報告》。（臺北：臺灣神學院，2015.10）。

阮俊達

2015 《臺灣原住民族運動的軌跡變遷（1983-2014）》。（臺北：國立臺灣大學社會科學院社會學系碩士論文，2015.07）。

林金德

2016 《心知地名：卡大地布文史紀錄》。（臺東：臺東縣原住民主體文化發展協會、臺東縣卡大地布文化發展協會，2016.11）。

林頌恩

2004 〈卡地布青年會部落教育的理念與實踐〉，《東台灣研究》9 期，頁 143-180（2004.12）。

2009 〈從抗拒到擁抱？—以卡地布文化教育暨文物展示館為例談原住民文物館於社區的破局、生成與運作〉，收於王嵩山主編《製作博物館》博物館研究專刊 02 號，頁 197-219。（臺中：國立自然科學博物館，2009.10）。

2012 〈捍衛祖靈，且看加拿大的啟示〉，《自由評論網》。（來源：*https://talk.ltn.com.tw/article/paper/*617251，2012.09.23）。

原住民族電視台

2016 〈考題曲解捍衛傳領精神 卡大地布怒反彈〉，《原住民族電視台原視新聞》（來源：*http://titv.ipcf.org.tw/news*22205.2016.07.04）。

陳玉苹

2012a〈知本 不知本〉，《自由時報》（來源：*http://talk.ltn. com.tw/article/paper*/606171. 2012a.08.12）。

2012b〈為什麼卡地布反遷葬？一個朋友的觀察〉，《臺灣環境資訊中心》（來源：http://e-info.org.tw/node/81798. 2012b.11.12）。

2013〈別讓靈魂流離失所：記知本拒絕遷葬事件〉，《人類學視界》12 期，頁 18-22。（2013.03）。

2020〈「在這裡團結起來」光電爭議中的卡大地布部落〉，《芭樂人類學》（來源：*https://guavanthropology.tw/ article*/6836. 2020.09.08）。

陳政宗

2012〈為卡地布祖靈而戰〉，收於吳豪人、李佳玟主編《無力年代的有力書寫：2012 臺灣人權報告》，頁 131-142。（臺北：新學林、臺灣人權促進會，2012.03）。

陳張培倫（Tunkan Tansikian）

2016〈偏離主旨的時事題——我們對原住民到底有多陌生？〉，《獨立評論@天下》（來源：*http://opinion.cw.com.tw/ blog/profile/52/article*/4555. 2016.07.21）。

陳賢義

2013〈卡地布族人祭祖 求抗遷葬成功〉，《自由時報》（來源：*https://news.ltn.com.tw/news/local/paper*/668493. 2013.04.07）。

2016a〈抗遷葬纏鬥多年 卡大地布追思文化園區動土〉，《自由時報》（來源：*http://news.ltn.com.tw/news/life/ breakingnews*/1772310. 2016a.07.23）。

2016b〈知本捷地爾建棒壘球場 卡大地布族人怒未獲尊重〉，《自由時報》（來源：*http://news.ltn.com.tw/news/life/ breakingnews*/1889898. 2016b.11.17）。

2016c〈無預警建棒壘場縣府致歉 卡大地布批無感〉，《自由時報》（來源：*http://news.ltn.com.tw/news/life/ breakingnews*/1897013. 2016c.11.24）。

2017〈封路「槍決」殖民政權 卡大地布捍衛傳統領域〉，《自由時報》（來源：*https://news.ltn.com.tw/news/life/ breakingnews*/2016140. 2017.03.25）。

加拿大真相與和解委員會原著，立言翻譯有限公司譯，謝若蘭審校
2020《致敬真相‧和解未來 — 加拿大真相與和解委員會總結
報告彙整（下）》（原住民族委員會，2020.5）。

張存薇
2016a〈垃圾底渣運回 填知本溫泉渡假村專區〉，《自由時報》
（來源：http://news.ltn.com.tw/news/local/paper/1052906.
2016a.11.17）。

2016b〈活化「知本捷地爾」 縣府擬發展綠能〉，《自由時報》
（來源：http://news.ltn.com.tw/news/local/paper/1054488.
2016b.11.22）。

莊哲權
2016a〈垃圾換回底渣 台東議員氣炸〉，《中國時
報》（來源：http://www.chinatimes.com/newspape
rs/20161110000491-260107. 2016a.11.10）。

2016b〈活絡在地經濟 知本棒壘球場動土〉，《中國時
報》（來源：http://www.chinatimes.com/newspape
rs/20161117000560-260107. 2016b.11.17）。

翁聿煌
2012〈公所強遷祖墳 卑南童淚舞控訴〉，《自由時報》
（來源：http://news.ltn.com.tw/news/local/paper/566313.
2012.03.07.）。

章明哲
2017〈捍衛傳統領域 台東卑南部落封南迴路段〉，《公視
新聞網》（來源：https://news.pts.org.tw/article/353477.
2017.03.25）。

黃雅鴻、高明智
2016〈番/翻譯 Katratripulr 部落的「捍衛祖靈反遷葬行動」〉，
發表於「2016文化研究學會年會：跨／界：再訪文化研
究的方法與實踐」，（文化研究學會、中興大學臺灣文
學與跨國文化研究所主辦，2016.03.12）。

臺灣高等法院花蓮分院
2021〈臺灣高等法院 花蓮分院 104 年原上易字第 27 號刑事判
決〉，《司法院法學資料檢索系統》（來源：https://law.
judicial.gov.tw/FJUD/data.aspx?ty=JD&id=HLHM%2c104
%2c%e5%8e%9f%e4%b8%8a%e6%98%93%2c27%2c2015
1123%2c1. 檢索日期 2021.08.04）。

蔡志偉、許恒達、吳秦雯
　　2016《國內原住民族重要判決之編輯及解析（第二輯）》，頁
　　　　304-326（臺北：行政院原住民族委員會，2016.08）。

樓乃潔
　　2012〈捍衛祖靈 卡地布部落拒遷葬 台東市公所：緩施工 再溝
　　　　通〉，《苦勞報導》（來源：https://www.coolloud.org.tw/
　　　　node/70776. 2012.09.25.）。

張宇欣
　　2015〈臺灣原住民族文化權利的美麗與哀愁－以臺東美麗灣案
　　　　與卡地布遷葬案為例〉，收於劉俊裕、張宇欣、廖凰玎
　　　　主編《臺灣文化權利地圖》，頁89-122。（臺北：巨流
　　　　圖書公司，2015.01）。

謝莉慧
　　2012〈抗議強制遷墓 南島文化節現插曲〉，《新頭殼new
　　　　talk》（來源：https://newtalk.tw/news/view/2012-09-
　　　　09/29121. 2012.09.09）。

鄭丞志
　　2006《一個部落失落至重現過程之研究：以知本Katatipul部落
　　　　經驗為例》，（高雄：樹德科技大學建築與古蹟維護研
　　　　究所碩士論文，2006.07）。

鄭淳毅
　　2012〈抗爭，不為分彼此，而是為了互相尊重：卡大地布悍衛
　　　　祖靈行動〉，收於嚴婉玲、鄭淳毅、王佩芬、陳育菁著《在
　　　　一起要練習》，頁1-16。（臺北：新學林、財團法人民
　　　　間司法改革基金會，2012.12）。

盧太城
　　2013〈抗議遷墓脫序4年輕人起訴〉，《台灣英文新聞》（來源：
　　　　https://www.taiwannews.com.tw/ch/news/2378787.
　　　　2013.12.30）。

當卑南族遇見大法官

從釋字第 803 號解釋談起

賴俊兆 Semaylay i Kakubaw

巴布麓部落卑南族人
國立臺灣大學法律學系博士生

摘要

　　卑南族在 2021 年大法官審理王光祿、潘志強等釋憲案（釋字第 803 號解釋）過程中，著力甚深，包括召開民族議會、提出法庭之友意見書、於大法官行言詞辯論時同步舉行「吟回文化權，唱出正義聲」狩獵文化權釋憲案聲援行動、提出補充意見書、投書媒體、接受專訪等。卑南族的現身（聲），對於釋憲過程及結果產生什麼影響？卑南族與大法官的相遇，在憲法上有何特殊意義？本文描述卑南族於此釋憲過程中的參與，並從實踐及規範層面分析討論。

關鍵詞：卑南族、原住民族文化權、狩獵文化、潘志強、
　　　　原住民狩獵案、釋字第 803 號解釋

一、 前言

　　司法院大法官於 2021 年 5 月 7 日就【原住民狩獵案】作成釋字第 803 號解釋 [1]，明確肯認「原住民從事狩獵活動為其文化權利之重要內涵而受憲法保障」[2]。

　　卑南族在大法官審理本案過程中，著力甚深，包括召開民族議會、提出《卑南族法庭之友意見書》[3]、於大法官行言詞辯論時同步舉行「吟回文化權，唱出正義聲」狩獵文化權釋憲案聲援行動、提出《卑南族補充意見書》[4]、投書媒體、接受專訪等。

　　卑南族的現身（聲），對於釋憲過程及結果產生什麼影響？卑南族與大法官的相遇，在憲法上有何特殊意義？本文描述卑南族於此釋憲過程中的參與情形，並從實踐及規範層面分析討論。

2.　釋字第 803 號解釋，參網址 https://cons.judicial.gov.tw/jcc/zh-tw/jep03/show?expno=803（最後瀏覽日：2021 年 10 月 21 日）。本號解釋之解釋文、解釋理由書、各大法官之意見書，刊於司法院公報，第 63 卷第5 期，2021 年，1-235 頁（為便於查閱，以下引用以司法院公報為準）。

2.　參釋字第 803 號解釋理由書第 32 段。另解釋理由書第 19、20 段亦指出：「……依憲法第 22 條、憲法增修條文第 10 條第 11 項及第 12 項前段規定，原住民應享有選擇依其傳統文化而生活之權利。此一文化權利應受國家之尊重與保障，而為個別原住民受憲法保障基本權之一環。狩獵係原住民族利用自然資源之方式之一，乃原住民族長期以來之重要傳統，且係傳統祭儀、部落族群教育之重要活動，而為個別原住民認同其族群文化之重要基礎。藉由狩獵活動，原住民個人不僅得學習並累積其對動物、山林與生態環境之經驗、生活技能與傳統知識，從而形塑其自身對所屬部落族群之認同，並得與其他原住民共同參與、實踐、傳承其部落族群之集體文化，為原住民族文化形成與傳承之重要環節。是原住民依循其文化傳承而從事狩獵活動，乃前述原住民文化權利之重要內涵，應受憲法保障。」

3.　參 https://drive.google.com/file/d/1NhbltyzgqCueRUriTOWhsSjDJbLzQBcG/view?usp=sharing（最後瀏覽日：2021 年 10 月 21 日）。

4.　參 https://drive.google.com/file/d/19z6qgFFlz7QbDMqrS0m4IrPNh1fe42x-/view?usp=sharing（最後瀏覽日：2021 年 10 月 21 日）。

二、　卑南族與大法官的相遇

　　司法院於 2021 年 1 月 22 日發布訊息：大法官審理會台字第 12860 號王光祿等案，定於 3 月 9 日上午於憲法法庭行言詞辯論，同時公布以下爭點題綱 [5]：

1. 原住民（族）（狩獵）文化權部分

我國憲法是否保障原住民（族）（狩獵）文化權？上述權利之憲法依據、理論基礎、內涵及範圍為何？其性質屬於個人權或群體權或二者兼具？

2. 原住民（族）（狩獵）文化權與環境生態保護，尤其與野生動物保育之平衡

（1）　原住民（族）（狩獵）文化權之主張如何與憲法所規定之環境與生態保護要求相平衡？

（2）　野生動物保育是否屬於憲法位階的保護法益？其憲法依據、理論基礎、內涵及範圍為何？

（3）　國家對於原住民（族）之狩獵保育類野生動物得為如何之管制，始屬合憲？

（4）　野生動物保育法第 21 條之 1 規定，就原住民族獵捕野生動物，係採事前許可制，是否合憲？除上開條文所定之「基於其傳統文化、祭儀」之目的外，是否應包括自用之目的（94 年 2 月 5 日制定公布之原住民族基本法第 19 條第 2 項規定參照）？

5.　2021/1/22 司法院大法官決議，https://cons.judicial.gov.tw/jcc/zh-tw/contents/show/ggjq9purfcolzdfy（最後瀏覽日：2021 年 10 月 21 日）。

3. 自製獵槍部分

槍砲彈藥刀械管制條例第 20 條第 1 項規定，就原住民未經許可，製造、運輸或持有自製獵槍、魚槍，免除刑罰，而僅處以行政罰。上開規定將得免除刑罰之狩獵工具限於自製獵槍、魚槍，是否違憲？又上開免除刑罰之規定未及於（自製）空氣槍，是否違憲？

4. 以下請研究原住民族專家及生態保護專家表示意見

(1) **狩獵活動對於台灣原住民族傳統文化之意義與重要性如何？原住民狩獵對生態保護之影響如何？**

(2) **傳統上，台灣原住民族之狩獵方式與狩獵工具為何？台灣原住民使用槍枝作為狩獵工具是始於何時？其用以狩獵的槍枝是否僅限於自製獵槍、魚槍？是否包括空氣槍？**

(3) 野生動物保育法第 21 條之 1 第 2 項規定，與原住民族基於傳統文化及祭儀需要獵捕宰殺利用野生動物管理辦法第 4 條第 3 項及第 4 項規定，有關事先核准之申請部分，與維護原住民傳統狩獵文化以及生態保護之間有何關聯性？

(4) 以上各項如有實證研究資料，請提供之。（粗黑體為本文所加）

值得注意的是，大法官決議亦提及「個人、團體及機構欲以法庭之友身分提供書面意見者，請於 110 年 3 月 2 日前寄送本院大法官書記處」，這是大法官首次公開徵求個人、團體及機構以法庭之友身分提供書面意見。

　　這則釋憲訊息，預告了大法官就原住民族狩獵文化議題，將以行言詞辯論的方式審理，可以預期，屆時必會引發社會各界的關注討論。我心想這是卑南族可以直接與大法官對話的一個絕佳機會，但在有限的時間內，卑南族是否有可能提出具卑南族主體性的法庭之友意見，供大法官參考？我的初步想法是：

　　本案聲請人之一潘志強為利嘉部落（Likavung）族人，狩獵文化也作為卑南族各部落所共同擁有，亙古至今的生活記憶，如同 2007 年卡大地布獵人遭警驅傴事件、2014 年巴布麓獵人事件，各部落族人集體動員出力，本案同樣值得卑南族共同出聲。

　　其次，以言詞辯論所列出爭點題綱，卑南族如果能夠提供具有民族意識與文化底蘊的意見，對於大法官應該會很有參考價值。畢竟，法理論述，大法官可以自己來，但涉及原住民族文化的部分，大法官恐怕所知有限，原住民族委員會（可能有行政一體及部會和諧的包袱）及學者專家（可能有學術觀點的侷限性）也未必瞭解。

　　這樣的想法，在與幾位族人長輩、先進交換意見後，獲得大力支持。2 月 17 日即春節年假結束後的開工日，我從天龍國飛往卑南國，參與當晚於巴布麓活動中心舉行的卑南族釋憲小組準備會議。當天與會的長輩先進包括：潘調志、馬來盛、林志興、潘志強、馬千里、林娜鈴、陳賢文、王勁之、陸浩銘，經由那一晚的熱烈討論，大家一起思考如何在 3 月 2 日期限內集眾人之力，促成一份卑南族法庭之友意見書。[6]

6.　相關新聞報導，參，例如，王光祿打獵案 3/9 言詞辯論拚尊重狩獵文化 2021-02-18 IPCF-TITV 原文會原視新聞，https://youtu.be/rLsuXpO5QfQ（最後瀏覽日：2021 年 10 月 21 日）。

　　一週後，為了見證卑南族實踐憲法民族意願的歷史時刻，我再次踏上參與其中的旅程，一早從台北搭火車前往在卑南族花環部落學校召開的卑南族民族議會。即使 2 月 26 日的開會時間是在上班日，現場仍座無虛席，從下午 2 點開到 6 點散會，卑南族 10 部落代表紛紛對狩獵相關議題提出看法，最後 10 部落無異議通過決議，以「**狩獵活動對於卑南族文化之意義與重要性**」、「**系爭規定對於卑南族（狩獵）文化的影響**」、「**本解釋案確認我國憲法保障卑南族（狩獵）文化權之必要性及急迫性**」3 項議題為主軸，綜合參酌會議中各部落所提意見，於 3 月 2 日前提出卑南族法庭之友意見書給大法官參考。[7]

　　此外，在釋憲案代理人陳采邑律師的提議下，會中並「加碼」決議，3 月 9 日釋憲案言詞辯論當天，卑南族 10 部落族人將同步舉行聲援行動，於巴布麓活動中心廣場升起狼煙，共同吟唱卑南族傳統古調 irairaw，聲援釋憲案聲請人潘志強。

　　依卑南族民族議會 2 月 26 日會議決議，以 3 項議題為主軸，並彙整會議中各部落的意見，釋憲小組展開不分晝夜的文書作業，一直進行至不知東方既白的 3 月 2 日上午定稿後，臺東縣卑南族民族自治事務促進發展協會（下稱卑促會）的函文自台東付郵，將這一份《卑南族法庭之友意見書》寄送司法院，並副知總統府原住民族歷史正義與轉型正義委員會（下稱原轉會）、原住民族委員會及卑南族 10 部落。當天下午，我也將卑促會致司法院的函文正本，遞送司法院收文處蓋章為憑。

---

7. 相關新聞報導，參，例如，原民狩獵遭判刑聲請釋憲 3/9 召開言詞辯論 2021-02-26 IPCF-TITV 原文會原視新聞，https://youtu.be/FyeVqhCoBE0（最後瀏覽日：2021 年 10 月 21 日）。

　　在送出法庭之友意見書後，卑南族民族議會召集人潘調志隨即以網路媒體投書作為呼應。[8] 卑南族釋憲小組也馬不停蹄進行「吟回文化權，唱出正義聲」狩獵文化權釋憲案聲援行動的相關動員、準備工作。[9]

　　在大法官就釋憲案行言詞辯論 3 月 9 日上午，臺東市寶桑部落活動中心（即巴布麓活動中心）集聚卑南族 10 部落族人約 200 餘人，聲援同一時間在憲法法庭出庭的釋憲聲請人潘志強，卑南族再次表達對於本次釋憲案的高度重視。活動現場以「傳統領域守護者淪為罪犯？請大法官還我文化自決權！」為訴求，200 多位族人透過「吟回文化權，唱出正義聲」的活動主題，由各部落「吟唱」傳統古謠，特別是與狩獵活動息息相關的年祭祭歌（irairaw），藉此讓大法官和社會大眾看見、聽見卑南族深刻的「文化」，族人也同步觀看憲法法庭的言詞辯論實況，見證遲來的「正義」能真正落實在原住民族身上。活動過程也施放狼煙，藉由煙霧傳達族人意念於天地萬靈。卑南族集體動員為捍衛卑南族及各原住民族主體權益而挺身，齊聲呼籲大法官：肯認原住民族文化主體，承擔憲法轉型正義使命，促成相互承認、彼此理解的跨文化憲法對話。[10]

8. 潘調志（2021/3/3），【請大法官傾聽】何謂原住民族狩獵文化，https://tw.appledaily.com/forum/20210303/4EL6WAZ6EJCHFBVOFFI7MB6WRY/（最後瀏覽日：2021 年 10 月 21 日）。
9. 相關新聞報導，參，例如，"吟回文化權" 卑南召集 10 部落 3/9 辦聲援行動 2021-03-06 IPCF-TITV 原文會原視新聞，https://youtu.be/UQTJBZjAGGE（最後瀏覽日：2021 年 10 月 21 日）。
10. 相關新聞報導，參，例如，卑南聲援釋憲案升狼煙 . 吟古謠捍狩獵文化 2021-03-09 IPCF-TITV 原文會原視新聞，https://youtu.be/lGDhPLty2M0；原民升狼煙吟唱古謠聲援狩獵釋憲案｜華視新聞 20210309，https://youtu.be/AYZzJTnF_EE（最後瀏覽日：2021 年 10 月 21 日）。

　　釋憲聲請人潘志強在憲法法庭裡，當庭告訴 15 位大法官：

　　「我來自 Pinuyumayan Likavung 卑南族呂家望部落，在我說話的同時，家鄉及各地族人齊聲聲援，一同關心這次的原住民議題的釋憲案。首先我想讓在座的各位瞭解，族人上山狩獵，是遵循部落文化及部落生存法則。狩獵不是職業，是卑南族傳統領域巡護者必須要有的技能，是亙古通今的生活方式，是族人與祖靈傳達的必要媒介，也是原住民族群重要的標示。我在 8 歲的時候跟著外公上山學習先祖傳授的巡狩傳統領域技能，我極盡努力的活出卑南族文化樣貌，但寶貴的山林知識及生存技能，在現今法律面前，竟成犯罪的根源。目前的法令對原住民狩獵的條件及工具有相當多的限制，對我們的文化造成窒息性的壓迫，部落傳統文化實踐者，要不繳罰金，就是蹲監牢，外加莫名其妙出現的差點擊穿我腦門的危險自製『劣』槍，造成原鄉部落勇士愈來愈少，傷殘人士及寡婦愈來愈多。我認為國家應有保護人民安全的義務，獵人擁有安全獵槍的權益，枉顧性命的法律應立即改善。最後冀望 15 位大法官，基於台灣多元文化的事實，肯認原住民族文化主體性，承擔憲法轉型正義的使命。」[11]

　　在巴布麓活動中心同步觀看憲法法庭直播的族人，聽完潘志強的發言後，響起熱烈掌聲。

　　在 3 月 9 日言詞辯論過程中，黃虹霞與詹森林 2 位大法官就狩獵與動物生命的提問[12]，以及當晚公視「有話好說」節目裡，

11. 會台字第 12860 號王光祿等聲請解釋案 110 年 3 月 9 日言詞辯論，https://youtu.be/W3zz42EBgAI。（影片 2:39:35 以下）（最後瀏覽日：2021 年 10 月 21 日）。
12. 黃虹霞大法官詢問略以：「第二個部分是相對的，關於安全性的要求，我也非常認同，但是效能的部分，我們今天要對抗的，不是手上同樣有武器的人，我們現在狩獵的對象是獵物，嗯，如果從獵物

的角度去看的話，到底我們應該存怎麼樣一種態度？……我要非常感謝很多法庭之友，給我們很多的指導，這個部分其中有2個和『效率』是有關係的，所以我覺得值得和大家說明一下，一個是社團法人台東縣布農青年永續發展協會，還有一個布農族的法庭之友意見書，裡面有一些句子，讓我非常感動，也和我原來認知是一致的，他們是這樣說，狩獵活動對於台灣原住民族文化的意義和重要性，重點不在於獵捕的行為，而在於和環境和諧共生的實踐，那麼他又說，每一次出獵，不可以講話，因為是準備讓自己的靈和宇宙萬物的靈，處於一個平等競爭的態勢，我作為法律人，看到平等，就會比較有感覺，都要平等，『眾生平等』，那麼他又說，布農族並沒有獵人的概念，人是環境的一部分，你要是非人的，這讓我想到，不是從人本位的思想來出發，看待事情，這個是讓我感動的，整個布農族的部分，大概有這樣基本的看法。然後我說還有另一篇，也讓我非常感動，這個是卑南族我們青年朋友寫的，他說，也是剛剛林律師也有提到，說獵人是獵場守護者的概念，獵人是傳統領域守護者、巡視者，你看他都不是以占有者，或者是侵略者這樣的概念在看待事情，他又說，卑南族長久在地生活發展出來的生活知識和智慧，以及文化慣習，均講究與大自然共存共續，我們利用享用大自然之餘，更要守護大自然，這樣的觀念和想法讓我是感動的。也是因為這樣的想法和感動，還同時看到一句話，讓我覺得我們是不是要去思考，內政部講的『低效能』是不是有它的道理存在？他說，大獵祭的神聖性是由『獵』，取得上蒼、祖靈自然所賜而來，狩獵之前，總是要說請賜給我們祢所剩下的、多餘的、那些殘缺不全的。這樣的概念，我們如果現在要使用槍，我們來獵物的話，需要去追求一個現代高效率的槍嗎？」詹森林大法官詢問略以：「再來要特別請教浦教授，您剛才的一段話，讓我很有感覺，您說在狩獵的時候，站在所謂人道狩獵的立場，毋寧是希望能夠讓動物，不曉得能不能夠用一槍斃命來形容，但是就我以及我相信很多人觀察，不管是親眼看到或者是看電視，動物在受到攻擊的時候，牠毋寧是極盡一切可能求生，所以如果我們讓這種槍枝不是那麼樣高效能，以至於被子彈打到的獵物，牠還有逃跑的機會，或者是說，附近的動物，一看到牠的同胞已經被打中了，牠比較有機會去逃跑，所以這樣子的權衡，也就是說，今天沒有動物在場，我們有看過幾場特別是美國演的電影，如果動物會講話的話，牠難道也會說，如果我真的必須被你打中的話，請你讓我一槍斃命吧？或者動物會說，不，還是希望讓我有逃命的機會？這個不曉得在我們獵人的文化以及原住民的傳統上，有沒有思考到這一點？當然您剛才提到，我也很受感動，獵人在獵得獵物之後，會對獸靈加以祭祀，我只是反問，如果是動物，牠是寧願被打死而來被祭祀呢，或者是我逃過這一次的災難，讓我跟人一

動保團體所謂「狩獵的本質是對動物的殺戮」的說法 [13]，讓卑南族釋憲小組陷入深層討論，進一步從生命哲學思考狩獵文化存在的意義與價值為何。[14]

　　從這些提問及說法背後，似乎可以察覺到任何人隨時隨地都可能油然而生的直觀感受，一種對動物萌生佛心／慈悲／憐憫的情懷，而不自覺對狩獵心存疑惑／反感，我們憂心，這會不會構成大法官的心理障礙？甚至影響大法官將自己的宗教信仰、價值觀、悲憫動物生命的情緒，注入在憲法解釋的工作上？經過幾天的討論和整理，釋憲小組決定再撰擬一份補充意見，以聲請人潘志強的名義提出，著重「狩獵的生命哲學、卑南族狩獵文化與動物生命、憲法原住民族文化權的肯認係本解釋案關鍵所在」3 個面向，希望可以增進大法官及社會大眾對於狩獵文化內涵的理解。[15]

　　藉由財團法人法律扶助基金會（下稱法扶）謝孟羽、林秉嶔 2 位律師的協助，《卑南族補充意見書》於 3 月 15 日以釋憲聲

樣活更久一點會比較好？」會台字第 12860 號王光祿等聲請解釋案 110 年 3 月 9 日言詞辯論，https://youtu.be/W3zz42EBgAI。（影片 1:59:03 以下及 2:32:27 以下）（最後瀏覽日：2021 年 10 月 21 日）。二位大法官的詢問都著眼於「槍枝效能」，但背後的理由似涉及「對獵物的悲憫」（從獵物的角度去看，眾生平等；如果動物會說話會想要逃跑）。

13. 公共電視有話好說，「王光祿釋憲案開庭！獵人為何變罪人？狩獵文化、動保難兼顧？」，https://youtu.be/6qMR-CY4rlg（影片 31:00 以下，台灣動物社會研究會執行長朱增宏發言）（最後瀏覽日：2021 年 10 月 21 日）。

14. 相關新聞報導，參，例如，原民狩獵釋憲案大法官提問狩獵．獵槍爭點 2021-03-11 IPCF-TITV 原文會原視新聞，https://youtu.be/39-Z5dG7FQU（最後瀏覽日：2021 年 10 月 21 日）。

15. 相關新聞報導，參，例如，卑南議會再遞意見書盼肯定原民文化價值 2021-03-18 IPCF-TITV 原文會原視新聞，https://youtu.be/kuymmTypVJQ（最後瀏覽日：2021 年 10 月 21 日）。

請陳報（五）狀之附件 43 提呈大法官。[16]

　　在等待釋憲結果出爐前，為擴大釋憲案的影響力，促進社會上的多元文化理解，原轉會卑南族委員馬來盛 Laising Sawawan 於 4 月 15 日總統府原轉會第 15 次會議提案：「近來大法官審理布農族王光祿、卑南族潘志強等釋憲案，引發社會各界對於原住民（族）狩獵的高度關注，政府應規劃相關作為，持續促進臺灣社會的多元文化理解，肯認原住民族狩獵文化為國家多元文化的一環。」並將《卑南族法庭之友意見書》及《卑南族補充意見書》作為提案的附件資料。[17]

三、　卑南族意見書論述重點及大法官的回應

　　本案是大法官首次公開徵求個人、團體及機構以法庭之友身分提供書面意見，最終合計有 15 份法庭之友意見書，臺東縣卑南族民族自治事務促進發展協會提出之《卑南族法庭之友意見書》亦屬其中之一。言詞辯論後，並再以聲請人潘志強的名義提出《卑南族補充意見書》。這 2 份具有卑南族主體性觀點的意見書，並未就言詞辯論爭點題綱的問題逐一回應，並說明「有關本解釋案行言詞辯論時大法官詢問事項，涉及系爭規定是否違憲之判斷，屬於國家法律體系及規範衝突的問題，委諸法律學者專家及各界提供卓見供大法官參考，本意見書從略。」[18]

16. 參大法官 110 年 3 月 9 日言詞辯論相關資料（王光祿等案），https://cons.judicial.gov.tw/jcc/zh-tw/contents/show/nouimj1rrtwk5jkm（最後瀏覽日：2021 年 10 月 21 日）。
17. 參總統府原住民族歷史正義與轉型正義委員會第 15 次委員會議會議資料，頁 47-81。
18. 參《卑南族法庭之友意見書》註 9、《卑南族補充意見書》第 3 段。

茲就卑南族意見書的論述重點，摘引簡述如下：

（一）　**狩獵活動對於卑南族文化之意義與重要性：**
狩獵活動在卑南族的歲時祭儀、生命儀禮、宗教信仰、情感維繫、會所教育、穩固部落社會關係等各個層面，具有重要意義。在卑南族用語中，獵人是指傳統領域守護者、巡視者，同樣的，卑南族沒有狩獵的用語，而是稱巡守傳統領域，在巡守過程中神自然會賜予獵物或野菜，所以我們獵人回來會說「我巡狩傳統領域中打到山豬」。狩獵的目的，包括為了保護農作、節慶、祭祀、歲時祭儀、生活上食用等。此外，亦說明狩獵活動方式、狩獵工具、傳統狩獵規範，以及狩獵在少年年祭（刺猴祭，mangayangayaw）、大獵祭（mangayaw）、獻祭（pubiyaw）等祭儀中的文化意義，並從族人述說的生活實例，理解狩獵的飲食文化內涵。[19]

（二）　**系爭規定對於卑南族（狩獵）文化的影響：**
現行法令對於狩獵活動的管制，致使原住民陷入文化實踐的困境及人身陷入不安全之險境，對於部落祭儀文化踐行過程的侵擾，亦屬不可回復的集體傷害，具有族群的針對性，且出於國家對於原住民族狩獵文化的單方面想像，不僅有違文化的不可管制性、不可定義性，更侵害卑南族的文化自決權而扼殺文化健康存續與發展的生機。[20]

（三）　**本解釋案確認我國憲法保障卑南族（狩獵）文化權之必要性及急迫性：**憲法作為人民權利的保障書、國家法秩序的最高規範，在制憲、修憲過程中，雖有卑南族人的有

19. 參《卑南族法庭之友意見書》第 3-19 段。
20. 參《卑南族法庭之友意見書》第 20-23 段。

限參與，但卑南族未曾以主體地位參與其中。本解釋案，實為對於憲法本身的轉型正義，透過卑南族觀點注入憲法文化，開啟國家與卑南族相互承認的憲法對話，修復原住民族未能直接與憲法締結授權關係的必要過程。此外，行政及立法部門效率不彰、司法部門對於集體權概念的陌生，亦說明確認憲法保障卑南族（狩獵）文化權的必要性及急迫性。[21]

（四）　**狩獵的生命哲學**：野生環境就是殺戮的世界，野生環境中的殺戮（動物間的獵捕）其實是造物者設計自然環境的一環。狩獵文化的深層意義，就是不喪失野生環境存活的能力。要習得、懂得獲之於自然，用之於自然，還諸於自然的法則。簡言之，狩獵，就是原住民不忘祖訓，不忘野生能力，不失野性的文化實踐，保存文化活力的體現。給一個野性的保留空間、遵循野生世界一份子的狩獵文化，不僅能尊重原住民族文化，更能保護自然。[22]

（五）　**卑南族狩獵文化與動物生命**：以獵取重要獵物時必會祈禱（從遭遇戰爭演變而來的祭詞）：「這是場戰爭，我今天幸運戰勝了你，感謝你犧牲身體讓我與族人共享，你的靈魂我將帶回去供養，直到我死去。」等相關事例，以及普悠瑪部落少年年祭的 3 首祭儀詩歌（kudraw），說明卑南族狩獵文化對於獵物及獵場的態度。[23]

（六）　**憲法原住民族文化權的肯認係本解釋案關鍵所在**：本案以「我國憲法是否保障原住民（族）（狩獵）

---

21. 參《卑南族法庭之友意見書》第 24-27 段。
22. 參《卑南族補充意見書》第 4-11 段。
23. 參《卑南族補充意見書》第 12-14 段。

文化權？」作為言詞辯論爭點題綱之一，可說是本案最核心、最關鍵的爭點。為避免悲憫動物之情、對狩獵疑惑的態度，抵銷規範上、事實上亟需大法官及時保障少數文化的力道，甚或構成大法官透過釋憲肯認憲法保障原住民族文化權的無形（心理）障礙，故擬藉由補充意見書之說明，增進大法官及社會大眾對於狩獵文化內涵的理解，並從理解進而相信狩獵文化的豐富（不是只有獵，還有祭儀、情感、對動物生命的態度等）美好（對生態環境、維持物種平衡的貢獻等），打破所謂狩獵「本質」之說。並再次強調本案需要大法官傾聽、理解各原住民族的狩獵文化內涵，且真正的關鍵在於憲法應肯認、還我集體文化權（而不只是將系爭法規宣告違憲）。否則，有關原住民狩獵活動的說法，終究無法避免仍停留在事實層面的錯誤、認知層面的偏見而不自知。[24]

那麼，對於卑南族的意見，大法官如何回應呢？以下從大法官對狩獵文化的理解、現行法令對狩獵文化的影響、原住民族文化權的肯認，梳理歸納解釋文、解釋理由書（以上構成具憲法解釋拘束效力之多數意見）及各大法官之意見書。

1. 多數意見

首先，大法官是如何理解原住民狩獵？多數意見提到：「狩獵係原住民族利用自然資源之方式之一，乃原住民族長期以來之重要傳統，且係傳統祭儀、部落族群教育之重要活動，而為個別原住民認同其族群文化之重要基礎。藉由狩獵活動，原住民個人不僅得學習並累積其對動物、山林與生態環境之

---

24. 參《卑南族補充意見書》第 15-17 段。

經驗、生活技能與傳統知識，從而形塑其自身對所屬部落族群之認同，並得與其他原住民共同參與、實踐、傳承其部落族群之集體文化，為原住民族文化形成與傳承之重要環節。」[25] 並以此為由，肯認原住民依循其文化傳承而從事狩獵活動，乃原住民文化權利之重要內涵，應受憲法保障。此外，多數意見就系爭規定六有關申請書應載明獵捕動物之種類與數量部分，指出「原住民族狩獵活動與其傳統文化思想及信仰緊密連結，各族均有基於其傳統信仰而代代相傳之各種狩獵禁忌。其中，就出獵前之禁忌而言，由於原住民族向來認為獵獲物乃山林自然神靈之賜予，因此，各族也普遍流傳出獵前預定獵捕動物之種類與數量，是對山林自然神靈不敬之觀念，而成為一種禁忌。」進而認定「出獵前預估獵捕物種及數量，與原住民族傳統文化所傳承之思想及觀念難以相容，系爭規定六之要求尤難認屬可合理期待原住民或部落等可承受者。」，將該規定宣告違憲。[26]

　　然而，多數意見基於「原住民從事狩獵活動之文化權利保障與環境及生態之保護應並重」[27]，就原住民狩獵關於獵捕、宰殺或利用野生動物部分，則謂「原住民基於傳統飲食與生活文化所為獵捕、宰殺或利用野生動物之行為，即使限於非營利性自用之需，仍將會對野生動物，尤其是保育類野生動物（包括瀕臨絕種、珍貴稀有及其他生存已面臨危機之應予保育之野生動物），造成相當大危害。」[28]、「而人為獵捕、宰殺或利用野生動物，不僅終結被獵殺動物之生命，亦可能危害被獵殺物種之生存與繁衍機會，乃屬人為介入自然生態體系運行之干擾

25. 參釋字第 803 號解釋理由書第 20 段。
26. 參釋字第 803 號解釋理由書第 51-53 段。
27. 參釋字第 803 號解釋理由書第 20 段。
28. 參釋字第 803 號解釋理由書第 40 段。

行為。此等干擾行為，如未以人為力量予以適當之控管，長久
以往，勢必危及野生動物物種間之生物鏈關係，致使自然生態
體系逐漸失衡，甚至可能帶來生態浩劫，並影響人類之生存及
永續發展。」[29]，以危害野生動物、終結其生命、人為干擾、
生態浩劫等誇大說辭[30]來看待原住民狩獵，並未接受卑南族意
見書所提狩獵文化與大自然共存共續、對野生動物的虔敬嚴
謹態度等意見[31]，也無視聲請人及關係機關於言詞辯論陳述
「原住民族狩獵文化與野生動物保育並非對立」之相關主張。[32]

　　其次，有關系爭規定對於原住民狩獵的影響，就自製獵槍
部分，多數意見宣告系爭規定二關自製獵槍未規定其安全裝置
之部分違憲，因其規範尚有所不足，未符合使原住民得安全從

29. 參釋字第 803 號解釋理由書第 43 段。
30. 參黃昭元大法官提出（許志雄大法官加入）之釋字第 803 號解釋部分
不同意見書第 20 段：「本號解釋多數意見忽略了保育及生態研究專
業人士所提出之相關科學研究意見，以致在欠缺實證依據的想像基礎
上，過度高估或誇大原住民狩獵之可能負面影響，而有如此偏離科學
研究結論之認知與評價。」，同註 1，192 頁。
31. 參《卑南族法庭之友意見書》第 13 段、《卑南族補充意見書》第
10-14 段。
32. 參釋字第 803 號解釋理由書第 12、15、16 段：「聲請人一及二主張
……（三）所謂獵人，係指守護獵場之人，原住民獵人長期藉由守護
獵場，保護野生動物棲息地，維護生物多樣性，以及野生動物族群之
存續。然而主流社會長期污名化，使原住民族一直背負野生動物滅絕
之污名，相關研究資料顯示，棲息地之破壞才是使野生動物滅絕之真
正原因。……關係機關農委會說明如下：（一）本會認同原住民族狩
獵文化，原住民族狩獵文化與野生動物保育並非對立關係，而係互為
基底，相輔相成，希望以原住民傳統智慧為基底，加上國家適切之法
令為輔助，除讓野生動物資源得以永續外，亦有助於原住民族狩獵文
化之傳承。……關係機關原民會說明如下：……（二）依本會委託學
者協助調查並彙整各耆老與獵人之共同意見，原住民族狩獵文化之
核心價值即永續利用、生態平衡。故於傳統規範下所實踐之狩獵活動，
必能使環境與生態獲得相互平衡。……。」

事合法狩獵活動之要求，並提及自製獵槍製作不良時，可能引發膛炸、誤擊或擦槍走火造成死傷等事件。[33] 就獵捕野生動物部分，多數意見認系爭規定五就非定期性狩獵仍要求於 5 日前申請部分，欠缺合理彈性，指出「非定期性狩獵需求，通常源自個別或少數原住民基於其傳統文化所傳承之信仰或習慣，於一定條件下所產生，如屬突發性質，未必皆可事先預期。系爭規定五對此等非定期性獵捕活動，一律要求應於獵捕活動開始前 5 日即提出申請，而無其他相應之多元彈性措施，對於因特殊事由致不及提出申請之原住民而言，無異於剝奪其依從傳統信仰或習慣而合法從事狩獵活動之機會。……對基於傳統文化所傳承之信仰或習慣而生狩獵需求之原住民而言，其若未能依限提出申請，即會面臨必須放棄行使其從事狩獵活動之文化權利，或逕為行使其狩獵活動之文化權利而觸法之兩難困局」，故宣告違憲。[34]

最後，本號解釋雖肯認「原住民從事狩獵活動為其文化權利之重要內涵而受憲法保障」，此項權利係以個別原住民作為權利主體。多數意見並未承認以原住民族或部落為主體之原住民族文化權或相關原住民族集體權利。[35]

---

33. 參釋字第 803 號解釋理由書第 34 段。此段所引用立法院公報之資料，應係參考《卑南族補充意見書》註 15 而來，此由聲請人之代理人謝孟羽律師，接獲司法院致電詢問後，於 3 月 24 日提出釋憲聲請陳報（五）狀可知。參大法官 110 年 3 月 9 日言詞辯論相關資料（王光祿等案），https://cons.judicial.gov.tw/jcc/zh-tw/contents/show/nouimj1rrtwk5jkm（最後瀏覽日：2021 年 10 月 21 日）。

34. 參釋字第 803 號解釋理由書第 49 段。

35. 參許志雄大法官提出（黃昭元大法官加入）之釋字第 803 號解釋部分協同部分不同意見書：「由於集體權於憲法上涉及各種複雜因素，尤其攸關人權之本質及第三代人權之引進等嚴重問題，本不易處理，

2. 個別大法官意見書摘錄

(1) 關於狩獵文化：

謝銘洋大法官：「狩獵是原住民族長期以來的重要生活方式，也是原住民族生存與發展的重要活動。獵捕野生動物不僅是原住民獲取食物來源的方式之一，也是原住民與自然資源利用與互動之重要方式，更是原住民族凝聚部落族群意識與文化認同以及生命教育的基礎，可以說狩獵文化是原住民文化權的核心領域。沒有狩獵，原住民族文化就失所附麗，不當限制原住民族的狩獵活動，就是對原住民族文化的剝奪，也危及原住民族的存續。」[36]

黃昭元大法官：「以原住民族的傳統來說，所謂非營利性自用實難以和傳統文化所包含之其他部分，明確區隔。漢人所稱的狩獵，就原住民而言，其實更應理解為「傳統領域之巡視守護」。漢人所稱之獵人，依原住民族文化，則應定位並理解為「巡護者」。在巡護領域的過程中，如不違背傳統、祖靈指示等禁忌，

加以尚非本案解釋上不得不面對之課題，故屬集體權性質之原住民族文化權是否為憲法保障之基本權，本號解釋抱持審慎態度，未予置喙。」，同註 1，110 頁；黃昭元大法官提出（許志雄大法官加入）之釋字第 803 號解釋部分不同意見書第 9 段：「本號解釋雖先依憲法增修條文第 10 條第 11 項及第 12 項，宣示「原住民族之文化為憲法所明文肯認」（理由書第 19 段），並在此基礎上，承認個別原住民文化權為憲法權利，但並沒有進一步明白承認原住民族之集體（狩獵）文化權亦屬憲法權利。」，同註 1，187 頁。

36. 參謝銘洋大法官提出之釋字第 803 號解釋部分不同意見書，同註 1，205-206 頁。

遇到敵人就會出草，遇到野生動物則予獵捕，遇到植物
則予採集，後兩項之土地自然資源利用行為，往往都是
整個傳統文化、祭儀信仰之不可分要素，而無法從漢人
文化的觀點，將之強行割裂為「單純的非營利性自用」或
「無關自用之其他傳統文化」。又獵物既然是上蒼、自然、
祖靈所賜，自應知所珍惜，而求物盡其用。即使是為取用
羽毛、獸角、皮毛等器具、服儀目的而獵捕，就取用後的
餘物，也不可能要求原住民需予以棄置，不得分享利用。
又即使是取用其肉，也常會將獸骨保留，這往往更有「這是
場戰爭，我今天幸運戰勝了，感謝犧牲身體讓我與族人
共享，我們會將你的靈魂帶回供養」，類似一種與敵人
同上彩虹橋的敬畏。原住民如獵獲野生動物，從食到衣，
再到獻祭祖靈、自然、上蒼，往往是個相互契合的整體文
化需求及表現，實難以硬加區隔。」[37]

(2) 關於自製獵槍：

許宗力大法官指出，原住民族並無自製獵槍之「傳統」文化，
且「自製獵槍」的要求不符合原住民族數百年來使用包括制式
獵槍在內之各式狩獵工具之文化實態。[38]

謝銘洋大法官亦謂：現代獵槍的使用，是原住民族獵人習
慣上實踐狩獵文化技術的一種，台灣原住民族傳統上習慣都是使
用外來的現代槍枝進行狩獵，並無自行製造獵槍的傳統或知識、
技能。原住民使用獵槍狩獵的核心問題，在於限制其必須是以

37. 參黃昭元大法官提出（許志雄大法官加入）之釋字第 803 號解釋部分
　　不同意見書第 32 段，同註 1，198-199 頁。
38. 參許宗力大法官提出（黃昭元大法官加入）之釋字第 803 號解釋部分
　　不同意見書，同註 1，142 頁。

「自製」為前提，而不在於對自製應為如何的定義。要求原住民只能使用自製的獵槍進行狩獵，等於強迫從來沒有製造槍枝與彈藥技能的原住民，為能合法狩獵而必須製造並使用粗劣的獵槍和彈藥，對原住民的生命、身體與健康造成相當大的危害，充滿了對原住民族狩獵文化的不了解與不尊重。[39]

　　許志雄大法官：「原住民使用制式獵槍狩獵已有相當久之歷史，且『自製』獵槍本非原住民族之傳統文化，多數意見卻未詳細檢證有關立法事實，而逕認定系爭規定一除罪化之對象限於自製獵槍，不及於其他制式獵槍為合憲，其顯然扭曲原住族傳統文化，輕忽原住民文化權之保障。」[40]

(3) 關於事前許可制：

　　黃昭元大法官：「舉一個漢人比較熟悉的例子對比：要求原住民必須在事前說明其獵捕動物之種類、數量，就如同是要求白沙屯媽祖的繞境，必須事前申請且說明其每天每時之特定路線，否則就不予核准，甚至事後處罰主事者。既屬強人所難，更會直接干預文化之核心要素。假如認為對白沙屯媽祖繞境的上述要求過苛、不當，我們至少應該秉持同理心看待原住民之傳統文化活動（狩獵）。」[41]

---

39. 參謝銘洋大法官提出之釋字第 803 號解釋部分不同意見書，同註 1，209-214 頁。
40. 參許志雄大法官提出（黃昭元大法官加入）之釋字第 803 號解釋部分協同部分不同意見書，同註 1，113 頁。
41. 參黃昭元大法官提出（許志雄大法官加入）之釋字第 803 號解釋部分不同意見書第 29 段，同註 1，197 頁。

(4) 關於狩獵與野生動物：

謝銘洋大法官：「原住民族的狩獵文化和生態保護並不是對立的。原住民族也是自然生態體系中的一環，狩獵是原住民族的重要生活方式，更是原住民族學習大自然知識以及如何與大自然永續共存的重要手段。原住民族的狩獵活動有非常多的禁忌，包括對獵人、獵場以及獵物的禁忌。這些禁忌是原住民族必須要嚴格遵守的信念和慣習，違反者就是對大自然和祖先的不敬，會招致各種嚴重不利的後果，因為這些禁忌的主要就是來自於其祖先歷代相傳對大自然的尊重。靠著這些狩獵禁忌，大自然得以有充分的時間和機會修復和還原，並讓各種動物和植物生生不息，維持自然生態的平衡，可以說狩獵禁忌是維持自然生態平衡的重要方式。」[42]

許宗力大法官指出，多數意見最大的疑慮：一旦原住民可以使用「先進武器」，則手無寸鐵、無法言語的野生動物將毫無招架餘地，恐將對於野生動物存續及環境生態形成重大威脅。[43]

黃虹霞大法官：「由和動物之間平等的文化信念和習慣角度觀察，動物手無寸鐵，相對最高度進化並自詡為萬物之靈的人（不論其為原住民與否），已可以仗著人多勢眾、可以憑著槍枝以外的智能工具如弓箭、矛、刀械、陷阱、其他動物如狗等之使用或協助而大大增加獲勝

---

42. 參謝銘洋大法官提出之釋字第 803 號解釋部分不同意見書，同註 1，226-227 頁。
43. 參許宗力大法官提出（黃昭元大法官加入）之釋字第 803 號解釋部分不同意見書，同註 1，144 頁。

機率，如認另必得再使用槍枝狩獵，自難認符合上述和
動物之間平等的文化信念和習慣。……個別原住民之狩
獵文化權利與保育類野生動物保護相較，保育類野生動物
保護應優先，個別原住民狩獵文化權利應行退讓。……
如果其他族群有虧欠、傷害原住民族者，當負償還責任
者是人，不是野生動物，保育類及一般類野生動物均
不該是代罪羔羊。……狩獵不是擁有強大火力之黑道
間之火拼，也不是正義之師欲討伐暴政之舉，獵槍所
要對付的，只是手無寸鐵的野生動物。」[44]

　　黃瑞銘大法官：「物種滅絕之後無法回復，不僅後代
子孫無緣見識且可能影響自然生態之平衡，相關之傳統
文化與祭儀自亦無從進行，故避免動物滅絕應列為最高
優先考量，且應優先於狩獵文化之保護。……本席認
為聲請人方所主張原住民族之狩獵習慣蘊含保育觀念，
原住民族狩獵行為不會造成保育類野生動物較大之滅絕
危機之說法，尚未提出具科學實證之論據足以證明；
目前正在推動之自主管理尚未完全發生功效；防止不
當的商業性獵殺仍有公權力介入管理之必要，因此本
席支持多數意見之立場，畢竟動物滅絕之後無法回復，
故應採取較嚴格之檢證標準。……狩獵不僅破壞生態，
而且狩獵的喜悅原來是建立在另一個生命被剝奪的痛
苦上。」[45]

---

44. 參黃虹霞大法官提出（蔡炯墩大法官、黃瑞明大法官、詹森林大法官加入）之釋字第 803 號解釋部分協同意見書，同註 1，37-42 頁。
45. 參黃瑞明大法官提出（黃虹霞大法官加入四、五部分、詹森林大法官加入四以外部分）之釋字第 803 號解釋部分協同部分不同意見書，同註 1，124-127、131-132 頁。

(5) 關於集體文化權及原住民族特殊地位：

謝銘洋大法官：「本件聲請案所涉及的狩獵，並不能只是從個人的狩獵行為或是個人的基本權來看，而應該要放在原住民族的狩獵文化脈絡下的集體權來觀察，才不會有所偏失。本件解釋雖然肯定原住民從事狩獵活動的文化權利，但並未利用此機會對於原住民族的集體權及其內涵明確予以肯認，而只是從原住民的個人基本權出發，未能使我國憲法對於人權保障更上一層樓，殊屬可惜。」[46]

蔡明誠大法官：「原住民狩獵文化權之內涵，宜認為其具有原住民文化保障之個人基本權 (*Grundrechten*) 及集體權之雙重權利內涵。」[47]

黃昭元大法官：「就算立法者看似給予原住民族在表面上相對有利之待遇，如野保法給予原住民較多一點的狩獵自由、槍砲條例之容許原住民得使用自製獵槍並限縮刑罰之適用，但這不是國家的恩惠，也不是賦予特權。反而應該放在台灣原漢關係歷史、憲法明文承認原住民族特殊地位的脈絡下，認為這是國家應追求的重要政策目標，甚至是應盡的憲法義務。」[48]

許宗力大法官：「釋憲者於解釋適用憲法增修條文

---

46. 參謝銘洋大法官提出之釋字第 803 號解釋部分不同意見書，同註 1，205 頁。
47. 參蔡明誠大法官提出之釋字第 803 號解釋部分不同意見書，同註 1，154 頁。
48. 參黃昭元大法官提出（許志雄大法官加入）之釋字第 803 號解釋部分不同意見書第 17 段，同註 1，190-191 頁。

第 10 條第 11 項及第 12 項前段規定，以建構文化權之內涵時，應對相關規範及用語於憲法變遷中之意涵流變，有充分的憲政歷史意識。亦即，因現代國家建構及運作過程中，對原住民族造成的制度性排除與不利對待，而對其文化傳承延續所產生之負面效應及遺緒，依上開憲法增修條文之要求，國家不能僅止於消極不干預原住民族成員實踐其文化，而更被課予積極義務，應肯定多元文化，且應積極維護發展原住民族之語言與文化，且對原住民族之教育文化，應予以保障扶助並促其發展。」[49]

詹森林大法官：「原住民，自始居住於臺灣，與臺灣之關聯，不容切割。不少原住民，本於其天賦，尤其在運動、歌藝等方面，不僅表現傑出，更為臺灣在國際上爭取許多榮耀。沒有原住民，臺灣將失去特色與光彩。野生動物，不論臺灣自有或外地移居，皆應予適當保育。沒有野生動物，臺灣即有負寶島美譽。」[50]

四、分析討論

對於大法官而言，這是難得的憲法時刻，可以盡情闡述台灣作為「多元文化」國家的美好，並且再次有機會展現憲法守護者對於原住民族集體歷史經驗與文化理解的論述高度。對於卑

49. 參許宗力大法官提出（黃昭元大法官加入）之釋字第 803 號解釋部分不同意見書，同註 1，139 頁。
50. 參詹森林大法官提出（黃虹霞大法官加入貳部分、吳陳鐶大法官及林俊益大法官加入貳、參部分、黃瑞明大法官加入）之釋字第 803 號解釋部分不同意見書第 17 段，同註 1，182-183 頁。

南族而言，本解釋案攸關我們如何看待憲法規範中所明定「民族平等」、「肯定多元文化，並積極維護發展原住民族文化」、「應依民族意願，對原住民族文化予以保障扶助並促其發展」對我們有何意義——究竟是語戲、修辭，抑或具實效性？亦即，憲法是否承認卑南族（權利）的主體性？[51]

卑南族意見書之提出，係經卑南族民族議會決議「同意本解釋案提出卑南族法庭之友意見書供大法官參考」，乃憲法「民族意願」的實踐，基於卑南族主體性的觀點，補充釋憲聲請人、關係機關意見的不足，增加跨文化的理解和對話，避免大法官在對狩獵文化未充分理解的情況下，做出違反「多元文化」的錯誤判斷。

本解釋案就系爭規定之違憲審查，大法官也許僅以法律保留原則、法律明確性原則、規範間相互衝突或矛盾現象等法律論述，即足以認定系爭規定違憲。惟如此的理由論斷，只是讓大法官躲身在法律論述的保護衣下，省去要認識理解原住民族狩獵文化的麻煩，但也將錯失促進跨文化理解對話的機會。[52]

原住民個人的狩獵行為，若要受到憲法保障，必須從「肯認憲法保障原住民族集體文化權，原住民個人狩獵應以集體文化權的實踐作為條件」的觀點加以證立。其中一個理由在於，如果僅由個人權出發，原住民狩獵會變成是個人基於其原住民身分即享有的權利，但這一方面忽略了既有狩獵文化規範的存在，另一方面也不易回應「何以非原住民不能如原住民一樣以狩獵為生而得以獲得同等之法律對待？」的問題。

51. 參《卑南族法庭之友意見書》第 28 段。
52. 參《卑南族法庭之友意見書》註 48。

唯有確立原住民族集體性的文化自決權（或傳統領域權、土地權及自然資源權），狩獵文化的面貌、狩獵規範的內容及執行，才可能真正由部落民族自主決定，也才能在規範上使集體制約成為狩獵權利實踐的前提，這其實正是各部落民族的權利主體地位，長期在法制面及行政面受到壓抑（僅為規制客體）的結果，而亟需在此次釋憲案中獲致確立的原因。

　　儘管大法官解釋是集體創作的成果，需要 15 位大法官相互溝通說服、彼此妥協讓步，況且大法官解釋的進步程度，多少會受到當下所處時空脈絡的影響。原來由衷企盼這號解釋可以：1. 宣告系爭法令違憲失效，並指示未來立法朝向部落自主、族群文化自決。2. 述及原住民族的歷史文化脈絡理解，為狩獵文化去污名化。3. 肯認憲法保障原住民族集體權。很遺憾幾乎都落空了。期待下一次的憲法時刻。

卑南族圖畫書的發展與內容

賴沛緹

摘要

本文旨在分析台灣戰後至 2021 年間卑南族圖畫書之發展過程，首先欲探討圖畫書定義及台灣原住民族圖畫書的出版歷程，接著討論相關論文、圖畫書評論書籍，在前述理論和學術基石之下，將卑南族圖畫書作一個全盤的考察，包含出版年代、出版內容、作者繪者，以及深入探討圖畫書中的圖文關係如何展現全書主題。筆者之研究目的為提供未來的卑南族圖畫書出版一些背景考察和圖畫書原理研究之便。

　　圖畫書定義中外歷來有許多說法，關於名稱，國內常以「圖畫書」、「圖畫故事書」或「繪本」稱之，探究外文來源，英文為「*Picture Book*」，日文為「繪本」，語意皆為「圖畫」、「書」，故本文將所討論之文本以「圖畫書」稱之。

　　圖畫書的定義和文圖搭配之理論依據，筆者採用的是日本圖畫書出版先驅松居直（まついただし），以及加拿大兒童文學學者培利・諾德曼（Perry Nodelman）在其著作中的主張。前者主張：「文字＋圖畫＝帶插畫的書；文字 x 圖畫

＝圖畫書」，這組公式揭示出圖畫書之圖文關係並非相加用以敘述故事，而是相乘後所得到的、對於故事內容能顯現的最大張力；後者在《閱讀兒童文學的樂趣》中更認為「圖畫書」是運用文字和圖像一起創造故事的書。

　　接著筆者依據上述原理，首先將前行研究中所舉出的卑南族圖畫書加以分類歸納，並參考文獻探討中的各種圖畫書分類法，加上筆者考量分圖畫書為五類內容，分別是：族群介紹、田調紀實、神話傳說、師生創作和當代議題創作。觀察這些圖畫書，首先討論其出版背景、作者群、書寫內容等，取特色鮮明及手法清晰之圖畫書加以詳細考察，檢視圖畫書中的圖像位置相互間的關係，再加以研究圖像與文字整體如何搭配以彰顯故事。

　關鍵詞：卑南族、圖畫書、台灣原住民、兒童文學。

一、　探討及取徑

　　圖畫書之定義中外歷來有許多說法，而關於名稱國內常以「圖畫書」、「圖畫故事書」、或「繪本」稱之，探究外文來源，英文為「*Picture Book*」，日文為「繪本」，語意皆為「圖畫、書」，故本文將所討論之文本皆以「圖畫書」概括稱之。

　　探究圖畫書中圖文關係，日本繪本出版先驅松居直曾提出一組定義：「文字＋圖畫＝帶插畫的書；文字 x 圖畫＝圖畫書」，這組公式揭示出圖畫書之圖文關係並非相加用以敘述故事，而是相乘後所得到的、對於故事內容能顯現的最大張力。培利・諾德曼（Perry Nodelman）在《閱讀兒童文學的樂趣》中更強調「圖畫書」是運用文字和圖像一起創造故事的書。（頁 268）此外，諾德曼也將文字和圖像在圖畫書中，對故事分別造成的影響有此說明：

> 　　圖畫書中插圖和文字不同，也用不同的方式來傳達訊息。插圖涵蓋空間特質，可輕易表達物體外表的訊息、因果、強勢與附屬、可能性與實際性等視覺上的整體感；文字涵蓋的是時間，可以描繪古早之事、呈現人的夢境和臆測。（頁 250）

　　插圖涵蓋空間、文字涵蓋時間，兩者相加可擴張單一符號所能指涉的範圍，也擴展了閱讀的樂趣。

　　台灣原住民族圖畫書發展可追溯自 1960 年代，不同於原住民族文學一向以「身分」[1] 界定其屬性，原住民族圖畫書更

1　即以作者身分是否為原住民來界定其所書是否為原住民文學。

偏向兼具「身分、題材、語言」三種面向[2]，且「尤其是以
『題材』為先」[3]。

　　台灣原住民族圖畫書出版首先是隱身在台灣文化系列
書目中，如由臺灣省政府教育廳主編出版的中華兒童叢書系列，
其中有多本內容為敘述原住民族群故事：

表一：中華兒童叢書中的原住民族圖畫書

編號	書名	文（族別）	書寫的內容族別	出版日期
1.	雅美族的船	文 / 宋龍飛（漢）圖 / 陳壽美（漢）	雅美族	1966.09
2.	布農族的獵隊	文 / 馬雨辰（漢）圖 / 陳壽美（漢）	布農族	1967.09
3.	紅葉之歌	文 / 陳約文（漢）圖 / 曹俊彥（漢）	布農族	1970.11
4.	山地神話 1	文 / 陳天嵐（漢）、包可蘭（漢），圖 / 呂游銘（漢）、丁松青（美國）、江義輝（漢）、陳永勝（漢）等	雅美族、布農族、卑南族、拉阿魯哇族	1975.07
5.	山地神話 2	文 / 陳天嵐（漢）圖 / 顏水龍（漢）、趙國宗（漢）、江韻瑩（漢）等	泰雅族、雅美族、阿美族、鄒族、布農族、魯凱族	1975.12
6.	山谷的災難	文 / 林永祥（漢）圖 / 鍾易真（漢）	不明 / 無法界定	1980.04

製表：賴沛緹

2　此三種論述為台灣原住民文學定義範疇之爭論面向，主張身分論者有
　　孫大川、與言論者有瓦歷斯‧諾幹、題材論者有浦忠成。
3　「透過生動的故事，搭配精緻彩繪圖畫，勾勒出原住民信仰、儀式、
　　禁忌、圖騰、生活智慧與技能以及歷史。原住民豐富的神話（含神話、
　　傳說、民間故事），正是兒童文學的活水源頭，其蓄意與待發，是指
　　日可待。其間，圖畫書已成為眾所矚目。而本文所謂的圖畫書，是兼
　　具「身分、題材、語言」三種面向，尤其是以「題材」為先。」林文寶，
　　《台灣原住民圖畫書 50》，原教界 2011 年 12 月號 42 期，頁 72。

　　上表可以觀察出原住民族圖畫書之初期發展，作者及繪者皆非原住民族；台灣自解嚴以後，本土文化重新受到重視，加上世界民族運動思潮影響，台灣原住民族之族群意識抬頭，文學發展亦相應發展出為民族發聲的特色，許多原住民族創作者亦紛紛嶄露頭角，若觀察臺灣本土出版的原住民族相關圖畫書數量，初步統計自 1945 年至 1998 年之間，本土創作的共有 542 冊，屬於原住民圖畫書內容僅 13 冊；但是至 2008 年，出版內容與原住民族相關之圖畫書就增加至一百零六本，此十年之間出版數量成倍數成長，[4] 筆者認為此現象與出版政策、文藝計畫和族群文化復振運動皆有不可忽視的關係，其中原住民籍創作者的投入也是一股很大的助力。

　　創作數量漸多，也吸引部分研究者開始探看原住民族圖畫書背後所蘊含的意義，筆者彙整相關圖畫書論文研究如下表：

表二：原住民族圖畫書相關議題學位論文一覽表

序號	年度	撰者	論文名稱	畢業學校系所	碩士／博士
1	2000	游進昌	國小兒童圖畫書原住民內容之分析及國小非原住民學生的原住民知識與原住民印象之研究	國立嘉義大學國民教育研究所	碩士
2	2007	盧慶文	台灣原住民兒童之圖像創作與文化書寫	國立東華大學族群關係與文化研究所	碩士

4　數據引自林文寶，《台灣原住民圖畫書 50》，原教界 2011 年 12 月號 42 期，頁 74。

序號	年度	撰者	論文名稱	畢業學校系所	碩士／博士
3	2008	陳雨嵐	台灣原住民圖書出版歷程之研究	南華大學出版與文化事業管理研究所	碩士
4	2008	陳奕杰	原住民繪本創作內蘊研究與實踐	國立東華大學民族藝術研究所	碩士
5	2008	李孟芬	畫説阿美族－國小文化繪本創作教學研究	國立花蓮教育大學視覺藝術教育研究所	碩士
6	2009	鄭勛方	以原住民文化為主題之幼兒圖畫書文本分析	國立台灣師範大學人類發展與家庭學系	碩士
7	2011	黃春玲	我國兒童圖畫書中原住民形象之內容分析	實踐大學家庭研究與兒童發展學系研究所	碩士
8	2015	林庭薇	台灣原住民族圖畫書研究（戰後	國立臺東大學兒童文學研究所	碩士

製表：賴沛緹

　　上述論文，黃春玲的論文著重於探討圖畫書中對原住民描繪之形象，結論為部分圖畫書文本缺乏深刻原住民族相關文化及觀點，且存有刻版印象；林庭薇則是第一位就原住民作家創作的圖畫書作出分類分析的研究者，其碩士論文旨在討論台灣政治與社會環境如何影響原住民族圖畫書的呈現及出版。

　　黃惠玲在〈臺灣繪本所反映之國家身分與文化認同〉一文中，亦探討了原住民族繪本發展情況，對台灣原住民繪本的見解，認為並未有太多對「現代」原住民生活的描寫。但有舉例幾本在畫風和藝術上有嶄新的創作。若將研究原住

民兒童文學的視野放諸海外，會發現原民兒文在許多國家已
有論著：美國印地安兒童文學、澳洲原住民兒童文學等相關
資訊頗豐，創作者、學者、讀者們皆傾注心力於此，台灣的
進程確實比海外國家稍微緩慢。[5]

　　期刊論文及研討會相關論文，如傅鳳琴〈從邊陲到主體--
試說臺灣原住民兒童圖畫書〉[6]，內容為概述 1945 年至 2008
年間台灣原住民族圖畫書發展；同位作者另有一篇文章〈變與
不變：試探卑南族二兄弟口傳故事之變異研究〉發表於《回凝
與前瞻— 卑南族回顧的研究與展望：卑南學資料彙編第一輯》[7]中，
此篇文章由口傳故事流變作為切入點，最後以《卑南遺址的故事》
和《神秘的月形石柱》兩本圖畫書作為分析對象，提出「口傳
故事藉由圖畫書賦予角色實際形象」的論點，同時也論析口傳
故事在不同時代中因應社會所衍伸的重點轉移現象。

　　原住民族圖畫書的研究專書如《台灣原住民族圖畫
書 50》[8]，內容為編者林文寶所選 50 本原住民族圖畫書導讀。

　　綜上所述，台灣原住民族圖畫書的論文研究大多偏向論述
族群形象、族群觀或原住民族知識，在論述文章與專書中，

5　參考黃惠玲（2013）。〈臺灣繪本所反映之國家身分與文化認同〉。
　　載於古佳艷主編。《兒童文學新視界》。前引書。頁 231-268。
6　在 2008 海峽兩岸兒童文學學術研討論中發表。
7　傅鳳琴（2014）。〈變與不變：試探卑南族二兄弟口傳故事之變異研
　　究〉林志興、巴代（主編）（2016）。《回凝與前瞻— 卑南族回顧
　　的研究與展望：卑南學資料彙編第一輯》。新北市：耶魯國際文化。
　　頁 365-385。
8　《台灣原住民族圖畫書 50》係由林文寶策畫出版，本書內容涵蓋 1966
　　年至 2010 年間原住民族圖畫書，由專家學者挑選其中五十本並撰寫
　　導讀，全書涵蓋三篇序：孫大川撰〈與每個時代的兒童對話：真實延
　　續原住民文化〉、浦忠成撰〈為孩子打開一扇窗〉、林文寶與傅鳳琴
　　合撰〈試論台灣原住民族圖畫書〉。

雖有台灣原住民族圖畫書發展概況的研究，但當中對於圖畫書的理論探索和圖像批評發展仍未得到迅速發展，這樣的論述困境早已在 2000 年出版的兒童文學論文選集中指出：

> 圖畫書創作在兒童文學上所展現的活絡生機，卻不見得同步反映在和理論的探索或批評的發展上，其中很大一部份原因是由於圖畫書的本質而造成討論之不易。[9]

這裡圖畫書的本質，指的是圖與文結合的特性；圖畫書評論的困難處在歐美亦有討論，早在數十年前已有 Bader, B.（1976）、Hunt, P.（1990）及 Kiefer, B.（1993）等人指出此一領域缺乏批評理論[10]，《擺盪在感性與理性之間 — 兒童文學論述選集 1988-1998》一書亦綜合討論台灣圖畫書之討論走向，已由故事內容逐漸擴展至讀者反應、幼兒教育、圖像語言及圖文關係探索，可見台灣對於建立圖畫書批評語彙的企圖心。[11]

2015 年，國立臺東大學兒童文學研究所舉辦「原住民兒童文學」研討會，此會議為學術界第一次公開以「原住民兒童文學」為題徵文共同探討，會議共有三個子題：原住民兒童文學中的圖像與影像；生態觀、族群想像與敘事美學；文化傳承

---

9 林文寶策劃、劉鳳芯主編（2000）。《擺盪在感性與理性之間 — 兒童文學論述選集 1988-1998》，台北市：幼獅出版。頁 135。

10 Bader（1976）、Hunt（1990）、Kiefer（1993）等人分別針對圖文特性提出曾提出圖畫書涉及至少兩種不同的傳播系統或符碼（codes or systems of communication），這樣的特性使得圖畫書很難單純從文字或是圖像領域來分別批評。

11 林文寶策劃、劉鳳芯主編。《擺盪在感性與理性之間 — 兒童文學論述選集 1988-1998》，前引書。此處執筆者不明，文末有附上三本參考書目分別為林真美（1999）《在繪本花園裡：和孩子共享繪本的樂趣》、松居直（1995）《幸福的種子：親子共讀圖畫書》、幸佳慧（1998）未出版之碩士論文〈兒童圖畫故事書的藝術探討〉。

與教學現場。其中與圖畫書相關的為「原住民兒童文學中的圖像與影像」，所發表的研究論文有四篇——高旋淨以書面發表，說明布農族作家田知學如何透過圖畫書之圖像及語言展現族群文化；林羿均挑選五本圖畫書，觀察其呈現的原住民意識，並嘗試歸納出原住民作家們創作圖畫書的意義；耿羿以符號學為思想基點，理出中國少數民族的動畫敘事特徵；黃懷慶則是分析原住民圖畫書的繪者們普遍運用的符號。[12]

　　綜上所述，筆者認為在原住民族圖畫書討論上，亦逐漸轉向聚焦於探討圖文如何表現出文化特點；但是針對圖畫書的組成形式如何彰顯主題，這個部分仍未有相應數量的研究問世。

　　一般來說，討論圖畫書的「版式內容」應包括：書本材質、尺寸、裝訂及封面、扉頁、封底設計；徐素霞在其著作《台灣兒童圖畫書導賞》中曾以「一齣連貫的戲劇」做比喻：

> 以電影或表演藝術做譬喻，在圖畫書中，封面就像海報或片頭，扉頁則可喻為鏡前的氣氛營造，是一種序言或伏筆。從封面起，經過蝴蝶頁、扉頁、內頁，再到封底，這一系列的圖畫製作就宛如一齣連貫的戲劇。[13]

　　圖畫書本身的結構上，亦可以表現出主題，圖畫書結構上，由書封至封底，依序為封面、蝴蝶頁、扉頁、正文、後扉頁、後蝴蝶頁、封底[14]；一本圖畫書自封面至封底都應

12 游凱婷撰，〈2015 原住民兒童文學研討會〉，收錄於「臺灣原住民族圖書資訊中心部落格」，（原住民族委員會），取自 https://tiprc.apc.gov.tw/blog_wp/?p=12010。大會相關論文於該次中共計發表了十篇，三項子題篇數接近，詳見附錄一。
13 徐素霞（2002）。《台灣兒童圖畫書導賞》。台北市：國立台灣藝術教育館。頁 61。
14 參考 Denise I.Matulka（丹尼絲‧Ｉ‧馬圖卡）（著）王志庚（譯）

做到主題凸顯，它和這本書的關係有可能是角色介紹、內容暗示、情緒烘托等，幸佳慧的碩士論文〈兒童圖畫故事書的藝術探討〉曾作此說明：

> 封面圖像的清晰能夠給予讀者主題的聯想，因此，好的封面圖畫，不僅給予觀者對於插畫家強烈的第一印象，透露出內部的繪畫風格，也使人可以快速瞭解書的主題。而書的結尾面也是不容忽視的，兒童在閱讀完內頁闔上書的一剎那，最後結尾面的視覺印象也是整本書的延續，讓故事有起死回生的趣味。（頁 77）

圖畫書在頁與頁之間，藉由翻動產生的效果，短時間內相信難以被電子書取代，故此特殊的設計過程 —— 提前設想讀者閱讀型態、並加以詳細設計，不應被忽略，研究者們更應將圖畫書作品中隱藏的各式符號放入作品的「整體」中觀察，才能不失偏頗。

二、　卑南族圖畫書的發展

原住民族文化歷來以口傳型態傳承，歷經西方傳教士紀錄、日本時期採集調查、國民政府時期開始以文字型態出版，邁入 21 世紀，圖畫書形式對口傳文學帶來的影響，在數量漸增的各式圖畫故事出版中可以得到印證。

本論文所列之卑南族相關圖畫書，係以內容囊括卑南族主題之圖畫書為採納原則，書本內容或單論卑南族，或包含

（2018）。《圖畫書大解密》。台北市：天衛文化圖書股份有限公司。

兩個以上族群。由表四可知，第 1 本卑南族圖畫書出版自民國 64 年，此後至至 2021 年間，共計有 28 本；筆者將所有的圖畫書列表，依照內容分為五類：族群介紹、田調紀實、神話傳說、師生創作以及當代議題創作；另外有少部分書籍過去在研究論文中被列為圖畫書，但考量前文引述之圖畫書定義[15]，此類作品內容並不符合圖畫書定義[15]，故在下表（表三）中將這類書籍暫時予以排除。

　　由圖畫書形式表現的口傳故事，在卑南族的創作元素中比例佔大多數，2014 年，傅鳳琴已將卑南族二兄弟口傳故事變異做過詳細分析[16]，基本上卑南族的口傳故事原型大多源自於此，在不同年代有許多新變樣貌，這點在傅鳳琴論文中已詳細論述。

　　初期在發展上，內容題材多為族群介紹和神話傳說，這點和該階段的社會氛圍有所關聯；加上原住民族文學初期發展以梳理紀錄各族口傳文學為主，故在內容上有此一特色顯現。發展之初可以觀察到漢族作家占多數，這點在作品書寫上亦可見到「介紹卑南族人、介紹卑南部落」等等的特色，能夠在行文間感受到「書寫他族、介紹他族」的主觀論調；後期漸漸由卑南族作家發聲，由自身經驗和口吻講述部落和童年經驗，這兩者之間帶給讀者感受截然不同。

　　數量上來看，卑南族圖畫書發展，若將多族合一的圖畫書排除在外，那麼數量上從 1975 年至 2019 年僅有 16 本，若加

15　筆者初尋圖畫書，參考國立臺東大學兒童文學研究所，黃庭薇 2016 年之未出版碩士論文〈台灣原住民族圖畫書研究（戰後 1945 年～ 2011 年）〉。文末所附原住民族圖畫書列表，筆者思索部分書籍為詩集、歌謠集、族語教材，故並未將此類書籍列入。

16　參考傅鳳琴論文。（2014）〈變與不變：試探卑南族二兄弟口傳故事之變異研究〉。《卑南學資料彙編第一輯》林志興、巴代主編。前引書。

上多族合一圖畫書，年份相同則數量提升至 28 本，以如今原
住民族圖畫書出版量多的情況來觀察，如此數量來看，比例亦
不算多。然，筆者為此論文之目的亦不在盲目推崇出版數量，
最重要的是想要點出原住民族的圖畫書品質仍須向上提升，
如此才能使下一代擁有優良的閱讀素材，使得讀者能夠透過細
細品味原住民族圖畫書，讓人逐漸理解族群的文化底蘊。

表三：涵蓋卑南族主題圖畫書列表（1945~2020）

類別	編號	書名	文（族別）/ 圖（族別）	附屬叢書	族別	出版單位	出版日期
神話傳說	1	山地神話 1	文/陳天嵐(漢)、包可蘭（漢）圖/呂游銘(漢)、丁松青（美籍）、江義輝（漢）、陳永勝（漢）等	中華兒童叢書	達悟族、布農族、卑南族、拉阿魯哇族	台灣省政府教育廳	1975.07
神話傳說	2	山地故事	文 / 蘇樺（漢）圖 / 洪義男（漢）	幼獅少年叢書 4	布農族、阿美族、泰雅族、卡那卡那富族、賽夏族、排灣族、達悟族、卑南族、魯凱族	幼獅文化事業公司	1982.12, 1884.06 再版
神話傳說	3	虹從那裏來	文 / 蘇樺（漢）圖 / 洪義男（漢）		泰雅族、布農族、鄒（卡那布）族、排灣族、卑南族、賽夏族、魯凱族、達悟族	幼獅文化	1992.01

類別	編號	書名	文(族別)/圖(族別)	附屬叢書	族別	出版單位	出版日期
田調紀實	4	擦拭的旅行——檳榔大王遷徙記	文/陳千武(漢)圖/施政廷(漢)	台灣少年故事1	卑南族	臺原藝術文化基金會、臺原出版社	1993.12
田調紀實	5	卑南遺址的故事	文/林志興(卑南)圖/林文賢(卑南)		卑南族、阿美族	國立臺灣史前文化博物館	1998.06
神話傳說	6	大地也會眨眼睛	文/亞磊絲・泰吉華坦(布農)、陳麗莉(漢)圖/陳敏捷(漢)	中華兒童叢書	布農族、魯凱族、達悟族、鄒族、賽夏族、泰雅族、卑南族、阿美族、排灣族	台灣省政府教育廳兒童讀物出版部	1999
族群介紹	7	一個部落到一個部落	文/梁琴霞(漢)、瑁瑁・瑪紹(泰雅)、撒古流・巴瓦瓦隆(排灣)、林青蘭(漢)、陳家成(漢)等圖/季・拉黑子(阿美)、撒古流・巴瓦瓦隆(排灣)、阿麥・西嵐、瑁瑁・瑪紹(太魯閣)、盧村(魯凱)、周玉玲(漢)等		布農族、阿美族、卑南族、賽德克族、達悟族、鄒族、賽夏族、魯凱族	原住民文化園區管理局	2001

類別	編號	書名	文(族別)/圖(族別)	附屬叢書	族別	出版單位	出版日期
族群介紹	8	拜訪原住民	文/謝麗美(漢)、曾美美(漢)圖/邱若龍(漢)攝影/黃丁盛(漢)	台灣小小探索隊系列	阿美族、雅美族、排灣族、泰雅族、鄒族、卑南族、賽夏族、魯凱族、布農族	理特尚文化實業有限公司	2001
族群介紹	9	卑南族	文/明立國(漢)攝影/明立國(漢)、黃丁盛(漢)	台灣小百科	卑南族	稻田出版有限公司	2002.07
族群介紹	10	與山海共舞：原住民	文/許雅芬(漢)等圖/王其鈞(漢)攝影/張詠捷(漢)等	探索家園	賽夏族、泰雅族、布農族、鄒族、邵族、魯凱族、排灣族、卑南族、阿美族、達悟族、平埔族	秋雨文化事業股份有限公司	2002.11
神話傳說	11	卑南族：神秘的月形石柱	文/林志興(卑南)圖/陳建年(卑南)	台灣原住民的神話與傳說	卑南族	新自然主義股份有限公司(財團法人祐生研究基金會贊助)	2002.11

類別	編號	書名	文（族別）/圖（族別）	附屬叢書	族別	出版單位	出版日期
田調紀實	12	姨公公	文／孫大川（卑南）圖／簡滄榕（漢）	台灣真少年2	卑南族	遠流出版事業股份有限公司	2003.06
田調紀實	13	海洋（回憶父親之一：陳實）	文／林頌恩（漢）、蘇量義（漢）圖／黃志勳（漢）	部落的旋律·時代的脈動	卑南族（知本）	國立台灣史前文化博物館	2003.11
田調紀實	14	愛寫歌的陸爺爺（回憶父親之三—陸森寶）	文／林娜鈴（卑南）、蘇量義（漢）圖／黃志勳（漢）	部落的旋律·時代的脈動	卑南族（南王）	國立台灣史前文化博物館	2003.11
神話傳說	15	雲豹與黑熊	口述／哈古（陳文生）（卑南）文／嚴淑女（漢）圖／董小蕙（漢）	故事繪本	卑南族	財團法人台東縣文化基金會（財團法人台東縣文化基金會、台東縣政府策劃）	2005.12
神話傳說	16	彩虹橋	文、圖／姚亘（漢）、林向瑩（漢）	台灣原住民神話繪本系列	卑南族	國立台東大學美勞教育學系	2006.03
神話傳說	17	射日	文／薇薇夫人（漢）圖／莊孝先（漢）、岳宣（漢）	台灣童話6	泰雅族、卑南族、阿美族	台灣麥克股份有限公司	2006.03

類別	編號	書名	文（族別）/圖（族別）	附屬叢書	族別	出版單位	出版日期
族群介紹	18	到部落走走	文/陳美玲（漢）圖/林傳宗（漢）攝影/廖泰基（漢）等	親親自然	阿美族、泰雅族、排灣族、布農族、卑南族、魯凱族、賽夏族、鄒族、達悟族、邵族、太魯閣族、噶瑪蘭族	親親文化事業有限公司	2006.09
師生創作	19	初鹿卑南族的大獵祭	文編/洪志彰(卑南)、陳春霞、王秀玲、陳淑雯等美編、繪圖/陳春霞照片/洪志彰(卑南)、吳勝雄		卑南族	台東縣政府教育局、台東縣卑南鄉初鹿國民小學	2007.04
神話傳說	20	看·傳說：台灣原住民的神話與創作（展覽遊戲書）	撰稿/陳嬋娟(漢)圖/雷恩(排灣)、黃麗娟(漢)		阿美族、卑南族、排灣族	高雄市立美術館	2009.03
神話傳說	21	卑南族神話童書	文/未具名圖/鄭功暉(漢)、趙勇甯(漢)		卑南族	台灣原住民部落振興文教基金會(原住民族委員會、文建會、兒童局補助)	2009.09

類別	編號	書名	文（族別）/ 圖（族別）	附屬叢書	族別	出版單位	出版日期
神話傳說	22	大黑狗耕田	文/陳景聰（漢） 圖/杜小爾（漢）	臺灣故事繪本館	卑南族	世一文化事業股份有限公司	2011.01
當代議題創作	23	千榕根的秘密	文/蔡亦琦 圖/鍾燕貞 老師/董惠芳		卑南族（卡大地布）	林務局台東林管處	2012
神話傳說	24	打嚕咕各鳥	文/邱春珠、馬月琴、胡玉美、倫敦・伊斯瑪哈善、黃美玉 圖/磊勒丹・巴瓦瓦隆		太魯閣族、達悟族、卑南族、布農族、賽德克族	財團法人原住民族文化事業基金會	2013
神話傳說	25	卑南大溪的河道變遷傳說：引水英雄都古比斯	主編/林佳靜 圖/陳冠年（卑南）		卑南族	國立臺灣史前文化博物館	2013初版
師生創作	26	女巫	臺東縣太平國民小學師生； 鄭進妹族語翻譯		卑南族	臺東縣政府文化處	2017
田調紀實	27	藍姆姆的記事本（部落植物採集、音樂繪圖創作有聲書）	作者：林源祥 繪圖：林琳（卑南）		卑南族	藍姆姆的記事本（部落植物採集、音樂繪圖創作有聲書）	2018
師生創作	28	平平安安	臺東縣太平國小師生		卑南族	台北市大稻埕扶輪社	2019

製表：賴沛緹

三、　圖文搭配的藝術

　　圖畫書的一項重要原理是圖文相乘所帶來的更大畫面張力，過去早期的圖畫書發展，西方世界可追溯至 19 世紀上半葉，帶插圖的書開始逐漸盛行，在華人地區則還有滑稽畫、小報等流傳市面；[17]隨著兒童權益受到重視，兒童專門刊物亦多有出版，19 世紀 60 年代就有專門寫給兒童的圖畫書在法國出版。圖畫書發展至今，圖像位置和圖文搭配的關係已非早期的「插圖」概念，應將文字無法表達之處以圖畫表現，或是以圖畫擴張文字之意義，文字在其中佔據著畫龍點睛、節奏韻律、提點趣味的功能。

　　早期的原住民族圖畫書，亦可看見「插畫」風格，《神秘的月形石柱》[18]，因為畫面必須容納漢語和英語，文字所據篇幅甚大，有時整個跨頁皆以文字呈現，輔以一兩個較小的插圖：（圖 1、圖 2）。

　　通篇中共有兩個跨頁全部都以圖像呈現，不含任何文字，筆者認為這是為了凸顯故事重點 —— 伊布萬利用風箏逃走、地震火災燒毀敵人住所僅留月形石柱：（圖 3、圖 4）。

　　觀察此系列出版作品，筆者認為圖文搭配之所以有此現象，是因全書設計之初衷並非為了製作單純講述單一故事；此本圖畫書中其實包含三篇不同的故事，並預留了些許篇幅介紹卑南族的部落文化，在整本書中也不時以問答專區「What's more」

17　參考 Sophia Van Der Linden（蘇菲 · 范德林登）（著）（譯）（2018）。《一本書讀透圖畫書》。西安市：世界圖書出版西安有限公司。頁 12-13。
18　林志興（故事採集）、陳建年（繪圖）（2002）。《神秘的月形石柱》。台北市：新自然主義股份有限公司。

圖 1：以天空中的風箏作為插圖。　圖 2：伊布萬跳上石臼來表達整頁
　　　　　　　　　　　　　　　　重點。

(圖片來源：《神秘的月形石柱》頁 44-47)

圖 3：跨頁、無文字呈現伊布萬逃　圖 4：跨頁、無文字呈現月形石柱
走畫面。　　　　　　　　　　　　之由來。

（圖片來源：《神秘的月形石柱》頁 48-49、頁 62-63）

來加強族群的相關資訊，亦包含卑南族語教學。如此多樣化目標的出版策略，勢必會削弱「以圖畫書作為載體的傳說故事」之特點和吸引力，同時，多且重的資訊較適合以文字呈現，圖像在此系列作品中的意義和篇幅也顯得相對較弱了。

　　若挑選單一故事主題的卑南族圖畫書作為分析案例，乘載資訊相對單純，故事主軸和畫面也能有較好的發展。筆者在 28 本卑南族圖畫書作品中，以孫大川之《姨公公》[19] 做為分析案例加以討論。

19　孫大川（文）、簡滄榕（圖）（2013）。《姨公公》。台北市：遠流出版事業股份有限公司。

（左）圖5：《姨公公》書封。

（下）圖6：所述文句較長、內容較多，不易直接朗讀。（圖片來源：《姨公公》未標註頁碼）

（下）圖7：圖像設計配合文字，具有時空推移感；達到「圖文相符」，可惜並未「相乘」。（圖片來源：《姨公公》未標註頁碼）

　　《姨公公》整本圖畫書是用類似雕刻質感的繪圖方式製作，畫面色調溫和不鮮豔、人像之圖似雕刻雕像，搭配孫大川的文字，故事主軸相當明顯是在回憶過往童年時的一位長輩，細究其中的文字與圖像，這本圖畫書適合的讀者年齡層應落在識字能力已臻完熟的階段，並非為幼小讀者設計，若為幼小讀者設計，文字斷句稍微過長，並不適合直接朗讀，以圖 5, 圖 6 為例：

圖 8：兩組人物是不同繪者。　　　　　　圖 9：同一跨頁中有多位繪者。

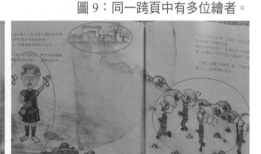

圖 10：不同繪者的不同筆觸使得畫面氛圍無法充份發揮。

（圖片來源：《女巫》頁 8〔圖 8〕、頁 16-17〔圖 9〕、頁 20〔圖 10〕。）

　　然，若以識讀能力較為成熟的讀者角度思考，《姨公公》承載著許多時代回憶，畫面安排上也頗具特色，具有時空推移、融合文句的安排，由翻頁的動作起始，由左向右分別是代表夜晚的月亮、姨公公蓋被睡著安逝、家人哭泣的臉龐，右頁則是太陽升起，著藍色短褲的幼時作者仍在酣睡等，這符合了文字上的描述：「臨睡前、進入夢鄉、喧鬧哭叫聲、姨公公心臟病發逝世、天亮了。」（圖7）

　　繪者使用巧思將時空推移感呈現在靜止的畫面中，文字所帶出的資訊和圖像所呈現之畫面完全符合，然並未互相撞擊出更大的意涵，達到圖文「相符」，並未「相乘」，稍嫌可惜。

　　另外，現今相當盛行的「師生合作」模式也是筆者欲加以探討的，這類由主導單位策畫，並由原住民族學校之藝術教師帶領學生進行繪製的圖畫書，增加的數量多且快速，然因參與人數眾多，筆者所舉之範例為《女巫》[20]，由書末的學生分享可知學生是以人物、建物個別來分工繪製，如排灣族、荷蘭人、現代巴拉冠、女巫等，繪者並非同一人，筆觸、風格等較無法統一：（圖8- 圖10）

　　這類「師生共同創作」的圖畫書在現今依舊是很盛行的原住民族圖畫書創作方式，雖然師生共同合作、學習部落文化、融入藝術領域教育等是很好的目的，但若原住民族群圖畫書逐漸以這類型創作方式走向主流，筆者認為未必是件好事，因多數此類創作者們並非專門以圖畫書圖文創作專精，故在整個圖畫書型態下難免有顧此失彼、圖文搭配和故事情節拿捏不恰當等情形發生。這類型的圖畫書或許最好的流傳方式為創作的師

20　臺東縣太平國民小學師生（文圖）、鄭進妹（族語翻譯）（2017）。《女巫》。台東縣：台東縣政府文化處。

生共同留存分享，若要推展部落文化，有時仍需將故事本身作為軸心概念，另外用適合的文句、搭配設計好的跨頁數量、仔細擬定每個跨頁的重點和動作、整體風格、書封至蝴蝶頁或版權頁設計等，都需要在細細思考設計。

　　另外，故事主題之開本型態亦相當重要，若以主題射日故事為例，筆者所尋的師生共同創作範例為阿美族的《捕捉太陽的女人》，其所選擇的是橫向開本，但細究主題太陽與人之間的關係，筆者私以為或許使用直式開本更能符合天與人之間的縱長關係。圖畫書之所以吸引人的一項重要關鍵即是書本的各式大小型態，搭配翻頁時的瞬間所萌生的意義，這是作者和讀者在「閱讀」的當下所產生的默契，也是每個讀者與圖畫書之間產生的獨一無二的互動空間。

　　某些圖畫書整本書在圖像編輯上，會將一個跨頁放上兩張圖像，拆分為左右兩半，然讀者在翻動書頁之時，目光焦點落在書頁的正中央壓縫之處，尤其是長形的開本，視線會隨著書頁翻動由左向右轉移，此時文字所在位置就顯得非常重要，若文字所要表述的內容都還沒進入眼簾、尚未朗讀完成，但讀者已經由圖像上取得這些資訊了，那麼這一頁就顯然失去繼續閱讀的意義了，下圖取自《台灣童話——射日》[21]，此本圖畫書包含五個故事，下圖為卑南族故事〈兩個老婆婆〉，圖文搭配上，故事結尾這頁在翻動頁面時，壞婆婆的結局已然揭示，但文字節奏上卻無法相互搭配，前三段文字都還在講述壞婆婆如何前往鼬鼠的祭典、所見所聞等；另外同樣並未達到「相乘」效果：（圖11）

21　薇薇夫人（文）、莊孝先、岳宣（圖）（2006）。《台灣童話 — 射日》。台北市：台灣麥克股份有限公司。

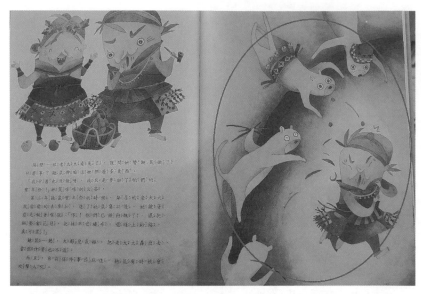

圖 11：圖像節奏與文字節奏不同步，且圖文效果並未「相乘」。(圖片來源：
《台灣童話－射日》頁 36-37。)

圖 12：圖像中融入韓國民俗故事人物，使讀者在閱讀文字之外仍又研究
圖像意義的樂趣。(圖片來源：《眼淚海》)

四、　結語及建議

　　依出版數量來看，卑南族的故事 28 本中多為神話傳說及田調紀實，分別為 13 本及 6 本，當代議題創作偏少，這是未來創作者可以多加思考開拓的面向；在總數中純粹描述卑南族故事的圖畫書僅佔有 16 本，這樣的數量並不算多，單一族群故事的圖畫書發展越趨蓬勃，未來勢必會有更多的卑南族主題圖畫書出現，此現象勢必會迎刃而解。

　　現今多數中小學接希望搭配政府政策出版自身部落專屬之圖畫書，或為配合族語教學、或為學子／學校留下紀錄，筆者認為目的和政策搭配是其次，圖畫書內容以及圖文搭配的重點才應是創作者需特別關注的，現今出版數量漸多，也應走入細究圖畫書原理、圖文搭配如何互顯張力的階段，在圖像創作上除了色彩、元素、形狀、背景等可多鎔鑄使用卑南族特色，亦可將卑南族特有的文化，如巴拉冠精神、祭司精神、生死宇宙觀、族群特有的精靈神話傳說等在畫面上做出融合。

　　日本動畫創作者宮崎駿在其電影故事中，就時常將日本傳說的精靈神怪具象化描繪，雖非作為主角出現，但在影像故事中亦可帶來畫龍點睛的功效；澳洲原住民族主題的圖畫書亦有許多採用點畫方式創作，內容可以是介紹澳洲特有種動物，也可以是介紹英文字母等；韓國圖畫書創作者亦會在描述當代主題的圖畫書中，藉由孩童的想像畫面，呈現許多韓國民間故事人物形象，使讀者在閱讀故事主軸之外，能夠尋找所知元素，產生感嘆：「這是在講韓國的某個傳說故事中的某某人物啊！」（圖 12）以韓國作家徐賢的《眼淚海》[22] 為例：

22　徐賢（文圖）、張琪惠（譯）（2010）。《眼淚海》。台北市：三之三文化事業股份有限公司。

圖 13：拼貼、繪畫加上實物圖片等多元的製圖方式，恰當地搭配此
圖畫書之主題。（圖片來源：《我不睏我不要睡覺》）

　　原住民族圖畫書已有許多描寫族群神話的前行創作者，
讀者們閱讀這些神話傳說故事以後，心中留下基礎形象，接著
再由創作者融合當代議題創作出具有「卑南族文化特色」的圖
畫書，如此便能將族群故事的圖畫書再推向另一個創作的高峰。

　　另外，創作形式亦可更加多元，如創作者蘿倫・柴德爾，
將素材剪貼後再行後製，有別於一般繪畫風格，亦更能表達
多元的想像創造力，這樣的製圖方式巧妙地搭配作者想表現
「幼兒不想睡覺時天馬行空的想像力」，虛實穿插的圖像、
虛實穿插的故事人物搭配天馬行空的主角語句，讓整本圖畫書
呈現畫龍點睛的效果。（圖 13）以《我不睏我不要睡覺》[23]為例：

　　韓國圖畫書創作者白希那，擅長使用紙偶、黏土偶、布、
塑膠片等多元媒介來創造一個立體場景，再配合光影、攝影

23　蘿倫・柴爾德（文圖）、賴慈芸（譯）（2007）。《我不睏我不要睡覺》。
　　台北市：上誼文化實業股份有限公司。

（左上）圖 14：以剪紙、繪圖搭配光影照相製作圖畫書。

（左下）圖 15. 以黏土和攝影方式製作幼兒養寵物的圖畫書，圖像、語彙和主題搭配相得益彰。

（下）圖 16：韓國民俗人物仙女。

技術，將畫面重新組合以後搭配文字呈現在圖畫書中；創作主題除了現代議題如養寵物、做麵包、溫室效應以外，也會將韓國傳統神靈仙女、鬼怪兄弟 [24] 等用現代的環境和兒童互動加以重新詮釋描述，在角色命名、形象塑造上也會特別考量再三，這些創作者的背後思路，都是有志在圖畫書設計一途上的作家可以

24　參考網路資料：曹一竹（2020）。「竹子的韓書房」。網址：https://
　　m.facebook.com/Bamboo.KoreanPicturebook/posts/153717719565813（節
　　錄日期：110.08.08）

「不好意思，我是天陽陷。」

圖 17：韓國民俗人物鬼怪兄弟。

細細參考的。以白希娜之作品《月亮雪酪》（圖 14）、《我是狗》（圖 15）、《奇怪的媽媽》（圖 16）、《奇怪的客人》（圖 17）等為例：[25]

　　文字與圖像的搭配，首先須仔細擬訂所要闡述的故事主軸，以過去兩本圖畫書《卑南遺址的故事》和《神秘的月形石柱》為例，兩本編者皆為林志興，且皆取材於卑南族之二兄弟口傳故事，然圖與文因為兩本所著重的焦點不同，故會有非常大的差別：前者仍著重凸顯卑南族少年不屈不撓的精神；後者則因該時期在台東地區發現了卑南族大片遺址，故在原本的口傳故事中，轉變原有的故事精神，進而在畫面及文字中皆著重於

25　白希那（文圖）、蘇懿禎（譯）（2018）。《月亮雪酪》。台北市：維京國際股份有限公司；白希那（文圖）、林玗潔（譯）（2020）。《我是狗》。台北市：小魯文化出版社；白希那（文圖）、林玗潔（譯）（2020）。《奇怪的媽媽》。台北市：小魯文化出版社；白希那（文圖）、林玗潔（譯）（2020）。《奇怪的客人》，台北市：小魯文化出版社。

卑南族的月形石柱和地理型態。[26] 除此之外，針對所設定的閱讀對象年齡層不同，在文字和斷句上也需要多予以斟酌，優美的散文固然很好，但在圖畫書這樣的載體之下卻未必最為適合；較適切的做法是將散文、故事當作原始素材，加以化用。一般來說，圖畫書最初預設的讀者是無識字能力的幼兒，在此還有一個重要的特徵，即：此類讀者需要中間人接觸群體，可能是購買書的成人，或是為其朗讀故事的他人。[27] 如此必須要考量文字和畫面在朗讀故事時的效果搭配，如：圖畫書頁向左翻動時，朗讀者和聽讀者最先看到的畫面為何？文字為何？畫面是否有足夠的細節和資訊促使小讀者繼續停留在此頁面？或是朗讀者尚未讀完文字，小讀者已經知道接下來這個主角會如何了？又或是，文字所在的任何角落不具邏輯性、無法與圖像互為搭配？

　　卑南族圖畫書自第一本作品出版至今已有幾十年光景，最初由一開始的神話傳說，展向田野調查記錄，而後因應時代多了師生創作；現如今應可在內容上設計既符合兒童身心發展，又融入卑南族文化元素的議題，如卑南族兒童如今面對訓練制度的想法感受？卑南族兒童如何看待族群服飾？卑南族傳統中如何面對挫折、面對挑戰？在圖像設計上除了融入文化傳說的元素之外，在創作素材及方式上也可多做變化，不只是繪圖，亦可融入手工、照相、黏土、布料等，更加多元的去呈現出創意和美感，如此方能使原住民族圖畫書在下一個里程碑中更大放異彩。

26　參考傅鳳琴。（2014）〈變與不變：試探卑南族二兄弟口傳故事之變異研究〉。《卑南學資料彙編第一輯》林志興、巴代主編。卑南學推動小組。頁365-385。

27　亦有專門為成人讀者設計的圖畫書，然此並非筆者建議卑南族圖畫書未來發展之重點。參考Sophia Van Der Linden（蘇菲・范德林登）（著）（譯）（2018）。《一本書讀透圖畫書》。前引書。頁30-31。

參考文獻

(一)研究書目

林志興（故事採集）、陳建年（繪圖）
　　2002 《神秘的月形石柱》。台北市：新自然主義股份有限公司。

孫大川（文）、簡滄榕（圖）
　　2013 《姨公公》。台北市：遠流出版事業股份有限公司。

臺東縣太平國民小學師生（文圖）、鄭進妹（族語翻譯）
　　2017 《女巫》。台東縣：台東縣政府文化處。

薇薇夫人（文）、莊孝先、岳宣（圖）
　　2006 《台灣童話──射日》。台北市：台灣麥克股份有限公司。

徐賢（文圖）、張琪惠（譯）
　　2010 《眼淚海》。台北市：三之三文化事業股份有限公司。

蘿倫・柴爾德（文圖）、賴慈芸（譯）
　　2007 《我不睏我不要睡覺》。台北市：上誼文化實業股份有限
　　　　公司。

白希那（文圖）、蘇懿禎（譯）
　　2018 《月亮雪酪》。台北市：維京國際股份有限公司。

白希那（文圖）、林玗潔（譯）
　　2020 《我是狗》。台北市：小魯文化出版社。

白希那（文圖）、林玗潔（譯）
　　2020 《奇怪的媽媽》。台北市：小魯文化出版社。

白希那（文圖）、林玗潔（譯）
　　2020 《奇怪的客人》，台北市：小魯文化出版社。

（二）專書

古佳艷主編

　　2013《兒童文學新視界》。台北市：書林出版有限公司。

傅鳳琴

　　2014〈變與不變：試探卑南族二兄弟口傳故事之變異研究〉

林志興、巴代（主編）

　　2016《回凝與前瞻 —— 卑南族回顧的研究與展望：卑南學資料彙
　　編第一輯》。新北市：耶魯國際文化。頁 365-385。

阿甲等（譯）

　　2017《秀個故事給我看！—— 為什麼圖畫書很重要：與 21 位世
　　界頂尖插畫家的對談錄》（原作者：Marcus. Leonard S.）。
　　台北市：天衛文化圖書股份有限公司。（原著出版年：
　　2012）

Denise I.Matulka（丹尼絲 · Ｉ · 馬圖卡）（著）王志庚（譯）

　　2018 《圖畫書大解密》。台北市：天衛文化圖書股份有限公司。

Sophia Van Der Linden（蘇菲 · 范德林登）（著）（譯）

　　2018 《一本書讀透圖畫書》。西安市：世界圖書出版西安有限
　　公司。

林文寶策劃、劉鳳芯主編

　　2000《擺盪在感性與理性之間 —— 兒童文學論述選集 1988-
　　1998》，台北市：幼獅出版。頁 135。

徐素霞

　　2002《台灣兒童圖畫書導賞》。台北市：國立台灣藝術教育館。

（三）論文

黃庭薇

  2016 〈台灣原住民族圖畫書研究（戰後 1945 年～ 2011 年）〉
      （未出版之碩士論文）。國立臺東大學兒童文學研究所：
      臺東縣。

王蕙瑄

  2017 〈臺灣童書出版發展史研究（1945 ～ 2016）〉（未出版
      之博士論文）。國立臺東大學兒童文學研究所：臺東縣。

幸佳慧

  1998 〈兒童圖畫故事書的藝術探討〉（未出版之碩士論文）。
      國立成功大學：台南市。

（四）期刊及網路資源

原教界

  2012 年 10 月號第 47 期。《原住民族的繪本：千千岩助太郎與
      台灣原住民族傳統建築》。

林文寶

  2011《台灣原住民圖畫書 50》，原教界 2011 年 12 月號 42 期，
      頁 72。

傅鳳琴

  2009.6.15。〈臺灣原住民圖畫書出版現象觀察（下）〉。史前
      館電子報第 157 期。網址：https://beta.nmp.gov.tw/enews/
      no157/page_03.html（節錄日期：2021.06.13）

「臺灣原住民族圖書資訊中心部落格」，（原住民族委員會）
  網址：https://tiprc.apc.gov.tw/blog_wp/?p=12010

曹一竹

  2020。「竹子的韓書房」。網址：https://m.facebook.com/
      Bamboo.KoreanPicturebook/posts/153717719565813

卑南族經典部落歌謠採集與活化

我們四年來的看見

陸浩銘、黃薇蓁

阿藜漾文創工作室

摘要

當我們唱起閩南語歌「望春風、港都夜雨、燒肉粽」、華語歌「何日君再來、榕樹下、路邊野花不要採」、英文歌「*Sound Of Silence*、*Knockin' On Heaven's Door*、*Yesterday Once More*」時，腦袋中浮現的是什麼？會是單純的一首熟悉節奏而已嗎？是否那個年代的記憶也跟著一起浮現上來，是否歌詞所富含的文雅優美也再一次呈現語言的文化底蘊，是否在這些首歌背後的時代故事構成對歷史的理解，只要不斷的傳唱，文化將能以一種貼近生活的形式永存著。

我們為何不用歌曲做為媒介，對於逐漸消逝的卑南族文化、瀕危的卑南族語、及其維護文化的歷史使命感進行連結。一首經典部落歌謠呈現的不只是歌曲，歌曲只是當時社會背景與人為環境下，人們生動故事的一部份，而故事則是文化更為動人的呈現形式。而透過當代的技術進行採集與記錄，透過當代的重新編曲與演繹，透過音樂 *MV* 的拍攝與流傳，

我們所希望做到的是，用這個年代的新思維重新詮釋與呈現經典部落歌謠背後的文化，讓族人看見身在部落的我們在影音採集、後製活化的專業，也讓耆老們願意相信我們有能力參與，讓文化的傳承有更多的方式及可能，無須像過去，只能依賴外界的專家或廠商。

　　文化消亡只在轉瞬間，但傳承卻要漫長的累積，進行歌謠採集的同時，我們也在陪伴與傾聽，努力備份長輩們的文化智慧與記憶。

　　身為當代的原住民，除了學習重新建立族群認同，找回祖先的價值觀，認識自己是誰之外，更希望向非原住民族群發聲。音樂 MV 不是原住民的傳統，但它是當代流行音樂的呈現樣態。當對原住民的微歧視屢見不鮮時，我們選擇用沒有門檻的流行音樂模式向大眾對話，希望讓非原住民族群對文化有更多理解，不是只有豐年祭飲酒歌舞的歡樂想像。文化，唯有懂得，才能尊重。我們相信，文化持續被使用才有延續的可能，N 世代（網絡世代）的衝擊，在流量即是王道的時代，藉由歌謠採集影片被分享及轉載，閱聽受眾除了卑南族人，更包含了非卑南族的族群。這四年來，我們從 107 年的【版圖歌】、108 年的【抬椅歌】，109 年受限經費只做了採集，沒有拍 MV，到 110 年的【獵人歸來】，透過田調採集的記錄、拍攝 MV 的活化，以及每年不間斷的歌謠交流分享會，努力營造文化的舞台以及加強族群價值認同，希望藉此提高部落歌謠在族人心中的價值，使部落歌謠不只經典，更能成為當代流行音樂文化，讓歌謠及族語文化在當代存活，讓更多人認識卑南族，和卑南族交朋友。

　關鍵字：卑南族、部落歌謠、田野記錄、活化創新

一、　前言

　　從 107 年起，我們協助【臺東縣卑南族民族自治事務促進發展協會】提案申請並完成執行文化部的「原住民村落文化發展計畫」，以及臺東縣政府的「社區營造點徵選補助計畫」，進行卑南族經典部落歌謠的採集與活化。迄今已連續四年，成果如下：

1. 完成訪談採集部落歌謠 27 首。

2. 完成音樂 *MV* 共計 3 首（109 年受限經費只做了採集，沒有拍 *MV*）。

3. 臺東《台灣好基金會 x 鐵花村音樂聚落‧慢市集》辦理 4 場部落歌謠交流。

4. 於卑南族各「部落文化健康站」辦理 19 場部落分享會。

5. 設立 *YouTube*【美哉 Pinuyumayan 唱自己的歌】頻道，上傳所採集歌謠（1,018 位訂閱者，頻道目前累積的觀看次數為 233,551 次）。

   ▲ 版圖歌 *MV* 累計觀看次數：88,002 次 (首播日期：2018/9/28)。

   ▲ 抬椅歌 *MV* 累計觀看次數：34,412 次 (首播日期：2020/4/5)。

   ▲ 獵人歸來 *MV* 累計觀看次數：12,389 次 (首播日期：2021/9/26)。

6. 每年計畫執行，跨部落工作小組青年參與超過 50 人，累計超過 200 人。

二、　採集記錄的差異

　　四年來，走訪卑南族各部落，拜訪部落耆老、族語教師、部落文化工作者 …… 等等，發現由於過去的殖民政權，以不同政治手段強迫原住民放棄母語，卑南語已失去過去的生活語境，以致於現今族人大多不熟悉母語，族語程度落差極大，以致於歌謠文化面臨斷層；而歌謠的學習也由過去祖先的「口傳言說」，因應時代轉變，除了慣用的「口傳」之外，再加上拼音書寫系統作為輔助，讓歌謠的內容文字得以被記錄保存。但因年代不同，採用的書寫系統的拼音方式也未盡相同，所以也就發生了許多歌謠的記錄在不同的年代會有不同拼音呈現。(過去所採用的天主教拼音)耆老們雖然習慣以卑南語交談，但許多人都還不太熟悉現今採用的「羅馬拼音」，所以當我們需要歌謠的歌詞正確卑南語拼音時，就需要尋求族語教師的協助(族語師徒制)，為我們整理校對正確的書寫拼音；有些文健站也因應這個情況，特別邀請族語推廣人員到站教 mumu 認識羅馬拼音。

　　以 108 年在【南王部落】所採集的《a senay dra inabangulr 孤獨之歌》過去曾被稱做《Patrapang 巴答邦會所情歌》摘錄歌詞首兩句為對照：

　　（過去天主教拼音）

　iku li ba-ri-ya-ri-yaw lraiya o　［我在 Bariyariyaw（地名）］
　yêyaiku li pu-ra-ri-yêy-yei-ka-nalraiyaowa［我要去放牛］
　　（現行羅馬拼音）

　iku dri Ba-ri-ya-ya-riyaw a iya oy　［我在Bariyayariyaw（地名）］
　i yay kulipu-ra-ri-iye-ka-nalraiya o wan　［我在放牛］

【Puyuma 南王部落】a senay dra inabangulr 孤獨之歌

iku li Ba-ri-ya-ya-riyaw a iya oy

我在 Bariyayariyaw（地名）

i yay ku li pu-ra-ri-iye-ka-nalraiya o wan

我在放牛

kaykukaykudrii pa-iyey-ba-lranlraiya oy

走吧走吧我去到了山坡處

iyedri-nikuidre-ma-iya-dre-nan lraiya o wan

我在群山之中

iku li i Pa-na-ya-ki-san lraiya oy

我在 Panayakisan（地名）

ye ikudrika-ti-re-iye-be-nganlraiya o wan

我在草木茂盛的林間

kay-ku kay-kudri mu-ra-ru-ma-an lraiya oy

回家吧回家吧回到家了

i-si-su-walraika-ra-ra-iya-i-pan lraiya o wan

等待我的伴侶在哪呢？

【Patrapang 巴答邦會所情歌】

iku li ba-ri-ya-ri-yaw lraiya o　我在 Bariyariyaw（地名）

yêyaiku li pu-ra-ri-yêy-yei-ka-nalraiyaowa 我要去放牛

kay-ku kay-ku li pu-ra-ri-yêy-yei-ka-na lraiya o i 我去放牛

sa-be-law lra ima-a-lu-na gung lra iya o wa 我的牛餓了

iku li i pa-i-ba-lran lraiya o 我在山坡下

ya a-mau lra i ka-tri-re-bengan lra iyaowa 草木茂盛

kay-ku kay-ku li pa-a-a-nu-na-na lra iya o 我下山了

iyai a-ya-wan lrai ma-a-lu-na gung lra iya o wa

風吹得牛很涼爽

iku li e dre-ma-i-ya-dranan lra ya o 我在山上

iya a-maukui pa-i-ba-lran lra iyaowa 我在山坡上

kanbaliyandraka-lra-lre-be-san lra iya o i 吹起涼風

i-re-ban draka-ba-ba-li-yan-ne lra iya o wa 風很冷

iku li mu-ra-ru-ma-a lra iya o 我在回家的路上

inga-ra-yukudraka-te-nga-dra-wan-ne lra iyaowa

請為我準備椅子

kay-ku kay-ku i li-wa-waa-di-yan lra iya o 我要去找兄弟姐妹

i a-na-nu kudraka-la-li-e-pa-danlraiya o wa

請準備椅子等我回家

三、　找誰來唱？如何繼續唱下去？

　　經過實際訪談發現，部落歌謠的傳承也不是每個部落都能找到可以協助訪談的耆老，以 107 年訪談阿里擺部落為例，部落現居的卑南族人大幅減少，還留在部落的長者未必擅長唱歌，而且日治時期受日本教育，慣用日語，卑南語已不熟悉，而他們的成長階段也許未能完整接受部落傳統文化教育，又需面臨

當代社會的生活壓力，以至於對於學習傳統文化較為冷感（對文化的消滅無感）；或部落內懂得吟唱古調或擅長唱歌的老人早已故去，已無耆老可教習歌謠，只能改向鄰近下賓朗部落取經學習，辦理族語班及學唱古調，希望重新找回文化。

109 年在利嘉部落進行訪談時，也有耆老提到日治時期因為「呂家望」是軍政教育中心，實施皇民化教育後，部落傳統文化就嚴重流失，是近年來推動文化復振後，才慢慢重建部落文化。所以，在利嘉部落的採集對象就不限於耆老，而是包含「族語傳習教室」認真的學員們以及熱愛文化的「利嘉青年們」，採集影像中也會看到他們拿著歌本，賣力唱出所學習到的歌謠，令人感動。

隨著原住民族語言復興意識抬頭，許多部落的年輕人也感受到母語的危機感，主動參與文化學習，除了陪伴耆老學習文化及傳統生活智慧，也透過舉辦「部落文化成長班」來傳遞文化知識，讓族語文化浸淫自幼齡紮根。

透過每年的文化成長班，小小孩長成大小孩，大小孩再晉升成長班的哥哥姐姐，從上課受教者逐年成長為帶班上課的分享者。歌謠是母語學習最親近的門檻，透過學唱族語兒歌或是部落經典歌謠，讓成長班的孩子們對族語有更不畏懼開口，更有成就感的互動。

也許當數十載過去，現在的年輕人也成為耆老的時候，他們能稍自慶幸從小學習的文化積累，讓他們有底氣得以在子孫面前不至於全然無知空匱。

四、 滾動式修正的田調採集

　　綜觀四年來的田調採集，若邀請老人家單獨受訪，常要耗時很久卻無所獲；但如果是邀集數位長輩共同受訪，在聊天談笑中，或是講述年輕時的往事；或是互相消遣吐槽，就很容易激盪出火花，許多歌謠就一首接一首的被哼唱出來。由於長輩們的年事已高，記憶不一定準確，在這種彼此的記憶碰撞中，也可以幫助回憶歌謠的完整及正確性。而透過現代科技的輔助，我們在田調時播放從錄音帶或 CD 翻拷的歌謠音檔，也能有效幫助長輩們勾起回憶，輕鬆跟著哼唱。

　　隨著部落族人因應工作或家庭原因的遷徙移居，在部落中也會出現來自其他族群或其他部落的「新住民」，雖然他們在概念上是移入者，但他們也可能成為部落歌謠的傳唱者。以 110 年採集建和部落為例，由於部落裡面會唱古調和部落歌謠的長輩寥寥可數，而身體狀況能配合訪談採集又所剩無幾，所以建和青年會的工作伙伴在詢問過族語教師洪淳嵐老師後，前往拜訪馬榮俊阿公。馬榮俊阿公是建和部落公認很會唱歌的，他來自泰安部落，娶了知本部落的太太，後來落戶在建和部落，已經在建和住了很久。由於許多祭典的古調，在建和部落已經沒有人會唱，但耆老們認為年齡階層未到是不得去唱這些歌，為了不讓文化斷層，後來就有熱心族人整理過去的錄音帶和 CD 音檔，讓馬榮俊阿公反覆的聆聽後學唱，等祭典時再由他領唱，107 年建和也舉辦「古謠培訓班」，希望讓更多族人參與學習。

五、 同一首歌在不同的部落長出不同的樣子

有些部落歌謠，因為旋律動聽且詞意優美，受到族人的喜愛，在族人的不斷傳唱下，唱著唱著就跨出了原來的部落，也在新的部落長出不同的樣子。

以 108 年在寶桑部落採集的【我要叫誰 ina 呀】為例，原詞曲作者不可考，只知為知本語系創作（歌詞部分沿用知本用語）。而在知本有另一個版本【我沒有忘記 'azi ku malalup】。

【我要叫誰 ina 呀】

（第一段）

imanay lra nu anayan kema ku kan manay
會是誰呢？那個我要叫 anay 的人呀！
ta lra kudakudayaw yuyu na abalu kanku
怎麼辦呢！是你忘記了我
nauwi u druwa mi imanay kemaku kanu
看看當我們來的時候我猜想著你是誰
nu kuwatis lra inabayaw
無論是好或是不好
iman nu kema ku i adri ku abalu
誰？當我這樣說時我並沒有忘記

（第二段）

imanay lra ina aw kema ku kan manay
會是誰呢？那個我要叫 ina 的人呀！

ta lra kudakudayaw yuyu na adawilr kanku
怎麼辦呢！是你遠離了我

nauwi, nu druwa mi, imanay kema ku kanu
看看當我們來的時候我猜想著你是誰

nu kuwatis lra inaba aw
無論好或不好

iman nu kema ku i adri ku abalu
誰？當我這樣說時我並沒有忘記

（第三段）

imanay lra nu ina aw kema ku kan manay
會是誰呢？那個我要叫 ina 的人呀！

ta lra kudakudayaw yuyu na abalu kanku
怎麼辦呢！是你忘記了我

nauwi, druwa mi, anay nu kema ku kanu
看看當我們來的時候當你叫我 anay

nu kuwatis lra inaba aw
無論好或不好

iman nu kema ku i adri ku abalu
誰？當我這樣說時我並沒有忘記

《註》u 及 iman nu 是知本用語。kuwatis (kuwateng 知本語，不好)

【我沒有忘記 'azi ku malalup】

i -na -aw ke -ma -ya ku zi -yan ka–ni–mu
我稱妳一聲媽媽

ta zaku da -ku -da yaw i -nu na ma -pa -la -k ka -nin -ku .
但怎麼說呢是妳對我不耐煩

na -'u -i nu zu -waku ina nu ke -ma ku kan–nu
妳看我來了我叫妳一聲媽媽

nu kuwa -treng ku nu 'i -na -va ku mu
無論我是好是壞只要我尊稱妳一聲媽媽

ina nu ke -ma ku mu 'azi ku ma la lu p
我這輩子都不會忘記

a -li -'an ke -ma -yakuzi -yan ka -ni–nu
我稱你一聲朋友

ta za ku da -ku–da yaw i -nu na a -da -wi -lr ka -nin -ku .
但是怎麼說呢是你離我很遠

na -'u -i nu zu -waku a -li'-an nu ke ma ku kan–nu
你看吧我來到這裡我叫你一聲朋友

nu kuwa -treng ku nu 'i -na-va ku mu
無論我是好是壞只要我稱你是朋友

a-li-'an nu ke -ma ku mu 'a zi ku ma -la -lu -p
我這輩子都不會忘記

wa -di -yan ke -ma -ya ku zi -yan ka -ni-mu
我稱你一聲兄弟姊妹

ta za ku da -ku–da-yaw i -nu na ma -la -lu -p ka -nin -ku
但是怎麼說呢是你忘記我

na -'u -i nu zu -wa ku wa -di -yan-ne ke -ma ku kan -nu

你看吧我來到這裡我稱你一聲兄弟姊妹

nu kuwa -treng ku nu 'i -na -va ku mu

無論我是好是壞只要我稱你是兄弟姊妹

wadi-yan nu ke -ma ku mu 'a-zi ku ma-la-lu-p

我這輩子都不會忘記

六、　守護無形時間的記憶

　　四年來，因為進行採集訪談，我們有機會走進部落，與族人們有了更多 " 一起 " 的機會，一起聽長輩唱歌，一起坐下來吃飯喝酒，一起工作，一起在分享會放聲高歌，一起牽手跳舞⋯⋯等等。109 年利嘉部落的採集，邀請了來自初鹿部落的 Adiawsa 加入工作團隊，一起拜訪利嘉部落的高姆姆，mumu 親切詢問她是哪一家的 temuwan（孫子），詳聊之後，發現兩家竟然是很親近的表親，而且，她居然是和姆姆同輩分！高 mumu 感慨的說，現在的孩子很多都在外地讀書或工作，平時也不太了解自己的家族，又不一定使用傳統姓名，就算親戚在路上相遇，可能也不知道彼此是一家人！

　　在這幾年的採集過程中，也有令人感傷的遺憾。109 年 5 月我們訪談了利嘉部落的「音樂頑童」蔣喜雄老師，當時同行前往的還有美籍原住民音樂收藏家 —— 徐睿楷 (Eric)，那天 Eric 與蔣老師分享他所蒐集到的蔣老師的作品。高齡 81 歲的蔣老師一開始謙虛的說他年紀大了，記不得太多，體力不好，

沒辦法唱歌了……，但當熟悉的音樂聲響起，他自然而然的隨之哼唱起來，更侃侃而談過去的創作，以及當時在烏來文化藝術團及日月潭文化村擔任音樂總監的有趣回憶。他現場哼唱的歌聲和黑膠裡的歌聲互相唱和，彷彿是打開了時空之門。109 年 10 月辦理部落歌謠分享會時，蔣老師的健康情形已大不如前，但他仍堅持參與，和族人們一起來到鐵花村，強打精神帶著微笑，聽著年輕人和小朋友大聲地唱出他為部落創作的多首歌謠。109 年 12 月底蔣老師蒙主恩召，據蔣老師的家人表示，分享會是蔣老師在辭世前的最後一次的公開行程。以後在部落再也聽不到他幽默的笑語和渾厚的歌聲，只能在我們的採集影片和活動影片中懷念他。

七、　讓文化活出當代的價值

2021 年，臺灣音樂最高殿堂第 32 屆金曲獎，一開場就由 Abao 阿爆（阿仍仍）以全族語的排灣族歌謠組曲演出震撼全場；而年度專輯獎更是由卑南族 Sangpuy 桑布伊《得力量 pulu'em》族語專輯獲得！這些優秀的原住民音樂人努力證明，部落音樂文化可以用當代的呈現方式獲得普羅大眾的認同與肯定，成為流行文化的翹楚。

所以自 107 年開始，我們除了記錄採集部落歌謠，更希望用拍攝 *MV* 的方式活化，以及每年不間斷的歌謠交流分享會，努力營造文化的舞台，希望藉此提高部落歌謠在族人心中的價值，使部落歌謠不只經典，更能成為當代流行音樂文化，

讓歌謠及族語文化在當代存活，接觸更廣大的世界，讓更多人認識卑南族，和卑南族交朋友。念念不忘必有迴響，我們也十分有幸收穫來自非卑南族聽眾的感動分享。

摘錄引用專案評論人-施靜沂，於網站【表演藝術評論台】2020/11/13 發表的文章：以祭儀及月相，寄託思念與歡聚之情《美哉 Pinuyumayan 唱自己的歌 III》

> 「此外，出現在開場 MV、於 PASIWALI 音樂節伴隨巫師祈福出場的〈'emalu'alu〉（抬椅歌），原先是在小米除草儀式結束後的除草完工禮（muhamud）上，藉由讓長老坐上藤椅，眾人歡呼並將其拋舉，來表達對老人家的敬愛與感謝之歌。如此融合歌聲、舞蹈、打鼓及隊形變換的「俗唱」（senay），容許當代創意的加入，無論是 MV 中華麗的隊形變換或音樂節時氣勢磅礴的鼓聲與吶喊，皆讓人看見族語、祭儀相關歌謠的更多可能。

> 最後，除了耆老與青年的演唱，此次文化成長班師生帶來的幾首兒歌也不落人後。尤其身穿傳統服飾的孩子毫不怯場地在老師指揮下展開童謠〈兔子歌〉的帶動唱，認真、大方的身姿與清亮歌聲博得不少掌聲與歡笑；可見即使並非每個孩子都有生活在族語環境的機會，但藉著如此練唱、演出，族群文化的種子已用新的方式播灑、茁壯於其學習記憶中。若以表演藝術的角度觀之，不啻是期待走過失落、復振之旅的族語

歌謠與文化生活，能在耕耘後重回自己的舞台；凝聚更多歡聚美好之餘，也召喚出更多懂得欣賞的聽眾，以及歌藝展演與文化發展的豐碩可能。」

（原文全文網址：*https://pareviews.ncafroc.org.tw/?p*=63119）

八、　後記

　　每年要準備提案做計畫前，我們都會有無數次的以卑南族與非卑南族的角色立場的彼此「對話」，要選擇哪個部落做採集，要怎麼去呈現，怎麼去聚集整合跨部落伙伴一起加入工作……等等，小陸總會笑著說，就交給祖靈來帶領吧，不需要預設立場，我們只需要做好該有的準備，相信一切都是最好的安排！

　　110 年我們在建和部落做採集，選擇拍攝音樂 *MV* 的部落歌謠【獵人歸來】是來自族語教師洪淳嵐老師與洪鈦琛老師，姐弟共同完成，當年是為了部落文化成長班的族語教學所創作；而 *MV* 音樂統籌是交由建和部落的音樂人：安懂 Andung 獨挑大樑。安懂是「部落文化成長班」長大的孩子，有著族群文化的滋養，也在流行音樂選秀節目中頗受評審青睞，多首自創歌曲也大受聽眾喜愛。【獵人歸來】恰巧是安懂的父親（洪鈦琛老師）及姑姑（洪淳嵐老師）的作品，透過安懂揉合傳統與流行音樂元素的改編創新，正是透過不同面向的嘗試，以當代的轉譯方式，做為文化的傳承與活化。

332 卑南學資料彙編 第五輯：muketrep 'ami lra 卑南學十年一鑑

拍攝 MV 時也發生了很特別的小故事，拍攝 MV 的當天，凌晨四點，我們因為拜託了建和部落的哈古頭目為我們做出班前的行前祈福，本來要前往頭目家，卻不小心繞錯路，意外發現部落的巷內火光沖天，發生了火警，我們立刻通報消防隊前來滅火，而在巴拉冠準備梳化的 MV 主唱們（跪父樂團）發現遠處部落內的火光，也馬上發揮身為部落中壯年 musavak 的精神，放下手邊的事，直接衝到火警現場幫忙，叫醒鄰近的住戶們安全疏散，當確定無人傷亡，火勢也被消防隊成功控制後，大家才趕快回到原來的工作狀態，當看著他們沾到灰燼得重新清潔整理的臉，深深的為他們驕傲著，這就是卑南族所倚仗的守護部落的男人啊！

我們向頭目報告了救災的事，伙伴們也依序在祖靈屋的檳榔陣前輪番祝酒，頭目說你們做的很好，祖先都有看到，你們就從那一邊出去吧，祂們會跟著保佑你們的。大家便心懷敬畏的從側門魚貫而出。連續兩天的拍攝，在祖靈庇佑下，給了我們超級的好天氣，讓拍攝非常順利的完成。從第一天拍山景登高望遠，沒有雲霧遮擋，建和之美盡收眼底；第二天在知本拍海景，無論是升起的曙光、海浪拍岸，知本濕地的寧靜夢幻，每個鏡頭都是信手捻來，渾然天成的美景。攝影組的攝影師們還笑說燈光（太陽）和道具（海洋）真是很給力，要光有光，要浪有浪！所以，我們的工作團隊除了優秀的卑南族人、卑南族的好朋友，更包括了日月山川，我們的土地母親，祖靈與我們同在。

　　感謝祖靈保佑！「獵人歸來」*MV* 獲得多項大獎肯定，包括紐約國際聲音未來獎：最佳亞太音樂錄影帶和最佳首次導演音樂錄影帶、布拉格國際音樂錄影帶獎：最佳亞洲音樂錄影帶榮譽獎、羅馬音樂錄影帶獎：最佳亞太音樂錄影帶，並入圍慕尼黑音樂錄影帶大獎、倫敦國際音樂錄影帶大獎、歐洲音樂錄影帶大獎。從土地長出來的聲音被世界聽到，讓世界看見卑南族！

獵人歸來——得獎總和

初鹿卑南語連謂結構之研究

Serial Verb Construction in

Mulivelivek Pinuyumayan

孫秀玉

摘要

連謂結構（*Serial Verb Constructions, SVC*），是指在一個句子裡有兩個或兩個以上的動詞串連，共同組成一個單一謂語，目的主要在闡述概念上的單一事件。國內研究臺灣南島語的學者中如 Huang（1997），Wu（1996），Chang（2006）和 Wu（1996），Wu（2006）等對於連謂結構都有相當的研究。目前在卑南語的研究中，除了鄧芳青（2016）有關知本方言 *SVC* 的論述及林進星（2015）初鹿語法研究稍有提及外，仍屬少數，故本文以蒐集初鹿方言及田調方式整理為語料，希望能保存和提供更多關於初鹿語法的研究。

　　本文主要是以初鹿卑南語的連謂結構作為研究重點，探討並整理出初鹿卑南語是否如 Chang（2006）所提出的四個條件：第一、連謂結構的 V1 和 V2 中間不可有連繫詞。第二、連謂結構的 V1 和 V2 須共同遵守相同的一個動貌、時態和情態標記。第三、連謂結構的 V1 和 V2 之間上下為從屬關係，V1 帶動 V2，V2 緊隨 V1，位置不能更改。第四、兩個動詞皆可獨立成詞，此較為明確。這四個條件除了用來測試初鹿卑南語是否符合連謂結構，同時對初鹿語中測試的結果作條件的修改及調整。另外整理出一般動詞的分類如：活動（*motion / Dynamic*）、工具、方向、能力動詞（*Deontic*）、階段式動詞（開始 / 繼續 / 結束）、認知、心理動詞等七種來看初鹿卑南語中的連謂句型驗證。其次「副 詞性動詞」是台灣南島語比較特殊的詞類，本文主要參考張永利（2010）對台灣南島語副詞性動詞結構（*AVC*）所提出的三個問題以及 Wu（1996）Amis 語連謂結構的研究和 Wu（2006a）Kanakanavu 語「副詞性動詞」的幾項分類分析，並用來測試初鹿卑南語連謂結構中副動詞的分類。第五章總結。整理歸納初鹿卑南語連謂結構中一般動詞完全符合、部分符合，以及完全不符合條件的有哪些？副詞性動詞完全符合、完全不符合的條件又包含哪一項？同時，補充田調中所發現幾個特殊句型的連謂語法現象。

關鍵詞：連謂結構、一般動詞、副詞性動詞、台灣南島語、
　　　　初鹿卑南語

前言

　　語言是人類學家分類族群的主要指標之一；若某一族的語言經學者判定已死，則該族形同滅亡。卑南族群地處台東市、卑南鄉一帶，十個部落與漢人或其他族群已混居近百年，幾乎已無一個部落是單純為卑南族人，語言傳承之窘境，著實勘憂。

　　目前國內著名的語言學家體認必須建立一種原住民的教育機制以承續各族語言及文化的命脈，同時積極投入南島瀕危族語復振計畫，如在黃美金教授領導策劃下於 2016 年集結其他語言研究學者共同合力編纂了「台灣南島語叢書」包含 14 族語的語法概論，這套書對學習族語「只知其然，不知其所以然」初學如我們而言，無疑提供了對南島語語法的理論基礎及語言現象有更深一層的認知。除此，原住民族委員會法定的 16 種族群，各族群其語言又各自分成好幾種方言別，如卑南語，教育部就分為西群卑南語、南王卑南語、知本卑南語、建和卑南語四種，隨時都可在原民會網站上搜尋到各族族語的教材教法及網路線上多樣之學習。108 年度起共 28 所大學校院紛紛設立了「原住民語專班」，如此各方的努力付出，目的僅僅是為了保留臺灣珍貴的南島文化及語言。生物的多樣性是延續生命的泉源；語言的多樣性同樣也是族群存在的意義。若不願看著自己的族群瀕臨消失，無論身為何種族族人，都應重視並肩挑延續族語的責任。

一、　連謂結構的條件及定義

連謂結構（*Serial Verb Constructions, SVC*），即指一個句子有兩個或兩個以上的動詞串聯，共同組成的單一謂語，目的在描述概念上的單一事件。我們依據張永利（2006）列的四個標準：（一）動詞之間無聯繫詞。（二）相同的時態、動貌、情態條件。（三）動詞有從屬關係條件。（四）動詞都是可單獨成詞彙非詞綴等條件，以及參考鄧芳青（2016）七個 *SVC* 條件來驗證初鹿卑南語是否也符合連謂結構？

（一）　動詞之間無聯繫詞（*The linkerless condition*）

初鹿卑南語的連接詞常以 zi、na、nu 來表示，如果句子中兩個動詞之間加入連接詞，則就屬於兩個事件，兩個動作分別執行，就不屬於 *SVC* 了。反之，如果兩個動詞之間沒有聯繫詞，兩個動詞共同指稱一個事件就屬於符合連謂結構，這類動詞通常為「來」與「去」表達連續的動作。

(1)

a. ma-kuwa 　　　<'em>alrup-a za 　　　vavuy i 　　　Siyan.
　 AF- 去 　　　*<AF>* 打獵 -A 　*OBL* 　山豬 　*NOM* 　Siyan.
　 "Siyan 要去山上獵山豬。"

b. Ø -alamu 　　　v<en>ase'-a 　za 　　　　kiping i 　　　kani.
　 NAF- 來 　　　洗 *<AF>*-A 　*OBL.IDF* 　衣服 　*LOC* 　這裡
　 "來這裡洗衣服。"

(1)a 表達了去打獵這件事，打獵成了「去」的受詞、(1)b 表達了來洗衣服這個事件，洗衣服成了「來」的受詞，所以「去」與「來」在這有及物動詞的特性，而打獵及洗衣服還是及物動詞。

我們拿 (1a-1b) 與加了聯繫詞的 (2a-2b) 比較：

(2)

a.ma-kuwa　i　　Siyan　zi <'em>alrup-a　　za　　　vavuy.
　AF- 去　　*NOM* Siyan　*LIG <AF>* 打 獵 -A　*OBL.IDF* 山 豬
　"Siyan 去了而且在獵山豬。"

b. Ø –alamu　i　　kanizi　v<en>ase'-a　　za　　　kiping.
　NAF- 來　　*LOC* 這裡　*LIG* 洗 *<AF>-A*　*OBL.IDF* 衣服
　"來這裡並且在這洗衣服。"

　(1)a、(1)b 的意思看起來與 (2)a、(2)b 很像，實際上 (2)a、
(2)b 各表達了兩個事件，分別是去和打獵及來和洗衣服。在句裡
「去」與「來」在這沒有及物動詞的特性，而是純粹為不及物動詞，
而打獵及洗衣服還是及物動詞。所以，由此驗證，初鹿卑南語一
句中有兩個動詞，可以不需要聯繫詞，就可表達單一事件，初鹿
卑南語是動詞之間無聯繫詞 (*The linkerless condition*)。

表 1.1　初鹿卑南語的時貌系統

序號	時貌分類	例字	時態	例子
1	焦點詞綴	ma-	進行式	ma-kuwa 正要去
		mu-	過去式	mu-kuwa 去過
2	字根詞幹重疊	*CA* 重疊	未來式	i-ya-uwa 不要去
		CVCV 重疊	表習慣，現在式	mu-kuwa-kuwa 常去
3	助動詞	uri	未來式	uri za-zuwa 將要去
4	時間副詞	a+ 過去時間	過去式	a-daman 昨天
		harem	現在式	mu-ruma' harem 現在回家
		nu+ 未來時間	未來式	nu 'emanan 當明天
		ziya	未來式	'azi ziya ma-kuwa 還沒去
		lra	過去式或完成式	mu-kuwa lra me-na'uw-a 已經去看過了

（二）　相同的時態、動貌、情態條件 (*The same TAM condition*)

在時貌系統（*TAM*）的研究，時制（*tense*）、動貌（*aspect*）、動態（*mood*），林進星（2015）認為大致上以焦點詞綴、字根詞幹重疊、助動詞及時間副詞的應用表達不同的時貌。

時態、動貌、情態的條件只能出現在第一個動詞，後面的動詞與第一個動詞共享時態、動貌、情態，在這項標準，可以細分為曲折語素出現於 *V*1，否定、祈使、動貌出現於 *V*1，*V*2 只出現主事焦點（*AF*）等。

1.　曲折語素出現於 *V*1

曲折語素 -aw 在一般動詞組結構中可以擺在第一或第二個位置，但在連謂結構中曲折語素只能出現在第一個動詞，如第 3a 句的曲折語素 -aw，雖然是（*PF*）也只能在第一動詞，若擺在第二動詞如 3b 則不合語法。

(3)

a. ku-kuwa-yaw　　　v<en>alruk　　na　　　　lralrak.
　1*S.GEN*- 去 -*PF*　　叫醒 <*AF*>　　　*DF.NOM*　孩子
　"我來去叫醒那些孩子們。"

*b. ma-kuwa-ku　　　valruk-aw　　　na　　　　lralrak.
　AF- 去 -1*S.GEN*　叫醒 -*PF*　　　*DF.NOM*　孩子

2. 否定句出現於 *V*1

初鹿卑南語的否定詞有 'azi 不、amanan 不要、amelri 不是（對）、uniyan 沒有、ma'ulid 不會，常用的只有 'azi "不會"；

amanen "不要" 兩種，適用於連謂結構，而且只能放在第一個動詞之前，則整句享有否定之意。若放在第二個動詞之前則不合語法，如以下 (4)b、(5)b 句。

(4)

a. 'azi　ma-lalup d\away za　inavuy i　　Sunay.
　NEG　AF 忘記　*AF-* 製作　　*OBL* 糕點　*NOM* Sunay
　　"Sunay 不會忘做糕點。"

*b. ma-lalup 'azi　d \away za　inavuy i　　Sunay.
　AF- 忘記　　*NEG　AF* 製作　　*OBL* 糕點　*NOM* Sunay

(5)

a. i-ya-uwa　mu-kuwa me-lranguy-a i　　lrevek.
　NEG. 不要 *AF-* 去　　*AF-* 游 泳 -A　*LOC* 海邊
　　"不要去海邊游泳。"

*b.mu-kuwa i-ya-uwa　　me-lranguy-a i　　lrevek.
　AF- 去　　*NEGNEG.* 不要 *AF-* 游泳 –A　*LOC* 海邊

3. 祈使句 / 命令句出現於 *V*1

　　祈使句和命令句在初鹿卑南語可有主事焦點（Ø），受事焦點（-i、-u、-an），工具焦點（-an）等形式表示。祈使句和命令句的焦點標示在連謂結構中也只能放在第一個動詞。否定的祈使句（i-）也是只能放在第一個動詞。如第（7c）句。

(6)

a. kunamun-i m-ekan i　　inu.（祈使句）
　趕快 –*PF*　*AF-* 吃　*NOM* 2*S.NEU*
　　"你趕快吃啦。"

*b. Ø –kunamun ekan-i i　　inu.
　　NAF- 趕 快　吃 *-PF NOM* 2*S.NEU*

(7)

a. ekan-u p<en>iya ini na　　maderu. （命令句）
　　吃 - 你 全部 *<AF>* 這個 *LIG.DF* 飯
　　"這飯你全部吃完。"

*b. p<en>iya ekan-u ini na　　maderu.
　　全部 *<AF>* 吃 - 你 這個 *LIG.DF* 飯

c. i-ya-ekan　　p<en>iya kana　　maderu. （否定句）
　　ZEG-RED- 吃　全部 *<AF>*　*OBL.DF*　飯
　　"不要把飯全部吃完"

4.　動貌出現於 *V*1

　　至於時間副詞類型的 a（表示過去時間）、harem（表示現在）及 nu（表示未來時間），通常放都在句首或句尾來修飾整個句子，如第（8a-b）句，mu-kuwa me-na'u-a 表示已經去看過了，（8c）把 a-daman "昨天" 放在中間不符合語法，應放在句首。第（9b）和（10b）句，都不符合連謂結構的標準。

(8)

a. mu-kuwa me-na'u-a za ma'ari'ari yakiyu i　　Sunan a-daman.
　　AF – 去　*AF-* 看 –*A OBL* 比賽　　棒球　*NOM* 人名　昨天
　　"昨天 Sunan（經常）去看棒球賽。"

b.a-daman mu-kuwa me-na'u-a za　ma'ari'ari yakiyu i　　Sunan.
　　昨天　　*AF-* 去　*AF-* 看 -*A OBL* 比賽　　棒球　*NOM* Sunan
　　"昨天 Sunan 去看棒球賽了。"

*c. mu-kuwa Ø-me-na'u-a a-daman za ma'ari'ari yakiyu i　Sunan.
　　AF - 去　*NAF-RED* 看 -*A* 昨天　　*OBL* 比賽　　棒球 *NOM* Sunan

(9)

a. uri　Ø -za-zuwa　me-nimun-a　i　　　Kinciang.

將要 *NAF-RED-* 來 *AF-* 洗澡 -A　*NOM* Kinciang

"Kinciang 將要來洗澡。"

*b. Ø -za-zuwa　uri　me-nimun-a　i　　　Kinciang.

NAF-RED- 來 將要 *AF-* 洗澡 –A　*NOM* Kinciang

(10)

a. nu 'emanan i-ka-lalup　　　v<en>ase' nu-kiruwan.

當 明天　　　*NEG-RED-* 忘記　洗 *<AF>*　　2*S.GEN-* 衣物

"別忘了明天洗你的衣物。"

* b. i- ka-lalup　　　nu 'emanan v<en>ase'-a nu-kiruwan.

NEG-RED- 忘記 當　明天　　　洗 *<AF>*-A　2*S.GEN-* 衣物

"別忘了明天洗你的衣物。"

　　而表示未完成貌即完成貌的 ziya 及 lra 在否定句時則符合連謂結構的標準只能放在第一個動詞前，如 (11a-b) 句。但肯定句時 ziya 及 lra 放在第一或第二個動詞後面也符合語法，如 (12a- b)。

(11)

a. 'azilra　　ma-kuwa me-lihis-a　i　　　Saytan.

NEGPERF AF- 去　　*AF-* 跑步 –A *NOM* Saytan.

"Saytan 再也不去跑步了。"

b. 'aziziya　　ma-kuwa me-lihis-a　i　　　Saytan.

NEGIMPF AF- 去　　*AF-* 跑步 -A　*NOM* Saytan.

"Saytan 還沒要去學校跑步。"

*c. ma-kuwa me-lihisa 'aziziya　　i　　　Saytan.

AF- 去　　*AF-* 跑步　*ANEGIMPF NOM* Saytan

(12)

a. ma-kuwaziya me-na'uw-a kanan tu　hung.
　　AF- 去 *-IMPF*　*AF-* 看 *-A*　　*OBL*　*3S*　牛
　　"他要去看（他的）牛"

b. mu-kuwa lra　　　me-na'uw-a kanan tu　hung.
　　AF- 去　　*PERF* *AF-* 看 *-A*　　*OBL*　*3S* 牛
　　"他已去看了（他的）牛"

5.　第二個動詞（*V2*）只能是主事焦點（*AF*）

　　連謂句子中的 *V1* 和 *V2*，*V2* 只能是主事焦點，*SVC* 的 *V1* 並不規定一定是主事焦點（*AF*），但是 *V2* 只能是（*AF-only*）即主事焦點限制，本文前面合語法的例子大都符合這項標準，但是在初鹿卑南語，發現有一些句子的 *V2* 是非主事焦點（*NAF*）或受事焦點（*PF*）也合語法，如第 (14a)、(14b)、(15a)、(15b) 句的 *V1*、*V2* 都是 *PF*，(15a-b) 的兩個動詞 uwa、elak 後面也都附著代名詞 -u"你"有命令句語氣，也合語法，這種現象較特殊，在初鹿卑南語中常有人在使用，也都符合語意，這種 *V2* 有（*PF*）非主事焦點的語法現象，是否違背 *SVC* 結構的條件？還是，仍符合條件？或者遇到及物動詞時加上 -aw、-ay 等焦點詞綴時會符合語意？恐怕還需要更進一步去檢測和研究。

(13)

a. Ø–sahar　senay i　　zenan i　　Sunay.
　　NAF- 喜歡　唱歌 *<AF>*　*LOC* 山上　*NOM* Sunay
　　"Sunay 喜歡在山上唱歌。"

(14)

a. ku-uwa-yaw　　elak-aw na　　kiping i　ruma'.
　1S.NOM- 去 *-PF*　拿 *-PF*　　*OBL.DF* 衣服　*LOC* 家
　"我去家裡拿衣服。"

*b. ku-elak-aw　　uwa-yaw na　　kiping i　ruma'.
　1S.NOM- 拿 *-PF* 去 *–PF*　　*OBL.DF* 衣服　*LOC* 家

(15)

a. uwa-yu　　elak-u na　　kiping i　ruma'.
　去 - 你 *.PF*　拿 . 你　*NOM.DF* 衣服　*LOC* 家
　"去家裡拿衣服。"

*b. elak-u　　uwa-yu na　　kiping i　ruma'.
　拿 *-PF*　去 *-PF* *OBL.DF*　衣服　*LOC* 家

（三）　動詞有從屬關係條件（*The subordination condition*）。

　　根據張永利（2006）的標準，連謂結構的兩個動詞有從屬關係，也就是第一個動詞帶動第二個動詞，第二個動詞從屬於第一個動詞，他們的位置是不能更改的。本文所舉出的合語法句子中，完全依照這個準則，若將任何一句的第二個動詞和第一個動詞對調，則該句就不合語法，如第 (16a) 和 (16b) 句。但有些句子 *V*1 和 *V*2 可以對調，如第 (17a-b) 句，對調後兩句的意思不同，不影響從屬次序的準則。

(16)

a. Ø-alamu i　kani senay-a.
　NAF- 來　*LOC* 這裡　唱歌 *<AF>-*A
　"來這裡唱歌。"

*b. senay-a i　kani Ø-alamu.
　唱歌 *<AF>-*A　*LOC* 這裡 *NAF-* 來

(17)

a. mu-kuwa=ku　　me-lihis-a　i　　takesiyan.
　AF- 去 *=1S.NOM*　*AF-* 跑步 *–A*　*LOC* 學校
　"我去學校跑步。"

b. me-lihis=ku　　　mu-kuwa　i　　takesiyan.
　AF- 跑步 *=1S.NOM*　*AF-* 去 *-A*　*LOC* 學校 .
　"我跑步去學校。"

　　(17a)、(17b) 兩句只是動詞對調，但符合連謂結構的標準，因為兩句的意思不一樣，且都可成立。句的 (17a)me-lihis-a 從屬在 mu-kuwa 之後；(17b) 句的 mu-kuwa 從屬在 me-lihis 之後，從屬關係沒有衝突，兩個句子都可以成立且符合連謂結構。

　　從屬關係條件中還有另外一種有條件式的從屬子句結構，上述曾提及 Chang（2006）例舉 Kanakanavu 語用 *no* 和 *me "When"* 當例子，經由通過添加標記 *ya* 進行主題化後主從句可以移動互換且意思不變。我們試以初鹿卑南語用 nu *"When/if"* 後再加主題化標記mu 檢測如(18)、(19)、(20) 句，是否符合連謂結構條件。

(18)

a. nu ma-ziyazi na 'udalr mu, karuwa=ku　mu-patraran ma-linay-a?
　When AF- 停　*Conj* 雨　*TOP*, 可以 *=1S.NOM AF-* 外面　　*AF-* 玩耍 *-A*
　"如果雨停了，我可以出去玩嗎？"

= b. karuwa=ku　　mu-patraran ma-linay-a nu　ma-ziyazi na 'udalr？
　可以 *=1S.NOM AF-* 外面　　*AF-* 玩耍 *-A When AF-* 停　　*Conj* 雨
　"如果雨停了，我可以出去玩嗎？"

(19)

a. nu　　mu-waitras=ta za　bas　mu,　mu-turik=ta.
　When　AF- 搭 *=1P　　　OBL* 公車 *TOP,　AF-* 排隊 *=1P*
　"當搭公車時我們要排隊。"

= b. mu-turik=ta　　nu　　mu-waitras=ta za　bas.
　　AF- 排隊 *=1P　when　AF-* 搭 *=1P　　　OBL* 公車
　"當搭公車時我們要排隊。"

(20)

a. nu ka-sazu-wan　na　in-ekan mu,　ma-'utr'utr-an na　　walri.
　If RED- 太多 *-Adj Conj PERF* 吃 *TOP,　AF-* 蛀牙 *-NMZ　NOM* 牙齒
　"如果吃太多就會蛀牙。"

= b. ma-'utr'utr-an　na　　　walri nu ka-sazu-wan　　na　in-ekan.
　　AF- 蛀牙 *-NMZ NOM.DF* 牙齒　*If RED-* 太多 *-Adj Conj PERF-* 吃
　"如果吃太多就會蛀牙。"

　　上述 (18)、(19)、(20) 句經測試後，我們發現用「mu」進行主題化後會伴隨停頓的語氣句，形成複雜的條件子句，前後句雖可互換，且語意不變，但會必須使用「nu」當連接詞，這樣的結構都不符合連謂結構條件。

（四）　動詞都是可單獨成詞彙非詞綴（*The lexical verb condition*）

　　SVC 組成的句子，無論是第一個動詞或第二個動詞，都是個詞彙，非詞綴，本文所舉出的合語法句子中，都完全依照這個準則，每一個動詞都是完整的、獨立的詞彙，不須附著在其他詞彙才有意義。茲列舉初鹿卑南語的「來」與「去」這兩個典型的連 謂結構動詞來驗證。

(21)

a. mu-kuwa=ku me-lihis-a i palakuwan.（不及物 *V*i）

 AF- 去 =1*S.NOM* *AF*- 跑 –A *LOC* 聚會所

 "我去聚會所跑步"

a'. mu-kuwa=ku i palakuwan.

 AF- 去 =1*S.NOM LOC* 聚會所

 "我去聚會所"

b. me-lihis=ku mu-kuwa i palakuwan.（不及物 Vi）

 AF- 跑 =1*S.NOM* *AF*- 去 *LOC* 聚會所

 "我跑步去聚會所"

b'. me-lihis=ku i palakuwan.

 AF- 跑 =1*S.NOM LOC* 聚會所

 "我在聚會所跑步"

(22)

a. mu-ruma'=ku v<en>avase'-a za kipin.（及物 *V*t）

 AF- 回家 =1*S.NOM* 洗衣 <*AF*>-A *OBL* 衣服

 "我回家洗衣服。"

a'. mu-ruma'=ku melak za kipin. .

 AF- 回家 =1*S.NOM* 拿 *OBL* 衣服

 "我回家拿衣服。"

a'. ma-vase'=ku za kipin.

 <*AF*>- 洗衣 =1*S.NOM OBL* 衣服

 "我正在洗衣服。"

*b. v<en>avase'=ku mu-ruma' za kipin.

 洗衣 <*AF*>=1*S.NOM AF*- 回家 *OBL* 衣服

(23)

a. Ø-za-zuwa takesi-A na lralak.

 Ø-RED- 來 *AF*- 讀書 –A *3P.NOM* 孩子

 "孩子們要來讀書。"

a'. takesi na   lralak.

   AF- 讀書   *3P.NOM* 孩子（及物 *Vt*)

   "孩子們讀書。"

a'. za-zuwa na   lralak.

   RED- 來 *NOM* 孩子

   "孩子們要來。"

* b. takesi   Ø-za-zuwa na   lralak.

   AF- 讀書 –A   *Ø-RED-* 來 *NOM* 孩子

上列 (21-23) 句中的 kuwa 去、lihis 跑、vase' 洗、takesi 讀、mu-ruma' 回家，都是完整的、獨立的詞彙，不須附著在其他詞彙且有意義。只有 mu-、me-、<en>、、za- 等綴詞附著於那五個動詞，不是那五個動詞附著於那幾個詞綴。但是 (21a)(21b) 的 kuwa 去、lihis 跑，是不及物動詞，兩個互換，雖語意不同但符合語法。而 (22a) vase' 洗、(23a) takesi 讀等是及物 (*Vt*) 動詞，不可以互換，否則不合語法。至於 mu-ruma' 回家得用法比較特殊，它可以是 *Vi* 也可以是 *Vt*.

（五）　小結

由以上所舉的例子來看，初鹿卑南語與張永利（2006）Kavalan、吳俊明（2006）Kanakanavu、鄧芳青（2016）知本卑南語、吳靜蘭（1996）阿美語等一樣，都符合 Chang（2006）連謂結構的四個檢測標準。但時間副詞，nu+ 未來時間、harem "現在"、a+ 過去時間，等動貌適合置於句首或句尾，不適宜放在句中；而 lra（*PERF*）、ziya（*IMPF*）在否定句時就符合標準，在第一個動詞之前，且前後兩個動詞共享同一事件。

　　以上所有例句根據四個標準驗證後，我們發現還可以增加一個檢測標準，兩個動詞共用一個主詞（*One Subjectargument for V1-V2*），也能增添連謂結構標準的驗證方法。

　　如下例第 (24a) 句 sahar "喜歡" 和 daway "製作" 兩個動詞共享的主詞都是 mu "你們"；同樣的第 (24b) 句 kuwa "去" 和 warak "跳傳統舞" 兩個動詞的主詞都是 ta " 我們"，這四個動詞也都是完整的、獨立的詞彙。

(24)

a. Ø-sahar=mu　　　　d<em>away　za　　　　vakar.

　　AF- 喜歡 *=2P.NOM* 製作＜ *AF* ＞ *OBL.IDF* 斜背籃

　　"你們喜歡做斜背籃。"

b. ma-kuwa=ta　　　mu-warak-a　　i　　　palakuwan.

　　AF- 去 *=1P.NOM AF-* 跳傳統舞 *-A LOC* 巴拉冠

　　"我們要去巴拉冠跳傳統舞。"

　　以下我們用以下的表格來將初鹿卑南語的連謂結構做一個歸納，「ｖ」表示符合連為條件，「△」表示大部分符合。

表 1.2　初鹿卑南語連謂結構檢測歸納表

連謂結構檢測標準	動詞之間無連接詞條件	相同時態、動貌、情態條件	動詞有從屬關係條	動詞都是可單獨成詞彙非詞綴	V1V2 共享一個主詞
初鹿卑南語是否合於標準	ｖ	ｖ	△	ｖ	ｖ

二、　初鹿卑南語連謂結構中的動詞分類

前文中我們依據張永利（2006）的連謂結構舉了很多初鹿卑南語的例句來驗證初鹿卑南語是符合連謂結構的標準。在這節中，我們將用另一種方式來驗證初鹿卑南語的連謂結構。我們將用一般動詞及副詞性動詞兩類來檢測驗證初鹿卑南語的連謂結構。

（一）　一般動詞

在這類動詞中，我們將再細分成：活動式（*motion/ Dynamic*）、工具式、方向式、能力（*Deontic*）、階段式（開始／繼續／結束）動詞、認知、心理等七種。

1. 活動式（*motion / Dynamic*）

初鹿卑南語的 zuwa "來" 與 kuwa "去" 動詞最能夠代表活動動詞，它們和其他動詞比較特殊的是，這兩種動詞的位置，可以是 $V1$ 也可以是 $V2$，只是意思的表達上也會不一樣，如下例句都是合法的，各組句子只是 $V1V2 \rightarrow V2V1$ 而已，當然兩組句子 (25a) 與 (25b) 的意思也很明顯的不同，但它們都符合 $V2$-*AF only* 及共用一個主詞的規則。

(25)

a. mu-kuwa=ku　　me-lihis-a　i　takesiyan.

　AF- 去 =1*S.NOM*　*AF-* 跑步 –A　*LOC* 學校

　"我到學校跑步。"

b. me-lihis=ku　　　mu-kuwa　i　　takesiyan.

　AF- 跑步 =1*S.NOM*　*AF-* 去　　*LOC* 學 校

　"我跑步到學校。"

以上兩組句子，第 (25a) 句子，kuwa" 去 "、lihis" 跑步 "，兩個動詞都是完全不及物動詞，所以我們認為 (25a) 可分成 (26a) 與 (26b) 兩句；同樣的第 (25b) 句子，kuwa" 去 "、lihis" 跑步 "，兩個動詞也是完全不及物動詞，所以我們認為可分成 (27a) 句，但 (27b) 不符合語意。

(26)

a. mu-kuwa=ku   k<em>akawang-a i   patraran.
   AF- 去 *=1S.NOM*   走 *<FAF>* 路 *-a*   *LOC*   外面
   "我去外面走路。"

b. k<em>akawang=ku   mu-kuwa i   patraran.
   走 *<FAF>* 路 *=1S.NOM* *AF-* 去   *LOC*   外面
   "我走路去外面。"

(27)

a. Ø-za-zuwa   mu-waraka i   Sinciang i   kani.
   Ø-AF-RED- 來 *AF-* 跳舞 *SG NOM* 男子名   *LOC* 這裡
   "Sinciang 要來這裡跳舞。"

*b. mu-waraka   Ø-za-zuwa   i   Sinciang i   kani.
   AF- 跳舞   *Ø-AF-RED-* 來 *NOM* 人名   *LOC* 這裡

如果搭配「zuwa 來」與「kuwa 去」的動詞是及物動詞，則「zuwa 來」與「kuwa 去」只能是 *V1*，不能是 *V2* 如(28a) 與 (29a)，如果是放在 *V2* 則不合語法如 (28b) 與 (29b)。

(28)

a. mu-kuwa=ku   m-elak-a za   kiping.
   AF- 去 *=1S.NOM AF-* 拿 *–A OBL.IDF* 衣服
   "我去拿衣服。"

*b. m-elak=ku   mu-kuwa za   kiping.
　 AF-拿 =1*S.NOM* AF-去   OBL.IDF 衣服

(29)

a. Ø-za-zuwa m-elak-a za   kiping i   Kiku .
　 AF-RED-來 AF-拿 –A OBL.IDF 衣服   NOM 人名
　 "Kiku 要來拿衣服。"

*b. m-elak   Ø-za-zuwa   za   kiping i   Kiku.
　 AF-拿   NAF-RED-來 OBL 衣服   NOM 人名

以上舉例，elak "拿"，是及物動詞，所以後面要跟著受詞
za kiping。既然 elak "拿" 是及物動詞，它跟 zuwa "來" 與
kuwa "去" 一樣，位置互換就不合語意語法了。但是及物動詞和
mu-ruma "回家" 搭配的話，則 *V*1 與 *V*2 對調是合語法的，但是
意思也會不同，如 (30a-b)。

(30)

a. m-elak=ku   za   kiping mu-ruma".
　 AF-拿 =1*S.NOM* OBL.IDF 衣服   AF-家
　 "我拿衣服回家。"

b. mu-ruma'=ku   m-elak za   kiping.
　 AF-家 =1*S.NOM* AF-拿 OBL.IDF 衣服
　 "我回家拿衣服。"

及物動詞和 mu-ruma "回家" 動詞搭配，*V*1 與 *V*2 對調是合
法的，而且也符合連謂結構。我們又進一步發現，mu-ruma "回家"，
這一種動詞跟不及物動詞搭配時，mu-ruma "回家" 只能是 *V*1
不能是 *V*2，如第 (31a) 句。

(31)

a. mu-ruma'=ku　　takesi.
　 AF- 家 =1*S.NOM*　讀書 *<AF>*
　 "我回家讀書。"

*b. takesi=ku　　mu-ruma'.
　 讀書 *<AF>*=1*S.NOM AF-* 家

*c. takesi=ku　　za　　　　valray mu-ruma'.
　 讀書 *<AF>*=1*S.NOM OBL.IDF*　書　　　*AF-* 家

2.　工具動詞

　　初鹿卑南語中有一則名詞轉成動詞之規則，*N*→*V*/mi，通常解釋為"用…"，如"aratip→mi'aratip 用筷子…"。有時也有"有筷子…"之意，單看句子的意思是表達"用…"或"有…"。在連謂結構中則以"用…"之意，且都放在 *V*1 的位置，若放於 *V*2 則不合語法，如以下各句。

(32)

a. mi-suku=ku　　　kakawang.
　 AF- 傘 =1*S.NOM*　*AF-* 走路
　 "我撐傘走路。"

*b. kakawang=ku　mi-suku.
　 走路 *<AF>*=1*S.NOM*　　*AF-* 撐傘

(33)

a. mi-'aratrip=ku　　　m-ekan.
　 AF- 筷子 =1*S.NOM*　*AF-* 吃
　 "我用筷子吃。"

*b. m-ekan=ku　　　　mi-aratrip.
　 AF- 吃 =1*S.NOM AF-* 筷子

(34)

a. mi-kuse=ta   me-lihis.
   AF- 鞋子 *=1P.NOM AF-* 跑步
   "我們穿鞋子跑步。"

*a'. me-lihis=ta   mi-kuse
    AF- 跑步 *=1P.NOM AF-* 鞋子

(35)

a. mi-tavu=ta   mu-wa'uma.
   AF- 便當 *-1P.* 我們 *AF-* 做工
   "我們攜帶便當做工"

*a'. mu-wa'uma=ta   mi-tavu
    AF- 做工 *=1P.* 我們   *AF-* 便當

　　由以上三組句子可以看出，以「mi+*N*」當動詞也符合連謂結構標準，但要注意幾個限制，一是 mi+*N* 當動詞只能是在第一個動詞，二是跟在 mi+*N* 動詞的可以是及物動詞或不及物動詞。另外，mi- 在句子的意思，除了當 "用或有…" 也可以解釋成其他的意思，如（32a）句的 mi-suku "撐傘"「mi」就要解釋為 "撐" 而不是 "用"，(34a) 句的 mi-kuse 的「mi」就要解釋為「穿鞋子」，而不是「有鞋子」或「用鞋子」。(35a) 也一樣「mi」不能當 "用"，要解釋為「攜帶」，這些用法必須要注意。

3. 方向式動詞

　　初鹿卑南語的方向式動詞有 piya- "朝…"，piya+ 方向，意味著朝某個方向做甚麼動作。在初鹿卑南語裡面，mu+ 方向，maka+ 方向，也可以是方向式動詞。方向式動詞不像工具式動詞，一定要在第一個

位置，他跟「來」「去」動詞一樣，可在第一個， 也可以在第二個
動詞，也都符合連謂結構的標準，但是在意思上差別不大。另外，
句子的意思也會隨第一個動詞是「主事焦點 -AF」或「受事焦點 PF」
而改變。如下例所示：

(36)

a. Ø-piya-'ami=ku　　　　ka-kawang.

　　NAF- 朝 - 北 *=1S.NOM　RED<AF>* 走

　　"我朝北走去。"

b. ka-kawang=ku　　Ø-piya-'ami.

　　RED<AF> 走 *=1S.NOM　AF-* 朝 - 北

　　"我朝北方走去。"

(37)

a. mu-lauz=ku　　　　　sungal kana daway.

　　AF- 往 - 東 *=1S.NOM* 敬禮 *<AF>　　OBL* 造 *<AF>* 物者

　　"我朝東方向造物者行禮。"

b. sungal=ku　　　kana　daway mu-lauz.

　　敬禮 *<AF>=1S.NOM OBL*　　造物者 *<AF>　AF-* 往 - 東

　　"我朝著東方向造物者敬禮。"

(38)

a. maka-ngidiran=ku　　　　ka-kawang kanini na　　　　dalan.

　　AF- 沿著 - 旁邊 *=1S.NOM RED < AF >* 走　　這個　　*NOM.DF* 馬路

　　"我沿著這一條馬路走。"

b. ka-kawang=ku　maka-ngidiran　　kanini na　　　　dalan.

　　RED<AF> 走 *=1S.NOM　AF-* 沿著 - 旁邊　　這個　*NOM.DF* 馬路

　　"我沿著這一條馬路走。"

(39)

a. ku-piya-lauz-aw 　　　trepuk na 　　　lra'ap.
　 1*S.GEN-* 朝 - 東 -*PF* 打 *<AF>*　　　*NOM.DF* 蓆墊
　 "我朝東邊打蓆墊。"

b. ku-trepuk-aw na 　　　lra'ap Ø-piya-lauz.
　 1*S.GEN-PF*　　　*NOM.DF* 蓆墊　　*NAF-* 朝 - 東
　 "我打蓆墊朝著東邊。"

(40)

a. Ø-piya-lauz=ku 　　　trepuk kana 　　　lra'ap.
　 AF- 朝 - 東 =1*S.NOM* 打 *<AF>*　　　*OBL.DF* 蓆墊
　 "我朝著東方打蓆墊。"

b. trepuk=ku　kana lra'ap Ø-piya-lauz
　 打 *<AF>*=1*S.NOM OBL*　墊子　*NAF-* 朝 - 東
　 "我打蓆墊朝著東方。"

　　　第 (36)-(38) 句 的 方 向 式 動 詞，piya-lauz、mu-lauz、makangidiran，不論在 *V*1 或 *V*2，各組 a 與 b 句子的意思沒有改變。但第 (39a) 句的方向式動詞 piya-lauz-aw 是受事焦點 (*PF*)，主格落在 nalra'ap，所以本句有被動之意，(39b) trepuk-aw 及物動詞受事焦點 (*PF*)，所以 nalra'ap 必須隨 trepuk-aw 的後面。第 (40a) Ø-piyalauz 及 trepuk 都是主事焦點 (*AF*) 主格附著在 *V*1，句中兩個動詞共享同一主詞，kanalra'ap 降為斜格，所以是主動句。方向式動詞，不論是以 *AF* 或 *PF* 為 *V*1 都符合連謂結構標準。

4.　能力動詞（*Ability verb*）

　　　初鹿卑南語表示能力的動詞有 ruwa "可以"、lrazam "知道"、及借自閩南語的 "師傅" sayhu "會" 等三種，這三種動詞在連謂結構中只能放在 *V*1，而且是主事者焦點形式 *AF*，違反上述兩種限制，句子就不合語法了。

(41)

a. ma-ruwa=ku　　mu-ruma' lra　　harem.
　AF- 可以 *=1S.NOM AF-* 家　　*PERF.* 了 現在
　"我現在可以回家了。"

b. ka-ra-ruwa=ku　　　mu-ruma' harem.
　真正 *-RED* 可以 *=1S.NOM　AF-* 家　　現在
　"我現在可能可以回家。"

*c. mu-ruma'=ku　ma-ruwa　harem.
　AF- 家 *=1S.NOM　AF-* 可以　現在

(42)

a. ma-lrazam=ku　　tulr'ay za　palrizing.
　AF- 知道 *=1S.NOM* 修理 *<AF>*　*OBL* 車子
　"我知道怎麼修理車子。"

*b. tulr'ay=ku　ma-lrazam za　palrizing.
　修理 *<AF>=1S.NOM AF-* 知道　*OBL* 車子

(43)

a. Ø–sayhu me-le'utr　i　Yaseko .
　NAF- 會　*<AF>* 刺繡　*NOM* 女子名
　"Yaseko 會刺繡。"

*b. me-le'utr　Ø–sayhu i　Yaseko . .
　<AF> 刺繡 *AF-* 會　*NOM* Yaseko

　　第 (41a) 表示肯定可以回家，(41b) 在字根 ruwa 之前加綴詞 ka-ra 重疊構詞之後，表示可能性可以回家，有一半的機會。(42a)ma-lrazam "知道" 其實有含 "有能力" 修理之意。(43a)sayhu "會" 也可以表示 "能"。

5. 階段式動詞（開始 / 繼續 / 結束）

　　階段性動詞 pureha "開始" 及 piya "結束"，是及物動詞，但在它們的後面不是加一般名詞當它們的受詞，而是加另一個及物動詞 + 名詞當它們的受詞〔pureha/piya+〔及物動詞 + 一般名詞〕/〔不及物動詞〕〕，在連謂結構句中，階段式動詞的位置也是只能 *V*1 不能是 *V*2。

(44)

a. Ø-pureha=ku　　　　me-nada-nadam za　　　Bunun.
　NAF- 開始 =1*S.NOM AF-RED-* 學習　　*OBL.IDF* 布農語
　"我開始學布農語。"

b. pureha=ku　　　tara-Bunun.
　開始 =1*S.NOM* 使用 <*AF*>- 布農語
　"我開始用布農語說話了。"

(45)

a. Ø-piya=ku　　　　lra　　tuhus.
　NAF- 完成 =1*S.NOM PERF* 播種 <*AF*>
　"我播種（小米）完了。"

b. Ø-piya=ku　　　　　tuhus za　dawa.
　NAF- 完成 =1*S.NOM* 播種 <*AF*>　*OBL* 小米
　"我播種小米完了。"

c. ku-piya-yaw　　　tuhus na　　　dawa.
　1*S.GEN-* 完成 *-PF* 播種 <*AF*>　*NOM.DF* 小米
　"我完成播種小米（工作）。"

階段式動詞如同方向式動詞一樣。一是它們的位置是 V1
非 V2，若對調則句子不合語法。二是動詞本身可以用受事焦點
（PF）來表示，但 V2 仍只能用主事焦點（AF）。三是它們都符
合連謂結構的標準。

6. 認知動詞

認知動詞是指"心裡"、"想"、"拒絕"、"期待"等意思，
下列舉初鹿卑南語的 anger "想"，"anger" 前面若加了一個 r，
ranger 就變成動詞了如 (46a)。mi-ya-likuz 向背，mi-ya 使身體背
部朝向某個方向之意，likuz 是指 likuzan 背後，miyalikuz 向背，
意指"拒絕"如 (47) 句。talrima 原意是 "依賴"，此指 "期望"
之意如 (48) 句。Ranger "想"、miyalikuz "拒絕"、talrima "期望"
都是認知動詞，通常用主事焦點的形式，加前綴詞 ma- 或 mi-，
來建構句子。

(46)

a. ma-ranger=ku　　m-ekan za　'alum.
　AF- 想 =1S.NOM　AF- 吃　OBL 肉
　"我想吃肉。"

*b. m-ekan=ku　　za　'alum ma-ranger
　AF- 吃 =1S.NOM OBL 肉　　AF- 想

*c. ma-ranger=ku　　za　'alum m-ekan
　AF- 想 =1S.NOM OBL 肉　　AF- 吃

(47)

amanan　mi-ya-likuz　a　trau nu ma-ranger ki-puwalrang kannu.
NEG. 不要 AF-RED- 拒絕　NOM 人 當 AF- 想　取得 - 幫忙　你
"不要拒絕有求於你幫忙的人。"（新約箴言二章 27 節）

(48)

talrima=ku　　m-asalr kinger mara-sazu　　za　　vativatiyan.
期待 =1*S.NOM*　*AF-* 再次 聽到　比較（級）- 多　*OBL*　故事
"期待下次聽到更多的故事。"（西群族語教材 - 情境篇）

　　在連謂結構的條件下，也和階段式動詞及方向式動詞一樣，它的位置是 *V*1 非 *V*2，若句子對調如 (46b)，則不合語法。而且，認知動詞 *V*1 和 *V*2 之間不能放入斜格 + 名詞或處所格 + 名詞，如 (46c)。

7.　心理動詞

　　心理動詞描述人的心中感受，如 sahar "喜歡"、aules "討厭"、kaud "害怕" 等。在初鹿卑南語裡面，aules "討厭" 大都針對人不針對事物，所以 aules "討厭" 都不用在連謂結構中。我們只用否定詞 "'azisahar" 來表示不喜歡，"'azima-kaud" 來表示不怕。

(49)

a. Ø-sahar　me-le'utr i　　ina-ni.
　NAF- 喜歡　*AF-* 刺繡　*NOM* 1*P.POSS*
　"我媽媽喜刺繡。"

b. 'aziØ-sahar　me-le'utr i　　Muya.
　NEGAF- 喜歡　*AF-* 刺繡　*NOM* Muya.
　"Muya 不喜歡刺繡。"

(50)

a. ma-kaud truwak za　　　lriyung i　　iva-lri.
　AF 害怕　宰殺 <*AF*> 殺 *OBL.IDF* 豬　　　*NOM* 兄姊
　"我哥哥怕殺豬。"

b. 'azima-kaud tr<em>uwak za　　　　lriyung i　　　iva-lri.
　NEGAF 害怕 宰殺 *<AF>*　　*OBL.IDF* 豬　　　*NOM* 兄姊
　"我哥哥不怕殺豬。"

8.　小結

在上述列舉的七種一般動詞中，初鹿卑南語都符合連謂結構的標準，我們用下列的表格來表示。

表 2.1　初鹿卑南語一般動詞連謂結構分類表

連謂結構檢測標準	活動動詞	工具式動詞	方向式動詞	能力動詞	階段式動詞	認知動詞	心理動詞
動詞之間無聯繫詞	V	V	V	V	V	V	V
相同的時態、動貌、情態條件	V	V	V	V	V	V	V
動詞有從屬關係條件	V	V	V	V	V	V	V
動詞都是可單獨成詞彙非詞綴	V	V	V	V	V	V	V

有些句子，以第三個標準，動詞有從屬關係條件為例，$V1$-$V2$ 本是從屬結構，若有及物動詞搭配時，則 $V1$ 與 $V2$ 對調是合語法的，且符合連謂結構的標準，只是意思也會不一樣了，如活動動詞的例句 (26a-b)，$V1$-$V2$ 改為 $V2$-$V1$。

（二）　副詞性動詞

在南島語中，副詞除了修飾動詞的功能之外，有的還兼具有動詞的功能，它像一般動詞一樣有焦點形式，如 ma-hatra=ku "我在…方面笨拙"，代名詞可附著在它的前面或後面，

如 Ø-'alrepat=ku "我在…" 方面很敏捷。以下介紹幾種副詞性
的動詞也是符合連謂結構的檢測標準。描述程度、結果式、頻率、
「先」、「也」、推測與可能性 (*possibility and epistemic*) 等六種
來討論。

1. **描述程度**（*manner / depictive*）

描述性的動詞，多半是靜態動詞，比如說 alrepat "敏捷"，
hatra "笨拙"，ra'emetr "勤奮"，ratrang "懶惰" 等等。它們
在連謂結構的位置是 *V*1 非 *V*2，*V*1、*V*2 也不能對調。如果表示
「不敏捷」的話，除了在 'alrepat 前加個 'azi "否定" 的用法外，
初鹿卑南語習慣上會用其相反詞 hatra "笨拙"。主詞也都附著
在 *V*1，*V*2 也都以 *AF* 的形式呈現。

(51)

a. Ø-'alrepat=ku　　　　v<en>ukas.

　　AF- 敏捷 *=1S.NOM*　　跑步 *<AF>*

　　"我跑得快。"

b. 'azi=ku　　　Ø -'alrepat　v<en>ukas.

　　NEG=1S.NOM NAF- 敏捷　　跑步 *<AF>*

　　"我跑得不快。"

c. ma-hatra=ku　　　　　v<en>ukas.

　　AF- 笨拙 *=1S.NOM*　　跑步 *<AF>*

　　"我跑不快 / 我不擅長跑步。"

(52)

a. Ø-ra'emetr=u　　Ø-ki-karun　　awa!

　　AF- 勤奮 *=2S.NOM　NAF-* 取得 - 工作　語末助詞

　　"你認真工作喔！"

b. 'azi=u   Ø-ra'emetr ki-karun   awa!
  NEG=2S.NOM NAF- 勤奮 取得 - 工作 語末助詞
  "你不認真工作喔！"

c. ma-ratrang=u   ki-karun   awa!
  AF- 懶惰 *=2S.NOM* 取得 - 工作 語末助詞
  "你懶惰工作喔！"

*d. Ø-ki-karun=u   ma-ratrang awa!
  NAF- 取得 - 工作 *=2S.NOM AF-* 懶惰   語末助詞結果式 (*resultative*)

2. 結果式（*resultative*）

  結果式動詞常跟活動動詞一起出現，通常都表示一件事情的結果，比如：takisaw "殺" minatray "死亡" 或用 p<in>anatray "殺死"；salrpit-ay（用條狀物鞭打）mavuli' "傷" 即 "打傷" 有因果關係。結果式動詞在連謂結構句中，它的動詞位置、否定形式、主詞及 *V*1 和 *V*2 的焦點形式都和上述的描述程度動詞一樣。

(53)

a. ma-ulrep=ta   ka-kawang.
  AF- 累 *=1P.NOM RED-<AF>-* 走路
  "我們走路走得很累。"

b. 'azi=ta   ma-ulrep ka-kawang.
  NEG=1P.NOM AF- 累   *RED-<AF>-* 走路
  "我們走路走得不累。"

(54)

a. Ø-'ata'alr=ta   ka-kawang.
  AF- 輕鬆 *=1E.NOM*   *RED-<AF>-* 走路
  "我們走路很輕鬆。"

b. ka-kawang=ta   Ø-'ata'alr.

　　RED-<AF>- 走路 =1*E.NOM* Ø-'ata'alr.

　　"我們走路很輕鬆。"

　　如果 *V*1 用非 *AF* 的焦點形式，*V*2 仍符合連謂結構標準用 *AF*，也適用於此類動詞，如下列的句子。

(55)

a. ku-pangse'-aw Ø-mi-natray izu na   unan.

　　1*S.GEN-* 打 *-IF   AF-CAUS-* 死　那　*DF.NOM* 蛇

　　"那條蛇被我打死。"

b. Ø-tu-salrpit-ay   ma-vuli' i   Muya.   .

　　NAF-3S. 打 *-IF   AF-* 受傷　*NOM* Muya

　　"他打傷 Muya。"

　　上例 (55a-b) 兩句用 pangse' "捶打"、salrpit "鞭打（用條狀物）"都是及物動詞，位置都放在第一個，兩個也都是獨立的詞彙。

3.　頻率式動詞（*frequency*）

　　頻率副詞是副詞中較為被熟悉的副詞之一本用來修飾動詞或句子，但在初鹿卑南語中，頻率副詞就被拿來當動詞使用。因為它也和一般動詞一樣，有焦點形式，代名詞可以附著於它，否定時，否定詞在他的前面。比較常用的頻率式動詞有，rayas "常常"、nueman "偶爾"、及表示 "次數"的 par- 次數 -n，等幾種，不像華語及英語，有 *always*、*often*、*uaually*、*sometimes*、*seldom*、*never*…等多種，只是它們就只是副詞不是動詞。如下列 *English example*:

(56)

a. *She is always disobedient.*
"她總是不聽話。"

b. *He is often late for class.*
"他上課經常遲到。"

c. *John sometimes forgets to close the door.*
"John 有時會忘記關門。"

d. *Aemi seldom cooks.*
"Aemi 很少做飯。"

(57)

a. ma-rayas=ku　　　　mu-ruma'.
AF- 時常 *=1S.NOM*　*AF-* 家
"我常常回家。"

b. mu-ruma'=ku　　　　ma-rayas.
AF- 家 *=1S.NOM*　　*AF-* 時常
"我常常回家。"

(58)

a. 'azi=ku　　　　　　ma-rayas　　　　mu-ruma'.
NEG=1S.NOM　　　*AF-* 時常　　　*AF-* 家
"我不常回家。"

b. 'azi=ku　　　　　　mu-ruma'　　　ma-rayas.
NEG=1S.NOM　　　*AF-* 家　　　　*AF-* 時常
"我不常回家。"

(59)

a. ma-rayas=ku　　　　m-ekan　za　　　　'inava.
AF- 時常 *=1S.NOM*　*AF-* 吃　*OBL.IDF*　好的
"我常常吃好的。"

*b. ma-rayas=ku　　　　za　　　　'inava　　m-ekan.

　　AF- 時常 =1*S.NOM*　　*OBL.IDF* 好的　　*AF-* 吃

　　下例（60a-d）句中，我們發現到 nueman "偶爾" 比較特別，我們舉了比較多的例句，是因為他雖是頻率副詞，但沒有動詞的特徵，人稱代名詞也不能附著於它，更遑論 *V*1 及 *V*2 對調是否合法，它與上述的頻率副詞不同，所以可以斷定，在初鹿卑南語中並非所有的副詞可以當動詞來用。

(60)

a. nueman　mu-ruma=ku

　　偶爾　　　*AF-* 家 =1*S.NOM*

　　"我偶爾回家。"

b. mu-ruma'=ku　　　nueman.

　　AF- 家 =1*S.NOM*　偶爾 .

　　"我偶爾回家。"

c. nueman　　'azi=ku　　　　mu-ruma'.

　　偶爾　　　*NEG*=1*S.NOM*　*AF-* 家

　　"我偶爾不回家。"

 d. 'azi=ku　　　　　mu-ruma' nueman.

　　NEG=1*S.NOM*　　*AF-* 家　　偶爾

　　"我偶爾不回家。"

　　次數的用法較為靈活如 (61a-b)，(61c-d) 把「nu 當」放置句首，也符合語意。

(61)

a. Ø-pare-telun=ku　　　　　mu-ruma' nu sa-ya　　'ami.

　　AF- 次數 - 三 =1*S.NOM*　*AF-* 家　　當 一 - 數物 年

　　"我一年回家三次。"

b. mu-ruma'=ku　　Ø-par-telun　nu　sa-ya　　'ami.
　　AF- 家 *=1S.NOM*　*AF-* 次數 - 三　當　一 - 數物　年
　　"我一年回家三次。"

c. nu　sa-ya　　'ami　mu-ruma'=ku　　par-telun.
　　當　一 - 數物　年　　*AF-* 家 *=1S.NOM*　次數 - 三
　　"我一年回家三次。"

d. nu　　sa-ya　　'ami　par-telun=ku　　　　mu-ruma'.
　　當　　一 – 數物　　年　　　　*AF-* 次數 – 三 *=1S.NOM AF-* 家
　　"我一年回家三次。"

4.「先」、「也」

　　初鹿卑南語中，有關於「先」可以用 nguwayan 來表示，也有「前面」的意思。至於「也」，就沒有詞彙來表示了，通常用語調來表示「也」的意思，如第（61a-b）句。

(62)

a. Ø-inguwayan-a=ku　m-ekan.
　　AF- 先 *-A=1S.NOM*　*AF-* 吃
　　"我先吃。"（我第一個吃）

b. m-ekan-a=ku　　　ziya　(kiyakarun=ku　　lra.)
　　AF- 吃 *-A=1S.NOM IMPF*（工作 *=1S.NOM*　了）
　　"我先吃。"（吃完再去做其他事）

　　(62a-b) 通常是說話者與聽話者之間彼此預先都清楚要傳達的訊息，後面可以省略。（62a-b）都是「我先吃」，但在深層的意義上有明顯的不同，（62a）是連謂結構句，而（62b）非連謂結構句。

(63)

a. ma-kuwa=ku（──── ╲）tuhus-a.
　AF- 去 *=1S.NOM*　　　　撒種子＜*AF*＞-A
　"我要去撒種子。"

b. ma-kuwa=ku（──── ╱╲）tuhus-a.
　AF- 去 *=1S.NOM*　　　　撒種子＜*AF*＞-A
　"我也要去撒種子。"

(64)

a. ma-kuwa=ku（──── ╲）m-'izeng-a.
　AF- 去 *=1S.NOM*　　　　*AF-* 躺 -A
　"我去躺一下。"

b. ma-kuwa=ku（──── ╱╲）m-izeng-a.
　AF- 去 *=1S.NOM*　　　　*AF-* 躺 -A
　"我也要去躺一下。"

　　(63b)、(64b) 的「也」從字面上看不到，完全依語調來分辨，初鹿卑南語與大部分的南島語以語調來分辨語意一樣。

5.　推測與可能性（*possibility and epistemic*）

　　在初鹿卑南語中，似乎找不到和中文「應該」對應的詞彙，那並不代表初鹿卑南語沒有「應該」的意思。初鹿卑南語用「語調」的變化來代替推測，但是靠「語調」的變化來代替推測，應不屬於連謂的句式，也不符合連謂的條件，故於此不做陳述。至於「可能」在初鹿卑南語的對應詞是 kazuwa，kazuwa "可能、可以" 只能是 *V*1 不能是 *V*2。

(65)

a. Ø-kazuwa=ku（——— ↘）me-lihis-a.
　NAF- 可以 *=1S.NOM*　　　　*AF-* 跑步 *-A*
　"我可以跑步。"（100% 肯定）

b. Ø-kazuwa=ku（———）　　me-lihis-a.
　AF- 可以 *=1S.NOM*　　　　*AF-* 跑步 *-A*
　"我可能可以跑步。（50% 肯定）"

(66)

a.Ø-ka-zuwatrulr-ay　　za　tinghui i　Ahin.
　NAF-RED- 可能修理 *<AF>-IF OBL* 電燈 *SG.NOM* Ahin
　"Ahin 可能會修理電燈"

*b. trulr-ay Ø-ka-zuwa　　za　tinghui　i　　Ahin.
　修理 *<AF>-IF　NAF-RED-* 可能　*OBL*　電燈 *SG. NOM*　Ahin

　　(65a) 句的「可能、可以」非常的肯定，(65b) 句「可能、可以」較有推測的可能性，機率佔一半。(66a) 句的 Ø-ka-zuwa" 可能 " 的語氣雖然肯定比率較高 (90%)，但還是有一些推測的可能，若 ka-zuwa 改成 ma-zuwa，那麼語氣就會變得非常肯定 (100%)。(66b) 句將 ka-zuwa 移至 V2 則不合語法，也不合語意。

（三）　小結

　　對於上述列舉的六種副詞性動詞中，初鹿卑南語大都符合連謂結構的標準，我們用下列表格再重新整理，符合的打「∨」，表示部分符合的打「△」。

表 2.2 初鹿卑南語副詞性動詞連謂結構分類表

連謂結構	描述程度動詞	結果式	頻率式	先	也	可能性
動詞之間	V	V	V	V	V	V
相同的時態	V	V	V	V	V	V
動詞有從屬關係條件	V	V	V	V	V	V
動詞都是可單獨成詞	V	V	V	V	V	V
V1 V2	V	V	V	V	V	V

　　副詞性動詞的從屬關係條件較為嚴苛，除了頻率式動詞外，其餘副詞性動詞，需遵守 *V1-V2* 的從屬結構，若改為 *V2-V1* 句子不但不合語法，也不合連謂結構的標準，句子無從解釋。而「也」與「推測與可能性」動詞可用語調的變化來表示它們的意思。

三、　其他（補充在前二節分類動詞中未提及的動詞）

　　比如一般動詞 puwalrang "幫助"、malalup "忘記"、alamu "來"；副詞性動詞 payas "馬上"、pamelri "實在、不對"、salaw "非常／超越"，這些詞彙在初鹿卑南語的連謂結構裡，在命令句和否定句中的標記是否也遵守條件第二、*V1* 和 *V2* 遵守相同的一個動貌、時態和情態標記作測試，茲分述如下。

1. **一般動詞** puwalrang **"幫助"**、lalup **"忘記"** 及 lamu **"來"**

(67)

a. Ø-puwalrang=ku　　　t\ulr'ay tu　　　etu ni Asing.
　NAF- 幫忙 *=1S.NOM* 修理 *\<AF>*　　*3S.GEN* 桌子 *GEN* Asing
　"我幫 Asing 修他的桌子。"

b. puwalrang-ay=ku　　tulr'ay tu　　　etu　ni　Asing.

　　幫忙 -PF=1S.NOM　　修理 <AF>　3S.GEN 桌子　GEN Asing.

　　"幫我修 Asing 的桌子。"

*c. tulr'ay=ku　　Ø–puwalrang tu　　　etu　ni　　Asing.

　　修理 <AF>=1S.NOM　NAF- 幫忙　　3S.GEN 桌子　GEN Asing.

(68)

a. ma-lalup=ku　　　me-lamed za　puwatremel.

　　AF- 忘記 =1S.NOM AF- 吞嚥　OBL 藥

　　"我忘記吃藥。"

b. ku-kalalup-aw　　　me-lamed na　　　puwatremel.

　　1S.NOM- 忘記 -PF　　AF- 吞嚥　NOM.DF 藥

　　"我忘記吃藥。"

*c. me-lamed=ku　　　ma-lalup　na　　　puwatremel..

　　AF- 吞嚥 =1S.NOM　AF- 忘記　NOM.DF 藥

(69)

a. Ø-alamu　　mu-warak-a=ta　　　i　　palakuwan.

　　NAF- 來　　AF- 傳統舞 -A=1S.NOM LOC　　聚會所

　　"來聚會所跳傳統舞。"

*b. Ø-alamu=ta　　　mu-warak-a　i　　pa-laku-wan.

　　NAF- 來 =1S.NOM AF- 傳統舞 -A　LOC 聚會所

*c. mu-warak-a=ta　　　Ø-alamu i　　pa-laku-wan.

　　AF- 傳統舞 -A=1S.NOM NAF- 來 LOC 聚會所

　　第（67a）、（67b）句 V1 與 V2 之間無聯繫詞，V2 一定是 AF，但從屬結構 V1-V2 的不能互換，puwalrang "幫助"、lalup "忘記" 都是獨立的單字，V1 與 V2 共享一個主詞。但 lamu "來" 似乎和來去動詞的 zuwa "來" 不同，雖然 lamu "來" 後

面可接 *V*2,而且 *V*2 是 *AF*,看頗符合連動結構,但是 lamu "來" 不能有人稱代名詞附著,如(69b),這點就違背了人稱代名詞可附著在動詞前或後的規則,(69c) 句也不符合條件,alamu 來一定要在 *V*1。(林進星 2015)。所以 lamu "來" 看似動詞,但無動詞之實。

2. **副詞性動詞** payas **"馬上"**;mulrek、(tremakatrakaw) **"偷偷地"**

　　payas "馬上";mulrek、(tremakatrakaw) "偷偷地" 也是副詞性動詞,人稱代名詞可以附著在它的前後,它也有焦點變化。它雖不屬於上述幾種副詞性動詞類型,他的用法也符合連謂結構。*V*1 與 *V*2 是不能互換的,*V*2 可以是 *Vi* 也可以是 *Vt*。

(70)

a. payas=ku　　　　p<en>usar

　　馬上 =1*S.NOM*　逃離 <*AF*>

　　"我立刻逃離。"

*b. p<en>usar=ku　　　payas.

　　逃離 <*AF*>=1*S.NOM*　馬上

(71)

a. ku-payas-anay　　piya-m-ekan　na　　　　vurasi.

　　1*S.NOM*- 馬上 -*IF*　*PERF-AF*- 吃　*NOM.DF* 地瓜

　　"我馬上把它吃完。"

*b. piya-m-ekan=ku　　　payas-anay　na　　　　vurasi..

　　PERF-AF- 吃 =1*S.GEN* 馬上 -*PF*　　　*NOM.DF* 地瓜 .

(72)

a. m-ulrek=ku　　　　　mu-vuruk.

　　AF. 偷偷地 =1*S.NOM*　*AF*- 回去

　　"我偷偷地溜回去。"

b. trakatrakaw=ku　　　me-rengay　kannu.
偷偷地 <AF>.RED=1S.NOM　AF- 說　　　你
"我偷偷地跟你說。"

　　(72a) 句的「偷偷地」有兩種說法，m-ulrek 較文言、trematrakaw 較白話，ulrek、trakaw 是字根，本意是指偷竊，此作為功能性副詞動詞表示"偷偷地"來修飾後面的動詞。其餘的 pamelri"實在、不對"、salaw"非常 / 超越"，這些詞彙在初鹿卑南語的連謂結構裡，雖然是帶有動作的描述，但在命令句和否定句中的標記並沒有遵守第二 AF only 的條件，不符合連謂結構的條件，故不在此補述。

3.　小結

　　對於上述列舉的六種副詞性動詞中，初鹿卑南語還有如 puwalrang 幫、malalup 忘記、alamu 來以及 payas 馬上、mulrek (tremakatrakaw) 偷偷地副詞性動詞，我們依舊用下列表格式，補充初鹿卑南語其他副詞性動詞檢測表，符合的打「∨」，表示部分符合的打「△」，不符合的打「×」。

表 3.1 其他補充表

連謂結構檢測標準	puwalrang 幫助	malalup 忘記	alamu 來	payas 副詞性動詞	mulrek 副詞性動詞
動詞之間	∨	∨	∨	∨	∨
相同的時態	∨	∨	∨	∨	∨
動詞有從屬關係條件	∨	∨	∨	∨	∨
動詞都是可單獨成詞	∨	∨	∨	∨	∨
V1V2	∨	∨	×	∨	∨

四、　結論

　　根據本文以上的描述及驗證，初鹿卑南語的一般動詞及副詞性動詞都符合 Chang（2006）所提出連謂結構的四個條件。本文所列舉初鹿卑南語 $V1$ 與 $V2$ 之間沒有任何的聯繫詞，如果有，不是謬句就是另外一種結構的句子。其次 $V1$ 大多屬於 AF，少數是非 AF，但是 $V2$ 一定都是 AF，$V1$ 與 $V2$ 都共享一個時態，共享一個主詞。還有，$V1$ 與 $V2$ 有從屬關係，有的句子 $V1$ 與 $V2$ 可以互換，互換之後它們就產生新的從屬關係，不過也還是符合連謂結構。最後本文的每一個連謂結構句，不論是 $V1$ 或 $V2$，他們都是可以單獨成一個有意義的詞彙，並不需要有詞綴來附著。初鹿卑南語若違反上述四個條件之一就不是連謂結構句了。我在驗證的過程中也發現一些現象，這些現象並不影響初鹿卑南語符合連謂結構的條件，茲分述如下。

（一）　一般動詞與連謂結構

　　在連謂結構句子結構中，我們注意的焦點通常落在動詞，注意兩個動詞的位置是否可以互換，同時還要注意它們的焦點形式和它們的類型等。以下我們用三種表格來釐清一般動詞中「完全符合連謂條件」和「部分符合連謂條件」以及「完全不符合連謂條件」的比較結果。

表 4.1　初鹿卑南語「完全符合連謂條件一般動詞」的分類歸納表

類型	V1-V2 only	V1-V2 V2-V1 句意不變	V1-V2 V2-V1 句意改變	V1 AF	V PF	V1 Vi	V1 Vt
活動動詞			V	V		V	
工具動詞	V			V		V	
方向動詞		V		V	V	V	V
能力動詞	V			V		V	
階段動詞	V			V	V	V	
認知動詞	V			V		V	
心理動詞	V			V		V	

表 4.2　初鹿卑南語「部分符合連謂條件一般動詞」的分類歸納表

類型	V1-V2 only	V1-V2 V2-V1 句意不變	V1-V2 V2-V1 句意改變	V1 AF	V PF	V1 Vi、Vt	備註
mu-ruma' 回家	△		V	V		V	*V i* 可互換；*V t* 不可互換
alamu 來	△				V	V	後面不可依附代名詞

表 4.3　初鹿卑南語「完全不符合連謂條件一般動詞」的歸納表

類型	V1-V2 only	V1-V2 V2-V1 句意不變	V1-V2 V2-V1 句意改變	V1 AF	V PF	V1 Vi、Vt	備註
V1V2	×	×	V				語氣停頓

　　V2 在連謂結構中必須是 *AF*，所以無需再用表格表示。「*AF*」表示主事焦點，「*PF*」表示受事焦點，「*Vi*」表示不及物動詞，「*Vt*」表示及物動詞，「*V1*」表示第一個動詞，「*V2*」表示第二個動詞。

活動動詞中 *V*1 與 *V*2 是可以互換的，互換後句子的意思跟著改變，*V*1 必是 *AF* 也是 *Vi*。mu-ruma'"回家" 雖屬於活動動詞，比較例外的是，它的 *V*1 可以是 *Vt* 的，且有的句子 *V*1 與 *V*2 的位置不能改變，如第 (30)、(31) 各句。

方向性動詞，*V*1 與 *V*2 是可以互換的，互換之後句子的意思不變，它的 *V*1 與階段式動詞一樣，可以是 *AF* 也可以是 PF。另外它的 *V*1 可以是 *Vt*，如例 (39b)。

lamu "來" 雖然後面可接 *V*2，且 *V*2 是 *AF*，看頗似符合連動結構，但是 lamu "來" 不能有人稱代名詞附著，如（69b），違背了人稱代名詞可附著在動詞前或後的規則，如 (69c)，alamu 來一定要在 *V*1。

透過 (表 5.1-3) 的歸納表，我們就更清楚地知道動詞在連謂結構中的角色。

（二）　副詞性動詞與連謂結構

在初鹿卑南語中，甚至是其他南島語族，我們認知的副詞，它在南島語中也有動詞的功能，但就如同本文所述，並非所有副詞都可以當動詞，如第 (60) 句的 nueman。

既然它也是動詞，我們也用兩張歸納的表格「符合連謂結構的副詞性動詞」和「不符合連謂結構的副詞性動詞」來解釋副詞性動詞在連謂結構中的角色。

表 4.4　初鹿卑南語「符合連謂結構的副詞性動詞」分類歸納表

方式	V1-V2 only	V1-V2 V2-V1 句意不變	V1-V2 V2-V1 句意改變	V1 AF	V PF	V1 Vi	V1 Vt	備註
描述程度動詞	V			V		V		
結果式動詞	V			V	V	V		
頻率式動詞		V		V		V	V	
「先」	V			V		V		
「也」	V			V		V		
可能、可以	V			V		V		

　　*V*2 在連謂結構中必須是 AF，所以無需再用表格表示。「AF」表示主事焦點，「PF」表示受事焦點，「*Vi*」表示不及物動詞，「Vt」表示及物動詞，「*V*1」表示第一個動詞，「*V*2」表示第二個動詞。

　　除了頻率式動詞外其餘的副詞性動詞都是 *V*1-*V*2 的從屬結構，而頻率是動詞 *V*1 與 *V*2 互換後句意不變，而且它的 *V*1 可以是 *Vi* 或 *Vt*。有規律的是，除了結果式動詞 *V*1 可以是 *PF* 外，副詞性動詞的 *V*1 都是 *AF* 與 Vi，頻率式動詞也可以是 *Vt*。經由這張歸納表，我們就也更清楚地知道副詞性動詞在連謂結構中的角色。對照上述表 (4.2) 與表 (4.3) 讓我們對連謂結構能進一步的認識。

表 4.5　初鹿卑南語「不符合連謂結構的副詞性動詞」分類歸納表

方式	V1-V2 only	V1-V2 V2-V1 句意不變	V1-V2 V2-V1 句意改變	V1 AF	V PF	V1 Vi	V1 Vt	備註
頻率式動詞		V		V		V	V	nueman 偶爾

　　頻率副詞中的 nueman "偶爾" 我發現到比較特別,如(60a-d)句中,因為它雖是頻率副詞,但沒有動詞的特徵,人稱代名詞也不能附著於它的前後,更遑論其 *V1* 和 *V2* 對調是否合法,它與上述的頻率副詞不同,所以可以斷定,在初鹿卑南語中並非所有的副詞都可以當動詞來用。

五、　未來與展望

　　在這篇文章中,我們舉了許多的例子來證明初鹿卑南語符合連謂結構的檢標準,同時也舉出例句來確定連謂結構有其規則,違反這規則即是謬句。我們所舉出的一般動詞類型,包括活動動詞、工具式動詞、方向性動詞、能力動詞、階段性動詞、認知動詞、心理動詞等,及副詞性動詞,包括描述程度、結果式、頻率式、「先」、「也」、可能性等,在連謂結構中這些動詞的界定,也可以更加說明連謂結構句意的方向。

　　當然,句子的表現方式有很多種,並非只有符合連謂結構的句子才是合語法的句子,如下例 (73) 和 (74) 句,(73a) 的 V2 雖不符連謂條件,但語意是可接受的。(74b) 句的 V2 雖然是 PF,但,是符合語意的。

(73)

a. tu-uwa-yaw　　salem-ay　　na　　umai' ni　　Sunay.
　 GEN.3S. 去 *-PF*　種植 *-PF*　　*NOM.DF* 樹豆　*GEN*　Sunay
　 "那樹豆被 Sunay 拿去種了。"

b. Ø-a-uwa　　salemi　　Sunay za　umai'.
　 NAF- 將 *-* 去　種植 *<AF>NOM.SG* Sunay　*OBL* 樹豆
　 "Sunay 要去種樹豆。"

(74)

a. tu-valruk-aw=ku　　　　savalr ni　inani.
　 GEN.3S- 叫醒 *-PF=1S.NOM* 一大早 *<AF>* *GEN* 媽媽
　 "媽媽一大早叫醒我。"

b. savalr　tu-valruk-aw=ku　　　ni　inani.
　 一大早 *<AF>* *GEN.3S-* 叫醒 *-PF=1S.NOM* *GEN* 媽媽
　 "媽媽一大早叫醒我。"

　　(73a) 與 (73b) 都是合語法的句子，(73a) 的 *V2* 非 *AF*，所以它非連謂結構句，(73b)

　　則符合連謂結構標準，*V1* 與 *V2* 之間沒有聯繫詞，*V1* 與 *V2* 共享一個主詞 "i Sunay"，*V1* 的 uwa "去" 與 *V2* 的 salem "種植" 都是獨立的詞彙，*V1* 與 *V2* 有從屬的關係。(74a) 符合連謂結構標準，(74b) 的 *V2* 非 *AF*，也是非連謂結構，但是 *V1* 與 *V2* 之間一樣沒有聯繫詞，*V1* 與 *V2* 共享一個主詞 iinani "我媽媽"，*V1* 的 valruk "叫醒" 與 *V2* 的 semavalr "早上" 都是可獨立的詞彙，*V1* 與 *V2* 也是有從屬的關係。

　　另外，表示控制的動詞，如 pa'iselay "勉強"、panadamaw "教導" 有 -aw、-ay 等「樞紐結構」如下例 (75a) 與 (76a) 句在

台灣南島語比較特殊，它跟一般我們熟悉的華語及英語的語序及語法結構較不一樣，兩個動詞之間若有人稱代詞，並不代表它不符合連謂結構，因為台灣南島語的代名詞多半都依附在動詞前後。

(75)

a. ku=pa-'isela-aw   i   Inor daw-ay za   tiaw.
   GEN.1S. 我 = 使役 *–PF   NON* 人名 製作 *<AF>-BF OBL* 杯子
   "我勉強 Inor 製作杯子"

b. ku=pa-'isela-aw   daw-ay za   tiaw i   Inor.
   GEN.1S. 我 = 使役 *-PF* 製作 *<AF>-BF OBL* 杯子 *NOM.* 人名
   "我勉強 Inor 製作杯子"

(76)

a. ku=panadam-aw   me-le'utr za kating i   Sunay .
   GEN.1S. 我 = 使役 . 教導 *-PF AF-* 刺繡   *OBL* 腳套   *NOM* 人名
   "我教導 Sunay 刺繡腳套"

b. ku=panadam-aw   i   Sunay me-le'utr za   kating .
   GEN.1S. 我 = 使役 . 教導 *-PF NOM.* 人名   *AF-* 刺繡   *OBL* 腳套

我們從上例 (75a-b) Inor 跟 (76a-b) Sunay 句中可以發現這兩個人，在共同參與的事件中，會扮演不同的語意角色，即他們分別是第一個事件的受事者，同時又是第二個事件的主事者，這種結構有些學者稱之為「樞紐結構」，但值得注意的是，雖然這兩個句子的第一個動詞是非主事焦點，但第二個動詞仍遵守「*AF-only*」的條件，故初鹿卑南語遇到 -aw、-ay 等表示控制的動詞時，仍符合連謂結構「主事焦點 - 限制」的檢測標準。

像上述 (75)~(76) 這樣的句子結構，看起來是連謂結構但實際又不完全符合連謂結構的條件，在卑南語的語法上卻是合語

意的，是偶然少數的幾個句子？還是尚需蒐集更多的語料進行檢測？這也是本文研究主題過程中的發現。

　　透過本文對初鹿卑南與連謂結構的驗證，證實初鹿卑南語是符合張永利（2006）對連謂結構所列的四個標準。另外我們也發現，初鹿卑南語的副詞，大部分都屬於副詞性動詞，具有動詞的功能，這和我們熟悉的華語及英語較不一樣的地方，這也是值得探討的議題。連謂結構只是眾多語法結構中的其中一種，本文可以提供族語教師在教學或自修或編輯教材時的一個參考材料，對族語的認知、語法的提供及傳承必能有一定的貢獻，本文只是拋磚引玉，期盼更多的學者投入初鹿卑南語的研究，更期待卑南族人挾著說母語的優勢也投入自己語言的研究，把珍貴的母語正確的傳承下去，語言是一個族群文化的核心，既然是核心，就不能只是會說、會聽、會教、會考認證而已，其中的語法現象，身為族語教師，確實須要去研究理解和分析，這也是我個人在研讀和學習過程中最深刻的體悟。

參考書目

林進星

　　2015《卑南語初鹿方言否定詞研究》國立高雄師範大學碩士論文

林秀玉

　　2007《Mulivelivek 巴蘭神話傳奇》台東：台東縣政府

洪惟仁

　　2019《台灣語言的分類與分區 270-272》台北：前衛出版社

鄧芳青

　　2016《卑南語語法概要》台北：原住民族委員會

陳登財

　　2020《初鹿卑南語是非問句與附加問句之研究》國立高雄師範大學碩論

張永利

　　2010（台灣南島語言語法：語言類型與理論啟示 12 月 .12 卷 1 期）

黃美金

　　2000a《卑南語參考語法》台北：遠流出版事業股份有限公司

　　2000b《泰雅語參考語法》台北：遠流出版事業股份有限公司

　　2000〈臺灣南島語言學研究的回顧與展望〉- 漢學研究第 18 卷特
　　　　刊 pp.90-97)

葉美利

　　2000《賽夏語參考語法》台北：遠流出版事業股份有限公司

曾建次

　　2009《卑南族簡易字典》天主教台灣主教團原住民牧靈委員會

曾華鈺

　　2015《南排灣語連謂結構研究》國立高雄師範大學碩士論文

劉淑琴

　　2015《初鹿卑南語之疑問詞研究》國立高雄師範大學碩士論文

魏廷冀

　　2009《阿美語疑問詞研究》國立高雄師範大學

原住民族委員會

2020〈原住民族語言九階教材.修訂版〉

2014〈原住民族語言學系補充教材〉

蘇畢娜・娜凱蘇蘭 / 張阿信

2016《卑南族簡易字典》使徒出版社有限公司

Chang, Henry Yungli.

　　2006. Verb sequences in some Formosan languages: SVCs or secondary predicates? Paper presented at 14th IACL and 10th ISCLL joint meeting. Academia Sinica, Taipei.

Wu, Chunming.

　　2006a. *Verb serialization in Kanakanavu.*Paper presented atUSTWPL 2.

Wu, Joy Jing-lan.

　　1996. *Serial Verb Construction in Amis.* Paper presented at Nat'lTaiwan Nor. University volls 41.

太麻里大王村（Tjavualji）
Rahan 與 Pulingaw
祭儀中的族群特色與身分認同 [1]

林和君

國立成功大學中國文學系約聘助理教授

摘要

　　臺東縣太麻里溪流域具有排灣族、卑南族與阿美族文化交融的現象，而太麻里鄉大王村內的利里武（Liljiv）、大王（Tjavualji）、加拉班（Qaljapang）三個部落之中，在語言、服飾、歌謠乃至於巫師祭儀，都具有卑南族、排灣族雙方彼此相容與共存的文化元素，而有「戴花環的排灣族人」之稱，成為大王村極為突出的族群特色。據村中耆老描述，由於遷徙與通婚的關係，民國時期以來部分族人從利嘉（Likavung）、知本（Katratripulr）婚入大王村以後，即發現村內排灣族人的服飾與卑南族相似，也有村人會說卑南語；現任祭司長指出大王村的祭司（rahan）和祭師（pulingaw）的祭祀儀式保留兩種系統，一則為

1　本文初稿於第五屆卑南學學術研討會發表，感謝評論人蔣斌教授予以本文的指教與寶貴意見。

排灣族，一則為卑南族，因此可見大王村融合兩族了語言、祭儀、祭器等特殊的祭祀儀式特色。

　　本文以大王村現任祭司長所見的祭儀內容為對象，藉由現存文獻、影音紀錄、口述紀錄與田野調查等資料，探尋排灣族與卑南族在此共構的遷徙歷史、族群融合之概貌，探究大王村現存的祭祀儀式中共存的排灣、卑南兩種系統元素中的特色，並探析從中反映大王村的族群認同與其關聯，進一步提出當代卑南族在當代的真實樣貌、建立與拓展自身定義的思考。

　　關鍵字：卑南、排灣、太麻里、大王村、祭司、巫師

一、 前言

臺東縣太麻里鄉為各原住民族多元相融的地區，在神話傳說與口述紀錄中，當地卑南族、排灣族與阿美族等部落均以此為發源地，例如：金崙部落與大王村流傳的口述歷史稱排灣族祖先自海上從此地的 Ruvahan 上岸，再往大武山遷徙而去；[2] 在阿美族的南勢阿美、卑南阿美與恆春阿美有以 Arapaney 為祖先發源地之說，移川子之藏、馬淵東一等日治時期學者即認為 Arapaney 即為卑南族所稱的 Panapanayan，也就是前述的 Ruvahan、即現今太麻里鄉三和村與華源村交界處的台灣山地人祖先發祥地；[3] 大王村大麻里部落（Tjavualji）的發祥地祖靈祭 (Riuvuqan a palisiyan) 亦在此地舉行，卑南族 Kasavakan（射馬干，今建和部落）、Katratripulr（卡地布）、Likavung（利嘉）與阿美族 Atolan（都蘭）也共同前來此地祭祀祖先。[4]

在歷史紀錄中，太麻里從荷治時期開始即為荷蘭人探尋臺灣東部金礦時首當其衝的重要關卡，繼而遭荷蘭人武力入侵，[5]

2　臺灣省文獻委員會：《臺東縣鄉土史料》(南投：臺灣省文獻委員會，1997 年)，林明亮、林卓良光口述，頁 313-315。

3　臺灣總督府臨時臺灣舊慣調查會著，中央研究院民族學研究所編譯：《番族慣習調查報告書 · 第二卷阿美族、卑南族》(臺北：中研院，2000 年)，頁 223-224。

4　余明旂：《台東縣太麻里鄉 Tjavualji(大麻里) 部落一位竹占兼祭司之研究：VuvuiGaitjang(卓良光先生) 的生命歷程》，國立政治大學民族學系碩士論文，2016 年，頁 191。

5　《熱蘭遮城》日記西元 1637 年 2 月 17、18 日載述：中尉 Johan Jurriaensz 在瑯嶠地區聽聞臺東卑南地區出產黃金的消息：「在打聽關於金礦的消息時，瑯嶠人民告訴 Jurriaensz：金礦可在卑南覓東邊開採到。他也被告知說，假如他想要去那些地方，首先必須除去瑯嶠兩個主要的敵人：一個是太麻里，約位於北方 20 哩處，該社只能動員 100 名戰士上戰場；另一個是卑南覓，位於再往北方 6 或 7 哩處，該社能

並向該地太麻里諸社與卑南諸社收取稅金，[6]同時也影響知本社與太麻里社在此時期的角力和紛爭。至 17 世紀前期，臺東平原在卑南覓部落統領鄰近的 72 個部落，包含轄區內的阿美族、排灣族各部落，統一向卑南王繳納租穀；[7]至西元 1684 年清廷在臺灣設治後，也多透過其冊封官職的卑南人協助平定當地的滋亂，達成「以夷治夷」的間接統治，使卑南王勢力大盛，許多轄下部落的生活習慣皆受到卑南文化的影響。[8]

　　漢人進入太麻里地區開墾，相傳始於清咸豐年間或清光緒三年（1877），到了日治時期，漢人更大量入墾，排灣族人與阿美族人也大約自明治 43 年（1910）起，移居今大王村

　　　徵得 1,000 左右男人。」見包樂史等編、康培德譯：《邂逅福爾摩沙：臺灣原住民社會紀實：荷蘭檔案摘要》（臺北：順益博物館，2010 年）第二冊，頁 83。又，荷蘭聯合東印度公司檔案西元 1638 年 1 月 22 日至 2 月 12 日載述：上尉 Johan Jurriaensz 在瑯嶠人的煽動與協助下，1 月 30 日會同瑯嶠人的軍隊入侵太麻里：「1 月 30 日黎明〔…〕我們拔營〔…〕前往太麻里……瑯嶠人約有 4、500 名戰士陪同我們。下午兩點，我們抵達太麻里社，突擊後即輕易攻下該社，並將它完全夷為平地。」見包樂史等編、康培德譯：《邂逅福爾摩沙：臺灣原住民社會紀實：荷蘭檔案摘要》第二冊，頁 101。
6　荷蘭聯合東印度公司檔案西元 1643 年 7 月 30 日摘錄：「為了落實我們的統治，我們指示 ChhristiaenSmalbach 在最後離開時，以我們名義通知卑南人和在此區的其他所有社眾，假如他們想證明是我國的忠誠屬民，他們必須在即將到來的 11 月，依循去年大目連附近的南路村社例子，繳納貢品給公司。……對此議會現在已決定，定為每戶 20 斤的稻穀或 4 張上等鹿皮，他們可選擇要繳納什麼比較容易。」見包樂史等編、康培德譯：《邂逅福爾摩沙：臺灣原住民社會紀實：荷蘭檔案摘要》第二冊，頁 233。
7　宋龍生：《臺灣原住民族史・卑南族史篇》（臺東：臺東縣政府，1999 年），頁 217-237。
8　尹章義總編纂、葉志杰主撰：《太麻里鄉志》（臺東：太麻里鄉公所，2013 年），頁 164。

一帶，[9] 使得太麻里地區與大王村逐漸發展為多元族群文化的面貌。現今的大王村同時保有卑南族和排灣族的語言、服飾與祭儀的特色，[10] 即為舊時太麻里社分化而成的利里武（Liljiv）、大麻里（Tjavualji）、加拉班（Qaljapang）三個部落所組成，太麻里社祖先自發源地 Ruvahan 遷徙離開後，再次折回臺東、定居於希那巴央（今金峰鄉正興村），因人口增加，頭目家族的三個兄弟再次分散遷居；日治時代日本政府在此設立太麻里支廳，為達統治手段，下令長兄與三弟遷徙至二弟所在的大王村，又合為一個部落。[11]

　　而大王村亦為卑南、排灣族群文化共存相融的原鄉部落，前身太麻里社與卑南族知本社同出一源，口述傳說謂：知本社始祖之後裔因狩獵發現土地肥沃的 Arereng 地區，決定舉家遷往 Arereng、亦即現今的太麻里，而播種、收穫與祭典皆與卑南社一同舉行，[12] 十九世紀進入南臺灣探訪的喬治‧泰勒（George Taylor）亦直言太麻里部落為知本的一個分支世系。[13]

9　尹章義總編纂、葉志杰主撰：《太麻里鄉志》，頁 678。

10　例如：〈穿卑南説排灣語大王村 2 族如一家〉，《原住民族語新聞》（臺北：原住民族電視台，2015 年 9 月 4 日，https://www.youtube.com/watch?v=DcIfs2Gj2JI，瀏覽於 7 月 4 日），指出大王村當地保有的排灣族敞片褲 kacing，與卑南族的傳統敞片褲 katring 的設計相同，而部分耆老也仍保有使用卑南語的習慣。

11　臺灣省文獻委員會：《臺東縣鄉土史料》，林卓良光口述，頁 315。

12　灣總督府臨時臺灣舊慣調查會著，中央研究院民族學研究所編譯：《番族慣習調查報告書‧第二卷阿美族、卑南族》，頁 219。

13　喬治‧泰勒 (George Taylor)：〈漫遊南臺灣〉，見謝世忠、劉瑞超譯，杜德橋編：《1880 年代南臺灣的原住民族：南岬燈塔駐守員喬治‧泰勒撰述文集》(臺北：順益博物館，2010 年)，頁 121 曰：「大麻里部落是知本的一個分支。每部落在自然的人口增加下，原有土地不足以供給如此多的人，因此，不時會有分支離開，建立新居地。南排灣

另有一說為：太麻里社本來就是卑南部落，祖先自三和登陸後即有一分支南遷成為太麻里社定居；古代在太麻里地區發生了大洪水，當時有許多受害的排灣部落前來投靠沒有受災的 Tjavualji 大社，頭目應允，因此引進了許多排灣族人，但由於前來投靠的排灣族平民人數遠多於原來 Tjavualji 大社的貴族人數，加上貴族、平民彼此間本不通婚，影響了貴族在部落裡的勢力，於是部落裡的卑南貴族打破原先的階層藩籬，開始與排灣平民通婚以增衍人口，排灣語也在大王村開始通行，造就大王村卑南、排灣兩族的文化相融。[14] 卓良光謂：大王村人原本是卑南族，由於講卑南語的祖先意欲和排灣族頭目家族成婚，在談論婚事時卻因雙方語言不同而不易溝通，商議後由身為卑南族的女方要求男方入贅，而男方則要求女方必須講排灣族語、崇尚排灣風俗習慣，男方也因此帶了一群排灣族人遷入大王村生活，使得大王村排灣化，並歸化為排灣族，[15] 也傳承了排灣族的巫術文化。[16] 此一跨族群的通婚現象至今也仍然沿續，大王村中有來自知本、利嘉的卑南族人婚嫁入此，融入當地卑南、排灣共存的族群文化。

　　在大王村巫祀文化的相關研究調查顯示，部落裡的祭司與巫師為卑南、排灣兩種系統並存，余明旂謂：

的統治家族，就是來自知本世系。」

14　卓新明（MulanengLuljaljeng），2021 年 4 月 13 日訪問於高雄市大寮區自宅。又另補充：「太麻里社的原意從語言來看，Tja 是「我們」，Vualji 是卑南語，意思是「肥沃的、賴以生根的土地」；而排灣語的 Tja 也是「我們」，Vualji 是「一塊被覆蓋的土地」，看似相通，但以老人家命名以及地勢來看，應該以卑南語 (的説法) 比較符合。」

15　臺灣省文獻委員會：《臺東縣鄉土史料》，林卓良光口述，頁 793。

16　臺灣省文獻委員會：《臺東縣鄉土史料》，羅義雄口述，頁 352。

　　大麻里的巫術大致呈現排灣族及卑南族兩種族群的巫
術並融現象。就法器來說，該地區同時都使用排灣族系統巫
術法器 viyaq（祭葉）、cuqelalj（碎豬骨）及 tinale（碎鐵片）
為主，也有使用卑南族系統巫術的法器 saviki（檳榔）、
tinale（碎鐵片）、ruvuc（祭珠）為主，但在使用的
禱詞均為排灣族語，就整體而言該地區因介於排灣族與
卑南族的交界地區，所以該地的巫術呈現了融合與交織的
特殊現象。前述這幾位 pulingaw（女巫師）和他們所執行
的儀式，有一個共同的特性，就是除私人儀式外，公眾儀式
semancavilynupalislyan（小米收穫祭）及 Ruvuaqan（發祥地
祖靈祭）時僅提供支援。[17]

　　此以大王村前祭司長 Gaitjang（卓良光，1925-2019）
在執行儀式時，法器與卑南族女巫師相同、語言使用排灣語、
在祭壇（卓良光）的祭祀儀式與生命歷程為研究對象，呈現
並說明大王村保留的卑南、排灣兩種系統相容並存的巫祀文
化概貌，也同時點出男祭司 pajlakajlai 與女巫師 pulingaw
的異同之處，闡述其族群文化的特殊之處：大王村前任祭司
Gaitjang 在執行儀式時，法器與卑南族女巫師相同、語言使用
排灣語、在祭壇上擺放祭品的方式與卑南族女巫師大同小異，
而 VuvuGaitjang 會的儀式和女巫師們會的儀式內容幾乎相同，
所以認為 VuvuGaitjang 是具巫師能力的祭司，[18] 也可能是因為

17　余明旂：〈日昇之鄉 Tjavualji 部落的祭儀實踐觀察、經語結構分析：
　　以一位竹占師兼祭司 VuvuGaitjang 為例〉，《民族學研究所資料彙編》
　　26 期，2018 年 12 月，頁 128。
18　特殊之處有：第一，除了執行男性的儀式外，大部分執行的儀式都是
　　女性執行的儀式；第二，執行儀式所使用的法器，都和卑南族女巫師
　　儀式所使用的法器相同；第三，執行儀式所使用的語言是排灣族語；

太麻里地區在國家政權治理、外來宗教傳入等影響，使得本來應由女巫師執行的治病祛災儀式卻未學成，[19]在人才凋零、儀式失傳造成文化斷層之後，部落的 pulingaw 傳承不易，其祭儀才改由男祭司來執行，成為 Vuvu Gaitjang 此一獨特的存在。[20]

　　然而，大王村現行的祭司長祭儀中另有不同的理解和意涵。下文將以大王村在 2020 年以後留存的祭祀儀式特色為論，[21]以此作為析論族群身分、關係之定義依據，並進一步藉此探索大王村在此之間的族群身分認同。

二、 大王村 rahan 與 pulingaw 的族群融合特色

　　前人於太麻里大王村前祭司長卓良光（Vuvu Gaitjang）的祭儀與生命歷程之研究擁有詳實且突出的成果，尤其指出

第四，會的儀式中，有辨識排灣族巫師和卑南族女巫師兩者區隔非常重要的加害作祟儀式，但 VuvuGaitjang 未曾使用過，也不願意教授學生；第五，會的儀式中，所擺放祭壇的方式與卑南族女巫師擺放祭壇的方式大同小異；第六，會的儀式中，有伐木後，祈求新芽再生之祭儀，是排灣族及卑南族女巫師所不會的巫術；第七，不會的儀式當中，成巫祭儀是排灣族及卑南族女巫師都會的巫術。見余明旂：《台東縣太麻里鄉 Tjavualji(大麻里) 部落一位竹占兼祭司之研究：VuvuiGaitjang(卓良光先生) 的生命歷程》，頁 84。

19　余明旂：〈日昇之鄉 Tjavualji 部落的祭儀實踐觀察、經語結構分析：以一位竹占師兼祭司 VuvuGaitjang 為例〉，《民族學研究所資料彙編》26 期，頁 128。

20　余明旂：《台東縣太麻里鄉 Tjavualji(大麻里) 部落一位竹占兼祭司之研究：VuvuiGaitjang(卓良光先生) 的生命歷程》，頁 184。

21　前任祭司長 VuvuGaitjang 於 2019 年 12 月過世，而資深 pulingaw 之一的李蓮妹亦於 2020 年年初過世。現由兩位的姪甥輩卓新明接任祭司長一職，並主持 2020 年 7 月的大王村收穫祭。

大王村卑南與排灣巫祀系統並存、祭司 pajlakajlai 兼具巫師 pulingaw 能力的族群融合現象。本文則以訪問大王村現任祭司長卓新明（Mulaneng Luljaljeng）的自身經驗為切入點，進一步探究大王村在跨族群融合下的巫祭形式特色。

（一）　祭儀的差異

　　大王村兼有知本部落和排灣族的祖靈屋（kalumaan），而祖靈屋中同時存在排灣、卑南兩族系的祖靈，此乃跨族群通婚的影響，也使排灣、卑南的祭祀系統與文化特色因而並存。[22] 余明旂謂：排灣族男祭司 pajlakajlai 是主持祭儀的要角，例如 emaljup（狩獵祭）、similap ta qinaljan（部落除穢祭）、semancavilj nu palisiyan（小米收穫祭）、ainaljan a palisiyan（祖靈屋遷移祭祀）、至發祥地 Ruvuaqan 發祥地舉行祖靈祭等等，平時代表家族領袖，膜拜並向神明占卜和祈禱；[23] 亦即在祖靈屋祭祀或是公開性質的祭祀儀式中，便是祭司為主祭、pulingaw 從旁協助，像是保護及除穢、帶領族人狩獵及解除不好的巫術、主持大眾公共儀式並擔任主司祭、處理意外死亡的照顧及祭儀、為家人及部落進行的賦與祭儀、為私人進行的喪葬祭儀、為私人及部落進行的建屋祭儀、為私人進行的祈福祭儀、為部落進行的公眾祭儀等等。

22　卓新明（MulanengLuljaljeng）：「大王村的祖靈屋，在同一空間、同一磁場中同時擁有來自卑南與排灣的祖靈。聽老人家口述，這是和古樓的排灣族通婚後才訂定明確的祭祀禮儀規定，就此定為服飾是卑南，語言是排灣。」2021 年 4 月 13 日訪問於高雄市大寮區自宅。

23　余明旂：《台東縣太麻里鄉 Tjavualji(大麻里) 部落一位竹占兼祭司之研究：VuvuiGaitjang(卓良光先生) 的生命歷程》，頁 82。

前祭司長 Vuvu Gaitjang 同時兼有竹占師 (kisan qemisaqisaqis) 與 pulingaw(巫師) 的身分，[24] 而繼任的祭司長卓新明認為兩者肩負的職責並不同，應有明確區別：祭司長 rahan[25] 就是主持祭祀、主責部落的公共祭祀儀式，巫師 pulingaw 則是主責占問、治病等較私人的巫術儀式，以及在公眾祭祀儀式中協助祭司長；[26] 概括而言，rahan 大多負責公眾性質的 palisi，亦即祭祀祖宗、神靈等特定對象的儀式，而 pulingaw 負責包含公、私性質的各種 taramaw，也就是各種巫術、巫醫。[27]

其次，在實際施行的祭祀儀式上，以現任祭司長 Mulaneng 的整體經驗而言，祭司 rahan 的儀式較接近排灣族系，pulingaw 則與卑南族系雷同。以 pulingaw 用於卜問的檳榔擺置而言，檳榔的數目幾乎都是 1、3、5、7、9 的奇數，與卑南族知本部落的 pulingaw(女巫師) 祭儀中使用數目相同；[28]

24　余明旂：《台東縣太麻里鄉 Tjavualji(大麻里) 部落一位竹占兼祭司之研究：VuvuiGaitjang(卓良光先生) 的生命歷程》，頁 77。

25　以下依受訪人的說法統一改為 rahan。

26　卓新明（MulanengLuljaljeng），2021 年 4 月 13 日訪於高雄市大寮區自宅。但其職責與卑南族知本部落不同，知本部落的 rahan 主導部落整體決策和歲時祭儀，pulingaw 則是集體或個人祭祀、生命儀禮、治病儀式的主軸，在祭儀行進間以 pulingaw 為主導，rahan 是輔佐角色。見汪憲治：《卑南族知本部落傳統信仰與祭儀之探究》，國立臺南大學台灣文化研究所碩士論文，2000 年 7 月，頁 40。

27　巴代：《Daramaw：卑南族大巴六九部落的巫覡文化》(板橋：耶魯國際文化，2009 年)，頁 91-92：「balisi 有祭祀、禁忌、施法的意思，延伸的解釋是：祭祀祖宗或祭祀某個特定神靈叫 balisi；禁忌的限制或觸犯禁忌也叫 balisi；針對某人作禁制、限制或妨害、傷害等加害性的法術叫 balisi；漢人式的祭祀也叫 balisi。除了這個範圍之外，其餘的巫術儀式都算是狹義的 daramaw 的範圍。更進一步的說，巫術實施的過程，明顯屬於祭祀或使用『咒語』成分多者為 balisi 性質的巫術，反之則為 daramaw 性質的巫術」。

28　曾玉娟：《生命力與靈力的媒介物：以 KaTaTiPuL 卑南人檳榔文化為例》，頁 109：「在一般阻擋、安宅、祭祀的檳榔陣裡，基本上係以

而大王村 pulingaw 在祭儀中的奇數觀念，應來自於知本部落的傳承脈絡，但為何是奇數組成，Mulaneng 也未能完全明白其意涵，巫師們謹守祖訓傳承，但並未有統一明確的說法，而且各部落間也可能存有差異。[29]

　　第三在於竹占的使用，大王村存有竹占卜問儀式，然而太麻里地區的竹占來源據田野調查應是來自於阿美族的祭儀，[30]原本並非卑南、排灣或大王村所有；而且 Mulaneng 認為前祭司長 Gaitjang、甚至在 Gaitjang 以前的祭司長雖然也都身兼竹占師的能力和身分，但竹占傳入大王村後即為 pulingaw 所普遍使用，也是 pulingaw 應學習與傳承的職責。[31]與大王部落同

　　每三顆檳榔作為一組陣式，或是五顆檳榔做一陣式」，代表不同的各方神靈、歷代 pulingaw 與 rahan 在內的四方祖靈，而潔淨儀式中檳榔數以 3、5、7 為基本數目。

29　曾玉娟：《生命力與靈力的媒介物：以 KaTaTiPuL 卑南人檳榔文化為例》，頁 111：「若要探究上述（喪禮潔淨儀式）所指之『神秘奇數』，一定要在該社群的巫術脈絡之下來探究，且配合該儀式的經文，才能概括了解其陣式的檳榔意義，起因於每一位 pulingaw 或是 rahan 所屬的社群、被授予的巫術靈力、及接受巫術指導的派別不一，所擺放的檳榔陣法、咒語以及進行過程，自然亦不相同。若依照某特一社群之巫術內容，做為整體卑南族社群之檳榔陣法解釋，恐怕是以一概全。」

30　巴代：《Daramaw：卑南族大巴六九部落的巫覡文化》，頁 80-81 曰：「melada(斷竹占卜)是早期(約在 1980 年代以前)，卑南族各部落極普及的占卜術，從事占卜的職業 na melada 非常多，各部落均看得到，主要的功能是提供部落重大活動的舉行與否以及時間的決定；另外占卜判斷居民害病的原因，以及替挑選可以 daramaw 的巫師。據傳，本項技藝是由阿美族馬蘭社傳入卑南族各部落，至於何時傳入與由何種路徑傳入大巴六九部落而延傳至今其式微的原因與過程，筆者並無法從文獻、以及目前採訪部落者宿的田調工駈上所獲得的資料作進一步的說明。」

31　卓新明（Mulaneng Luljaljeng）：「還有竹籤卦、竹占，排灣沒有這個東西，比較少，即便有也是學來的，比較少用，但是在大王村則常用，男女都會用，再看回去卑南也是比較少用，老人家說這是從阿美族學來的。我們學來以後反而比較專精，我的外公、也就是卓良光的前任

源而出的卑南知本部落也曾經存在竹占的傳承，亦為 rahan、pulingaw 皆會使用，[32] 與大王村僅有男性專職竹占師狀況有別，[33] 而前祭司長 Gaitjang 的竹占即學自於出身知本部落的父親。[34] 從此可知，大王村的祭祀儀式特色實淵源自卑南族知本部落的巫祀文化，其中竹占的傳承也可能是其他卑南族部落存有的現象特色。[35]

祭司長，就非常精通，而且大王村的 Pulingaw 男女都能用，而且非常的準。這也是跟其他 (族群) 不一樣的地方。」2021 年 4 月 13 日訪問於高雄市大寮區自宅。

32　汪憲治：《卑南族知本部落傳統信仰與祭儀之探究》，頁 80 謂：「竹占是卑南族各部落極為普及的占卜術，早期在知本部落從事占卜的職業人非常多，除了女巫 pulingaw 從事占卜之外，也有男覡替人斷竹占卜，已過世的 Mavariw 祭司 rahan 林茂祥先生就會占卜之術。」頁 81 引述其 2009 年 7 月 13 日訪談 Ruvaniw 的祭司陳興福先生得知其竹占的傳統，謂：「……以前 (知本) 部落裡會 'mlraw (竹占) 的人有很多，我的媽媽是 pulingaw 它就會 'mlraw，你 (指作者) 的姑婆 Vankay 是 pulingaw，它也很會 'malraw，它們過世以後會 'mlraw 的人就少了。後來我知道 Mavariw 的祭司 rahan 林茂祥先生就會竹占，他也過世了。現在知本部落沒有人會竹占的技術了。」

33　余明旂謂：在大王村成為竹占師沒有特殊的規定，不像祭司必須是頭目家族，並不涉及身分血統的問題，也不像男巫師或男祭司一樣要經過神擇或占卜的過程，亦不須與竹占師為親屬，更不須要成為竹占師的祭儀，唯一的條件便是竹占師必須為男性，見《台東縣太麻里鄉 Tjavualji(大麻里) 部落一位竹占兼祭司之研究：VuvuiGaitjang(卓良光先生) 的生命歷程》，頁 74-75。

34　余明旂：《台東縣太麻里鄉 Tjavualji(大麻里) 部落一位竹占兼祭司之研究：VuvuiGaitjang(卓良光先生) 的生命歷程》，頁 73 引述 VuvuGaitjang 的紀錄曰：「這個竹占術是從 muqami (現今馬蘭社的阿美族) 開始的，我的竹占能力主要是學自知本社 (Seqaro) 的 Apula 這個人……」。

35　例如祭司 rahan 兼作竹占師的狀況也存在於大巴六九部落，巴代：《Daramaw：卑南族大巴六九部落的巫覡文化》，頁 81 引述其 2004 年 10 月 13 日訪問部落資深的 na demaramaw 中的 Anuw、Adung 的紀錄：「以前部落裡面會斷竹占卜的人不少，除了過世的代理 rahan (祭司)Layu 還有 Awulang 以及另外幾個老人，名字已經忘記了的，目前部落已經沒人會 melada，一般要找這類的師父，多

（二）　祭器的差異

大王村的 rahan 與 pulingaw 的祭祀儀式，具有兼容排灣、卑南甚至是阿美族竹占的形式，而在祭器的部分也可見出族群相容異同的特徵。

大王村的 pulingaw 在卜問時常用檳榔 (saviqi)、鐵屑 (tinale)、祭珠 (ruvuc)，其中檳榔是用於敬禱的輔助物、或是當成施巫對象的模擬物，而大量地運用於各種儀式；鐵屑 (tinale) 則運用於須要較大的力量 (luqem)、或是較為重大神聖的祭儀之中；祭珠則丟擲或是放置於檳榔裡，用作敬迎神靈。[36]

值得注意的異同之處，在於無患子 (zaqu) 和獸骨 (cuqelalj)。排灣族的 pulingaw 會以無患子做為祭珠，是通過立巫儀式、正式成為 pulingaw 的象徵，而用於卜問；[37]獸骨則是在各種儀式中削成碎屑並撒散，或是擺置於靈力加持之處，作為靈力的所在象徵。大王村部分的 pulingaw 持有和排灣族巫師一樣的無患子祭珠，也作為成巫的象徵物並用於卜問，

半會去南王部落去找。」

36　余明旂：《台東縣太麻里鄉 Tjavualji(大麻里) 部落一位竹占兼祭司之研究：Vuvu i Gaitjang(卓良光先生) 的生命歷程》，頁 116-117。

37　胡台麗：〈巫珠因緣：排灣族女巫師的成巫之道〉，胡台麗、劉璧榛主編：《當代巫文化的多元面貌》(臺北：中研院，2019 年)，頁 16：「排灣族的女巫師們擁有不同數目的巫珠，但大多不會輕易將巫珠拿出來示人。通常我們會在卜問儀式 (pakivataq) 的場合，見到巫師先取出一個葫蘆夾在大腿中間，再從巫師箱袋 (kanupitj/aunpitj) 中取出一顆巫珠，邊唱念經語邊以手指扶住巫珠，在抹上豬油的圓形葫蘆表面旋轉滑動。例如古樓村每次五年祭開始前要卜問該年的男祭司人選。巫師會唸出名字，問神靈是否欣悅由此人擔任祭司，如巫珠無法停駐於光滑表面而滑落，表示這位並非神靈中意的人，便繼續唸下一個名字卜問。如果是神靈中意的人，巫珠就會在葫蘆光滑表面停駐不動。」

但是形式可能與排灣族巫師不同；而大王村的 pulingaw 並沒有使用豬骨作為祭器，亦與排灣族巫師有別。[38]

（三）　其他差異

除上述祭祀、祭儀的異同之外，大王村的 rahan 和 pulingaw 在族群融合、異同的特徵上，尚有下列數項：

對於祭司與巫師的稱呼，大王村原稱男祭司為 lamaljen，後來假借其他排灣族部落的稱呼為 pajlakajlai，[39] 而現任祭司長 Mulaneng 則以卑南語自稱為 rahan；[40] 以巫師而言，大王村與卑南知本部落一樣皆稱巫師為 pulingaw，也與排灣族的稱呼相同，而非其他卑南族部落常稱的 taramaw 或 na temaramaw。[41] 從稱呼的使用上便可發現大王村卑南族血緣來自知本部落、以及蘊藏排灣族影響的脈絡。

其次，對於祭司與巫師身分職責的定位，在卑南族知本部落中 rahan 在其社會地位與權力中為社會階層最高位，主導部

---

38 卓新明（MulanengLuljaljeng）：「在大王村 (的 Pulingaw) 沒有削豬骨頭這回事，除非那是從純排灣的部落傳下來的，在兩個融合的部落 (大王村) 沒有這個東西。但是有一個相同點，就是 zaqu(無患子)，像包惠玲那樣生出 (無患子)，大王村的 pulingaw 有的也有這個；但卻是有的我們沒有、有的我們也有，是一種獨樹一格的方式在做。」2021年 4 月 13 日訪問於高雄市大寮區自宅。

39 余明旂：《台東縣太麻里鄉 Tjavualji(大麻里) 部落一位竹占兼祭司之研究：VuvuiGaitjang(卓良光先生) 的生命歷程》，頁 71。

40 卓新明（MulanengLuljaljeng），2021 年 4 月 13 日訪問於高雄市大寮區自宅。

41 汪憲治：《卑南族知本部落傳統信仰與祭儀之探究》，頁 66 曰：「知本部落傳統信仰中儀式執行人是『巫師』與『祭司』。在知本部落『巫師』稱呼為 pulingaw，其他卑南族部落則稱為 temaramaw，『祭司』則稱為 rahan，他們都是部落裡執行傳統信仰之特殊儀禮的人。」

落整體事務決策，[42] 也是部落氏族的領導人與祖靈屋的管理者、公共祭儀的執行者，其職責影響全部落的福祉，有相當的個人能力要求，多由其長嗣世襲繼承其位，或是從領導家系的成員中推選。[43] 在卑南族知本部落中的 pulingaw，則是經由巫師祖先尋找適當人選的神擇、亦通常是血緣嫡世的女子，必須經歷祖先召喚（mukiangai）、成巫儀式（kipalahan）才能完成巫師傳承（kinitungulan），而成為合格的 pulingaw，[44] 也才能消除成巫徵兆（paylravatran）帶來的巫病。rahan 同時肩負家族領袖與部落領袖的長嗣世襲身分，pulingaw 則經由各自的巫師體系傳承，兩者在身分地位上有別。

而 rahan 也是部落祭典的公共祭祀與家族祖靈屋祭祀中的主祭，但 pulingaw 因為具有豐富而較為完整的經文知識，在公共祭祀中輔佐 rahan、或是諮詢的角色。[45] 而余明旂從大王村前任祭司長 VuvuGaitjang 同時兼具執行祭司及巫師儀式的雙重身分提出：此例打破了排灣族大部分私人儀式由 pulingaw 女巫師執行、而公眾儀式由 pajlakajlai 祭司執行的藩籬，顯示排灣族的嚴明階級次序在大麻里部落已漸漸鬆動瓦解；而在當代傳承傳統文化的艱難之際，Vuvu Gaitjang 亦必須同時肩負祭司與巫師的角色，也打破了儀式中的性別分工秩序。[46]

第三在於經文禱詞，大王村的祭司長進行祭儀使用的禱詞全為排灣語，而 pulingaw 的經文則是排灣語、卑南

42　曾玉娟：《生命力與靈力的媒介物：以 KaTaTiPuL 卑南人檳榔文化為例》，頁 56。

43　汪憲治：《卑南族知本部落傳統信仰與祭儀之探究》，頁 71-72。

44　汪憲治：《卑南族知本部落傳統信仰與祭儀之探究》，頁 67-68。

45　汪憲治：《卑南族知本部落傳統信仰與祭儀之探究》，頁 74。

46　余明旂：《台東縣太麻里鄉 Tjavualji（大麻里）部落一位竹占兼祭司之研究：VuvuiGaitjang（卓良光先生）的生命歷程》，頁 187。

語夾雜併用，例如大王村的資深 pulingaw 李蓮妹（Bimay Pawusavan，1945-2021），其師傅傳承下來的禱詞錄音中即是卑南語、排灣語夾雜使用，[47]明顯可見其傳承的背景脈絡異同。

　　綜上所述，除了反映大王村在 rahan 與 pulingaw 的融合卑南、排灣兩族的祭祀系統特色，若與同源而出的卑南族知本部落比對，便可發現大王村的 rahan 和 pulingaw 與知本部落有許多相似之處或淵源關係，例如檳榔陣的數目、竹占的傳承、對於 rahan 和 pulingaw 的稱呼與其身分與職責等，甚至知本部落也和大王村一樣，曾經存在著卑南族、排灣族兩種系統並存的 pulingaw 傳承。[48]所以大王村與知本部落的祭祀文化，在語言、祭儀上都可說是排灣化的 rahan 與 pulingaw，而大王村的融合特色可能來自於知本部落祭祀文化淵源的內部脈絡因素，也可能是兩個部落在各自的時空間情況下經歷文化變遷的影響與積累，反映了太麻里與其鄰近地區多元族群文化影響的外部因素，大王村在祭祀儀式中卑南、排灣並存的族群融合特色並不是唯一的特例。

三、 大王村 rahan 與 pruingaw 的族群身分樣貌

　　從大王村的 rahan 與 pulingaw 的祭祀儀式中可以發現融合卑南、排灣族群文化面貌，既保留了與系出同源的卑南族

---

47 卓新明（MulanengLuljaljeng）：「Pulingaw 習慣講卑南語，他的咒語都是偏向卑南語。以前的祭司長語言不可考，至少我的外公開始就是講排灣話；pulingaw 像李蓮妹，她的師父傳給她的經文內容就是卑南語和排灣語夾雜使用。」2021 年 4 月 13 日訪問於高雄市大寮區自宅。
48 陳玉苹：《先天的資格與個人的選擇－知本卑南人的階序與群體界線》，國立清華大學人類學研究所碩士論文，2001 年，頁 93。

知本部落在祭祀文化上的相同特色，也明顯反映來自排灣族群文化融入的元素，與知本部落同樣可以視為排灣化的卑南族祭祀文化。而從大王村卑南、排灣祭祀儀式相融的特色中，也具體而微地反映大王村在族群文化上的變遷、共構與認同。自身族群認同的確立，來自於自身與其他族群關係的區分與邊界——例如語言、血緣、土地或是社會關係等等，[49] 從大王村祭祀儀式和族群身分的關聯中，提論以下幾點：

（一）　融合相依的同化歸屬

族群的定義標準不僅在於語言、血源、與土地，在宗教、歷史、語言的交互影響之下，將使族群的定義變得複雜而難以歸類，也使認同更為困難；認同的終極目標是回復歸屬感 (*sense of belongingness*) 與自尊心（*self-esteem*），歸屬感關係到自己如何被他人看待、自己又如何反思己身的問題，使自己在一個同質性社會或群體中得到接納。[50] 亦即，族群認同是族群發展過程中極為重要的一個社會心理因素。

大王村的祭祀儀式特色具體反映了多族群的宗教、歷史和語言等特色，例如：對於祭司的稱謂，有以排灣語稱為 pajlakajlai、也有以卑南語稱為 rahan 的差異，而祭司身兼 pulingaw 的傳統、pulingaw 兼用排灣語和卑南語、兩族祖靈並

49　馬戎：《民族社會學——社會學的族群關係研究》（北京：北京大學出版社，2004 年），頁 68 曰：「族群是經由它與其他族群的關係而確定並通過它的邊界而明顯化，但族群邊界本身卻是一種社會的產物，其強調的方面各有不同而隨著時間變遷而變化。」

50　Harold R. Issacs 著、鄧伯宸譯：《族群 (*Idols of the Tribe*)》（台北：立緒，2004 年），頁 48。

存的祖靈屋祭祀等特色，甚至也融入源出於阿美族的竹占。
正是融入這些與他族相同的文化元素、而明顯有別於源出卑南
族與排灣族文化的差異，在大王村模糊了兩族之間的邊界進
而相融，才造就了大王村獨特的祭儀文化與生活面貌。

對此多元族群的影響，大王村的現任祭司長認為：

> 近代人類學者將目前的大王社編列為排灣族，是從
> 語言分類；從原住民角度來看部落，並沒有族別之分，
> 我們問老人家，我們究竟是 Paiwan 還是 Pinuyuma，
> 老人家說：你是屬於這個部落 Tjavualji 的人，不屬於
> Paiwan、也不是 Pinuyuma，一個部落、一個國家，
> 現在的孩子會這樣問（族別是什麼），但以前人家問
> 你從哪裡來，你只要說 Tjavualji，他就知道你從哪裡來、
> 從東邊太陽的地方的太麻里部落而來，就知道怎麼與你
> 溝通。

大王村的族人長期下來建立並接受的族群認同，即是
「我來自大王（Tjavualji）」既非卑南亦非排灣的另一獨立
認同，「說著排灣話，穿著卑南服裝」的共融而至同化、歸屬，
便是大王村最突出的特色，對於婚入此地的卑南族人、部落
家族領袖、耆老或青年會成員等人均是如此。[51]

（二） 多元並存的明確區別

能夠凝聚族群認同的人事物，並不只是因為族群文化的相
同或相近，他族與我族之間的差異、瞭解其邊界所在也同樣有

---

51 〈穿卑南服説排灣語大王村 2 族如一家〉，《原視族語新聞》。

助於建構並確立族群認同，尤其在現代社會經濟發展、政治影響、文化結構和全球化的變遷之下，辨識族群特徵與差異的邊界更是認知並維持少數族群或原住民族群的途徑。[52]

　　在大王村的祭祀儀式中之所以能夠辨識其兼容多元族群的特色，便是因為族群內部仍然可見明確的差異，例如：不同於大部分的卑南族稱女巫為 temaramaw 而稱之為 pulingaw、與排灣族巫師之間祭儀祭器的差異、經文禱詞中加入的排灣語和卑南語等等，不僅是確認大王村卑南、排灣文化共融並存的依據，也是大王村有別於其他卑南族、排灣族的辨識差異，進而形塑「我來自大王（Tjavualji）」的族群認同和特色。相對語言和血統，祭儀成為一種相對區隔的辨別，但是並不因為繼承的是 rahan 或 pajlakajlai、是 pulingaw 或是 temaramaw 而影響自身的族群認同，而是更鞏固了身為大王村族人的獨特意識。

　　雖然大王村早期和排灣族通婚、近代至今也與卑南族通婚，但是雙方的文化並沒有如同化論（*assimilation theories*）所述因通婚而使其中一方被涵化，而是如多元論（*pluralism*）所述，不僅未被同化，反而更加確立自我的族群意識與認同。[53]

52　張劍峰：〈族群認同探析〉，《學術探索》，2007 卷 1 期，2007 年 2月，頁 101 曰：「正是因為差異構成了認同，認同邊界的研究具有了重要意義。不論族群認同是產生於親屬制的隱喻還是想像的建構，其存在的前提是邊界的維持而非族群的內部構成和歷史。尤其是在當前中國社會轉型和全球化浪潮的衝擊下，少數族群社會的經濟、政治和文化結構都正在經歷前所未有的變化。因此，對族群邊界的維持及其變化的研究，是理解不同少數族群認同現狀及其發展變化的唯一有效途徑。」

53　王甫昌謂：同化論者認為，當一個族群原來特有的文化在與主流文化接觸之後，通常均無法維持其原來相異於主流群體的文化特徵，例如語言、體質、生活習慣等客觀特徵都會被主流群體所涵化而漸漸消失；多元論則認為族群的文化特徵雖然在血緣上或是文化特質上被涵化，

（三）　多重性質的認同建立

對於卑南族而言，「隸屬於某一個祭祀團體」——例如
Mavaliw、Pakaruku、Ruvaniaw 等其中一個家族的祖靈屋，
是最基本的歸屬認定和身分標識，[54] 也是每個主體得以建立
的認同（*identity*）根源——確認自己的存在、認識並肯定自我、
以及可被他人認識為相同樣態的主體建立。[55] 但是在不同的情
境之下，個體或群體對族群有不同的選擇，族群可以再度被
建構，而非客觀的血緣或是先天文化傳承所賦予，因此，族群
認同也具備多重性以及隨情境可做適當變化的特質。[56]

大王村族人的認同建立來自於兼存卑南、排灣二族群的
相異情境與多重性，在祭祀儀式的實踐上也反映此一特殊的族
群身分認同，從原來祖靈屋祭祀團體所象徵個體歸屬的原生論
（*primordialism*）——血緣、宗教與共同歷史經驗等，在排灣
族文化的影響下，落實並且衍變進展為日常生活中說排灣語、
穿卑南服的「我來自大王 (Tjavualji)村」的集體想像與共同
認知之建構論（*contructuralism*）[57]，顯見大王村經歷族群多重

但不見得就代表同化，因為族群在主觀群體的自我認定上，仍然保持
我群意識以及自我認同。見其著：〈族群通婚後果：省籍通婚對於族
群同化的影響〉，《中央研究院人文及社會科學集刊》76 期，1993 年，
頁 234-235。

54　曾玉娟：《生命力與靈力的媒介物：以 KaTaTiPuL 卑南人檳榔文化
為例》，頁 162。

55　靳菱菱：〈族群認同的建構與挑戰：台灣原住民族正名運動的反思〉，
《思與言》第 48 卷第 2 期，2010 年 6 月，頁 123 曰：「認同（*identity*）
一辭是指一個主體如何確認自己在時間、空間上的存在，這個自我認
識、自我肯定的過程，涉及的不只是自我對一己的見解，也摻雜了他
人對此一主體之存在樣態是否有同樣或類似的認識。」

56　王明珂：《華夏邊緣：歷史記憶與族群認同》(臺北：允晨，1997 年)，頁 39。

57　施正鋒認為「民族認同／國家認同」的產生，就理論上來看有原生論、

性與情境變化的認同特色，而非臺灣法定十六族中的單一族
群認定。而這也可能是許多部落在現代社會中面臨人口移動、
經濟轉變與文化衝擊時，曾經歷的質疑與建立自我族群認同
的過程。

外界認識的卑南族往往以八社十部落為既定認知，但是
卑南人在歷史上的蹤跡至今仍然留存在於太麻里地區、甚至
南迴公路沿線上的東排灣部落，擁有卑南族的親緣關係與文
化現象，[58] 在親族、跨世代之間的 Vuvu 們的認知差異中，又應
如何自我定義或發展？而當代卑南族的定義與發展又是否應超越
八社十部落的框架，追溯與拓展更廣泛的卑南族樣貌？

四、 結論

大王村的 rahan 與 pulingaw 在祭祀儀式中顯現了跨族群
相融與並存的實踐樣貌，同時也反映了大王村的族群特色，
更是大王村在多重性族群認同上的重要體現。過往官方對於

結構論、以及建構論三種解釋：原生論（*primordialism*）是指認同來
自於共同的血緣、語言、宗教、或是文化等本質（*essence*），屬於先
天條件，並不容許個人有自我選擇的認同空間；結構論（*structuralism*）
是強調共同歷史、集體記憶、或是經驗所建立的外來形塑認同，被動、
外塑的成分多於自我反思；建構論（*contructuralism*）則是一種集體想
像的自主認同觀，隨著情境而高度變動，個人選擇優於先天條件的
認同。見其著：《台灣客家族群政治與政策》（臺北：翰蘆出版社，
2004 年），頁 93。

58　例如，臺東縣大武鄉的大鳥、大竹、南興諸部落，均曾與卑南族通
　　婚，而與知本、南王部落擁有親族關係，以及相似的傳統服飾。
　　見〈大鳥普悠瑪本是一家親長輩盼親族會〉，《原視族語新聞》（臺北：
　　原 住 民 族 電 視 台，2016 年 11 月 27 日，https://www.youtube.com/
　　watch?v=14jntV-7CtNI，瀏覽於 7 月 4 日）。

族群認定概以血緣、語言與習俗為重要標準，[59]但這已不再是大王村對自身為排灣族或卑南族身分認同的絕對依據，大王村從通婚的血緣交融開始，在姻親、宗教、歷史等因素混雜的影響下建立了「我來自大王（Tjavualji）村」獨立於單一族群以外、具備多重性的身分認同。而對於 rahan 和 pulingaw 在祭祀儀式中的職責、形式與語言等元素，正是其多重性身分認同的明確具體指標。

　　大王村近代以來建立的族群認同正昭示了當代族群在現代社會中應重新建立、或是恢復的認同與反思 ──「如果沒有帝國主義與殖民主義，認同問題可能只侷限在『我族』、『他族』層次的種族問題。」[60]此論看似單純，但是在「我族」與「他族」之間卻未必是涇渭分明、二元區隔的扁平關係，而往往蘊藏多元族群的複雜脈絡與構成元素，啟示當代對於族群定義的反思和重構。因為相同而知其認同依據，因為相異而得以建立我族的族群認同，認知族群內部的差異存在更有助於瞭解族群自身的輪廓與其特色。

　　整個太麻里地區、或是南迴公路沿路以來的部落，均有卑南族人的身影與蹤跡，過往的卑南族人離開八社十部落之後，到了 Ruvahan 周遭地區和其他族群接觸、共處或相融，近代以

59　謝若蘭、彭尉榕：〈族群通婚的身份認定與認同問題之研究 ── 以花蓮地區原客通婚為例〉，《思與言》第 45 卷第 1 期，2007 年 3 月，頁164 曰：「官方會以血緣、語言與習俗等客觀特徵作為族群『認定』的標準，因為認定本身就具單一性的目的，個體則可能隨血緣的混雜性而具有族群『認同』的多重性。」

60　范盛保 (Lloyd Sheng-Pao Fan)：〈我是 Métis ── 族群意識與認同建構：從 1996 年談起〉，《臺灣國際研究季刊》第 6 卷第 1 期，2010 年春季號，頁 41。

來的族人或許在這些族群間的互動之中建立了新的多重性認同，而在文化脈絡上仍然與卑南族聯繫；部分的卑南族耆老便相當看重如何延續這些八社十部落以外的親族關係：「走在路上，哪怕長相有些相似，還是不認識，我們要認真看這件事。」[61] 追溯卑南人在歷史上走過並留存的痕跡，探索像大王村此一融合多元族群性質的血緣後裔，在這些地方經歷的文化現象、社會面向與認同歷程，或許是思考當代卑南族的真實樣貌、建立與拓展自身定義的一個重要方向。

參考資料

（一）專書

Harold R. Issacs 著、鄧伯宸譯
　　《族群 (Idols of the Tribe)》（台北：立緒，2004 年）。

尹章義總編纂、葉志杰主撰
　　《太麻里鄉志》（臺東：太麻里鄉公所，2013 年）。

巴代
　　《Daramaw：卑南族大巴六九部落的巫覡文化》（板橋：耶魯國際文化，2009 年）。

王明珂
　　《華夏邊緣：歷史記憶與族群認同》（臺北：允晨，1997 年）。

61　引述自南王部落耆老鄭浩祥 (Ahung Masikad)，見〈大鳥普悠瑪本是一家親長輩盼親族會〉，《原視族語新聞》（臺北：原住民族電視台，2016 年 11 月 27 日，*https://www.youtube.com/watc-h?v=14jntV7CtNI*，瀏覽於 7 月 4 日）。

包樂史等編、康培德譯

　　《邂逅福爾摩沙：臺灣原住民社會紀實：荷蘭檔案摘要》（臺北：
　　順益博物館，2010 年）。

宋龍生

　　《臺灣原住民族史・卑南族史篇》（臺東：臺東縣政府，1999 年）。

施正鋒

　　《台灣客家族群政治與政策》（臺北：翰蘆出版社，2004 年）。

胡台麗、劉璧榛主編

　　《當代巫文化的多元面貌》（臺北：中研院，2019 年）。

馬戎

　　《民族社會學——社會學的族群關係研究》（北京：北京大學出
　　版社，2004 年）。

喬治・泰勒（George Taylor）著，謝世忠、劉瑞超譯，杜德橋編

　　《1880 年代南臺灣的原住民族：南岬燈塔駐守員喬治・泰勒撰
　　述文集》（臺北：順益博物館，2010 年）。

臺灣省文獻委員會

　　《臺東縣鄉土史料》（南投：臺灣省文獻委員會，1997 年）。

臺灣總督府臨時臺灣舊慣調查會著，中央研究院民族學研究所編譯

　　《番族慣習調查報告書・第二卷阿美族、卑南族》（臺北：中
　　研院，2000 年）。

（二）期刊論文

王昌甫

　　〈族群通婚後果：省籍通婚對於族群同化的影響〉，《中央研究
　　院人文及社會科學集刊》76 期，1993 年，頁 231-267。

余明旂

　　〈日昇之鄉 Tjavualji 部落的祭儀實踐觀察、經語結構分析：以
　　一位竹占師兼祭司 VuvuGaitjang 為例〉，《民族學研究所資料
　　彙編》26 期，2018 年 12 月，頁 115-173。

范盛保 (Lloyd Sheng-Pao Fan)

〈我是 Métis—— 族群意識與認同建構：從 1996 年談起〉，《臺灣國際研究季刊》第 6 卷第 1 期，2010 年春季號，頁 39-57。

張劍峰

〈族群認同探析〉，《學術探索》，2007 卷 1 期，2007 年 2 月，頁 98-102。

靳菱菱

〈族群認同的建構與挑戰：台灣原住民族正名運動的反思〉，《思與言》第 48 卷第 2 期，2010 年 6 月，頁 119-157。

謝若蘭、彭尉榕

〈族群通婚的身份認定與認同問題之研究—以花蓮地區原客通婚為例〉，《思與言》第 45 卷第 1 期，2007 年 3 月，頁 157-196。

（三）學位論文

余明旂

《台東縣太麻里鄉 Tjavualji(大麻里) 部落一位竹占兼祭司之研究：VuvuiGaitjang（卓良光先生）的生命歷程》，國立政治大學民族學系碩士論文，2016 年。

汪憲治

《卑南族知本部落傳統信仰與祭儀之探究》，國立臺南大學台灣文化研究所碩士論文，2000 年 7 月。

陳玉苹

《先天的資格與個人的選擇—知本卑南人的階序與群體界線》，國立清華大學人類學研究所碩士論文，2001 年。

曾玉娟

《生命力與靈力的媒介物：以 KaTaTiPuL 卑南人檳榔文化為例》，國立台東大學南島文化研究所碩士論文，2009 年 6 月。

（四）影音資料

原住民族電視台，

2016〈大鳥普悠瑪本是一家親長輩盼親族會〉，《原視族語新聞》（臺北：原住民族電視台，2016 年 11 月 27 日，https://www.youtube.com/watch?v=14jntV7CtNI，瀏覽於 7 月 4 日）。

原住民族電視台

2015〈穿卑南說排灣語大王村 2 族如一家〉，《原住民族語新聞》（臺北：原住民族電視台，2015 年 9 月 4 日，https://www.youtube.com/watch?v=DcIfs2Gj2JI，瀏覽於 7 月 4 日）。

（五）口述採訪

卓新明（MulanengLuljaljeng)

2021 年 4 月 13 日訪問於高雄市大寮區自宅。

淺談卑南族大獵祭的狩獵文化意義
——大獵祭為什麼獵 kulabaw

作者：張詩怡

摘　要

　　狩獵採集是人類原初社會發展的主要生活模式，台灣獨特的地理環境及豐富的自然資源，狩獵成為台灣原住民族生活中重要的一環，形成各族特殊的文化習俗、祭典與信仰制度、傳統文化及社會組織發展的基石。早期卑南族曾獵捕過大型動物，後來在日治時期獵槍被沒收改為向政府借用「修正村田槍」，國民政府來台以後陸續立法保育野生動物和自然生態，並管制獵槍，迫使族人只能捕獵 kulabaw(田鼠) 作為大獵祭的狩獵象徵。卑南族的狩獵文化與土地、自然資源保護與利用、野生動物保育有密不可分的關係，也是維繫部落安定和人際關係良性互動的重要社會規範，狩獵的許多禁忌、規範和季節性是保育野生動物永續發展的良好準則，因此，卑南族出獵前行獵後都要行祭，顯現對山神、獸神與祖靈的敬畏，避免觸犯神靈的懲罰。

　　根據研究原住民族多元文化概念的形成與發展均與「狩獵文化」有關，值得深入研究。原住民族迄今仍然保存狩獵的習俗，說明了狩獵文化是原住民族傳承傳統文化的重要工作。本研究嘗試分析卑南族南王部落捕獵 kulabaw 的狩獵文化意涵、變遷與影響。卑南族的大獵祭由於女性不能參與，因此筆者採用焦點訪談法的質性分析，有關大獵祭的其他活動就以參與觀察法來做研究，期能呈現卑南族獨特的狩獵文化。從研究中發現卑南族在日常生活或歲時祭儀進行中，男女既分工又合作，也發現祖先的傳統智慧，是建立在物種生態與自然環境共生共享的基礎上，證明狩獵文化與生活和生態保育是可以並存共榮的。

　　關鍵字：卑南族、狩獵文化、大獵祭、kulabaw、儀式。

一、　緒論

　　從採集狩獵到畜牧農業，再從部落到城市與國家的地景變遷，揭示著人類和土地自然萬物關係的改變，在此變化背後傳達著不同的生存方式與價值觀劇烈的翻轉。人類突飛猛進的發展讓我們誤認為農業總是比採集狩獵更文明，當氣候暖化的災害不斷發生之後，人們開始反思生活在當代的國家與經濟體制下就一定比較進步的想像。因為在逐漸脫離採集狩獵的原住民族並沒有因為主流價值下的進步而過得更好，反而讓人與土地的關係漸漸失去原始富足的樣貌。（詹姆斯・舒茲曼 2020）本文旨在探討原住民族的狩獵行為對「自然生態」與「動物保育」是可以共存共榮的，而狩獵 kulabaw[1] 對卑南族的社會文化有何意涵，以下就從國際、國內和卑南族三方面來說明本研究的背景和動機。

（一）　國際因素

　　由於全球性的氣候暖化造成地球表層的大氣、土壤及水體等溫度逐年緩慢上升，自然生態的改變影響了人類的正常生活，人們雖然利用各種先進的科學方法欲減緩自然環境的破壞，其效果有限。造成氣候暖化的原因固然很多，但是科學研究認為人類的活動導致全球氣溫迅速上升的主要原因之一，人類應該儘量減少對氣候影響的活動並設法消除已經造成的惡果。因此，除了科學方法之外，人們開始注重原住民族的

1.　在原住民族的相關研究中一般都使用族語以保留其原意，kulabow 田鼠（*field rat*）在卑南族的歲時祭儀中具有特殊的文化地位，為免誤以為是一般老鼠（*Mouse*），因此，本文題目保留族語。又，本文族語書寫為正楷羅馬拼音，英文書寫為斜體字以識區別。

自然生態知識及其應用。2007 年聯合國大會通過「原住民族權利宣言」：

第 15 條規定：

原住民族有權維護其文化、傳統、歷史和願望的尊嚴和多樣性，他們的文化、傳統、歷史和願望應在教育和公共資訊中得到適當體現。

第 31 條規定：

他們還有權保持、掌管、保護和發展自己對這些文化遺產、傳統知識和傳統文化體現方式的知識產權。[2]

在這條文中所謂的「傳統知識和傳統文化體現方式」，包含了原住民族的狩獵文化以及繼續執行，由此可知各國政府都注意到原住民族文化和傳統知識的重要性。

（二）　國內因素

2005 年《原住民族基本法》[3]（以下簡稱《原基法》）公布實行，第 10 條規定「政府應保存與維護原住民族文化……」，並在第 19 條規定原住民族在傳統及文化祭儀期間允許獵捕野生動物，旨在強烈維護原住民族的歲時祭儀與土地、大自然之間的密切關係。《原基法》第 19 條條文如下：

---

2. 監察院全球資訊網 https://www.cy.gov.tw/public/Data/011251542471.pdf 2021-08-28 點閱。
3. 全國法規資料庫 https://law.moj.gov.tw/LawClass/LawAll.aspx?pcode=D0130003 2021-08-28 點閱。

原住民得在原住民族地區及經中央原住民族主管機關
公告之海域依……法從事下列非營利行為：

一、　獵捕野生動物。

二、　採集野生植物及菌類。

三、　採取礦物、土石。

四、　利用水資源。

第一項各款，以傳統文化、祭儀或自用為限。

　　此條款雖然規定獵捕野生動物和採集野生植物及菌類以
用在傳統文化、祭儀或自用為限，但是，原住民族自用的狩
獵和歲時祭儀的狩獵文化取得了法律上保障。

　　2015 年 2 月制定《原住民族傳統智慧創作保護條例》[4]，
規定原住民族傳統之宗教祭儀、音樂、舞蹈、歌曲、雕塑、
編織、圖案、服飾、民俗技藝或其他文化成果之表達列入法
律保護。又透過教育的各種管道來推動並維護原住民族文化，
對於傳統知識、音樂、工藝、歌舞更要立法促使其永續發展。

　　2016 年 7 月通過之《文化資產保存法》[5] 第 3 條列舉了
「無形文化資產」，含傳統表演藝術、傳統工藝、口述傳統、
民俗、傳統知識與實踐。綜觀這些項目都包含在卑南族的歲
時祭儀中，因此，研究卑南族的歲時祭儀乃是在做文化資產保
存之工作，其重要性不言而喻。

4. 全 國 法 規 資 料 庫 https://law.moj.gov.tw/LawClass/LawAll.
　　aspx?pcode=D0130021 2021-08-28 點閱。
5. 文化部文化資產局。2018。《文化資產法規彙編》。

（三）　卑南族因素

2016 年 6 月立法通過『原住民族語言發展法』，依此法 2019 年 3 月起原民會已著手搶救 10 族瀕危語言[6]。卑南族語言已被原住民族委員會於 2017 年列入瀕臨消失的語言（瀕危語言），而語言是文化的載體，沒有文化的語言就像機器人會說話，但並不知道語言的外延世界，更無法表達情感的氛圍。另一方面，文化如果失去它的載體，就如植物失去土壤一樣得不到養分而枯死，因此，語言及文化是一體兩面都亟需搶救。而南王部落之傳統文化自古以來即綿延相傳至今，其意義和內涵非常珍貴。

二、　狩獵名詞解釋

（一）　採集狩獵民族

狩獵是指人類使用各種獵具或帶獵犬捕獲野生動物之行為。而採集則是指人類用手或簡單的工具採取植物作為食物，因此，經人工栽種或栽培的植物之採取稱為採收而不叫採集。採集狩獵民族指日常生活以採集狩獵野生動植物和捕撈為主要生計的人群，他們並不從事農耕和畜牧業。今天的狩獵民族有居住在東南亞的矗格里特族、非洲布修曼族、桑族、科伊人和澳洲原住民等地區，還有一些人居住在不適合農耕生產

---

6. 原住民族 10 個瀕危語分別為卑南語、賽夏語、撒奇萊雅語、噶瑪蘭語、邵語、拉阿魯哇語、卡那卡那富語、茂林魯凱語、萬山魯凱語、多納魯凱語等。

的偏遠地區，雖然他們的生產型態受到外部影響，但他們仍然保留部分採集狩獵的生活型態。一般來說，採集狩獵的民族是根據野生食物的分佈以遊牧群體 (*band*) 的形式移動，也就是逐水草而居。

男人捕獵到有價值的肉類動物，才成為一個專業的獵人受人尊敬，而女人的日常工作是到聚落附近的野地採集植物。此外，在所有食物中肉類所佔的比例，除靠近北極的獵人之外，一般只佔 20% 至 40%，因此，採集狩獵民族通常是依靠婦女所採集的食物過生活。他們的性別劃分明確即男性狩獵，女性採集，而年齡劃分除了撫養人和受撫養人的劃分之外，採集狩獵民族的社會是以平等主義為基礎，社會成員在平等的基礎上參與社會生活，由於內部的平等程度很高，因而沒有職業、地位、階級等的分層化，更沒有政治權力集中在某特定人身上之事。

（二）　採集狩獵文化

日常生活以植物採集、狩獵和捕撈所獲得的食物為基礎的文化。人類進化的過程中，狩獵在歷史上扮演了非常重要的作用。在靈長類動物中，經常狩獵和肉食的群體進化成為人類。狩獵行為和由此產生的分享肉食，具有合作和分配的特點，這是因為狩獵大型動物時需要許多男人的合作才能完成，這種動物獲得不易而被視為具稀有價值，因此獵物的肉必須在族群中分配享用。

在人類進化的歷史上，現在的人類大約在 35,000 年前就過著採集植物類的食物和狩獵動物的生活方式。而農業和畜牧業的生產型態在大約一萬年前才萌芽，當時多數人選擇從

事農耕和畜牧是因為可以提供人口增加的需求。然而今天在地球上遠離文明的偏遠地區，那些地方完全不適合從事農業和畜牧業，現今雖然已為數不多，但是他們堅持留在那裡，他們的生活方式仍然以採集狩獵為主，繼承了人類原初文化的傳統模式。

（三）　採集狩獵社會

以狩獵和採集野生動植物為生計的人類社會，稱之為採集狩獵社會。人類發展的過程，直到新石器時代開始有了農耕之前，所有人類都是過著狩獵和採集的生活。從北極圈到熱帶雨林和沙漠，地球上所有地區還存在著狩獵採集社會，儘管由於適應各自的環境而存在各種差異，但是，他們獲取食物的手段具有共同性。也就是他們很少改變或控制環境，過著完全依賴自然資源的「從手到嘴」的經濟生活，採集直接食用不加工或儲存長期食物。他們的移動和運輸手段只有人力，因此，他們能夠擁有的家居用品僅限於一次可攜帶的物品和隨身攜帶的交通工具，像這樣的流動生活方式也對其經濟和社會組織產生了很大的影響，就是人口密度非常稀少。這種流動的社會群體被稱為流動狩獵群體，成員從幾 10 到大約 100 人，通常是以父親為主的血緣群體所組成，這是從夫居婚姻和流動狩獵群體外婚的結果。因此，雖然流動狩獵群體透過婚姻建立了親屬關係，但沒有比這個更大的群體或融合機制。

採集狩獵的經濟和社會生活單位就一般而言是核心家庭，在家庭和群體之間，根據性別和年齡進行分工和合作，並沒有

更進一步的特殊分工或專業化。遊牧群體透過食物的相互分配
與交換來保持成員之間的平等性,其社會組織和政治權力並沒
有設置酋長或權威監督,成員在政治上基本上是平等的,因此
社會秩序的治理依傳統習慣和規範,個人在團體中依據個別的
豐富知識和經驗能力,對各自的生活場域發揮其影響力。遊牧
群體本質上是家庭的集合體,採集或狩獵者平均每天只花三到
四個小時就可維持生計,其他的時間他們通過聊天、唱歌和跳
舞等方式,在團體中不斷交流保持團體內部的融合與凝聚力。

　　目前,農業社會與狩獵採集社會之間的界限並不清楚,
在農村社會既是農夫也是獵人是常有的現象,許多採集狩獵
者應用其傳統的方法,如砍伐和燃燒森林,進行半栽培的方
式以增加植物生產作為食物可自給自足。但是,現代人定居
之後生活型態改變就無法自給自足,必需透過分配或幫助農
民才能獲得食物。採集狩獵社會具有傳統的分配習慣,從獲
得食物到消費,他們一次又一次地分發食物,馬歇爾·薩林斯[7]
指出的這種風俗稱之為一般互惠原則,但其中產生的分配並
不產生支配性權威。在非洲布希曼的閃族中,優秀的獵人在
捕獲大量獵物後,不會再出去狩獵以減少供應直到獵物分配、
消費完為止。此外,對獵人和獵物的擁有者要求節制,減少
其透過分配獵物獲得威望的機會,透過交換可以分散獵物的
擁有者。換句話說,正如薩林斯所指出的,這並非由於對擁
有權沒有慾望,之所以能夠平等分配,是從日常生活中經常
就有平衡威望的機制在運作,所以才能實現人人平等的關係。
(《世界大百科事典》1972)

7.　*Marshall David Sahlins*,(1930 年 12 月 27 日生)美國文化人類學者。

（四） 原住民族狩獵文化權

這一節要先討論「原住民族的文化權」進而討論到「原住民族的狩獵文化」。施正鋒認為「原住民族的文化權」是「原住民族」（*indigenous peoples*）與「文化權」（*cultural rights*）這兩個概念的結合。而所謂的「文化權」是「文化」與「權利」的結合，(施正鋒 1997)從這樣的概念去思考如何應尊重少數族群保有並發展其文化的權利。因此，原住民族的文化權，是指原住民族在文化層面上原住民族享有狩獵的文化權。在施正鋒的研究中，把文化權分為文化認同、以及文化資產兩大類。我們根據個人權／集體權、以及文化認同／文化資產兩個面向，以 2×2 的方式，將文化權分為四大類如表 2.1 分類：

表 2.1 文化權的分類

	文化認同	文化資產
個人權	表達自由 受教權 教育選擇權 參與社群文化	藝文作品保護
集體權	文化發展 尊重文化認同 尊重文化資產 不接受外族文化	擁有藝文財富 享用人類資產

資料來源：施正鋒 2008

　　施正鋒進一步說明，一般而言文化的定義有「廣義的文化」
（*culture*），以及「狹義的文化」（*Culture*）兩種。根據聯
合國教科文組織（*UNESCO*）人權組主任 *Janusz Symonides*
（*Häusemann,* 1994:10）的說法，所謂廣義的文化是指「人類
與自然有所不同的地方，包括社會關係、活動、知識、以及
其他作為」；而狹義的文化，是指「人類最高的知識性成就，
包括音樂、文學、藝術、以及建築」。聯合國教科文組織於
1982 年召開的世界文化政策會議，所通過了『墨西哥市文化
政策宣言』，對於文化作了廣義的定義：

> 在廣義上，現在可以說文化是形塑社會或社會群體的
> 所有獨特的精神、物質、智力和情感的複雜特徵。它不
> 只包括有藝術和字母，也是生活方式、基本人權利、價
> 值體系、傳統和信仰。（施正鋒 1997）

　　英國著名的哲學家羅素（*Bertrand A.Russell*）認為人類自
古以來有三個敵人即自然、他人跟自我。這三個分類範疇是
密切關聯的，首先，人類為了要克服自然這個敵人所以創造
物質文化，所有工具衣食住行所需以至科技發明、電腦、所有
這些都是要克服自然界給我們之限制，以便從自然界得到我
們生活所需要之東西，即物質文化。其次，人類還必須要跟
他人相處互動，為了跟他人相處成為團體就得克制自己，人類
就發明一套文化叫「社群文化」（*Ethnical Culture*），它包括
典章、法律、國際公法以及用來形成家庭宗教氏族所需的制
度與規範等，這些都是為著要跟他人相處及為著生存所創造
之東西。因社會生活而產生道德規範、社會規範、典章制度、
律法等，這些就如原住民族的歲時祭儀、集會所、部落民眾、
年齡階級。最後就是自我，也就是精神文化或表達文化。人類

是有自己的感情、自己的感覺，這些都是需要安慰、平定和彌補的。人類又發明了另一套東西，即「精神文化」，或稱「表達文化」（*Expressive Culture*），意思就是說人類必須要創造一些東西，一方面要表達自己之感情，一方面又因為這些表達的創造回饋過來安慰我們自己。而且更重要的也包括宗教，宗教也是精神文化中很重要之一部分。因克服自我心中之「鬼」而產生，藝術、音樂、宗教信仰、文學、戲劇等等。例如台灣原住民族各族群的歲時祭儀、祭祀過程及儀式等。[8]

　　以上列舉的文化定義，說明文化是指人類生活經驗所累積的活動型態以及給予這些型態的重要性之符號化結構，2001 年 11 月 2 日聯合國大會通過〈世界文化多樣性宣言〉[9]裡所指的生活方式、傳統和信仰就跟狩獵文化有密切的關係，它強調民族性和社會性，所以文化是一個複雜的整體。原住民族對文化的概念，很難找到與上述定義相對應的詞彙，一般都借助外來語 *punka* 來表達，與此比較接近的說法是指：生活過程的連續性，或是指生活的結構。在此「過程的連續性」或「生活結構」中「製造了生活的樣貌」，也就是一般定義中的物質文化和非物質文化。宗教是「生活結構」中最重要的內涵，是不可分割的一部分，因此極為重視歲時祭儀祭祀過程及儀式。狩獵時的許多禁忌和規矩，旨在遵行人與動物、人與自然的生態平衡，也就是人、動物與自然三者的互聯的親密網絡，這個網絡有良好互動才會達到三者的永續發展。

---

8. https://books.google.com.tw/books?id=4M3lDwAAQBAJ&pg=PA33&lpg=PA33&dq20210823 點閱。

9. http://ctlt.twl.ncku.edu.tw/kauhak/kanggi/UNESCO_cht.pdf 20210829 點閱。

三、 文獻探討

（一） 狩獵文化的意義與目的

《史前文化》一書中介紹在東海岸發掘 15 處考古遺址，發掘出土的遺物中有箭頭石斧、石鋤，也有不少收穫用的石刀，石鐮和去殼用石杵，推測是種植小米、陸稻；可見生活在這裡的人主要以農業來營生。又發現了網墜、矛、簇等狩獵及捕漁所用的工具。台灣原住民族的狩獵文化可以追溯到 3 萬多年前的舊石器時代，生活主要以採集狩獵為主，攝取動物的蛋白質，滿足生理的需求延續民族的生命。《芝山岩遺址與臺北史前》一書中指出南島語族的祖先已有狩獵和漁撈活動，知道利用自然資源和海洋資源，可見原住民族的狩獵文化歷史悠久。

（二） 狩獵活動的經濟意涵

《大航海時代的台灣》一書描述荷蘭東印度公司佔領台灣，為探採東部黃金，1652 年更在卑南舉行第一次東部地方集會，召集 34 個部落代表與會，荷蘭人政治勢力正式進入花東原住民族社會。從 1633 年到 1660 年，每年輸往日本的台灣鹿皮從一萬多張到十幾萬張不等。最高年度為 1638 年，達 15 萬張以上。雖然在 1640 年曾經禁獵一年，此後在利潤的驅使下仍大量捕殺野鹿，鹿的數量急劇減少，台灣的原始自然生態遭到了巨大破壞。當時，鹿皮也是重要經濟利益，荷蘭東印度公司為採鹿皮推行「包稅制度」，准漢人召集原住民捕鹿。[10]

10. 趙川明「鋤犁掘墾闢天地」一文收錄於《卑南溪原水向東流》論文集。

（三）　沒收獵槍與狩獵方式的改變

　　鈴木質原著《臺灣蕃人風俗誌》的紀錄顯示，槍械傳入原住民族社會，是從乾隆末年（1735-1796）開始的。明治 28（1895）年，日本統治臺灣前，原住民生活上已普遍使用槍械火藥。日治初期忙於鎮壓西部漢民族抗日戰爭，考量強制沒收各社槍枝，不止剝奪各社謀生工具，必將遭遇強硬抵抗，召致漢蕃兩面受敵之困境。因此，日治初期總督府並未全面收繳原住民的槍枝彈藥，而是採取管制措施，以間接控制蕃社。

　　第一任臺東廳長相良長綱訂定「對生蕃人供給槍砲火藥類頒予正名之須知」，於 1899 年在臺東廳卑南新街許可日本人開店販賣槍械彈藥營業。但是，佐久間左馬太就任總督後認為原住民族擁槍反抗日本當局，成為招撫上的障礙，為了完全掌控原住民族地區，開始對原住民所有槍械及彈藥收繳管制。

　　日據時代在五年理蕃計劃末期的 1914（大正 3 年）沒收最多槍械，計 14637 枝，其次是 1910（明治 43 年）的 7349 枝。到 1928（昭和三年）為止，收押的槍械總數共計 23515 枝。沒有了獵槍無法上山狩獵就無法顯現男人的勇猛，原住民族的部落開始有些騷動不穩定的現象出現，日本為了安撫民心順利治理番務，於大正 11 年 7 月 19 日發布訓令，謂在相當期間內可以借給原住民獵槍而且提供彈藥，但只限「修正村田槍」[11]。

---

11. 係指由日本官方將庫存的舊式村田十三年式與十八年式口徑 11mm 的步槍，在日本國內的工廠統一改裝為單發裝填 28 Gauge 的霰彈槍，統稱為「村田式獵槍」。

表 3.1 沒收槍枝數 [12]

時期	沒收槍枝數	沒收理由	沒收方式
1910（明治 43 年）	7349	治安	強制
1914（大正 3 年）	14637	治安	強制
1928（昭和 3 年）	1529	治安	高價收購
合計	23515 *		

資料來源：本研究整理（* 見註 [13]）

　　該公文訂定「對生蕃人供給槍砲火藥類頒予證明須知」[14]，當有生蕃人請求頒與購買或轉讓槍砲火藥時，需附證明如下：

第 1 條　須申請者的住址、姓名、年齡，警察課或出張
　　　　　所警官調查核實發給證明書。申請人若有下列
　　　　　各項者不予許可。

　　　　1. 顛瘋白癡者

　　　　2. 未成年者

　　　　3. 蓄意殺傷人者

---

12. 臺灣省文獻會編印，陳金田譯。《日據時期原住民行政志稿 1895-1945》，（原名：「理蕃誌稿」）臺灣總督府警務局編。第二卷（上卷）p.182-183。同第三卷 p.226,273,274。同第四卷 p.87,168,182,242。
13. 日據時期自 1928 年後陸續沒收槍枝總計 32523 枝。
14. 資料來源：大正 11 年 (1922) 總督府府報第 2708 號「修正村田銃を蕃人に貨與する件」之公文，國史館台灣文獻台灣總督府府報資料庫 https://onlinearchives.th.gov.tw/index.php?act=Display/image/6553824=Bdy_x#aOsf2021-08-29 點閱。

第 2 條　符合第一條之規定者，持此證明書向槍枝彈藥
　　　　商店購買。每人限購一次：

　　　　1. 彈藥十發

　　　　2. 火藥七十五公克

　　　　3. 雷管二十發

　　　　4. 打火器十個

　　　　5. 盒子五個

　本通告發佈後實施。

（四）　狩獵文化與生態保育並存

1.　自然生態與狩獵倫理

　　《臺灣省通志》及《重修臺灣省通志卷三住民同胄篇》
將各族狩獵及漁撈文化納入在「固有物質文化—生產方式」
的章節內，既然是「固有」也就是在調查期間台灣原住民族
還保留某些程度的「傳統性」。這是因為現今原住民族的日
常生活仍然離不開歲時祭儀，而歲時祭儀中最重要的是與宗
教有關的狩獵及漁撈活動。

2.　原住民族狩獵規範

　　台灣原住民族長期生活在大自然中，習於獵捕當地的野生
動物，並透過各種方式與野生動物保持「動態平衡」，形成豐
富的狩獵文化。原住民族各部族都有各自的獵區，彼此很少會
重疊，獵人若越區狩獵可能會引發衝突。原住民狩獵並非個人
行為，而是透過獵團組織約束，並達到資源共享的功能。

　　狩獵有許多季節性、圖騰、祖靈地、聖地方面的禁忌，無形中保護野生動物得以休養生息。原住民族狩獵有許多規矩必須嚴格遵守如表 3.2，出獵在各族皆認為是聖潔的行為。出獵前必守戒禮，家有喪事或孕婦者不能出獵。行獵前預作占卜、夢占以卜吉凶。途中如遇蛇認為不祥，即中止出獵，否則，將會有凶險發生。獵具不許女性撫觸，家屋內或男子會所懸掛獸頭骨，以為聖物。除了季節性狩獵之外，還有許多禁忌，這就成了生態保育、永續發展的重要準則。

　　分配獵物也有嚴格的規範，狩獵除了個人行為，更強調團隊合作。獵團的集體行動中，須先執行出獵儀式，這是人與自然之間和解的儀式，因此獵人們必須嚴守獵場的規範與禁忌。

表 3.2 狩獵時獵人應遵守的原則

時機	理由
1. 使用獵槍	
拿不到不打	獵物位在懸崖
打不到不打	距離較遠或射擊位置不佳，沒有絕對把握不亂射擊。
看不到不打	即不可亂槍射擊，避免驚動其他獵物逃跑。
2. 使用鐵鋏陷穽	
離居家遠	捕捉地點不可近
遠離蛇蠍	不在蛇蠍出沒的地方，避免自身安全危險

時機	理由
相互禮讓	物色獵物時若見前人留下的記號
獵區不得重覆	避免大量獵殺，讓動物有生息的機會

資料來源：本研究整理

四、 kulabaw 狩獵的社會文化背景

（一） 卑南族的生產型態

　　卑南族的基本生產形態以農耕兼事狩獵為主，其原始的農耕方式為燒耕輪休的旱田農作，主要農作有小米、陸稻、甘藷等。水稻傳入的時間雖然很短還不及百年，但是，水稻後來居上，逐漸取代了小米等作物。到了日治時期種植甘蔗盛行，又是經濟作物，因此，卑南族人還和日本的製糖公司訂立契約，正式投入生產成了經濟收入的最大宗。白皮甘蔗製糖不但是上等原料又可生食，也是田鼠最喜愛啃食的植物，其外皮的硬度正適合田鼠『磨牙』，因此，甘蔗田成了田鼠繁殖棲息最佳場所。田鼠多為地棲種類，它們挖掘地下通道或在倒木、樹根、岩石下的縫隙中做窩。有的白天活動，有的夜間活動，也有的晝夜活動。田鼠除個別種類的毛皮可以利用外，絕大多數對農、牧、林業有害，特別是一些群棲性強、數量變動大的種類。卑南族捕捉 kulabaw 保護甘蔗及其他農作物成了農民最主要也是日常生活中一定要做的工作，才能保證甘蔗的收成及經濟收入。

　　卑南族捕捉 kulabaw 的信息傳到蘭嶼。2010 年的 7、8 月間，蘭嶼有許多老人家向鄉公所反映，田裡面到處是田鼠挖的坑洞，芋頭、山藥、地瓜等農作物都被吃光，蘭嶼人乾脆不種植了。蘭嶼鄉公所秘書黃正德向台東卑南族人求援，南王部落派出族裡八名捕獵田鼠獵人（南卓林、江仁盛、鄭大鵬、江仁德、陳光雄、胡興業、南彥吉）[15]，到蘭嶼傳授祕訣，協助蘭嶼鄉民驅除農害。

（二）　農作生產與歲時祭儀活動之關係

1.　除草完工祭

　　除草完工祭在卑南族社會男女自然分工的情形下，除草疏苗的工作就由女性擔當，這項工作非一天可以完成，也不可能一家少數的人力可以獨自完成，部落婦女就組成「協作團隊」[16]。活動第一天主辦區的男性要負責上山採集荖藤及竹子。荖藤分為兩類：一為一般的荖藤根莖較粗，作為慰勞及慶祝婦女完工的禮物，搭配檳榔食用的；二為比較細的，俗稱為猴子老藤，在除草期間將使用於祭亡靈儀式用的荖藤。第二天開始除草活動卑南族婦女除草期間也是一樣唱卑南族傳統歌謠，年青婦女也在這種環境下學會許多傳統的歌謠。早上除完草，下午就舉行祭亡靈的儀式。

　　採集荖藤要翻山越嶺尋找一條攀爬大樹的荖藤，爬得越高越接近祖靈，表示這種荖藤生命力強韌，眾人合力小心翼

---

15. 蘭嶼鼠患卑南族獵人跨海捕鼠 https://blog.xuite.net/rexxchen/twblog/168216727, 2021-08-31 點閱
16. 有些研究把 misaur 翻譯成「換工」，但是換工一詞似有等價的含意，不符卑南語的原意。卑南族的 misaur 是互助合作的形態，輪流到各家戶的小米田除草，並不收取任何報酬。

翼地用力往下拉不能中斷。因為在祭典裡茗藤已附有神靈，這種觀念在南島語系民族極為普遍，例如在波里尼西亞的「mana」，和紐西蘭毛利人所稱的「hau」都是指「靈力」。說明人們將靈魂融入事物，亦將事物融入靈魂，人們的生活彼此相融。茗藤就像走線的針，同樣的一條線來回貫穿縫合了部落的每一個人成為具有共同文化認同的一個整體，體現了贈禮作為一種 "總體的社會現象"。(馬塞爾・莫斯 2005)

除草完工祭保留了男性上山採老藤慰問婦女除草的辛勞，婦女也上山砍筆直的木柴送給最年長的婦女表達敬老尊賢的傳統社會規範。

2. 少年猴祭

猴祭的第一天，一人一小梱香蕉葉，準備晚間到部落中每一戶人家去行 alrabakay（驅逐惡鬼除穢）時，手中所持的趕鬼道具。這個儀式真正的意思，乃在於香蕉葉把一年之中之不愉快的、不吉利的和不潔淨的東西，打發、驅趕出去。當他們得到住戶主人的饋贈後，領袖就會喊停，然後大家退出，進入次一家人去。在他們退出後，家主人會拿一把掃帚，清掃落在室內的殘葉、灰塵等，意思在說現在把一切不吉祥的東西都清掃乾淨了。（《臺灣原住民史料彙編 4— 卑南族的社會與文化》上冊，1997）。

猴祭的第二天，刺殺猴子之前，由每一位三年級的少年用戒棍撻伐屁股一下，是為出發之前的「定心棍」，以戒律低年級少年，穩定軍心。猴祭就是要訓練青少年的『勇氣』和『膽識』，尤其要刺殺自己親自飼養的猴子，旨在訓練青少年在面對獵物（敵人）時，不要摻雜私人感情，因此，大獵祭前舉行猴祭具有重要的意義，也是狩獵前的預備訓練。

卑南族在猴祭的「戒棍撻伐」儀式的再詮釋，它已不再是一種暴力，而成了訓練青少年的『勇氣』和『膽識』，屬於社會化的、群體認可的重複行為和活動，它對社會秩序的穩定和道德形象的塑造起了其他許多社會活動無法替代的作用，因此它也就成了「定心棍」。

3. 大獵祭

大獵祭綜合了所有卑南族的文化，在這裡實踐平時年長者傳授的社會規範和生活技能，將訓練所學之技能如何實際應用在深山野地。首先要觀察地形地貌、觀看山上的氣候變化和風向，這是至關重要的一課，追蹤獵物如果獵人在逆風的位置，動物容易嗅到人的氣味而逃跑，因此，在認識的地形地貌中迂迴繞道接近獵物。卑南族南王部落的 mangayaw 大獵祭，是獵團集體狩獵，是一年的歲時祭儀的大總結，也是迎接新的一年的開始。大獵祭實際上包含了猴祭、狩獵和除喪，是一套生命再生的過程，也就是「除舊佈新」迎接新的一年，表現了不同過程的文化意義，也就是對個人身分、家族成員與部落族人的關係的再確認和界定。

根據文獻記錄早期台東地區種植很多的甘蔗，卑南族人與臺東糖廠簽有協定種甘蔗，而田鼠喜好吃甘蔗的根莖致使蔗農收成不好，因此決定獵 kulabaw 以保護農作物，而且日治時期槍枝幾乎全被沒收，沒有獵槍無法獵大型動物，之後就以放鋏子獵田鼠為主。

放鋏子的 bangesaran 會帶新進的人員，一路告訴他們如何選定放鋏子的地方、什麼樣的地理環境 kulabaw 出沒頻繁、kulabaw 喜歡吃的農作物和植物有哪些等現場教育。放置鋏子的地方都遠離部落，有些獵人都遠到東河、池上和關山一帶

的山區，或放置在甘蔗園、地瓜園、茅草園或草叢裡之後就回到休息區。通常巡視鋏子至少兩次，一次約在晚上十時左右，另外是在翌日的清晨四時、五時。放鋏子的青年人就去巡鋏子是否獵到獵物，如果收穫不多甚至再去多放鋏子。獲得的獵物就帶回休息區交給 miyabetan 青年組來處理。現在的處理方式是先用瓦斯槍將 kulabaw 的毛去掉再宰殺清洗乾淨，去除內臟之後就放在烤肉架燒烤。捕獲的獵物則由 miyabetan 分配，分配的方式是將捕獲的獵物分成大小不同，再依年齡長幼分配每人一份，順序不能有誤。

　　大獵祭顧名思義是男性的專屬活動，其實不然。卑南族歲時祭儀表現了卑南族傳統社會男女既分工又合作的規則，因此，大獵祭期間婦女也扮演非常重要的角色，男性在山上狩獵期間，部落的婦女們也忙著搭建 laluwanan（凱旋門）和布置大獵祭的會場，好讓獵團的成員回到部落時受到英雄式的歡迎，族人肯定他們的男人氣概。

（三）　kulabaw 狩獵之文化意義

　　卑南族在狩獵前後、除草完工祭、海祭、猴祭時都要舉行祭祀儀式，甚至於在日常生活中的蓋房子及落成、小孩子出生、家人遠行也都要行祭，在卑南族的日常生活是如此的密不可分，這些獻祭儀式的儀式化是一再重複其固定的型態，可以說明 kulabaw 在狩獵文化的重要意義。部落舉行大獵祭就必需要一個動物作為象徵，由於不能狩獵大型動物，因此 kulabaw 晉昇為最主要的、唯一的能夠表現狩獵文化的象徵意義。馬凌諾斯基認為儀式有三個目的：

第一、全部落的人餐與活動，為聖物及超自然物作莊嚴
　　　隆重的揭示儀式，儀式才會壯大。

第二、在傳統社會內，公共宣揚社會風俗規範，這是維
　　　持道德最重要的。

第三、神聖傳統的傳遞與保持，就需要公開性，讓大家
　　　來參與共襄盛舉，才能夠產生文化認同。

　　儀式傳達了關於大獵祭參與者及其傳統的資訊，有了
kulabaw 儀式就顯得有神聖的意義。

五、 研究分析與討論

　　日治時期獵槍遭沒收，加上卑南族的生產型態改變，改種
植大面積的甘蔗。但是，kulabaw 喜歡吃植物的根莖，蔗田嚴
重受損影響經濟收入和生活，因此，才全力獵殺 kulabaw。
大獵祭之前先舉行少年猴祭，主要是在訓練青少年狩獵的技
能和膽識，以及如何敬畏大自然。因為我們狩獵的獵物是山
神賜給我們的，所以不能觸怒山神，要用敬畏的心入山狩獵。
因此，卑南族在行獵前行獵後都要行祭感謝山神和獸神的賜予。
狩獵活動又和土地、動物保育、自然環境管理、社會組織與
信仰結合在一起，因此，狩獵會有許多禁忌，而且狩獵有季
節性，這些禁忌和儀式成為維持動物永續發展重要的自然管
控機制，狩獵絕不濫殺，取得夠用就停止狩獵，因此狩獵也
是保育動物的準則。

　　我們看到的儀式重複出現同樣的動作，年復一年、代代相傳，旨在將一些祖靈留傳下來持久存在的訊息、價值觀與感情轉換成部落性質的祭祀儀式行動。以公開的方式進行各種儀式，在儀式進行的過程中這已不是個人的問題，而是一個集體的相互承諾，進行交換和訂立契約。卑南族有語言沒有文字，全靠記憶。極力維持傳統社會規範之純正，嚴防被更改和誤解，只有一個辦法可以阻止神聖脈絡經常發生斷裂，那就是許多人參與大獵祭活動保護傳統。

　　從大獵祭文化中重新思考人與土地、大自然的關係，從那些人與土地纏繞互生的日常中，找出採集社會「原始富足」的現代意義。從採集到農業，再到城市與國家地景的變遷，揭示著人和自然萬物關係的改變，傳達著不同的生存方式與背後劇烈的價值翻轉。然而，舒茲曼不只要我們看到這些改變，他想要挑戰你我對農業總是比採集更文明的認知，要我們反思生活在當代的國家與經濟體制下就一定比較進步的想像。因為在舒茲曼的筆下，逐漸脫離狩獵採集的布希曼人並沒有因為主流價值下的「進步」而過得更好，反而讓人與土地的關係漸漸失去「原始富足」的樣貌。在全球的尺度上，多年來因為經濟要發展才是「有錢」這樣的追求，讓環境不斷被破壞、資源不斷耗竭，讓國與國之間充滿為掌控生財之道而來的政治算計；也許有些人真的因此有錢了，但是氣候變遷跟著來了、國家之間的衝突沒有停過，我們真的因為追求更有錢的世界而更安全了、更「富足」了嗎？（舒茲曼 2020）現在往台東的旅遊正夯的時候，也是都市人偶爾想要逃離現代生活的壓力，會從事旅遊，讓自己走進一個遠離都會城市、生活步調相對緩慢的部落社會。當自身聽著並體驗部落傳統的採

集文化時，許多人又會帶著一種浪漫的想像，讚嘆國內外的原住民朋友，似乎都能過著靠山吃山、靠海吃海的簡單日子，不用很有錢就能享有一種「原始富足」的生活。

　　當然到今天可能會有會質疑的說：難道你們還靠狩獵維生嘛！法國文化人類學者李維‧斯特勞斯 (Claude lévi-strauss)[17]認為動物和人類原來就有共生關係，這是採集狩獵民族的共識。這樣的認知，在神話世界裡，人與動物並不是對立存在，而是互相變形出現。就如卑南族的神話裡也有動物變成人的形狀，或是人因為犯了禁忌而變成動物。現在不再完全依靠採集狩獵生活，斯特勞斯就認為人之所以過定居的生活是因為知道儲備糧食之後，就對大自然有了予取予求的想法。但是，儲備的觀念應該是把生活所必需的食物置於最少限度以內。

　　對於採集狩獵民族來說，儲備反而是不好的行為。比如，住在非洲喀哈里沙漠的桑族，認為儲備是反道德的行為。又如加拿大的伊奴伊特人感到不解的事實，白人老是把錢存在銀行，而我一毛錢也沒存過，我把一切財富寄存給大自然，日子就過的很富裕，大自然才是我的銀行，我的存摺沒有別的，就是完全信賴大自然。法國文化人類學者阿蘭‧迪斯達 (Testart. Alain)認為：儲備糧食是對大自然的不信任，日本人類學者西田正規指出，遊動的採集狩獵民族，不去擔心明天的食物，是因為相信自然界給予恩賜，因此，儲備糧食說明說完全放棄了對大自然的信賴。（中村生雄等 2007）

---

17. *Claude lévi-strauss* 又譯李維‧史佗。法國人類學家，著有《野性的思維》、《親屬的基本結構》。

六、 結論

　　研究的結果發現卑南族原來也有捕獵大型的動物，甚至早期還用山羌肉來祭神祭祖，在荷蘭據台時期還大力鼓勵獵鹿作為經濟作物。到了日治時期獵槍遭沒收，又生產型態改變，由種小米到改種稻米能供應人口增多的需求，等到貨幣經濟進入部落對現金的需求增加，卑南族人就與日本糖業公司簽約改種植大面積的甘蔗。這一段過程可以解釋長期以來為何卑南族的大獵祭只獵 kulabaw 而不獵大型的動物，還原大獵祭的真正文化意涵，維持大獵祭的祭祀形式和內容。

　　當我們打到獵物的時候，動物也會掙扎，我們也會面臨生死關頭，為什麼呢，有些受傷的獵物反撲的力量會很大，動物也好獵人也好，彼此之間都在生死的關頭，必須要有膽識和精準的狩獵技能才能制服獵物。因此在這個時候我們就體會到，生命的可貴、生命的短暫，所以我們會更加的珍惜生命。既然是珍惜生命的話，我們對動物抱著同樣的心態，不會趕盡殺絕，我們只要獵到足夠我們吃的就好了。

　　我們平常在家裡，大人都會教小孩子去挑水、起火煮飯、打掃或跟著帶著小孩到野外去採野菜或者是去抓魚，這些都在平常接受到的訓練，等到我們要真正入山狩獵的時候，就知道到哪裡去挑水，怎麼在山上起火，怎麼去煮東西填飽肚子才有體力狩獵，所以平常我們所受到的生活技能，到了山上才是真正在實踐，無形中也在訓練我們在山上求生的知識和技能。

　　一般社會大眾並不是很瞭解原住民族的狩獵活動，深入瞭解不難發現原住民族狩獵不單是為了蛋白質的攝取，而是和土地、動物保育、自然環境管理、社會組織與信仰結合在一起。在全世界都在關心氣候變遷對地球的重大影響之同時，原住民族的對土地、對動物的看待，對自然環境管理的知識備受重視。狩獵的許多禁忌和季節性，行獵前行獵後都要行祭感謝山神和獸神的賜予，這些禁忌和儀式成了維持獵物永續發展的重要自然管控機制，狩獵絕不濫殺，取得夠用就停止狩獵。因此狩獵也是保育動物的準則。獵人有豐富的山林知識。清楚獵場概念，絕對嚴格遵守獵場的規範與禁忌。獵人或獵團到山中，在觀察動物的行徑、或在巡視獸鋏的過程中，如果看到風倒木，或枯枝枯葉堵住山澗溪水，就會清理。一方面是維護自己的獵場，另一方面是可事先避免積水造成重大的山崩土石流，因此，狩獵對自然保育是有絕對的正面作用。敬畏大自然跟珍惜生命的態度，他獵捕的動物亦敵亦友。牠們知道他是獵人，應當畏懼，正如他也應當以智取勝、獵殺牠們。就產生了我們卑南族狩獵的很多的禁忌和規範。所以保護自然生態跟保育動物成了跟卑南族狩獵文化有密切的關係。

　　在國家體制的影響之下，卑南族人如何傳承狩獵文化的內涵和外在儀式。原住民族文化豐富了台灣多元文化的內容，本論文除了從文獻的回顧整理，再加上筆者的田調與參與，保留了卑南族的歲時祭儀活動與文化內容，有助於族人多多的研究自我民族的文化，了解哪些是珍貴的傳統文化，哪些是隨時代的變遷而增加或修正的部分，有利於族人復振並保存傳統文化的精髓以開創未來。

　　採集狩獵社會的證據顯示出，我們絕對有能力過上充實的生活而不被我們的勞動所定義、左右我們的生活方式。採集狩獵者原始富足的模式並不只是建立在他們維持少量容易滿足的需求之上，更仰賴大體上沒有人比任何人更富有或更具權勢的社會型態。（詹姆斯 · 舒茲曼 2020）因此，狩獵不能簡化的去理解只是為了「吃肉」，品嘗美味可口的山產，而是狩獵文化環繞著人與動物和自然界互動的關係，藉由這樣的互動關係在不過度侵擾大自然的情況之下人們是可以過著富足的生活。

參考文獻

尹建中主編，研究單位：臺灣大學人類學系
　　1994《臺灣山胞各族傳統神話故事與傳說文獻編纂研究》。委託單位：內政部。頁 2347-248。

中村生雄、三浦佑之、赤坂憲雄編著
　　2007《狩猟と供犠の文化誌》。株式会社森話社，東京。

台灣省民政廳委託，研究單位：中央研究院民族學研究所，計劃主持人；劉斌高雄、胡台麗
　　1987《台灣土著祭儀及歌舞民俗活動之研究》。

台灣原住民教授學會出版
　　2010《台灣原住民研究論叢》。台北。2010(8) 頁 67 ～ 84。

宋龍生編著
　　1995《臺灣原住民史料彙編第 1 輯，雅美、布農、卑南族及都市原住民採訪紀錄》。台中：臺灣省文獻委員會。

1997。《臺灣原住民史料彙編 4 卑南族的社會與文化上、下冊》。台中：臺灣省文獻委員會。頁 29、33、44-49、165。

1998a。《臺灣原住民史卑南族史編》。南投：臺灣省文獻委員會。

1998b《臺灣原住民史料彙編，卑南族神話傳說故事集：南王祖的話》第 6 輯。南投：臺灣省文獻委員會。

佛洛伊德著，李至宜、謝靜怡譯

2013《圖騰與禁忌》。台中：好讀出版有限公司。頁 44

林滿紅著

2018 臺灣研究叢書《茶、糖、樟腦與臺灣之社會經濟變遷徙 (1860-1895)》。聯經出版社，台北。頁 37。

[法] 阿諾爾德‧範熱內普著，張舉文譯。

2010《過渡禮儀 -- 門與門檻、待客、收養、懷孕與分娩、誕生、童年、青春期、成人、聖職受任、加冕、訂婚與結婚、喪葬、歲時等禮儀之系統研究》。商務印書館，北京。

明立國論文

2012〈卑南族的歲時祭〉原文刊載於 2012 潘英海主編之《原住民族歲時祭儀論文集》行政院原住民族委員會文化園區管理局出版。頁 97-153。

時報文化出版公司

2001《卑南溪原水向東流》。余紀忠文教基金會。台北。頁 22。

連淑霞論文

2008《卑南族南王部落 mugamut（除草完工祭）紀要》，收錄於《臺東文獻》復刊第 14 期，頁 2。

施正鋒論文

2008 〈原住民族的文化權〉。《原住民研究論叢》。台灣原住民教授學會出版，台北。2008(3) 頁 1-30。

馬林諾斯基（Bronislaw Malinowski）著，朱岑樓譯

1954《巫術、科學與宗教》，協志工業叢書，台北。頁 46-47。

（法）馬塞爾・毛斯著，佘碧平譯

　　　2003 《社會學與人類學》。上海譯文出版社，上海。

李維・史特勞斯著，李幼蒸譯

　　　1989 《野性的思維》。聯經出版社，台北。

黃居正著

　　　2015 《認識原住民族傳統智慧創作保護條例》——原住民族傳統智
　　　　　慧創作專用權申請作業手冊，原住民族委員會，台北。頁
　　　　　29。

陳文德論文

　　　中央研究院民族學研究所集刊，1989 (67) 頁 53-74。

鈴木質原著，林川夫審訂

　　　1991 《台灣蕃人風俗誌》。武陵出版公司，台北。頁 225。

楊政學著

　　　2016 《研究方法 Research Methods》。普林斯頓國際有限公司。
　　　　　新北市。頁 140、173。

楊南郡譯註。原著者：臺北帝國大學土俗・人種學研究室

　　　2011 《臺灣原住民族系統所屬之研究》。原住民族委員會、南
　　　　　天書局。台北。頁 447。

臺灣省文獻委員會

　　　1972《臺灣省通志卷八第三冊同胄志固有文化歷代治理篇》。台中。

　　　1972《臺灣省通志卷八第七冊同胄志魯凱族、排灣族、卑南族
　　　　　篇》。台中。頁 13-15。

臺灣省文獻會編印，陳金田譯

　　　1997 《日據時期原住民行政志稿 1895-1945》，（原名：「理蕃誌
　　　　　稿」）臺灣總督府警務局編。第二卷（上卷）。頁 182-183。

臺灣總督府臨時臺灣舊慣調查會

　　　2000《番族慣習調查報告書〔第二卷〕阿美族、卑南族》。編
　　　　　譯：中央研究院民族學研究所。台北。頁 .269-270、277-
　　　　　278、294-295、299-301。

2007 《蕃族調查報告書〔第一冊〕第一篇阿美族南勢蕃、第二篇阿美族馬蘭社、第三篇卑南族卑南社》編譯：中央研究院民族學研究所。台北。頁 297-298。

馬塞爾・莫斯著，汲喆譯

2005 《禮物：古式社會中交換的形式與理由》，上海人民出版社，上海。

彭兆榮著

2007《人類學儀式的理論與實踐》。北京：民族出版社，北京。

詹姆斯・舒茲曼著，黃楷君譯

2020 《原始富足：布希曼族的生存之道，以及他們能教給我們什麼？》。八旗文化／遠足文化事業股份有限公司，新北市。

裴家騏論文

2010 〈魯凱族的狩獵知識與文化－傳統生態知識的價值〉。《原住民研究論叢》。台灣原住民教授學會出版，台北。2010(3)，頁 1-30。

湯錦台著

2011 《大航海時代的臺灣》。中雁出版社，台北市。

維克多，特納著

2006 《儀式過程：結構與反結構》。中国人民大学出版社，北京。p206

蔡中涵博士編著

1996 《原住民教育重叢書 --- 原住民歷史文化（一）（二）》，教育電台發行，台北。P.98-103。

劉益昌著

2018《芝山岩遺址與臺北史前》。臺北市立文獻館。台北。

劉益昌、劉得京、林俊全著

1993《史前文化》。台東縣：交通部觀光局東部海岸風景特定區管理局。

Douglas,M.

　　1970　"*Purity and Danger".Harmondsworth:Penguin Books.*

　　1979　"*Animals in Lele Religion Thought"inMiddletion,J.(ed.),Myth andCosmos:Reading in Mythology and Symbolism. University of Teaxas Press. P.239,270.*

網路資料

監察院全球資訊網 https://www.cy.gov.tw/public/Data/011251542471.pdf。

　　2021-08-28 點閱。

全 國 法 規 資 料 庫 https://law.moj.gov.tw/LawClass/LawAll.aspx?pcode=D0130003。

　　2021-08-28 點閱。

https://books.google.com.tw/books?id=4M3lDwAAQBAJ&pg=PA33&lpg=PA33&dq。

　　20210823 點閱。

國史館台灣文獻台灣總督府府報 https://onlinearchives.th.gov.tw/index.php?act=Display/image/6553824=Bdy_x#aOsf。

　　2021-08-29 點閱。

蘭 嶼 鼠 患 卑 南 族 獵 人 跨 海 捕 https://blog.xuite.net/rexxchen/twblog/168216727。

　　2021-08-31 點閱。

Puyuma 部落巫師祖的安座紀錄

陳美齡

臺東縣普悠瑪文化發展協會理事長
國立臺東大學兒童文學研究所博士生

摘要

　　在卑南族普悠瑪 Puyuma 部落的傳說中，最先起始的巫師 temararamaw，是一名具有陰柔氣質的男性，名字為 Aruylrem Daliyalrep（Samguwan），傳說有一日 Aruylrem 在田裡做農事，時值日正當中，忽然從天上掉下巫鈴與巫袋，自此之後他就得到巫力，後人稱他為巫師的先祖，每年農曆 3 月 3 日的巫師節（又稱巫慶 puwalresakan，也就是 Aruylrem 成道的日子），巫師團體會去其後嗣的家中祭拜巫師祖。卑南族的巫術信仰曾令鄰近各族敬而畏之，而巫師進行儀式的禱文裡面，也會將巫師祖列為在眾神祇之中，向其祈求力量跟祝福。

　　而本文主要記述 2020 年巫師祖安座的脈絡及過程，從過程中也進一步發現，傳統信仰儀式人員（巫師、祭師、竹占師）在祖靈崇拜的傳統信仰之下，當面臨與神靈相關的問題時，解決的方法與邏輯思考為何；而離世的先祖若要將訊息傳遞給在世的人，在世的人是如何連結及詮釋；而在當代，以巫師祖的安座事件為例，巫師團體對於巫師祖的神主牌對應巫的力量及適得安所的概念，在此迎回安座的過程當中，可觀察到普悠瑪 Puyuma 部落的祭祀團體對於傳統信仰的神靈觀與民間信仰的是如何對應及結合。

關鍵字：卑南族 Puyuma 普悠瑪部落、巫師祖 Aruylrem、
　　　　神靈觀、祖靈信仰、巫力、民間信仰。

一、　前言

　　本文主要是在記錄 Puyuma 部落的巫師祖 Aruylrem Daliyalrep（Samguwan），[1] 被其後代子孫（即筆者的丈夫）以漢人民間信仰的祖先牌位形式，迎回安座供奉 patengangadraw 在家中的神龕的過程。筆者在本篇文章中，前段會先敘述巫師祖安座的緣由及過程，後半段則是嘗試將筆者所發現的幾個問題作分析及對話。

　　整起事件的的起點，應該是從 2020 年 8 月將巫師祖迎回安座，再往前推至一年前即 2019 年 3 月的一場竹占，及 2020 年 4 月的清明掃墓節及當年的巫師節 puwalresakan，在過程中所經歷的奇異事件，而這又是以 Puyuma 祖靈崇拜的信仰所引發的連結，並且以漢人的民間信仰的形式作為承接的方式，這與迎回安座的決定有重要的關係。在這篇文章中大致要記述的有以下幾段：

　　第一個是關於整個事件中，如何從 2019 年的奇異事件中去連結到，是先祖要傳遞訊息的這個思考，以及在筆者及家人覺得奇異之後，透過竹占 elraw 的問占結果找到後續的步驟，再透過巫師長 abukulr Irubay[2] 對這類事情的經驗與靈觸之後，尋求可以對應的辦法。另外，是從當代的整體社會環境之下，及傳統的祖靈信仰的基礎上，Puyuma 部落的傳統信仰已經與漢族的民間信仰對應及結合，而且受到漢人影響，對於家中除了祭祀祖先之外，也必須安座一位正神才不致招陰的說法，目前部落內相信祖靈信仰的家戶，多數也接受了一般漢人民間信仰，在家中安

1　Aruylrem 是族名，Daliyalrep 是家族名，依照宋龍生在 1998 台灣原住民史：卑南族篇中的紀錄，Daliyalrep 是屬於 Puyuma 部落南部的 Raera 家族的支系，而 Samguwan 這個名字，依照巫師長 Irubay 的說法，Aruylrem 是俗名，而 Samguwan 是 Aruylrem 得道後具有神性的尊稱名。

2　Irubay 是 Puyuma 部落巫師長王議苓的族名。

置神龕，[3] 而以此接續對於原本祖靈崇拜的傳統，讓先祖的祭祀有更完整成套的神靈概念。因此在 2019 年的清明節掃墓之後，從筆者的一個夢開始，那應該是迎接安座的第一個「訊息傳遞」事件，之後又陸續發生其他的奇異現象，啟動這一連串與先祖的連結，並最後完成巫師祖的神位安座，這歷時一年半的時間當中，讓筆者也經歷到，如何在傳統的祖靈信仰之下，運用與先祖訊息連結的思考邏輯，再對應到現當代的祭祀方式，這些過程及田野紀錄會在第一段時詳述。

第二是要記述一個重要的過程，在安座之前，先在 Daliyalrep 家族神龕裡的祖先牌位內尋找巫師祖 Aruylrem 名字的確認過程。以身為巫師祖 Aruylrem Daliyalrep（Samguwan）的後代來說，尤其是目前在世的後輩，對於其傳奇的生平事蹟，多只是憑著老一輩所傳下來的聽聞，而且對於 Aruylrem Daliyalrep（Samguwan）的敘述，也大概就是跟成巫事件及性別氣質相關，而從過去的文獻紀錄中，大部分也和所聽聞的一樣，就是其在太陽下成巫 maragan i kadakadaw 的奇特經歷，以及陰柔氣質、外觀看似女性、喜歡穿女裝、喜愛與少年男性在一起（洪秀桂 1970；戈格林 2008）。而巫師團體 temararamaw 對於他的名字的說法，所知道的是有二個名字，一個是未成巫前的本名 Aruylrem，而 Samguwan 是他成巫之後的名字，屬於神性的名字。[4] 而巫師團體在祭祀

3　一般用來供奉佛教的佛菩薩或道教的神祇，以及家族中祖先牌位的安置處等，皆統稱為「神龕」。截自全國宗教資訊網 / 宗教知識 +/ 宗教藝術 / 神龕。https://religion.moi.gov.tw/Knowledge/Content?ci=2&cid=219

4　根據現今 Puyuma 部落的巫師長 Irubay 的説法，她所聽到她的師父 Sulraw 説 (師承 Aruylrem Daliyalrep (Samguwan))，Samguwan 是他成巫得道的名字，這是屬於神的身份的名字，又有聽聞因為善於農事，

儀式中的禱文，當在呼求各神靈的名號時，並不會直接稱他
Aruylrem Daliyalrep（Samguwan）的名字，而是以 mutualipapa /
mutualibubung 稱之，[5] 而名字的正確性，牽涉到後來在安座時
的儀式方式等問題。[6]

　　第三個要記述也是有趣的發現，是在找尋名字的過程中，
發現過去卑南族男子名字的變化。因為比對兩家祖先牌位，
發現名字與族譜紀錄有所差異，一日筆者向部落耆老陳光榮
詢問，[7] 希望可以從他過去所曾記錄的家族族譜中，尋找對
應神主牌內登記的先祖名字，並比對相互之間親屬關係及
名字的線索，才得知男子的名字，會因為進入少年會所
trakuban，或是其他因素，而更改為跟出生時不一樣的名字，
筆者也從宋龍生在 1998 所著的《臺灣原住民史 - 卑南族史篇》
中發現這個現象，因此，當在確認比對兩家戶的神主牌內牌
的先祖名字時，參考對照宋龍生紀錄的拉拉氏族（Raera）系譜、
及陳光榮所記錄的族譜，這三者之間有些男性的名字確實不
相同，而最後一一釐清仍有疑問時，只好到戶政事務所申請

曾教導人耕作技術，因此在台南地區有人以他的 Samguwan 名號起廟
為五穀仙帝來供奉，但此事只是聽聞，沒有人真正去確實查證過。

5　宋龍生在 1998 年編著的《臺灣原住民史料彙編 - 卑南族神話傳説故事
集：南王祖先的話》中有提到，mutualipapa/mutualibubung 這兩個名字
是他的法名。而筆者曾經問過目前的巫師長 Irubay 這兩個名稱是表示
什麼意思，她表示並不清楚，就是跟著她的師父照樣唸，也沒有問過。

6　因為巫師祖的祖先牌位原先是在筆者丈夫的叔叔家，因為年代久遠，
已經不確認兩家的祖先牌位裡面有立哪些祖先的牌位，所以擇日由巫
師長 Irubay 打開兩家的祖先牌確認，才能確認是要用哪一種形式，
如果是已經有牌位，就移請過來，如果沒有，就要新立。

7　陳光榮為 Puyuma 部落族人，1937 年生，年輕時因為跟隨傳教士傳教，
也因此開始記錄部落內家族族譜或是文化相關的紀錄，目前持續擔任
部落族語及文化的工作。

日治時期的戶籍謄本，終於找到問題所在。而原本一直以為是巫師祖 AruylremDaliyalrep（Sungaun）的名字，其實是巫師祖 Aruylrem 的父親的名字，而在兩家供奉的神主牌位內，其實都沒有巫師祖的名字。

最後一個是，當筆者及家人回溯並對應在過程中每一件發生的奇異際遇事件，以傳統信仰的邏輯去對應是「祖先傳訊」的引領，以關於力量的來源及巫師的接續及巫文化的傳承，及家族成員或是祭祀團的焦慮。

二、 夢 tiya —— 訊息與連結

回想起來，這整件事情的開始，應該是從 2019 年 3 月的一場竹占，當時原本只是想問竹占師，關於筆者丈夫家的神明祖先的神龕可否移往樓下，但當時竹占師的竹占結果，竟回了一個意外的答案，竹占師說，巫師祖想要安座在我們這家戶，當時我們覺得奇怪，因為筆者丈夫這裡的祖先牌內只有安奉父母以上三代直系先祖，巫師祖及其他先祖，都安座在筆者丈夫的叔叔家，不明白為什麼原因要移到這裡，但後續因為移動並非小事，需要再更確認細節，因為當時有其他的事情必需先處理，因此這件事就先擱著沒有後續行動。

2020 年 4 月清明掃墓節之後幾天，筆者的一個夢境，開啟了後續迎巫祖安座在家中供奉這件事。

> 我夢見有人站在家門外，然後夢境中，冠年問我，「知道在外面的人是誰嗎？」，我們坐在客廳，我往門口看去，感覺有一老者，但不是人，我怕冠年會怕，所以我回他，

「沒有吧，我不知道」。這個夢境就這樣短短的，醒來後我
跟冠年說，但我們也想不透那可能會是誰。

（筆者的夢境筆記 2020/4/9）

　　這個夢境，在當時其實沒有引起筆者及丈夫想要立即探究
的動力，一方面是因為筆者雖然是個會夢異夢及靈異體質的人，
但根據經驗，這種情形有時也需要等待才會知道答案，因此就
先將其夢境記錄下來。

　　同年 5 月，筆者丈夫修習的一門課——藝術人類學，老師
及同學約好要到他的畫室參觀，當時同修習的一位同學，[8]
在隔週上課時跟筆者丈夫表示，當天參觀完畫室之後，有一位
老者跟著他回家，[9]而老者請他轉告，要筆者接下巫師的職務，[10]
而那位同學也表示，那位老者目前在他家中暫時由他供奉著，
因為老者表示都沒有人供奉，但老者很急迫要筆者趕快接下巫
師的職務。其實在當下筆者並沒有特別強烈的感受，畢竟多年
來這種「訊息」已經出現很多次，但是筆者有自己現實生活中
的考量，因此也沒有立即處理，直到隔天那位同學又再次提出
並其家人都受到影響，[11]筆者及丈夫覺得如果不處理的話有愧
於那位同學的處境，二天後，筆者找了部落的一位竹占師 M，
竹占的結果是，那位老者就是筆著丈夫的祖先 Aruylrem ——
也就是巫師祖 Samguwan，而另外占卜的結果是，有三個巫

8　筆者丈夫的這位同學本身有在靈修，但並不是卑南族族人。
9　這裡指的「老者」不是真的「人」，而是他感應到有一個老者的靈體
　　跟他回去。
10　用職務一詞來表達或許不是很恰當，畢竟卑南族的巫師不是想接就可
　　以，還必須具備一些特別的條件，例如要有巫的體質、祖先曾經待任
　　過巫師、已婚有小孩等等。
11　那位同學秀出他及家人身上都有不明原因的類似瘀青的斑塊，表示是
　　老者催促他要筆者盡快處理的痕跡。

師的先祖在找筆者，要筆者接下巫師一職，而且很急了，
如果不趕快處理不知道會有甚麼事情。當晚，筆者前往巫師長
abukulr Irubay 家中，提出這件事時，因為這事非同小可，
巫師長 abukulr Irubay 建議再找另一位竹占師 W，隔天，筆者
去找竹占師 W 時，他表示因為腳痛已經有一段時間沒有為人
進行竹占了，筆者又再聯繫另一位竹占師 C，於是隔天，也就
是 2020 年 5 月 23 日，筆者及丈夫就在巫師長 abukulr Irubay
的家中與竹占師 C 一同進行竹占，問占過程雖然冗長，但問出
兩個結果，一是，那位老者就是巫師祖，而巫師祖的意思是要
到筆者丈夫這房來安座供奉，另一個仍是要筆者接巫的事。[12]
這場竹占，也引起巫師長 abukulr Irubay 想起當年的巫師節所
發生的事，[13] 當時巫師節時，筆者因為工作無法前往，而由筆
者的丈夫自行前往叔叔家參與祭祀的儀式，巫師祖的神位是由
叔叔他們那一房供奉且已有幾十年的時間，據巫師長 abukulr
Irubay 回憶說，她成巫已經 41 年，[14] 從他成巫至今都是在筆者
丈夫叔叔家祭拜，當天在祭拜時，她自己感覺巫師祖好像有
話要說，所以在場就以擲筊來詢問，問了幾個問題都沒有應筊，
一直問到是否是祖先牌位的事才允筊，當時她心裡就有個底，
也跟叔叔家人說，過幾天再問竹占，是不是祖先有甚麼話想說，

---

12 巫師長 Irubay 也請竹占師問，可不可以進行延後接巫的儀式，讓筆者
　 暫時可以不要接巫，但竹占師的竹占結果是「不行」，巫師長 Irubay
　 進一步問，如果是進行夜晚在河邊的儀式呢？意指更強烈意志的儀
　 式，跟先祖打交道商量的意思，得到的竹占結果還是一樣不同意，而
　 且若誰要幫筆者進行冷卻延後的儀式，那個施行儀式的人會被打到 (懲
　 罰)。

13 每年的巫師節期間，農曆 3 月 3 日巫師團體會到供奉巫師祖的後世家
　 中祭拜，2020 年祭拜的時間是 2020/3/26，巫師團體到筆者丈夫的叔
　 叔家去祭拜巫師祖。

14 巫師長 Abukulr Irubay 是 1980 年成巫，2020 年的巫慶活動
　 puwalresakan 時，她已經擁有 41 個的巫袋，以巫袋來計算年資。

如今再對應這件事，原來巫師祖的意思，是要移到筆者丈夫這房來安奉。

　　事情進行到此，已經有比較明確的輪廓，就是兩個重點，一是要移請巫師祖到筆者丈夫這房供俸，一是筆者要接巫一事，筆者開始回想除了夢之外，幾件可能是「訊息」的事。筆者丈夫的同學來畫室參觀的當天下午，筆者因為在上班，所以請大兒子在家門等待他們一行人的到來，他在院子等候時，家裡及附近的狗一直對著對面的空地狂吠，然後他看見有一隻猴子在對面隔壁家的屋頂上及菜園間移動，在社區裡看到有猴子是件不可思議的事，畢竟社區位置並不靠近山區，附近也沒有人養猴子，當時筆者聽大兒子講述時，也一直反覆跟他確認是否有看錯，但筆者大兒子已經是成年人，有表示自己可以分辨猴子或是其他動物，並沒有看錯。另外，筆者翻閱自己的筆記，也懷疑這是否有所關聯，彷彿西方神話阿拉丁神燈般的令筆者感到奇異：

> 　　今年的清明節，我如常的，把夫家安放在靈骨塔裡祖先們的骨灰／骸的櫃子門打開，然後向祂們稟告自己的身份，告知賢夫行動不便只能在一樓待著無法上樓來，由我代為上樓探看，然後，我一一用濕紙巾將罐外的灰塵擦去，櫃子也一併擦拭乾淨，這幾年來我都如此為祂們做。但今年在清潔先祖 Samguwan 的骨骸罐時，我向祂請願，這幾年來巫師的傳續問題，恐怕面臨斷層，請祂護佑現在僅存的巫師，也給他們力量，其實，這也是我第一次跟祂請願。

（筆者的筆記 2020/3/29）

回想過去，可能是由祖先傳來的訊息，到確認是巫師祖 Samguwan 要來安座在筆者丈夫這房，整個過程迂迴轉折大概經過了一年多，不知是我們太駑鈍，無法辨識這些訊息，對於訊息的出現，沒有以自己卑南族巫覡文化信仰脈絡來解讀，又或者，一再的確認細節的過程中，也是巫師祖逐步讓我們相信祖靈存在的方式。

三、 找 maaya —— 刻在我心底的名字

問占確認之後即開始進行準備工作，但事情並不順利，尤其是神位的細節問題，是要從叔叔家移來，還是分過來兩邊一起供奉？在 2020 年 6 月 6 日再進行一次竹占，決定要在隔天分別打開兩房供奉的祖先牌位的內牌一一確認，居然發現巫師祖的名字並沒有在叔叔家的祖先牌位內，但是有二個不太確認的名字，[15] 這個發現確實讓大家都感到驚訝，巫師長 abukulr Irubay 更覺得不可思議，認為如果名字沒有放在祖先牌位內，表示一直漂泊在外無居所，對此也感到相當不捨與難過。（圖1~圖4）

筆者開始找尋資料，一一比對祖譜或是相關文獻的紀錄，試圖找出那二個不太確認的名字，是否就是巫師祖的另一個名字。2020 年 6 月 23 日筆者與丈夫去拜訪部落的耆老，[16] 比對他所記錄的族譜，有些不太一樣的名字，經耆老解釋之後才知道，當時男子的名字，有些人會因為進入男子會所後而改變，或是出生的族名，日治時期又有日本名字，到了國民政府來

15 比對其他名字都可以確定是族譜中的祖先，但有二個名字，不確定是同一人還是兩個人，分別是「陳美莫」及「潘公加走」。
16 耆老陳光榮為 Puyuma 部落的長期記錄部落文史的長者，時年 84 歲。

圖 1. 竹占。

圖 2. 打開祖先牌位確認名字。

圖 3. 不確認是誰的名字。

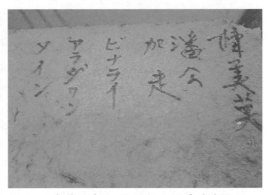
圖 4. 以為是巫師祖的名字而另外謄寫紙上。

台之後又改為漢名，因此在文獻紀錄上，跟族人們記得的名字有時就會不一樣。陳長老所紀錄的是，サムグワヌ（SA MU GU WA NU／Samguwan）跟アルユレム（A RU YU RE MU／Aruylrem），後面又加註アラマウ（A LA MA U／aramaw），意思是「巫師」，其父母的名字是，男（入），名字サリズクル（SA RI ZU KU RU），母親則是登記ドガイガイ（DO GA I GA I／Dugaygay），這與宋龍生在《台灣原住民族史 —— 卑南族史篇》中是一樣的名字，對於

筆者提出神主牌內有兩個不知是誰的名字時，陳長老表示並沒有聽聞「陳美莫」或是「潘公加走」這個名字。（圖5、圖6）

　　2020年7月8日，筆者與丈夫決定到戶政事務所一趟，申請日治時期的戶籍資料，礙於目前個資法的規定，只能查詢直系親屬，而在血緣關係上，巫師祖是筆者丈夫祖母的叔叔，因此我們只能查詢祖母的戶籍資料，但當我們告知是要安祖先牌位的緣故必須確認名字，工作人員發現筆者的祖母有一筆被收養的紀錄，而收養他的就是巫師祖 Samguwan，最多只能查到巫師祖 Samguwan 收養的資料，也才因此我們取得了巫師祖 Samguwan 的戶籍資料，但上面登記的是以片假名拼音的サムグワヌ（SA MU GU WA NU），並不是之前被一名語言學者以為是巫師祖的名字而另外謄寫出來放在神桌上的「潘公加走」。因為當時筆者為了確認名字，已經找了很多相關的族譜比對，也詢問還在世的長輩親人，但都沒有人知道巫師祖是否也稱做「潘公加走」。直到有一次偶然機會，筆者將戶籍資料給自己的父母看，他們看得懂片假名，而就自然地唸出サムグワヌ（SA MU GU WA NU ／ Samguwan）的父母名字，當他們唸到サムグワヌ（SA MU GU WA NU ／ Samguwan）父親的名字カザウ（KA ZA U ／ Kacaw）時，筆者聽到感到震驚後頓時明白，原來「潘公加走」的「加走」，應該就是「加走」的閩南語讀音，很有可能當時寫牌位的人是以閩南語的同音音譯カザウ（KA ZA U），而一直以來都把焦點關注在尋找巫師祖名字上面，而其他可以找到的族譜，巫師祖的父親名字都不是登記カザウ（KA ZA U ／ Kacaw）。經過一個月的時間終於水落石出，而另一個名字「陳美莫」雖然不能確定是哪位先祖的

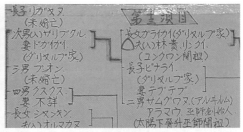

圖 5.（上圖左）陳長老拿出他紀錄的族譜。

圖 6.（上圖右）登記巫師祖及父母兩代。

圖 7.（右圖）巫師祖サムグワヌ（Samuguwan）日治時期戶籍資料。

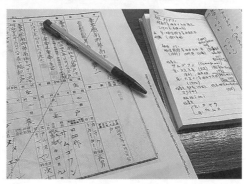

名字，但因為之前已經有透過問占擲筊的方式，確認不是巫師祖的名字。（圖 7）　最終確認兩邊的祖先牌位都沒有巫師祖的名字，因此，這麼多年來，巫師祖的名字顯然沒有刻在祖先牌內，而是刻在後人的心裡。而在還沒有「清查戶口」之前，後人會認為祖先的神位與靈是在神龕裡面受人祭拜的，一旦發現並不是如此時，則感到心慌及疼惜祖先的處境，家族內或是巫師團體的不順遂，也歸因由此而起。宋龍生在 1963 年進入南王田野（即 Puyuma 部落）時所寫的紀錄，[17] 就寫道「……，進去就是公廳，公廳中設有神案，一如漢人農家的公廳一樣，在神案的牆上掛有神佛像，神案上有香爐蠟燭」。陳文德在 1991 年的〈南王卑南族「人的觀念」──從生命過程的觀點分析〉中，

17　宋龍生 1997，臺灣原住民史料彙編第四輯，第 6 頁。

圖 8. 進行潔淨儀式被附身。

圖 9. 迎靈入座。

圖 10. 安座完成的祭祀。

圖 11. 安座完成的祭祀。

也在其中提到死亡儀式的一些例子，即便是採用漢人的信仰，但還是會把原有的信仰觀念用在漢人宗教的例子，其中便是提到了祖先牌位的觀念。然而，卑南族原有的傳統信仰，除了大自然的神、天地與四方之神、造人之神、以及祖先與死亡之靈等，祖先列為神祇，也是祭祀的對象，並會以家中的不順遂或是意外發生時，會將原因連結到觸犯神靈或是略對祖先的祭祀（陳文德2001）。

　　確認完巫師祖的名字沒有在祖先牌位之後，2020 年 7 月 17 日進行竹占，要確認安座的一些細節，但原本祭祀巫師祖的叔叔家，認為應該要再謹慎一點，因此希望在他的家再進行一次

竹占，畢竟祭祀了幾十年，突然發現沒有被登記在牌位內，心裡也是受到驚嚇，因此當日的竹占暫停。2020 年 7 月 28 日，由叔叔家自行邀請竹占師 C 及巫師長 Irubay，筆者及丈夫也到場參與，竹占的過程進行很順利，問了幾次確認，結論是，因為在這裡本來就沒有設立巫師祖的名字，因此也沒有所謂的移請靈位的問題，而是直接在筆者丈夫家這裡新安座專屬於巫師祖的神位，日後巫師節的祭拜，也改在筆者丈夫家這戶進行。

2020 年 8 月 7 日，筆者與叔叔家負責祭祀的堂兄嫂及堂弟妹，一同到佛具行購買神位及香爐。隔日，巫師長到家中進行除穢潔淨的儀式（pelin），在過程中，巫師長 Irubay 被她的師父 —— 也就是上一任的巫師長 Sulraw 附身，並在附身的過程中指示她要如何進行這項安座的儀式，在此之前，巫師長 Irubay 也表示因為從來沒有遇過要安座巫師祖的儀式，因此也曾一度感到煩惱，而就在安座前一天的潔淨儀式，她的師父附身來指示，令在場的我們感到訝異也感動。

隔日 2020 年 8 月 9 日，依照前巫師長 Sulraw 的指示，比照巫師節 puwalresakan 的祭祀方式，除了漢族民間信仰的神位形式的迎靈安座儀式，傳統的巫師節祭祀的祭品，如酒、粿、肉等，也跟金紙等一起獻上祭拜。而巫師祖的名字，在幾次竹占之後確認，因為是以祖先形式安座而不是個人神廟，因此以他的本名 Aruylrem 寫進祖先牌位內，全文是「Daliyalrep maruyma Aruylrem 之神主」。而在選擇要寫在祖先牌位時的內文及排列時，竹占師 C 及巫師長有先參考關於神主牌位書寫的禁忌及書寫方式，[18] 包括行數的吉凶、用神主

18　巫師長 Irubay 除了根據之前的經驗，也提到曾受過懂這些禮俗的漢人

圖 12. 巫師祖的名
字終於被寫進祖先
牌位內。

圖 13. 左 為 巫 師 祖
Aruylrem 的神主牌位。

還是靈位？用本名還是要加入家族名？幾經討論，每種版本
每次都還要以竹占再做確認，光是這幾個字的寫法，就用了
大概四個小時的竹占過程，最後決定用「Daliyalrep maruyma
Aruylrem 之神主」，[19] 然後依照先前竹占的指示，單獨另外

教導，她自己也會上網查詢或是翻農民曆，因為當代有些儀式是過去
的年代不曾遇過的，所以他們在幫案主做這些儀式時，也必須要參考
一些相關的儀式知識。竹占師 C 對這些也有一些研究。

19　Daliyalrep 是 Aruylrem 的母系家族名，在宋龍生 1997 的《臺灣原
住民史料彙編第四輯 - 卑南族的社會與文化》下冊，頁 117-121 提
到 Daliyalrep 是 Puyuma 部落南邊的 ra?ra? 氏族中的母系氏係群，而
ra?ra? 是當時南王村（Puyuma 部落）最大的氏族。

設立一個新的神主牌位，不與其他祖先併入，並且有自己的香爐。（如圖 12、13）

四、　賜力量 puwakedrang

經過這次事件之後，筆者感受到在過程中有件重要的事，是關於隱身在其中的力量及信仰。一開始發現巫師祖去到別人的家中受人供奉時，引起部落祭祀團體（及巫師、祭司、竹占師）的警覺及心慌，擔心巫師祖沒有後人供奉而漂流失所，而巫師祖本身除了是巫師的創始人，也是 Puyuma 部落的巫覡信仰中力量的來源之一，因此此事非同小可，在一得知這個訊息之後，竹占師 C 及巫師長叮囑筆者，在尚未迎回安座之前，要每天向夫家這裏的祖先牌位上香祈求巫師祖回到家裡，不要四處遊走，並告知會盡快完成安座的工作，一直到竹占師確認巫師祖已回到家裡，以及筆者也夢到相關的夢才放下心。

除此之外，雖然巫師長 Irubay 依照漢族民間信仰進行迎靈安座儀式，但是在祭祀的內容上，也以巫師節 puwalresakan 的歡慶形式來迎接巫師祖，這種形式帶有一種新的力量被賦予的意義，[20] 相對於巫師長的健康問題及年齡增長，巫師的傳續目前面臨斷層的擔憂，在巫師祖安座完成受後人祭祀，也無疑是一種重新得力的期許與盼望，後輩子孫也同樣期許透過安座完成，因為讓祖先有處所安適，進而庇佑賜福予家人。

另外在迎靈安座的過程中，有一部分是筆者至今無法解

20　關於巫師以巫慶做為力的吸納，參閱陳文德 2010〈巫與力：南王卑南人的例子〉。

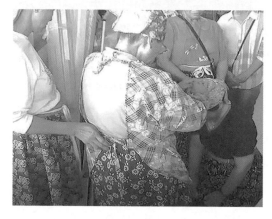

圖 14（左上）、圖
15（左）：巫師長
被附身時向空中抓
取不知何物，放在
筆者手上，及頭上、
前胸、後背。

釋的歷程，但在此筆者認為是一種「力」的賜予，只是無法
解釋「力」的來源。因為當時筆者被已附身的巫師長叫到她
前面，然而中間的過程其實在當時並不是很清楚，筆者後來
再透過錄影影像中才看出，巫師長當時是被神靈附身，右手
向空中使勁抓取拉進什麼，多次用力使勁之後，將這個不知
何物的放在筆者的手上、頭上及前胸、後背，當時旁邊的人說：
「祂要給你了」，但卻沒有人明確知道「祂」是誰，不論是

來自於誰，看起來就是一種「力」的賦予，若是賦予「力」，是為了後續要做甚麼的話，其實筆者目前並沒有多想甚麼，在這段時間的經歷之下，心裡也比較安定，除了筆者丈夫之外，筆者是主要負責在家中祭祀巫師祖的工作，若是之後被揀選要接巫，心裡也已經有所準備。

五、　雖是結語但仍在繼續

本文主要是想要提出幾個筆者認為重要的概念。

首先是訊息的傳達與解讀。如夢境或是生活中異常突然的狀況，假設以做惡夢為例，一般人若以科學醫學的脈絡來解釋，之後的解決途徑可能就是會去看醫生，或是經由其他放鬆療法來處理，但對於有卑南族祖靈信仰的文化脈絡的人，就可能會多一條解釋的脈絡，而這個讀懂訊息的能力，必須具備暸解祖靈信仰、巫覡文化的知識，並將之融入生活中，筆者認為這也可能是當代的巫覡文化沒落的原因之一，當需求改變時，傳統信仰及祖靈信仰、以及與之相關的巫覡文化，就變成不在現代人選擇的範圍之內，價值受到改變，也間接影響習巫及接巫的意願。

再者是族名被記錄的形式。受到殖民者語言政策的一再改變，除了影響後世祖孫尋找上的困難度，原本卑南族男子因為進入少年會所的社會因素而改名的特徵，也會因此而消失。另外在名字上的紀錄，也在這次的安座過程中，以漢人信仰被寫入神主牌的形式，可看出在牌位中的書寫，是與傳統慣

習中橫死與自然死亡相同，因此在文化綜攝的面上可以看出，傳統文化與漢族信仰的接續對應，也代表著以民間信仰的祖先牌位，接續對祖先的祭祀及連結，這與基督教的族人對於祖先的祭祀有明顯的不同。

最後就是力量的來源，除了巫師祖本身被視為神祇且帶有賜福禍力量，另外也透過漢族民間信仰的神明的力量扶持，透過具體可見的神像，讓整個神靈的體系顯得完整有力，[21] 將祖先的神位安頓好，並透過祭祀與祖靈保持連結的關係，除了信仰其他非漢族民間信仰的基督宗教的族人，在家設有神龕祭祀神明及祖先，已普遍是當代的卑南族人的祖靈信仰祭祀形式，也是族人向神靈祈求福祿等力量的方式。而對於巫師團體來說，巫師祖的神位安座完成，是否也有相同的效果。

巫師祖的安座雖然已經在 2020 年 8 月 9 日完成，關於部落的巫師傳續問題仍沒有比較改善，2021 年的巫師節，巫師長目前唯一的徒弟 K 向她提出不願再繼續執行巫師的身分，[22] 讓巫師長受到很大的打擊，自 2010 年收第一個徒弟 Z，但於 2016 年病逝，巫師長在 2021 年的巫慶會向前來祝賀的族人親友致詞時，提到自己的辛酸與擔憂，擔心巫師一職就斷在她這一代而無法再傳續下去，但當她提到巫師祖的安座完成這件事，感到安慰歡喜並賦予期待，巫師祖的安座帶來一種安定的力量及期待，這或許可以減緩巫師長所受的心傷。

21　石磊在 1976〈建和村卑南族的社會變遷〉中，提到當時的巫師說，除了安有祖先牌位之外也要安漢人的神祇，把天主教的十字架拿掉，祖先才會進來受子孫奉祀。

22　目前 Puyuma 部落僅存一位巫師即巫師長 Irubay，她在 2017 年 5 月收寶桑 Papulu 部落的 K 為徒。

　　最後想說的是，本文在書寫時，筆者必須在是同為當事者的身分、又是觀察者的角色之間來回紀錄分析，若有不客觀之處，在筆者認為這也是難以避免的，但期望透過非儀式的紀錄，可以透過儀式之外所觀察到的現象，提出作為當代可能是巫信仰面臨到的難處，去思考在整體的社會文化氛圍之下，當代族人可能可以透過甚麼形式去看待傳統信仰變遷的焦慮。

參考資料

宋龍生

　　1997 臺灣原住民史料彙編第四輯。台中，臺灣省文獻委員會。

　　1998 台灣原住民史：卑南族篇。台北，臺灣省文獻委員會。

陳文德

　　1993 南王卑南族「人的觀念」——從生命過程的觀點分析。刊於人觀、意義與社會，黃應貴編，頁 447-502。臺北：中央研究院民族學研究所。

　　2001 臺東縣史‧卑南族篇。臺東：臺東縣政府文化局。

　　2010a 巫與力：南王卑南人的例子，臺灣原住民巫師與儀式展演，胡台麗、劉璧榛編，頁 135-187。臺北：中央研究院民族學研究所。

　　2010b 卑南族。臺北：三民書局。

石磊

　　1976 建和村卑南族的社會變遷。中央研究院民族學研究所集刊，40:119-142。

卑南族族群研究與部落調查資料報告

卑南學資料彙編 第五輯
muketrep 'ami lra 卑南學十年一鑑

作　　者	林二郎、林幸福、林和君、 林頌恩、孫秀玉、陳美齡、 陸浩銘、陸浩宇、張詩怡、 黃薇蓁、然木柔巴高揚、 賴俊兆 Semaylay i Kakubaw、 賴沛緹、Umasan 洪嘉謙、 Varasun Ruvaniyaw 陳政宗
主　　編	林娜鈴 Seze Pakawyan Katadrepan
編　　輯	潘子甦 Senayan Pakawyan
校　　對	潘文龍
封面設計	島風生活創意有限公司
發 行 人	陳美齡
出 版 者	臺東縣卑南族研究發展學會
地　　址	950 臺東市更生北路 687 巷 45 號
電　　話	（089）232927
經銷代理	白象文化事業有限公司 412 台中市大里區科技路 1 號 8 樓之 2（台中軟體園區） 出版專線：（04）2496-5995　傳真：（04）2496-9901 401 台中市東區和平街 228 巷 44 號（經銷部） 購書專線：（04）2220-8589　傳真：（04）2220-8505
出版日期	2023 年 11 月初版一刷
定　　價	500 元
I S B N	978-626-97779-1-4（精裝）

出版補助　　TITV 16 Alian 96.3 財團法人原住民族文化事業基金會　　財團法人原住民族文化事業基金會

國家圖書館出版品預行編目（CIP）資料

卑南學資料彙編. 第五輯：muketrep 'ami lra 卑南學十年一鑑
/ 林娜鈴 Seze Pakawyan Katadrepan 主編 . -- 初版 -
- 臺東市：臺東縣卑南族研究發展學會, 2023.11
面；　公分
ISBN 978-626-97779-1-4　（精裝）

1.CST: 卑南族 2.CST: 民族研究 3.CST: 文集

536.3365　　　　　　　　　　　　　　　112015055

封面圖：卑南族十部落及其地理位置示意。

封底圖：花環是卑南族的文化特色之一，也代表著重要的象徵意義。